倉本一宏［編］

16

長元三年（一〇三〇）正月〜長久元年（一〇四〇）十一月

現代語訳
小右記

吉川弘文館

凡　例

一、本書は、藤原実資の日記『小右記』の現代語訳である。
一、原文、および書き下し文は、紙幅の関係上、収録しなかった。
一、全十六冊に分けて刊行する。それぞれの収録範囲は、以下の通りである。

1　貞元二年(九七七)三月―永延二年(九八八)十二月
2　永祚元年(九八九)正月―長徳元年(九九五)十月
3　長徳二年(九九六)正月―寛弘二年(一〇〇五)三月
4　寛弘二年(一〇〇五)四月―寛弘八年(一〇一一)十二月
5　長和元年(一〇一二)正月―長和二年(一〇一三)六月
6　長和二年(一〇一三)七月―長和三年(一〇一四)十二月
7　長和四年(一〇一五)四月―長和五年(一〇一六)二月
8　長和五年(一〇一六)三月―寛仁元年(一〇一七)十二月
9　寛仁二年(一〇一八)正月―寛仁三年(一〇一九)三月

10　寛仁三年(一〇一九)四月―寛仁四年(一〇二〇)閏十二月
11　治安元年(一〇二一)正月―治安二年(一〇二二)十二月
12　治安三年(一〇二三)正月―治安三年十二月
13　万寿元年(一〇二四)正月―万寿二年(一〇二五)八月
14　万寿二年(一〇二五)九月―万寿四年(一〇二七)六月
15　万寿四年(一〇二七)七月―長元二年(一〇二九)十月
16　長元三年(一〇三〇)正月―長久元年(一〇四〇)十一月

一、現代語訳の底本としては、大日本古記録(東京大学史料編纂所編纂、岩波書店、初刷一九五九～一九八六年)を用いた(主に第四刷〈二〇〇一年〉を利用した)。大日本古記録一巻が、この現代語訳二巻分に相当するように分割した。

一、この現代語訳第一六巻に相当する大日本古記録が底本とした写本は、以下の通りである(逸文については、出典をそれぞれ明示してある)。

長元三年	四月―六月前半	略本　東山御文庫本第五十九冊	東山御文庫蔵
	六月後半	広本　柳原本断簡	宮内庁書陵部蔵
	八月―九月	広本　東山御文庫本六冊本第六冊	東山御文庫蔵
	十月	略本　東山御文庫本六冊本第六冊	東山御文庫蔵

長元四年　正月―二月　　　　　広本　伏見宮本第二十八巻　　宮内庁書陵部蔵
　　　　　三月　　　　　　　　広本　伏見宮本第二十九巻　　宮内庁書陵部蔵
　　　　　七月―八月　　　　　広本　伏見宮本第三十巻　　　宮内庁書陵部蔵
　　　　　九月　　　　　　　　広本　伏見宮本第三十一巻　　宮内庁書陵部蔵
長元五年　正月―十一月二日　　略本　伏見宮本第三十二巻　　宮内庁書陵部蔵
　　　　　十一月七日―十六日　広本　九条本第十二巻　　　　宮内庁書陵部蔵
　　　　　十一月十七日―十二月　広本　九条本第十一巻　　　宮内庁書陵部蔵

一、現代語訳は逐語訳を旨としたが、よりわかりやすくするため、語句を補ったり、意訳を行なっている箇所もある。ただし、原文の用字(特に人名呼称)は、なるべく尊重した。

一、古記録の現代語訳はきわめて困難であるため、本書は現代語訳の断案というものではまったくなく、一つの試案と考えていただきたい。

一、底本の誤字については、原則として文字を訂正して現代語訳を行なった。また、脱字や虫食いがある部分については、他の古記録や儀式書などによって推定できる部分は、現代語訳を行なった。文字を推定できない箇所については、おおむね判読できない字数の分を□□で示した。

一、裏書については段落を替えて表記した。また、表の記載・裏書にかかわらず、底本が段落を替えている部分については、本書でも段落替えを行なった。

一、漢字の表記については、常用漢字表にあるものは、原則として常用漢字体に改めた。
一、本文の註や割書は、〈　〉の中に入れて区別した。
一、各日付と干支の後に、その日の記事の主要な出来事を、簡単に太字で示した。
一、人名に関する註は、（　）の中に入れて付けた。原則として毎月、最初に見える箇所に付けた。ただし、人名呼称が代わった場合は、また名だけを付けた。
一、ルビは毎月一回、最初に見える箇所に付けた。原則として『平安時代史事典』（角田文衞監修、古代学協会・古代学研究所編、角川書店、一九九四年）、『日本国語大辞典』（日本国語大辞典第二版編集委員会・小学館国語辞典編集部編、小学館、二〇〇〇～二〇〇二年）、『国史大辞典』（国史大辞典編集委員会編、吉川弘文館、一九七九～一九九七年）の訓みに準拠した。
一、特に女性名の訓み方については、現在、明らかになっているものは少ないが、あえて『平安時代史事典』の訓みを用いた。『平安時代史事典』利用の便を考えたためである。
一、用語解説と人物注は、巻末にごく少量だけ付けた。『平安時代史事典』、『国史大辞典』、『日本国語大辞典』を参照した。ルビを多めに付けているので、他はこれらの辞典を引いていただきたい（ジャパンナレッジの利用をお勧めする）。
一、書き下し文については国際日本文化研究センターのウェブサイト（https://db.nichibun.ac.jp/ja/）に「摂関期古記録データベース」として公開しているので、索引代わりに是非ご利用いただきたい。

『小記目録』『御堂関白記』『権記』『春記』『左経記』『八条式部卿私記』『宇多天皇御記』『醍醐天皇御記』『吏部王記』『御産部類記』『太后御記』『小一条左大臣記』『沙門仲増記』『元方卿記』『忠義公記』『延光記』『済時記』『親信卿記』『藤原宣孝記』『法住寺相国記』『信経記』『宗河記』『一条天皇御記』『宇治殿御記』『二東記』『宗金記』『後朱雀天皇御記』『宇治関白高野山御参詣記』『定家朝臣記』『師実公記』『後三条天皇御記』『寛治二年記』『季仲卿記』『清原重憲記』『高階仲章記』の書き下し文も公開している。今後、『村上天皇御記』『貞信公記』『九暦』『清慎公記』も公開する予定である。

一、第一四巻からこの第一六巻までの現代語訳の基となった訓読文は、国際日本文化研究センター機関研究員の上野勝之氏に見直しをお願いした。ここに記して謝意を表わしたい。

目次

本巻の政治情勢と実資

道長《みちなが》亡き後の政務や儀式、そして平忠常《ただつね》の乱や伊勢斎王託宣事件《いせさいおうたくせん》への対応を、頼通《よりみち》は関白左大臣として担わなければならなくなった。同母弟の内大臣教通《のりみち》は相変わらず政務や儀式の遂行に消極的で、何やかやと理由を付けて上卿を勤めずに自邸に籠りがちであった。ということで、右大臣実資への依存がいや増していったのである。

頼通の消極性と相まって、この頃の朝廷の政務や儀式は、まさに実資を軸として回っていたかの観がある。頼通自身も、長元《ちようげん》五年(一〇三二)十二月十四日に実資の勤公《きんこう》を讃える言葉を伝えているが、それはまさに頼通の本音であったと言えよう。

しかしながら、長元三年(一〇三〇)時点で実資は七十四歳、当時としては相当な高齢である。実資みずからが上卿として重要な政務や儀式を取り仕切ったりしたこともあったが、この頃からますます小野宮に籠りがちになり、頼通の諮問に答えたり、実務官人の質問に答えたりする毎日であった。高齢で行歩《ぎようほ》もままならなくなった(と称する)実資は、たまに参内する際には、待賢門《たいけん》から輦車《てぐるま》に乗って内裏に参入していたが、待賢門とは、まさに実資に相応しい門の名である。

後一条・後朱雀後宮系図

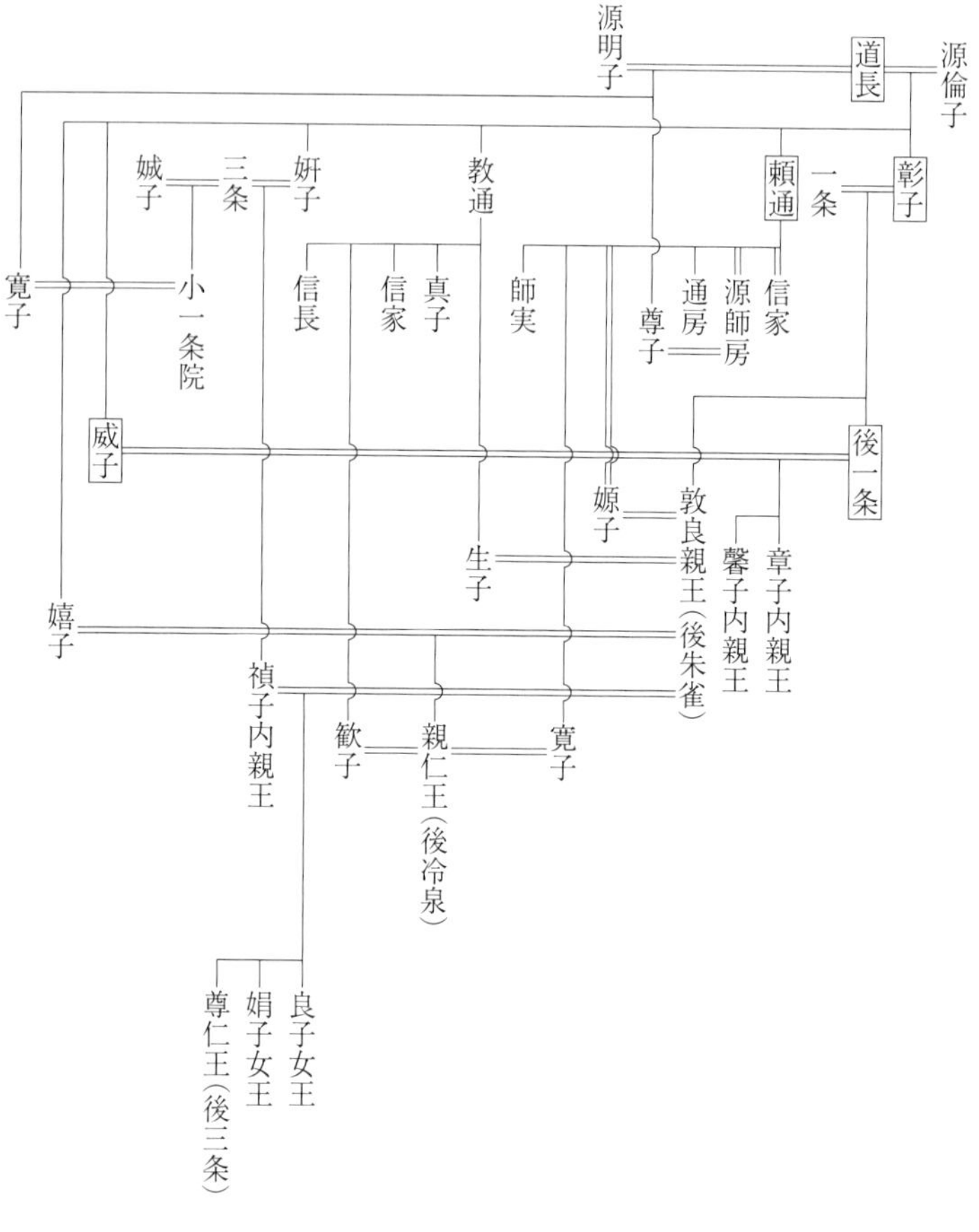
源倫子
道長
源明子
彰子
一条
頼通
教通
妍子
三条
娀子
寛子
小一条院
信家
源師房
通房
尊子
師実
真子
信家
信長
威子
後一条
敦良親王（後朱雀）
嫄子
章子内親王
馨子内親王
生子
嬉子
禎子内親王
歓子
親仁王（後冷泉）
寛子
良子女王
娟子女王
尊仁王（後三条）

数々の身体の不具合も、この頃に始まったものではないが、年々ひどくなっている。『小右記』には「老」という語が一二二回、出て来る。『権記』の一〇回、『御堂関白記』の一八回と比べると、その特異性が浮かび上がってくるが、そのなかで実に四八回は、記主である実資自身のことを指して記しているのである。

特に気の進まない行事に参入するのを断わる場合、また儀式の途中で退出する場合、本来の式次第とは異なる行動を取る場合の言い訳として、老いを言い訳にするのである。年代別に登場回数を並べると、五十代の時が三回、六十代の時が一七回、七十代の時が二六回ということになる。年齢を重ねる毎に増えていくのは当然と言えば当然であるが、実資自身も、段々と口癖のようになっていたのであろう。

頼通の時代には、これまでの「王朝国家《おうちょうこっか》」の支配体制は行き詰まりを見せており、頼通と歴代の天皇は、支配体制の改編に腐心していた。公田官物率法《こうでんかんもつりつぽう》の成立、別名制《べつみょうせい》の創始、郡郷《ぐんごう》の再編、一国平《いっこくへい》均役《きんやく》の公認、そして荘園整理令《しょうえんせいりれい》の発令など、頼通は時代の変換に精一杯、対応していたのである。

しかし、世間は頼通には批判的であった。長元三年九月二十五日にも、藤原知章一家に天狗が憑依し、「関白の御代は幾《いくば》くもない」と語ったりしている。

一方、坂東で勃発していた忠常の乱の方では、追討使の任命を知った忠常が長元元年（一〇二八）七月に郎等《ろうどう》を使者として上京させ、教通や源師房《もろふさ》（頼通の養子）の許に密書《みつしょ》四通を送っていた。追討停止を懇請《こんせい》するとともに、随兵《ずいへい》二、三十騎を率いて上総国府から退去し、夷灊《いしみ》山に籠って、教通からの返答を期待していたというのである。

戦闘継続の不可能を感知した忠常は、和平の道を探りはじめていた。長元三年五月二十日には、忠常が出家したとの報が伝えられた（『小記目録』）。六月二十三日には、忠常が平直方《なおかた》に「志」（贈り物）を送ってきた。すでに戦意を喪失していた忠常が直方と交渉し、降伏の条件として、仇敵直方に代わって主君源頼信《よりのぶ》の出馬を依頼してきたものとされる。

頼信は長元四年（一〇三一）の春に、忠常の子の法師をともなって任国の甲斐《かい》国に下向した（『左経記』）。そして子法師を使者として忠常と地道な折衝をはかったようである。四月、忠常は、子二人と郎等三人をともなって、甲斐にあった頼信の許に帰降《きこう》した（『左経記』）。その報は四月二十五日に都に届き（『小記目録』）、頼信には、忠常たちを随身《ずいじん》して上京せよとの命が下った（『日本紀略』）。

頼信は、忠常や子息を随身して上京の途に就き、美濃国に到ったが、忠常は五月二十八日から重病を患った。それでも我慢して上道《じょうどう》させるとの報が、六月七日に都に届いた。ところが、すでに六月六日に、忠常は野上《のがみ》で病死していたのであった（『左経記』）。

この頃、伊勢を舞台に、伊勢平氏の正輔《まさすけ》と良兼流平氏の致経《むねつね》との合戦が続いていた。坂東のみならず近国でも、徐々に武士の時代の足音は近付いていたのである。

さて、道長が死去した後には、頼通と教通の間に政権をめぐる確執が生じた。頼通が五十一年間も摂関の座に居坐《いすわ》り続け、その間、頼通は教通の昇進を抑えつけたのである。教通は二六年間も内大臣に留められ、ようやく五十二歳で右大臣、六十五歳で左大臣に上った。頼通が七十七歳となった治暦《じりやく》四年（一〇六八）に、おそらくは彰子の裁定によって七十三歳の教通に関白の座を譲った際にも、将来に自分の嫡男《ちやくなん》である藤原師実《もろざね》に譲ることを条件とした。

当時、頼通は長暦《ちようりやく》元年（一〇三七）に後朱雀《ごすざく》天皇の後宮《こうきゆう》に敦康《あつやす》親王女の嫄子《もとこ》を養女として入れ、永《えい》承《しよう》五年（一〇五〇）に後冷泉《ごれいぜい》天皇の後宮に女の寛子《ひろこ》を入れていたが、共に皇子を産むことはなかった。すでに後朱雀には中宮禎子《よしこ》内親王（三条《さんじよう》天皇皇女）がいて、尊仁《たかひと》親王を産んでいたので、頼通の焦りは極限に達していた。

そこに教通が、長暦三年（一〇三九）に女の生子《なりこ》を後朱雀、永承二年（一〇四七）に歓子《よしこ》を後冷泉の後宮に入れたことにより、両者の確執は決定的なものとなった。

ただし、これら四人の后妃《こうひ》は、いずれも天皇の皇子を儲《もう》けることはなかった。結局は兄弟共に外戚《がいせき》の地位を得ることができず、摂関の勢力は急速に衰えて、院政《いんせい》への道を開くことになったのである。

話を『小右記』に戻そう。長元三年九月十九日条に、「六个年の暦記《りやくき》を中納言の許に遣はす。消息有るに依る」という記事がある。この前後から、資平の手によって、実資自筆原本の整理が行なわれたと推定されている。その整理の方法は、（一）忠実な写本を作り、（二）別記《べつき》を相当個処にはり込み、（三）朱書を以て見出しを附け、（四）部類目録を作成した。というもので、こうして長元六年

（一〇三三）頃に諸写本の祖となる資平本が成立したとされる（桃裕行「小右記諸本の研究」）。

一方、『小右記』原本は必要記事を切り取られ、いったん儀式毎にまとめた部類記《ぶるいき》が作成されたと推定されている。実資の薨去によってその計画が頓挫し、未完成の部類記をまた日付順に貼り継いで還元し、資平が別に一本を書写したものが、現存古写本の祖本になっていると推測される（今江広道「『小右記』古写本成立私考」）。

現在、正暦《しようりやく》三年（九九二）正月十六日条を嚆矢として、政部（五個所）、大饗部（一個所）、節会部（一四個所）、賭射部（二個所）に、「節会の事、其の部に在り」「此の日の御記、節会部に在り」などと注記されている条文がある。『小右記』の日次記を切り貼りして部類記を作ったことを示すものか、あるいはもともと部類記を作成するために別記に記していたのか。節会部が多いのは、節会部が先行して作成されたのか、それともふたたび日次記に復原された時点で節会部だけ注記を残したまま貼り継いだことが多かったからであろうか。ちなみに、今江氏は他に神事部・仏事部・行幸部・崩御部・除目部の存在を想定されている。

寛仁三年十一月十六日条に「此の日の御記、節会部に在り」とあって、『小右記』の原本を「御記」と称しているということは、これらの作業が実資の子孫（資平と資房か）によって行なわれたことを示すものである。

なお、『小右記』原本の整理と部類記作成の開始が、これほど遅くなったのには、理由がある。かつて私は、もっと早くから始めていれば、実資自身の手で日次記整理本や部類記作成が完成していただろうに、と考えていたのであるが、そうではなく、早い時期だと実資が大納言に過ぎず、上卿として取り仕切ることのできる政務や儀式が限られていたからなのであった。

右大臣に任じられて、はじめて官奏や除目などの重要政務を主宰することが始まり、慎重な実資は何回か、つまり何年かそれらを執行したうえで、その記事を使った日次記整理本や部類記を作成しようとしていたのではなかろうか。

しかしながら、いかに実資といえども、健康と寿命には限りがあった。日次記の整理は長元六年でいったん打ち切られ、日記自体は長久《ちょうきゅう》元年（一〇四〇）までは記録されていたことが確認されるが、それらは整理されることはなかった。

実資が死去したのは、永承元年（一〇四六）正月十八日のことであった。九十歳。

現代語訳小右記 16

部類記作成開始

長元三年（一〇三〇）正月—
長久元年（一〇四〇）十一月

長元三年(一〇三〇)

藤原実資七十四歳(正二位、右大臣・右大将・東宮傅)　後一条天皇二十三歳　藤原頼通三十九歳　藤原彰子四十三歳　藤原威子三十二歳

○正月

九日。（『白馬奏』大内時大臣尚立軒廊例による）　**白馬節会**

私および左将軍(藤原教通《のりみち》)が退下し、軒廊《こんろう》に於いて奏に署した。左将軍が奏を取って参上した。私も同じく参上した。しばらく宰相の座の北東に立った。左将軍は奏を内侍《ないし》に託して帰った。私は母屋《もや》の東第一間に進んで過ごし、奏を内侍に託して座に復した。宰相に版位《へんい》と標《しめ》を取るよう、命じさせた。

○二月

十五日。（『三条西家重書古文書』一・宮中有死穢之時被行大祓例による）　**内裏触穢による大祓の例**

外記《げき》(伴《ともの》)重通《しげみち》が、宮中に死穢《しえ》が有る時に大祓《おおはらえ》を行なわれた例を勘申《かんじん》した。延長《えんちょう》七年四月二十七日、丙寅。未一剋の頃、淑景舎《しげいしゃ》に於いて書司《ふみのつかさ》の女孺佐伯有子《にょじゅさえきのありこ》が死去した。五月十一日、乙卯。建礼門《けんれい》に於いて大祓が行なわれた。これは前月二十七日、内裏の淑景舎で、嫗《おうな》が頓死《とんし》した。これによって、この事が行なわれた。また、同年七月十五日、壬午。この日、内裏の釆女《うねめ》町《まち》で、男が頓死する事が有った。

そこで穢《え》となった。同十八日、乙酉。この日、建礼門の前に於いて臨時の大祓が行なわれた。これは内裏の中、今月十五日の童男《どうなん》の頓死によって行なわれたものである。

二十四日。（『三条西家重書古文書』一・宮中有死穢之時被行大祓例による）　**内裏触穢による大祓**

豊楽殿《ぶらくでん》の石畳《いしだたみ》の上の血を洗い清めさせ、大祓を行なわれた。

○三月

一日。（『小右記』長元三年九月一日条による）　**藤原兼頼河臨祓**

中将《ちゅうじょう》（藤原兼頼《かねより》）の祓《はらえ》について、……解除《げじょ》を行なった。……

六日。（『三条西家重書古文書』一・依飢饉殿上賭射無之事による）　**飢饉の間の賭射の有無**

関白《かんぱく》（藤原頼通《よりみち》）の御書状に云ったことには、「殿上《てんじょう》の賭射《のりゆみ》は、能者が一人もいない。甚だ愚かである。後一条《ごいちじょう》天皇の叡覧《えいらん》に備えることはできないのではないか。近頃、石山寺《いしやまでら》に参った際、近江《おうみ》国の百姓《ひゃくせい》の飢饉《ききん》は、特に甚しかった。また、近日、京中に疫死《えきし》の風聞が有る。殿上の賭射の興を行なうのは、如何なものか。指示するところを聞こうと思う」ということだ。報じて云ったことには、「内宴は諸国の損亡《そんもう》が無い次の年に行なわれるものです。その余興によって、賭射が行なわれます。また、内宴《ないえん》が行なわれなかった年に行なわれた例も有りますが、これもまた、平穏な時のことでした。長元《ちょうげん》元年は、大風や洪水の損亡が有りました。昨年、また、国々に多く不作の愁いが有りました。また、近日、疫《えき》病《びょう》が流行し、往々、死去しています。また、東国《とうごく》の追討について、未だ復興は行なわれておらず、『餓死の者は、数え尽くすことができない』と云うことです。春の耕作は、きっと懈怠《けたい》が有るでしょう。行なわれないならば、人の望みに合うことでしょう」と云うことだ。

○四月

七日、己丑。　病悩／擬階奏／藤原兼頼、庚飯病を悩む

何日か、不例《ふれい》である。呵梨勒丸《かりろくがん》三十丸《がん》を服用した。

諸司や諸衛府《えふ》の者で、在京している者や城外《じょうがい》の者を注進《ちゅうしん》するよう、大外記《だいげき》に命じた。先日の宣旨《せんじ》によって、命じたものである。中納言《ちゅうなごん》(藤原資平《すけひら》)が云ったことには、「今日、外記政《げきせい》に参りました。宰相が参っていなかったので、外記政は行なわれませんでした。擬階奏《ぎかいのそう》を行ないました。これより先、外《げ》記《き》が、宰相が参らずに擬階奏を行なった例を関白《かんぱく》(藤原頼通《よりみち》)に申させました。おっしゃられて云ったことには、『前例が有るのならば、行なうように』ということでした。そこで奏し行なったものです。これより先に、大外記(小野)文義《ふみよし》に問うたところ、一□□の例を申しました」と云うことだ。今朝から、中将《ちゅうじょう》(藤原兼頼《かねより》)が悩み煩《や》っている。身は熱し、頭が痛くて、大いに苦辛している。近日、上下の者が悩む所は、このようである。

十二日、甲午。　斎院御禊

「御禊《ごけい》が行なわれた。侍従《じじゅう》（藤原）信家《のぶいえ》が、右兵衛佐《うひょうえのすけ》の代官《だいかん》に選ばれた。信家の父内府（藤原教通《のりみち》）は、甚だ□か。関白の養子である。高陽院《かやのいん》から出立《しゅったつ》した」と云うことだ。中納言が来た。すぐに高陽院に参った。

□□□者が帰って来て云ったことには、「日没の頃に及んで、斎王《さいおう》（選子《のぶこ》内親王）が渡られました。或いは宮□□を見ず□□□□□□□□来て云ったことには、「内府や中納言以下、□□□□に会い□□□□□□朝臣《あそん》が出立しました。馬の口取左近府生《くちとりさこんのふしょう》□□□□□□□□〈関白の随身《ずいじん》。〉は、笏《しゃく》を持っていました。袍《ほう》を着していました。六人〈青色の狩衣《かりぎぬ》。〉。□□□□□□□□」と云うことだ。内府が関白に申されたことには、「随身がいませんので、□□□□□□□（秦《はたの》）武方《たけかた》に笏を持たせようと思います」ということだ。関白は許□□□□□□□□□□□宮の御乳母子《めのとご》で、一品宮《いっぽんのみや》（禎子《よしこ》内親王）の御□□□□□おっしゃったことには、「我（頼通）は故員光《かずみつ》朝臣の子を推挙し申した。ところが、両宮の御乳母《めのと》たちについて、仰せが有った。彼らを推挙するわけにはいかない。□未だ□はない。また、学び聴かれ□ないのか。賀茂祭《かものまつり》以後に申し定めることとする」ということだ。

十三日、乙未。　警固

早朝、□□（藤原）頼任《よりとう》が、関白の報を伝えて云ったことには、「□□□□□については、□□□任の事である。憚るところが有って申さなかったのである。今、この書状が有った。□□□思っていたところである。ところが、申し承った。これを欝々《うつうつ》とすることは無いであろう。人を介して伝える時は、自ら病んでいるとの詞が有る。また、往復の間、遅れが無いわけではない。二十三日が、□雑事を命じて申すのに、もっとも宜しいであろう。思慮を廻らされて□□□伝えられたところ□□□□□気□□」と云うことだ。上達部《かんだちめ》については、内々に□□□□□□□□□□尚書《しょうしょ》(頼任)に伝えておいた。弁(頼任)が云ったことには、「松尾《まつのお》□□□□□□□とのことです。ところが昨年、右衛門府生《えもんのふしょう》(秦)貞澄《さだずみ》を□任じ申しました。そのことを召して問うたところ、申して云ったことには、『特に頭弁《とうのべん》(源経頼《つねより》)が召し仰せたので、□□□渡られて、□□おっしゃって云ったことには「あの時は、宣旨書で行なった。これは□□□□□□□官人が参入した。例に合ったのである。仁更□□□□□□□関白に申すよう、伝え仰せ□□□□□□大外記文義を介して、伝えられて云ったことには、「今日、警固《けいご》について□」ということだ。そこで参入するのである。

十五日、丁酉。　賀茂祭／奉幣／検非違使の糺弾

賀茂《かも》社に奉幣《ほうべい》を行なった〈十二箇月の御幣《ごへい》を加えて奉献《ほうけん》した。使は(石作《いしづくりの》)忠時宿禰《ただときすくね》。〉。「中将は御□□将は、病の後、未だ束帯《そくたい》を着していない。そこで拝さなかった。今日、中将は衰日《すいにち》□□□□□□□万事にまた、飲食は忌みは無く、□□□□□□」ということだ。□□□□□小一条院《こいちじょういん》が見物した。桟敷《さじき》□□□□□急いだとのことだ。すぐに沐浴《もくよく》した。忌諱《きき》の病を避けないとは云□□□□□□□□の者である。また、幼若の人については、諷諫《ふうかん》しても□□□□□□□□□□□小童《こわらわ》が、一緒に来た。菓子を供した。一緒に小一条院の御桟敷に参った。小女(藤原千《ち》

古《ふる》)に督促されて、一□□□に於いて見物した。中納言・権左中弁《ごんのさちゅうべん》(藤原)経任《つねとう》・右中弁《うちゅうべん》(頼任)が□□□□□□日が入って来る前に、斎王が渡られた。□□□□□□□□右少将《うしょうしょう》(藤原)行経《ゆきつね》が、袴《はかま》二腰《こし》を送って□□□□□云ったことには、「検非違使《けびいし》が斎院《さいいん》(選子内親王)の西□に於いて、女車《おんなぐるま》の紅衣を□□」と。近代では聞いたことのない事である。

二十三日、乙巳。　**陣定／造宅申文は官奏に入れる／季御読経僧名定／慈允を軸請、方算を輪転に入れる／内裏大垣築造、改替／年料米精代**

□□造宅についての申文《もうしぶみ》を、言上《ごんじょう》に従って、□□上卿《しょうけい》〈下官(実資)。〉に□□。このことは、先日、関白が□□□仰せ下された。□□関白に伝えさせて云ったことには、「この申請文は、□□なければならない□□官の申文は、必ず官奏《かんそう》に入れるものです。□は有ってはならないものです」と。中納言が報を伝えて云ったことには、「最も善い事である。心中、思っていたところである」ということだ。□□□□□□□□季御読経《きのみどきょう》の僧たちの辞□□□□□□□興福寺《こうふくじ》の軸請《じくしょう》の解文《げぶみ》を、慈允《じいん》が進上した。□□定の日には、進上しなかった。そこでその所を欠かさない為に、どうしてたとえすべて官爵《かんしゃく》に入っても、綱所《こうしょ》に命じて寺の解文を召させた。そこで進上したものである。慈允の解文を軸請に□なければならない。方算《ほうさん》を輪転《りんてん》に入れるよう、関白に申させて、□□□□□□□□更に来て告げることもないということについて、弁に命じておいた。□□□□□□□られて、免じられるように」ということだ。同じ弁に命じた。天台座主《てんだいざす》(慶命《きょうみょう》)が立ち寄られた。長い時間、清談《せいだん》した。権弁《ごんのべん》(藤原章信《あきのぶ》)が来た。関白の仰せを伝えて云ったことには、「前加賀守《さきのかがのかみ》(但波《たんばの》)公親《きんちか》が、御忌《ぎょき》の方角によって、築垣《ついがき》の勤めを行なわない事を申してきた。特に優許《ゆうきょ》を行なった。新司俊平《しんじとしひら》に六月十一日以前に院の南門および門の同じく東□□□□□修造し終わらせるよう□□□宣下することとした」と。右中弁が、大□□□□□を持って来た。一度に奏上するよう□□□、返給された。関白の御書状を伝えて云ったことには、「年《ねん》料米《りょうまい》の精代《しらげしろ》は、前回は千石を下給した。ところが近年は、御修法《みしほ》や御読経《みどきょう》は、長期間、行なわれる。このような物を充てて用いられるであろうか。五百石を八省院《はっしょういん》を造営する分に充てるように」ということだ。宣下しておいた。また、云ったことには、「上達部の封戸《ふこ》は改めない」と。

二十五日、丁未。　上達部の封戸を奉る

□□□云ったことには、「朝廷の大事は、封物《ほうぶつ》を割いて奉らなければならない。□□□□□□□□宜しい」ということだ。前回は、丹波《たんば》・播磨《はりま》・伊予《いよ》の封戸は、人が奉らなかったわけではない。事は斑駮《はんぱく》のようである。大略は寄せ奉らなければならない数は、大臣が百石、大納言《だいなごん》が八十石、中納言が五十石、参議《さんぎ》および三位が三十石。すべて数えると千二百余石ほどになる。封国《ほうこく》に下すよう、同じ弁に命じた。

二十六日、戊申。　小一条院御息所、産気／仁王講／大極殿大般若御読経／興福寺維摩会講師／小蛇の怪異

□□小一条院に参った。御息所《みやすどころ》(藤原頼宗女《よりむねのむすめ》)の御産の気配の告げが有ったからである。□童□□□

□先ず信濃布《しなののぬの》を送った。「故に使に託して、これを遣わした」ということだ。諷誦《ふじゅ》の分か。書札《しょさつ》で中将に問うたところ、厳父《げんぷ》納言《なごん》（頼宗）の返事に云ったことには、「暁方から気配が有ったとはいっても、はなはだ微《かす》かです」ということだ。中将が来た。すぐにまた、院に参った。今日、仁王講《にんのうこう》を修した。これは二季、賀茂大明神《かものだいみょうじん》の御為に修し奉るものである。請僧《しょうそう》は大極殿《だいごくでん》□□□に於いて大般若経《だいはんにゃきょう》を転《てん》読《どく》された。ひとえに疫病《えきびょう》を攘《はら》う為である。

大外記文義が云ったことには、「只今、維摩会《ゆいまえ》講師《こうじ》の宣旨を下されました〈興福寺の朝懐《ちょうかい》。〉」と。右中弁朝臣が関白の書状を伝えて云ったことには、「八省院と豊楽院《ぶらくいん》を造営する国々を、先ず陣座《じんのざ》に於いて定めて充てるように」ということだ。答報して云ったことには、「成功《じょうごう》の者の中文を給い、その他、所□充てて定めるべき事□□」と云うことだ。晩方、中納言が来て云ったことには、「大極殿の御読経は、剋限《こくげん》に始め行なわれました。但し行事《ぎょうじ》の大納言（藤原）斉信《ただのぶ》卿が事情を伝えて、二、三人の僧が合わせて一巻を読みました。これは督促して読ませたのです。たとえ深夜に及ぶとはいっても、そうあるべき□。どうしてましてや白昼ならなおさらです。上達部は傾き怪しみました。また、『中間、小蛇が□□座の前に落ちて、（源）朝任《あさとう》の座に当たりました。各々、座を起って驚き怪しみました』と云うことでした。度者《どしゃ》を給いました。右近中将《うこんのちゅうじょう》（藤原）良頼《よしより》に命じて、□を給いました。上卿（斉信）は、終わってから、通例ではないとのことを談ったところです。人々は奇怪としました。

参入した上達部は、内大臣（教通）、大納言斉信・（藤原）能信《よしのぶ》、中納言（藤原）兼隆《かねたか》・□□□、某《なにがし》（資平）

〈作名《つくりな》である。〉、参議(藤原)通任《みちとう》・(藤原)兼経《かねつね》・朝任でした」と云うことだ。

三十日、壬子。　**藤原通任邸、焼亡／小一条院王子、夭折／頼通御嶽精進の間の触穢の有無／触穢簡を立つ／殿上人、右近馬場に於ける競馬を計画／大極殿に於いて小弓・囲碁／法華経講釈**

暁方に臨んで、中納言が示し送って云ったことには、「大蔵卿《おおくらきょう》通任卿の家が焼亡しました。式部卿宮《しきぶきょうのみや》(敦儀《あつのり》親王)が同宿しています」と云うことだ。驚きながら出て見ると、北方に火が有った。中納言は、□その家に向かった。まずは書状で見舞わせた。事は不審であったので、重ねて(中原)師重《もろしげ》に命じて、大蔵卿の許に遣わした。中納言が火処から帰って来て云ったことには、「すべて焼□□□□□」と。師重が来て、その報を伝えた。これより先に、頼弘《よりひろ》が来て云ったことには、「御息所は、すでに不覚です」と。師重を遣わして詳細を取った。帰って来て云ったことには、「夜□□□今の頃〈寅剋か。〉は、頗る休慰《きゅうい》しています。ところが、無力は特に甚しいものです」と。今夜、中将は連れて来なかった。昨日、私が内裏から退出した際、中将に伝えた。すぐに御息所に参った。その間、重く悩んでいるということを聞かなかった。中将は、早朝に来た。中納言が来て云ったことには、「□□□□に拝謁しましたが、御息所が悩んでいる様子は、最も重いものでした。為す術がありません。午剋の頃、告げが有って院に□□□」と。その後、時剋が移った。頼弘が重ねて来て云ったことには、「平安に御産を遂げられました」と。□剋、但馬守《たじまのかみ》(源)則理《のりまさ》が来て云ったことには、「平産《へいざん》でした。但し、児は死にました。難産《なんざん》でしたので、□生きていることはできませんでした。仏神の助けによって命を全うされたようなものです。斉祇律師《せいぎりつし》が、すでに験徳《げんとく》を施しました」と。中将からは産穢《さんえ》に触れたとの書状が有った。下人が必ず交わって来たことが有ったであろう。関白が潔斎《けっさい》されている間に、この事によって、往還の使が有った。禁じたとはいっても、穢《え》はきっと交わって来たのではないか。「祈年穀奉幣《きねんこくほうべい》によって、使を出立されなければならない。また、行幸《ぎょうこう》も行なわれることになっている」と云うことだ。このような頃、恐れる思いが無いわけではない。春宮大夫《とうぐうだいぶ》(頼宗)から頼弘を遣わして書状が有った。これは中将についてである。私が報じて云ったことには、「他処の下人とはいっても、□まったく座に着すことを禁じるわけにはいかない。西隣に渡って住むことのできる処が有る。ところが、往来の間、□□□□□関白は、潔斎の御慎しみが特に甚しい。公事《くじ》によって、必ず書状を□□か。誠に格別な触穢《しょくえ》ではないとはいっても、自他共に恐れが有る。金峯山《きんぷせん》については、その慎しみは他と異なる。中将の随身や雑色《ぞうしき》の男たちは、きっと忌憚《きたん》しないのではないか。歴問《れきもん》させたところ、随身一人が、座に着して飲食を行なった。一門が有るとはいっても、どうして□実に□」と。中将は深夜に来た。しばらく座に着さずに、云ったことには、「則理は七日から産所《さんじょ》にいました。穢《けが》れてはいないことを称しているとはいっても、産事を遂げ終わって、後産《のちざん》を遂げず□□降り立ちました」ということだ。あれこれ、疑いは無い。そこで中将を座に着させた。また、簡《ふだ》を立てさせておいた。(藤原)資高《すけたか》が立った。先日、殿上《てんじょう》の侍臣《じしん》が議して云ったことには、「今日、手筥《てばこ》や破子《わりご》を随身し、右近馬場《うこんのばば》に於いて競馬《くらべうま》を行なおう。自ら騎って競うこととしよう。その装束《しょうぞく》は、近衛舎人《このえのとねり》のようにしよう。狩衣・襖袴《あおばかま》・藁履《わらぐつ》を着して競うことにしよう」と云うことだ。往古《おうこ》から聞いたことのない事である。殿上の侍臣は、春花や秋草を見るのが通例である。しばらく近衛大将《このえのたいしょう》となり、将相《しょうしょう》の家としては、悲しまなければならない事である。今朝、頭弁経頼が云ったことには、「上達部(通任)の家が焼亡しました。また、頻りに火事が有ります。競馬の興は、便宜《びんぎ》が無いのではないでしょうか。今日、空しく食物を棄てるわけにはいきません。急に大極殿に於いて、小弓《こゆみ》と囲碁《いご》を行なうことになりました」と。頭弁は侍臣たちを率いて大極殿に向かい、小弓などの興を行なった。食し終わって、暮景に乗じて分散した。主上《しゅじょう》(後一条《ごいちじょう》天皇)がおっしゃられて云ったことには、「他の事ではない。食の興が有ったのである」と。もっとも恥じなければならない、恥じなければならない。この事は、丹後守《たんごのかみ》(藤原)兼房《かねふさ》が云い催したものである。善い人であろうか。

芳盛《ほうせい》が、安楽行品《あんらくぎょうぼん》を釈し奉った。桑絹三疋を施した。右衛門督《えもんのかみ》(藤原経通《つねみち》)・中納言・□□・左中将《さちゅうじょう》(兼頼)・(藤原)資房《すけふさ》が聴聞《ちょうもん》した。

○五月

二日、甲寅。　内裏御修法、結願／在京の近衛府官人を小番を結んで勤仕させる／季御読経、結願／祈年穀奉幣使定

早朝、律師《りっし》(良円《りょうえん》)が来て云ったことには、「昨日、御修法《みしほ》が結願《けちがん》しました。また、山(延暦寺《えんりゃくじ》)に登らせられました。座に着しませんでした」と。また、云ったことには、「六月会《みなづきえ》の僧侶の袴《はかま》六、七腰《こし》を志すよう、座主《ざす》（慶命《きようみよう》）の書状が有りました。そこでその書状を随身《ずいじん》しました」と。期日に合わせて調備し、送るということを答えた。右近将監《うこんのしようげん》（高《こうの》）扶宣《すけのぶ》が申させて云ったことには、「昨夜、頭弁《とうのべん》（源経頼《つねより》）がおっしゃって云ったことには、『城外《じようがい》の官人たちを勘事《かんじ》に処すよう命じられることが有った。在京の官人たちに、小番《こばん》を結ばせて、勤仕《ごんし》させるように』ということでした。申して云ったことには、『在京しているのは、右近将監延行《のぶゆき》・扶宣、右近将曹《うこんのしようそう》（紀）正方《まさかた》・（多《おおの》）政方《まさかた》・（勝《すぐりの》）良真《よしざね》・（若倭部《わかやまとべの》）亮《すけ》範《のり》、右近府生《うこんのふしよう》（藤井《ふじいの》）尚貞《なおさだ》・（日下部《くさかべの》）為行《ためゆき》・（高）扶武《すけたけ》』ということでした。ところが、『右近将曹正方の他の将曹は、勤直《きんちよく》していない』ということです。おっしゃって云ったことには、『恪勤《かくご》ではない□人たちを召し遣わし、陣に伺候している者を申すように』と伝え仰せました」と。年預《ねんよ》の官人は、暗に数日を給わっているが、陣に見参《げんざん》している事は、確かではない。そうであってはならないということを、同じく命じた。右中弁《うちゆうべん》（藤原頼任《よりとう》）が門外に来た。造営の材木について、（日下部《くさかべの》）重基《しげもと》に問うた。確かに記していないということを申した。直ちに注進文を進上した。触穢《しよくえ》であったので、見なかった。関白《かんぱく》（藤原頼通《よりみち》）に覧せた。中納言《ちゆうなごん》（藤原資平《すけひら》）が来た。御読経《みどきよう》と奉幣《ほうべい》の所に向かわなければならない。□「大外記《だいげき》（小野）文義《ふみよし》は、今日、復任《ふくにん》について申し行なうことになっています」ということだ。私が答えて云ったことには、「御読経結願の日には、先例が有る。ところがよく調べて行なうように。七・八・九日は、忌みの無い日である。その日が宜しいのではないか」と。

「八日に八省院《はっしょういん》行幸《ぎょうこう》が行なわれることになっている」と云うことだ。前後の斎日《さいにち》には、復任については行なうことが難しいのではないか。今日、季御読経《きのみどきょう》が結願した。夜に入って、中納言が伝え送って云ったことには、「大納言《だいなごん》（藤原）斉信《ただのぶ》卿が、祈年穀使《きねんこくし》を定めて奏上しました。来たる□八日に発遣します。行幸が行なわれることになりました」と。

四日、丙辰。　風病を病む／右近衛府荒手結／小一条院御息所を呪詛する法師を逮捕

暁方、（宮道）《みやじの》式光《しきみつ》が来て云ったことには、「只今、大井河《おおい》などに罷り向かいます」と。春宮大夫《とうぐうだいぶ》（藤原頼宗《よりむね》）が、（藤原）為資朝臣《ためすけあそん》を遣わして見舞ってきた。（和気）《わけの》相成《すけなり》を召して、風病《ふうびょう》の療治《りょうじ》を問うた。「申したところに随って、その治療を加えますように」ということだ。□剋、寝なかった。今朝、刹那《せつな》の間、打ち息《やす》んだ。その後は頗る宜しかった。痢はやはり不快であった。巳剋以後、漸く尋常を得た。そこで念誦《ねんじゅ》と読経《どきょう》を行なった。中納言が来た。長い時間、地上に坐った。右近将監扶宣に、荒手結《あらてつがい》に着すことになる将を問うた。申して云ったことには、「右中将《うちゅうじょう》（藤原）良頼《よしより》は、何日か、病悩しています。一昨日、内裏に参った後、通例に従っていません。右少将《うしょうしょう》（源）定良《さだよし》と（源）章任《あきとう》が着すことになっています」と。一人が着した時、右近馬場《うこんのばば》から事情を申させる。また、早く行なうよう、申□これを命じた。往還の煩いが有るからである。中納言と権左中弁《ごんのさちゅうべん》（藤原経任《つねとう》）が、政務が終わって、来た。為資朝臣が云ったことには、「小一条院《こいちじょういん》の御息所《みやすどころ》を呪詛《じゅそ》した法師皇延《こうえん》と、法師の弟子護忠《ごちゅう》を、今日、捕え搦めました。河原に於いて、祓《はらえ》を科しました。御息所の飯を食させました。すぐに私（為資）が使となって行なったものです。院は私の車□、□労、渡られました。この呪詛は、召人《めしびと》瑠《る》璃《り》が呪ったものです」ということだ。

今日、右近衛府《うこのえふ》の荒手結が行なわれた。右近府生(下毛野《しもつけのの》)光武《みつたけ》が、手結《てつがい》を進上した。右少将定良と章任が、着して行なった。

十四日、丙寅。　材木の数に相違有り／放火対策を進言／造宅規制の太政官符

右中弁頼任が門外に来た。伝言させて云ったことには、「左衛門尉《さえもんのじょう》式光が、材木の文書《もんじょ》を進上しました」ということだ。私が命じて云ったことには、「関白に申し、その仰せに随って処置するように。但し左衛門志《さえもんのさかん》(豊原《とよはらの》)為長《ためなが》は、未だ進上していないのではないか。その文書が出て来れば、一度に□□□関白に覧せるように」と。文を誤っていたので、見終わらなかった。(橘)為通《ためみち》朝臣が伝え申した。ところが、伝えていた際に、脱漏《だつろう》が有り、詞を違えたようだ。そこで短冊《たんざく》に書いて見せた。先日、重基と(平)時通《ときみち》が注進《ちゅうしん》した数と、式光が注進した数の増減について、弁(頼任)に問うた。門外に於いて、大略、別紙に記して進上した〈時通の注進は一万二千百九十物、式光の注進は一万五千四百六十七物で、三千二百七十七物を増している。この中の□□物は、もう□□□二千六百七十五物を増している。重基の注進は一万千九百六十物、式光の注進は四万四千百九物で、三万二千百四十九物を増している。〉。檜皮《ひわだ》は、この他にある。但し確かには計算せず、概略を注進したのである。私が云ったことには、「『式光は大井河から罷り帰って、煩う所が有る』と云うことだ。状況を問うて、事がもしも事実であれば、他人に命じて

大津《おおつ》に遣わし参らせるべきであろう。同じく関白に伝えるように。三分《さんぶ》の文は、小領が有る。申さない分は、史生《ししょう》の分を充てよ」ということだ。弁は関白の邸第《ていだい》に参った。すぐに帰って来て云ったことには、「式光の注進文は、他の津々の文書が出て来た後に、一度に奏上するように。検非違使《けびいし》を大津に遣わすように」ということだ。私が伝えて云ったことには、「右衛門志《えもんのさかん》(安倍)守良《もりよし》は、假《か》が有るでしょう。彼を差し遣わすべきでしょう」と。下官(実資)が短慮を廻らすに、□□放火は、連々、聞くことが有る。もっとも慎しみ怖れるべきである。頭弁に遣わした書状に云ったことには、「穢《え》の期間を過ごしていた間、謁談《えつだん》することは久しく隔て、大いに鬱結《うつけつ》している、鬱結している。そもそもこの頃、京中に夜々の放火が、連々として絶えない。特に上達部《かんだちめ》の居所は、頻りに放火が有る。この十年、世の亡滅《ぼうめつ》は、多くはこれは火災である。朝廷が特に□て量り行なわれなければならない事であろう。誰がこれを免れるであろう。悲嘆に足る。火を付けた者を格殺《かくさつ》することは、法はすでに明らかである。如何であろう。但し火を付けた者を捕えて進上した徒《ともがら》は、その状跡《じょうせき》に随って褒賞《ほうしょう》するという宣旨《せんじ》を、もしかしたら下されるであろうか。それならば条々の定は、相励む者がいて、必ず怖畏《ふい》を致すのではないか。これは私の愚案《ぐあん》である。このような事は、疑慮《ぎりょ》から出たものである」と。頭弁の報書に云ったことには、「火を付けた者を捕えて進上した人を褒賞されるという宣旨は、甚だ賢い事です。近ごろ、種々の災が競って興っています。上下の者は、心閑《しず》かであることがありません。且つは仏神に祈請《きしょう》し、且つはまた、まま行なわれれば、災難は自ら除滅《じょめつ》するでしょう。そもそも仰せの趣旨を相《しょう》府《ふ》(頼通)に伝えてくることにします」と。頭弁が門の辺りに於いて(中原)師重《もろしげ》を招き出し、制宅の官《かん》符《ぷ》の草案《そうあん》を伝え見せた。関白に覧せるよう伝えた。また、云ったことには、「安房守《あわのかみ》(平)正輔《まさすけ》が云々を申請した申文《もうしぶみ》を書写《しょしゃ》した際、船の数を書き落としました。もし記していなければ、一、二艘《そう》を出したとはいっても、催し責めることは難しいでしょう。その他、国毎に二十艘を出すことを申請しています」ということだ。また、申して云ったことには、「不動米穀《ふどうべいこく》は、国毎に五百石を申請しています。申請したところは裁許《さいきょ》されず、国毎に百石とされました。不動穀《ふどうこく》の有無は、暗に知り難いものです。不動穀の無い国は、無理に責め難いものです。たとえ不動穀の多い国とはいっても、裁許されなければ、催促して責めることはできません。申請の数に任せて裁許が有るよう、重ねて申請させました。すぐに関白に申したところ、おっしゃって云ったことには、『所司《しょし》に命じて国々の不動穀の数を勘申《かんじん》させるように』ということでした。勘申させるよう宣しました。また、追討使《ついとうし》(平直方《なおかた》)の解文《げぶみ》について、そのことを申しました。おっしゃって云ったことには、『(平)忠常《ただつね》はいしみ山に籠り、また随兵《ずいひょう》が減少しているとのことを推量するところである。また、諸人も申している。この解文によって官符を下給する事も無い。また、前安房守《さきのあわのかみ》(藤原)光業《みつなり》の申文は、檀紙《だんし》であった。そこで見せることができなかった。急速の事ではない。この間を過ぎて、見せることにしよう』と」と。答えて云ったことには、「すでに解官《げかん》されています。今となっては、急ぐこともありません。この間を過ぎてから奏聞《そうもん》されても、何事が有るでしょう」ということだ。弁が云ったことには、「今朝、伝えられた事は、頭中《とうのちゅう》将《じよう》(源隆国《たかくに》)に伝えておきました」ということだ。あの中将《ちゆうじよう》(隆国)は、長谷寺《はせでら》に籠っている。そこで関白に伝えさせて、告げたものか。対面することはできないのではないか。黄昏に臨んで、式光が来て云ったことには、「今朝、守良が、大津の材木を検封《けんぷう》する事によって、罷り向かいました」ということだ。私が命じて云ったことには、「式光は、しばらく病であることを申している。一、二日は籠《ろう》居《きよ》しなければならない者である」と。

太政官《だいじようかん》が弾正台《だんじようだい》・左右京職《きようしき》・検非違使〈別の符《ふ》。〉に符す。

応《まさ》に非《ひ》参議《さんぎ》の四位以下が一町の舎宅《しやたく》を造作することを禁制《きんせい》すべき事。

右、事情を検じると、『左右京職式』に云ったことには、「大路に門屋《かどや》を建てる者は、三位以上及び参《さん》議《ぎ》は、これを聴《ゆる》せ」ということだ。式条《しきじよう》にあるところは、門屋は人の職により、舎宅は本来、等差が有るのである。ところが、近年以来、人は品秩《ほんちつ》を忘れ、好んで舎屋《しやおく》や垣根を営んでいる。或いは町に屋根を籠め満ち、或いは豪壮な建物を構える。故に位が貴い者とはいっても、一銭も無ければ、則ち隠者《いんじや》の門庭《もんてい》を歩んでいる。品が賤しい者とはいっても、浮雲のように富めば、則ち高門《こうもん》を開いている。俗の濫吹《らんすい》、国の疲弊は、もっぱらこのことによる。道理は、そうであってはならない。右大臣(実資)が宣したことには、「勅を承るに、宜しくその職に命じて、厳しく禁制を行なわせるように。もし制止を憚らず、なおも違犯《いはん》を行なった輩《やから》は、その有官《うかん》の者は見任《げんにん》を解却《げきやく》して、永く叙用《じよよう》しないように。その無官《むかん》の者は違勅罪《いちよくざい》を科し、まさに処断《しよだん》せよ。但し居宅が無く、やはり造営しなければならないのならば、古《いにしえ》の四分の一町以下の地を先ず太政官に申請し、その裁報《さいほう》を待て。また、土木の功を行ない、既に結構《けっこう》しているとはいっても、未だ造営し終わるに及んでいなければ、早く破却《はきゃく》せよ。作業を営み終わっていれば、必ずしも制するわけにはいかない。京職は、まずは承知し、宣によってこれを行なえ。符が到ったならば、承って行なえ」と。

二十六日、戊寅。　清涼殿仁王経講説／官符に請印／小安殿・清暑堂、破損

今日、聖《ひじり》が清涼殿《せいりょうでん》に於いて、五箇日を限って仁王経《にんのうきょう》を講説《こうぜち》した。請僧《しょうそう》〈証義者《しょうぎしゃ》は僧正《そうじょう》慶命、講師《こうじ》は大僧都《だいそうず》定基《じょうき》、少僧都《しょうそうず》教円《きょうえん》、権律師《ごんのりっし》融碩《ゆうせき》・経救《きょうきゅう》、已講《いこう》済慶《さいけい》・真範《しんはん》・道讃《どうさん》、阿闍梨《あじゃり》源心《げんしん》・源泉《げんせん》・桓舜《かんしゅん》、聴衆《ちょうじゅ》は忠命《ちゅうめい》・尋算《じんさん》・以円《いえん》・定明《じょうみょう》・長秀《ちょうしゅう》・宗源《そうげん》・有慶《ゆうけい》・惟命《いみょう》・懐命《かいみょう》・円縁《えんえん》〉。

巳剋の頃、中納言が来て云ったことには、「制宅および火を付けた者を捕えよとの官符に請印《しょういん》させる為に、外記庁《げきちょう》に参ります。頭弁が参入を催促したからです」ということだ。右中弁が門外に於いて人に伝えて云ったことには、「小安殿《しょうあんでん》の棟および鴟尾《しび》が、おおよそ頽落《たいらく》しました。また、清暑堂《せいしょどう》の南廂《みなみびさし》がすべて頽落しました」ということだ。行事所《ぎょうじしょ》は、先ず顚倒しないような謀を行なうのが、もっとも宜しいであろうということを示し伝えさせた。弁が云ったことには、「関白に申そうと思いましたが、今朝、河内《かわち》国の知識寺《ちしきじ》に参詣されました。そこで執り申すことができませんでした」ということだ。夜に入って、中納言が伝え送って云ったことには、「政事《まつりごと》に着して、請印を行ないました。諸国に下給しました。十一面観音《じゅういちめんかんのん》像の図絵および供養《くよう》の分に正税《しょうぜい》不動穀を用いるという官符は、長保《ちょうほう》の例

では外印《げいん》を用いています」と。また、云ったことには、「内府（藤原教通《のりみち》）・民部卿《みんぶきょう》（斉信）・右兵衛督《うひょうえのかみ》（源）朝任《あさとう》・左宰相中将《さざいしょうちゅうじょう》（源）顕基《あきもと》が参入しました」と。

○六月

三日、乙酉。　故実資乳母忌日法会／鈴印の韓櫃、破損／右近衛府騎射の手結を下す

故乳母《めのと》〈宣旨《せんじ》。〉の忌日《きにち》である。諷誦《ふじゅ》を珍皇寺《ちんこうじ》に修した。□□□（藤原）国任《くにとう》が、牛一頭〈斑毛《まだらげ》。〉を進上してきた。

中納言《ちゅうなごん》（藤原資平《すけひら》）が云ったことには、「鈴印《れいいん》の韓櫃《からびつ》の破損を修造するよう、前日、宣旨を承りました。先ず大外記《だいげき》（小野）文義《ふみよし》に命じて、前例を勘申《かんじん》させました。すぐにその勘文《かんもん》を、権左中弁《ごんのさちゅうべん》（藤原経任《つねとう》）を介して関白《かんぱく》（藤原頼通《よりみち》）に奉らせました。報じられて云ったことには、『事はすでに軽くはない。内裏に参って申請するように』ということでした。そこで先ず関白に奉謁《ほうえつ》し、次いで内裏に参ることにします」ということだ。「少納言《しょうなごん》・主鈴《しゅれい》・近衛将監《このえのしょうげん》も、同じく連れて行くことにします」ということだ。

去月、騎射《うまゆみ》の手結《てつがい》〈荒手結《あらてつがい》と真手結《まてつがい》。〉の文書《もんじょ》を、封を加えて、右近将監《うこんのしょうげん》（高《こうの》）扶宣《すけのぶ》に下賜した。随身近衛《ずいじんこのえ》（秦《はたの》）吉正《よしまさ》は前四手と云った。三的が当たったかどうかについて、樽には疑うところが有った。そこで前五手の随身（下毛野《しもつけのの》）公長《きんなが》を四手に立てた。吉正が申させた的が、すでに当たったのは事実である。その的はすでに損じている。後の為に、右《う》近衛《このえ》府《ふ》に納めさせた。また、官人たちが詳しく見たと

ころである。この吉正と公長は、我が家の随身である。そこで確かに尋問させた。吉正が申したところが、すでに事実であれば、改めて立てなければならない。もしくはまた、他の過失が有れば、改めて立てるわけにはいかない。官人たちの間で、証し申す者が有れば、その申状に随って、量り行なうべきであろう。この二人の者は、他処の者ではない。そこで申し伝えたものである。あの日の将たちに伝え示して、詳細を申すよう、命じておいた。

六日、戊子。　放火犯を逮捕

検非違使《けびいし》（宮道《みやじの》）式光《しきみつ》が云ったことには、「去年、六角《ろっかく》小路辺りの宅が焼亡しました。すでに七十余家に及ぶ中に、（但波《たんばの》）公親朝臣《きんちかあそん》と林懐僧都《りんかいそうず》の車宿《くるまやどり》が有ります」と云うことだ。「この放火した者を、告《こく》言《げん》した者がいました。すぐに犯人の妻および男子を捜して捕えさせ、拷問《ごうもん》したところ、犯人の犯行を、妻女が事実によって白状しました。検非違使《けびいし》別当《べっとう》（源朝任《あさとう》）が命じて云ったことには、『関白殿に参って、申させるように』ということでした。この頃、実犯《じっぱん》の者である藤井延清《ふじいののぶきよ》が、只今、中将《ちゅうじょう》（藤原兼《かね》頼《より》）の雑色所《ぞうしきどころ》にいるということを、傍らの雑色《ぞうしき》の男が申しました」ということだ。頼弘《よりひろ》を介して、中将に伝えさせた。その後、式光に命じて、捕え搦めさせた。すぐに検非違使別当の許に連行した。この頃、中納言が来た。その事を聞いて、走って来たものである。中将も同じく会し、この藤井延清を調べたところ、「中将の従者ではありません。博戯《はくぎ》について愁訴《しゅうそ》する為に、偽って中将の僕従《ぼくじゅう》の者などと称したのです。博奕《ばくえき》の物を返し取る為に、急に家人《けにん》と称したのです」と云うことだ。頼弘は頗る知っているところか。訴人《そにん》ではないばかりである。式光が来た。関白殿に参って、詳細を申させた。伝え仰せられて云ったことには、「官符《かんぷ》が出された後、すぐにこれを捕えて進上した。最も勤公《きんこう》の有る事である。再三、疋絹《ひっけん》を下給されることをおっしゃられた。十一日を過ぎて下給させるように」ということだ。「検非違使別当も、同じく疋絹を下賜した」ということだ。右衛門督《えもんのかみ》(藤原経通《つねみち》)が来た。談った次いでに云ったことには、「或いはすぐに賞されなければならない者です。世の為です」ということだ。

九日、辛卯。　正蔵率分を定む／鬼気祭

昨日、主計頭《かずえのかみ》(清原)頼隆《よりたか》を介して、率分《りつぶん》について行なわせよとの宣旨を、頭弁《とうのべん》(源経頼《つねより》)が伝え仰せた。すぐに宣下しておいた。今夜、朝廷では、五箇処に於いて鬼気祭《ききさい》を行なわれた〈「羅城門《らじょうもん》と京極《きょうごく》の四角」と云うことだ。〉。「陰陽頭《おんみょうのかみ》(惟宗《これむねの》)文高《ふみたか》朝臣が、申し行なったものである」と云うことだ。

十九日。　施米定

……中納言は五十一石、宰相は三十石。その数を数えると、千余石に及ぶ。もしも進上するのならば、この数が宜しいであろうとのことを説いておいた。感心の様子が有った。但しこの議定《ぎじょう》については、成功《じょうごう》を申請した者を定めた後に、彼らを除いて、国々に定めて充てなければならない。また、一度に充ててはならない。先ず中心となる処を定めて充てた後に、次々に定めて充てなければならない。特に行事所《ぎょうじしょ》は、その勤めを行なわなければならない。そもそも行事《ぎょうじ》の弁(藤原)頼任《よりとう》は、子の死の假《か》によって、出仕していない。彼が政事《まつりごと》に従った後に、定め申さなければならない。関白が云ったことには、「そうあるべき事である」ということだ。晩方、退出した。

二十日、壬寅。　大極殿百座仁王会／春日社大般若読経／千古、春季観音供始

大極殿《だいごくでん》に於いて、百高座《こうざ》を立てて、仁王経《にんのうきょう》を講演《こうえん》された。ひとえにこれは、疫病《えきびょう》を攘《はら》う為である。大《だい》納言《なごん》（藤原）斉信《ただのぶ》卿が、行事を勤めた。私は参らなかった。障りがあるということを外記《げき》に伝えた。

春日《かすが》御社の大般若読経《だいはんにゃどきょう》を行なった。これは年中の通例の修善《しゅぜん》である。小女（藤原千古《ちふる》）の春季観音供始《かんのんくはじめ》を行なった〈律師《りつし》（良円《りょうえん》）が僧房《そうぼう》に於いて、これを修した。〉。また、根本中堂《こんぽんちゅうどう》〈律師に託した。弟子に祈らせた。〉・広隆寺《こうりゅうじ》〈光円《こうえん》。〉・清水寺《きよみずでら》〈学寿《がくじゅ》。〉・祇園《ぎおん》社〈芳真《ほうしん》。〉・三井寺《みいでら》（園城寺《おんじょうじ》）〈慶静《けいせい》。〉。これらの僧たちに、粥料の白米一斗を充てて、祈禱《きとう》を行なわせた。

二十一日、癸卯。　延暦寺舎利会／春日社御読経

「今日、天台《てんだい》（延暦寺《えんりゃくじ》）舎利会《しゃりえ》が行なわれる。丹波守《たんばのかみ》（源）章任《あきとう》が、これを行なう」と云うことだ。修法所《しゅほうしょ》に向かって、加持《かじ》を受けた。尫弱《おうじゃく》の身（実資）は、清食《せいじき》は堪え難い。そこで不動尊《ふどうそん》に申上させて、魚味《ぎょみ》を服した。

山階《やましな》（興福寺《こうふくじ》）別当《べっとう》（扶公《ふこう》）の返事に云ったことには、「春日御社の御読経《みどきょう》は、一日でこれを修すことになっています。ところが、事は頗る静かではありません。そこで三箇日、修します。御寺（興福寺）の中は極めて閑寂《かんじゃく》ですので、諸僧は感悦しています」ということだ。

二十二日、庚辰。　千古、病悩により韮を服用

今日、小女は韮《にら》を服用した。何日か、いささか病悩していることが有る上に、飲食が快くはない。日を逐って枯槁《ここう》している。典薬頭《てんやくのかみ》(但波)忠明宿禰《ただあきらすくね》が申したので、服用させたものである。祈願させる為に、今日と明日、律師を呼び下して、□□を加え……

二十三日、乙巳。　東山で施行／検非違使、禁制に違反した源相高宅を破却／平忠常追討使等の解を僉議せよとの勅命／源相高の罪名勘申／放火犯逮捕の賞／故源政職男女の注進文／資平女子、重病

……(高階《たかしなの》)為時《ためとき》および随身(身人部《むひとべの》)信武《のぶたけ》を遣わして、東山《ひがしやま》で施行《せぎょう》させた。「(源)相高《すけたか》の宅は、昨夜から、宣旨を聞いて破壊していたところ、未明、検非違使の官人たちがその宅に馳せ向かって、破却《はきゃく》させました。主人(相高)を召させましたが、近江《おうみ》国にいるとのことを称して、出て来ませんでした。造作を行なっていた者たちを拘禁《こうきん》させました。すぐに破壊し終わって、官に進上しました。制止を加えなかった刀禰《とね》たちも、獄所《ごくしょ》に拘禁させました」ということだ。これは式光が申したものである。追討使《ついとうし》(平)直方《なおかた》および上総《かずさ》・武蔵国司《むさしこくし》が言上《ごんじょう》した解文《げぶみ》を、頭弁に託しておいた。

深夜、頭弁が来て、勅命《ちょくめい》を伝えたことには、「追討使直方・上総介《かずさのすけ》(平)維時《これとき》・武蔵守《むさしのかみ》(平)致方《むねかた》が言上した解文について。この追討について、(平)忠常《ただつね》は言上のとおり居場所がわからなければ、坂東《ばんどう》の国々は、追討によって□□直方を召し□、国々に託して追討を勤めさせるべきか。始めに当たり、やはり忠常を搦め捕えるよう、重ねて官符を下給すべきか。また、(藤原)兼光《かねみつ》に忠常の居場所を申させるべきであろうか。直方の解文に云ったことには、『忠常が私(直方)に志した雑物は、兼光が伝え送りました。そこでその居場所がわかるはずです』ということだ。この間、諸卿が一緒に定め申すように」ということだ。今朝、これを奏上させた。「直方および維時・致方の解文は返給した。前安房守《さきのあわのかみ》(藤原)光業《みつなり》の申文《もうしぶみ》は下給した。定め申すように」ということだ。「従五位下源相高の宅は、新制《しんせい》の官符が新たに出た後に、高大な家屋を構築し、檜皮《ひわだ》を急いで葺《ふ》いている。検非違使たちが、この家屋を破却した。明法家《みょうぼうか》に相高の罪名を勘申させるように」ということだ。すぐに同じ弁に伝えた。「火を付けた盗賊を捕えて進上した輩《やから》に、その品秩《ほんちつ》に随って特に褒賞《ほうしょう》を加えよとの官符を、京職《きょうしき》と検非違使に下給した。そして左《さ》衛門尉《えもんのじょう》式光が捕えて進上した。褒賞する事を定め申すように」ということだ。今年、栄爵《えいしゃく》に関わることになっている。そこで申請するところが有っても、叙さなかった。栄爵を給うについては、悦びとすることはできないのではないか。本来ならば五品《ごほん》として、加階《かかい》を給わなければならない。ところが、六位として職に留まる気持が有るであろうか。故(源)懐信《かねのぶ》が故(源)政職《まさもと》の鉄を取った事は、摂津《せっつ》国の書生《しょしょう》たちの申文を返給した。命じて云ったことには、「諸陵允《しょりょうのじょう》致時《むねとき》を召問《しょうもん》して、弁解させるように」と。すぐに宣下しておいた。故政職の男女の子孫たちが注進《ちゅうしん》した。すぐに奏《そう》聞《もん》させて、明法家に嫡子《ちゃくし》を立たせなければならない。仰せに随って宣下するよう、加えて奏上させておいた。中納言の女子は、万死《ばんし》一生《いっしょう》であった。その書状によって、造顕《ぞうけん》し奉った仏像の御衣《おんぞ》の絹を遣わした。(中原)師重《もろしげ》が確かに伝えず、女房《にょうぼう》(実資室)は麁悪《そあく》な絹を遣わした。その後、聞いたものである。

二十五日、丁未。　藤原経任、疫病を患う／施行

「権左中弁経任は、疫病を煩っている」と云うことだ。済任《なりとう》を遣わして見舞った。報じて云ったことには、「二十一日から煩っている所が、日を逐っていよいよ重くなっています」と。慈心寺《じしんじ》の成教《せいきょう》聖《ひじり》に、伝法料《でんぼうりょう》として白米五斗と□米一石を送った。山々に籠居《ろうきょ》している僧たちが来た。随円《ずいえん》が施行を行なった。また、道路の病者について、人々の告げに随って、寺に施した。「播磨守《はりまのかみ》(藤原)資業《すけなり》が腫物《しゅもつ》を煩っている」と云うことだ。あれこれ、軽くはないのか。

二十六日、戊申。　良円、頼通仁王講に参る

「律師が、今朝、山(延暦寺)から陰陽堂《おんみょうどう》に来着《らいちゃく》した。これはつまり、阿闍梨《あじゃり》頼秀《らいしゅう》の住房《じゅうぼう》である。明日、関白が高陽院《かやのいん》に於いて百高座を立て、仁王経講演を修する。その招請によって下山した」ということだ。中納言が来た。地上に坐って、雑事を談った。「夜に入っても、息女の病は軽くはありません」ということだ。

二十七日、己酉。　家中息災の為の大般若読経

修法《しゅほう》が結願《けちがん》した。その所に向かって、加持を受けた。堂《どう》に於いて、今日から大般若読経を行なう。請僧《しょうそう》は二口《く》〈慶範《けいはん》と中聖《ちゅうせい》〉。得命《とくみょう》に念誦持《ねんじゅじ》仏堂《ぶつどう》に於いて、今日から金剛般若経《こんごうはんにゃきょう》を転読《てんどく》させ奉る。家中の上中下の人の息災《そくさい》の為である。未だ日数を定めていない。

疫病の流行を攘う為である。

来月三日、陣定《じんのさだめ》を行なわなければならない。諸卿に告げるよう、大外記文義朝臣に命じた。

二十八日、庚戌。　**源経相妻・藤原経任妻、死去／常陸介から進物／源相高罪名勘文／見任解却に准じ贖銅に処す**

頭弁が、相高の罪名についての明法家の勘申を持って来た。奏上させた。中納言は、暁方、北隣に帰った。何日か、前備前守《さきのびぜんのかみ》（源）経相《つねすけ》の宅に住んでいた。ところが、その経相の妻が危急《ききゅう》となった。遂に未剋の頃、死亡した。今夜、権左中弁経任の妻が死亡した。常陸介《ひたちのすけ》（藤原）兼資《かねすけ》が、馬一疋を志してきた〈「長々しい事を作り、□□を出しました。世間の憚りによるものでしょうか。その馬は近江国に留めました。足を痛めているからです」と云うことだ。〉。手作布《たづくりのぬの》二端《たん》。

散位《さんい》従五位下源朝臣相高の罪名を勘申する事

右、左大史《さだいし》惟宗《これむね》朝臣義賢《よしかた》が伝えて云ったことには、「右大弁《うだいべん》源朝臣経頼が宣を伝えたことには、『右大臣（実資）が宣す。勅を承るに、不法に私宅を造営する制法《せいほう》は、先に官符を下知《げち》した。ところが、散位従五位下源朝臣相高は、舎屋《しゃおく》を秘かに造作し、その構えは高大であって、奢侈《しゃし》の心を顕わし、空しく憲法《けんぽう》の厳しさを忘れている。宜しく明法博士《みょうほうはかせ》に命じ、行なったことの罪名を勘申させるように』ということだ。謹んで今年五月二十八日に左右京職・弾正台《だんじょうだい》・検非違使に下給した官符を検じると、云ったことには、『応《まさ》に非参議《ひさんぎ》の四位以下が一町の舎宅《しゃたく》を造作することを禁制《きんせい》すべき事。右、式条《しきじょう》に見えるところは、門屋《かどや》は人の職により、舎宅は本来、等差が有るのである。ところが、近年以来、人は品秩を忘れ、好んで舎屋や垣根を営んでいる。或いは町に屋根を籠め満ち、或いは豪壮な建物を構える。故に位が貴い者とはいっても、一銭も無ければ、則ち隠者《いんじゃ》の門庭《もんてい》を歩んでいる。品が賤しい者とはいっても、浮雲のように富めば、則ち高門《こうもん》を開いている。俗の濫吹《らんすい》、国の疲弊は、もっぱらこのことによる。道理は、そうであってはならない。右大臣が宣したことには、「勅を承るに、宜しく京職に下知し、厳しく禁制を行なわせるように。もし制止を憚らず、なおも違犯《いぼん》を行なった輩は、その有官《うかん》の者は見任《げんにん》を解却《げきやく》して、永く叙用《じょよう》しないように。その無官《むかん》の者は違勅罪《いちょくざい》を科し、まさに処断《しょだん》せよ」と』と。職制律《しきせいりつ》に云ったことには、『詔書《しょうしょ》を施行《しぎょう》するところが有って違ったならば、徒《ず》二年』と。名例律《めいれいりつ》に云ったことには、『五位の者が流罪《るざい》以下を犯したならば、一等を減じよ』と。又条に云ったことには、『私罪を犯した者は、官当《かんとう》によって徒罪《ずざい》。五位以上の者は、一官当によって徒二年。そして見任を解け』と。又条に云ったことには、『官当によって徒となったならば、罪が軽く、その官が尽きない者は、官に留めて贖《しょく》を収めよ』と。又条に云ったことには、『徒一年半、贖銅《しょくどう》三十斤《きん》』ということだ。今、相高についていては、有官の列に入れようと思っても、つまり解却すべき見任の官が無い。無官の罪に処そうと思っても、また五位は官当せよとの制が有る。但し職事《しきじ》の四位は、この犯を行なえば、やはり見任を解却して、叙用してはならない。ましてや散位の五品は、なおさらである。この罪科《ざいか》を処断するに、どの位階の者を違勅《いちょく》に処し、贖銅を徴すべきであろうか。謂うところの、重きを挙げて軽きを明らかにするというのは、もっともこのような場合の為の文である。それならばつまり、疑いが有る者は決断し、本来ならば処分に従わなければならない。そこで勘申した」と。

長元《ちようげん》三年六月二十八日　従五位下行《ぎよう》明法博士兼備中権掾令宗朝臣道成《びつちゆうのごんのじようよしむねのみちなり》

二十九日、辛亥。　法華経講釈

内供《ないぐ》忠明《ちゆうめい》が如来寿量品《にょらいじゆりようぼん》を釈し奉った〈布施《ふせ》は三疋。〉。三位中将《さんみちゆうじよう》（兼頼）及び人々が聴聞《ちようもん》した。忠明の説経《せつきよう》は、今日、初めて聴いた。はなはだ貴かった、はなはだ貴かった。満座は随喜《ずいき》した。日没の頃に臨んで、解除《げじよ》を行なった。これは恒例の事である。

○**八月**

十二日、癸巳。　八省院・豊楽院修築の諸国充課について指示／藤原経任、病悩

頭弁《とうのべん》（源経頼《つねより》）が□□□□□□□□□□□々、早く定め充てるように」ということだ。奏上して云ったことには、「大垣《おおがき》と中隔《なかへだて》の垣・円教寺《えんきようじ》を造築して、国々が注進《ちゆうしん》するよう、権左中弁朝臣《ごんのさちゆうべんあそん》（藤原経任《つねとう》）に命じました。ところが、病を煩って出仕せず、□□□喪に□□、今も参っていません。そこで早く定め申すことができません。今となっては、□□□□□□者が、定め申すべきである。そこで問い遣わすよう、頭弁に命じた。関白《かんぱく》（藤原頼通《よりみち》）□□□□□事情を申さなければならない。誠に損色《そんしよく》を記すとはいっても、やはり事の定めが有る日に□□□□□」ということだ。「明日、雨が止めば、罷り向かうように」ということだ。□□□□を宣し、□□□□□充の日を、巡検《じゅんけん》の人々に問うた。子細を申して、□□□□□□□□である。頭弁も、同じくこのことを談った。但し最初に□□数国に及んではならない。只、□□□□□国々を書き、強弱を量り、興亡《こうぼう》を調べて、少々、定め充てた。次々に細かく定めなければならない。大宰府《だざいふ》管内《かんない》の国を、先ず定め充てなければならない。□行□は遙遠《ようえん》である。また、定め充□□□□□□□内々に処置するよう、伝えておいた。この御《み》堂会《どうえ》を過ぎて、二十六日□□□□□定め申すこととした。大略は、二十六日に定め申すことにするか。

十三日、甲午。

右衛門督《えもんのかみ》（藤原経通《つねみち》）が、□□□□□□□□□□□□今夜、念誦堂《ねんじゅどう》に宿した。

十四日、乙未。　**天台不断念仏**

早朝、律師《りっし》（良円《りょうえん》）に遇った。すぐに□□三品中将《さんぼんちゅうじょう》（藤原兼頼《かねより》）が云ったことには、「今夕、密々に天《てん》台《だい》（延暦寺《えんりゃくじ》）に参り登って、不断念仏《ふだんねんぶつ》を聞こうと思います」ということだ。「先ず律師の房に到ることにします」と云うことだ。すぐに（宮道《みやじの》）式光《しきみつ》朝臣に送らせるということを伝えた。□□深夜、帰って来て云ったことには、「坂から□□□□□

十五日、丙申。　**石清水放生会に奉幣／丹生・貴布禰使について回答**

石清水宮《いわしみずぐう》に奉幣《ほうべい》を行なった。中将《ちゅうじょう》（兼頼）は、未だ下山していない。そこでまずは奉幣させた。解除《げじょ》の際、奉幣について加えて申上させた。下山して、自身で束□□□拝し奉らなければならない。（中原）師重《もろしげ》をその迎えに遣わし、坂下《さかもと》に於いて□□□厩《うまや》の馬を、一乗寺《いちじょうじ》の延政阿闍梨《えんせいあじゃり》の房で飼わせた。暁方、下山するとのことを聞いたからである。ところが、今も下りてこない。雨脚が止まなかったからであろうか。「春宮大夫《とうぐうだいぶ》（藤原頼宗《よりむね》）が（藤原）為資《ためすけ》朝臣を遣わして、明日の丹生《にう》・貴布禰使《きぶねし》について問われました。止雨《しう》の御祈禱《きとう》によって、使を発遣されます」と云うことだ。「その事は、□□□□これを奉行《ぶぎょう》しなければならない。蔵人《くろうど》を使とする」と云うことだ。問うて云ったことには、「或る日記に云ったことには、『□□□□□』とのことです」と。私は奏上のとおりであることを答えた。為資に伝えておいた。中将が山（延暦寺）から二度の書状に云ったことには、「□□□下山することができません」ということだ。深夜、師重が坂本《さかもと》から帰って来て云ったことには、「明日の暁方、下山するということについて、頼弘《よりひろ》の書状が有りました。そこで罷り帰りました」と。この□□□朝臣が来た。夜に入って、頼弘が書状を送ったことには、「従う人々を督促して、参らせることにします」ということだ。

十六日、丁酉。　丹生・貴布禰社に止雨使を発遣／藤原経任亡妻の七々日法会／資平妻、危篤／頼通・実資の倚子を立て改める

「今日、丹生《にう》・貴布禰《きぶね》両社に、止雨使《しうし》を立てられる。蔵人を使とする」と云うことだ。権左中弁が、横川《よかわ》に於いて、妻の□□□を修した。僧の食膳料〈手作布《たづくりのぬの》七段。〉を送った。中納言《ちゅうなごん》（藤原資平《すけひら》）が、（藤原）兼成《かねなり》朝臣を介して□□□□の死生《ししょう》を伝え送ってきた。暁方に臨んで、僅かに蘇生《そせい》した。ところが、頼みにすることはできない。ただ死の時剋を待つばかりである。これらの事について、あらかじめ密々に伝え送ってきた。すでに中納言は女子（経任室）の七々日仏事《ぶつじ》を、律師の房に於いて、今日、形のとおり□□□□□□□□□□か。□今日、内裏に参ることになっている。無□□□□□□□□事□□□式次第を懐紙《かいし》に記し置いた。大外記《だいげき》（小野）文義《ふみよし》が云ったことには、「明日、汝《なれ》（実資）の倚子《いし》を関白の倚子と並べ立てることになっている事を、関白に申しておきました」ということだ。夜に入って、中納言が□□□□妻の煩っている様子は、生きていられそうもない。

十七日、戊戌。　尾に馬頭を結び付けた牛、紫宸殿南庭に入る／紫宸殿軒廊垂木、大風により破損

今日、陣に於いて、左宰相中将《ささいしょうちゅうじょう》（源顕基《あきもと》）が馬の頭を牛の尾に結び付けさせた。牛は右兵衛陣《うひょうえのじん》から入り、紫宸殿《ししんでん》の庭を走り、射場殿《いばどの》から下侍《しもさぶらい》に登って、殿上口《てんじょうぐち》から出た。未だ往古《おうこ》に於いて聞いたことのない怪異《かいい》□□□□□□□□□夜の風の為に吹き顚され□□修□□□□□□□□□□□

十八日、己亥。

山階《やましな》（興福寺《こうふくじ》）別当《べっとう》扶《ふ》公《こう》と、長い時間、談った。

十九日、庚子。　播磨守、延任を申請／肥前守罷申／悲田院に施行

早朝、山座主《やまのざす》（慶命《きょうみょう》）が来て、談った。□播磨守《はりまのかみ》（藤原）資業《すけなり》□□□申して云ったことには、「八省《はっしょう》院《いん》の堂を造営して□□延任《えんにん》を申請し、□□私の□恩に□□られる為です」ということだ。私が答えて云ったことには、「僉議《せんぎ》の場は、便宜《びんぎ》が有る。状況に随うだけである」と。肥前守《ひぜんのかみ》□範が、赴任するということを申した。塩引鮭《しおびきざけ》十隻を悲田院《ひでんいん》に下給した。当月の施行《せぎょう》である。時々、小雨が降った。晩方に向かって、律師が下山した。頼秀《らいしゅう》阿闍梨の房にいた。謂うところの陰陽堂《おんみょうどう》である。晩方、来た。

二十日、辛丑。　敦儀親王、出家／高田牧、地子米を進上

「昨日、式部卿《しきぶきょう》敦儀《あつのり》親王が、石蔵《いわくら》に於いて出家した」と云うことだ。「釼《たち》や装束《しょうぞく》を、春宮大夫に進上し奉った。書状が有ったので、明日、随身《ずいじん》□□の準備が有るとのことについて、中将の意向が有った」と云うことだ。そこで随身四人に、絹と手作布を下賜させた。□□□□□深夜、高田牧司《たかだのまきし》遠晴《とおはる》が参上した。師重を介して、遅参《ちさん》したことを問わせた。弁解し申すことが有ったとはいっても、言い逃れはできないようである。両年、牧田《まきた》の地子米《じしまい》二百石を進上しなければならない。ところが百五十石を随身してきた。もう五十石は、絹布で弁済《べんさい》し申すということか。絹百疋を進上するよう、大略、命じさせておいた。「使の出納《すいとう》（秦《はたの》）吉正《よしまさ》は、勘当《かんどう》されるということを聞いて、播磨《はりま》国に罷り留まっています」ということだ。彼の随身する皮籠《かわご》の御物《おもの》は、下部《しもべ》が検領《けんりょう》して参上した。先日、仰せ下したからである。

二十一日、壬寅。（『東北院供養記』にもあり）　**上東門院、法成寺東北院落慶供養／造八省院行事に源経頼を加えることを進言／螺鈿釼・隠文帯着用についての疑義**

今日、女院《にょういん》（藤原彰子《あきこ》）の御堂供養《みどうくよう》が行なわれた。晩方、女院が渡御《とぎょ》された。中将は、馬に騎って扈従《こしょう》した。この供養の儀は御斎会《ございえ》に准じるとの宣旨《せんじ》を、先日、仰せ下された。僧の食膳を奉献《ほうけん》させた〈高《たか》坏《つき》十二本。打敷《うちしき》を加えた。懸盤《かけばん》の饗三十前《ぜん》、大破子《おおわりご》十荷《か》、精料米《せいりょうまい》六十石。〉。この準備は、皆、定による。往古から聞いたことのない事である。ただ人々が、これを興じた。今回、精料の数の定が有った。はなはだ珍しい事である。諷誦《ふじゅ》を賀茂下神宮寺《かものしもじんぐうじ》に修した。幡《はた》四流《りゅう》を督促させた。随身(身人部《むひとべの》)信武《のぶたけ》を遣わして、行事《ぎょうじ》の人の所に送った〈二流は私が縫わせた。二流は中将が縫わせた。〉。午の終剋の頃、三位中将《さんみちゅうじょう》(兼頼)と同車して法成寺《ほうじょうじ》に参った。法成寺の内の北東の角に、新たに三昧堂《さんまいどう》を建立した。女院の御願《ごがん》である。諸卿は座に着した。汁物《しるもの》が終わって、箸を下した。関白が云ったことには、「もう鐘を打ち終わった。今となっては、堂中の座に着すように」と。すぐに諸卿は座を起って、仏前《ぶつぜん》の座に着した。これより先に、証誠大僧正深覚《しょうじょうだいそうじょうしんがく》一人が、堂中の座にいた。諸僧〈百十口《く》。〉は、東の御在所舎《ございしょしゃ》の南廂《みなみびさし》および東西廊の座に分かれて坐っていた。僧の前の経机《きょうづくえ》に、各々、法華経《ほけきょう》〈百部。〉を置いた。堂の前庭《ぜんてい》に導師《どうし》と呪願師《じゅがんし》の高座《こうざ》および礼盤《らいばん》を立てた〈礼盤は階《きざはし》の中央に立てた。高座は階の東西。〉。舞台の上に行《ぎょう》香机《こうづくえ》を立てた。文夾《ふばさみ》二竿《さお》に、願文《がんもん》と呪願文《じゅがんもん》を挟んだ。舞台の東西の庭に、花筥机《はなばこづくえ》を立て置いた。大《おお》鼓《つづみ》を中門の東西廊の前に立てた。この廊を楽人《がくにん》の座とした。堂中の仏前に高麗端《こうらいべり》の畳一枚を敷いて、唄師《ばいし》の座とした〈僧正《そうじょう》慶命と権僧正尋円《ごんのそうじょうじんえん》。〉。講師《こうじ》と呪願師は、輿《こし》に乗った。その前行は、各々、五位二人、六位二人。謂うところの、講師の前である。楽人が音楽を挙げた。如何なものか。斎会の堂童《どうどう》子《じ》が左右に坐った。唄師二人〈権大僧都定基《ごんのだいそうずじょうき》と大僧都《だいそうず》永円《えいえん》。〉・散花《さんげ》二人〈少僧都教円《しょうそうずきょうえん》と権律師《ごんのりつし》良円。舞台に並び立った。〉・定者《じょうじゃ》二人が進んだ。作法は通例のとおりであった。諸僧が行道《ぎょうどう》を行なった。引頭《いんとう》は二人〈前大僧都《さきのだいそうず》扶公と権大僧都明尊《みょうそん》。〉。行道の際、音声《おんじょう》の人が行道したことは、恒例のとおりであった。讃衆《さんしゅ》が進もうとしたが、すでに鐃鉢《にょうはち》が無かった。手を分けて走り求めた間に、時剋が推移した。東寺《とうじ》と天台には、各々、鐃鉢が有った。両方、これを讃衆の備えとした。何とか求めて、これを与えた。讃衆が退いた後、梵音衆《ぼんおんしゅ》が進んだ。「十一僧に綾の法服《ほうふく》を下給した」と云うことだ。次いで錫杖衆《しゃくじょうしゅ》が進んだ。所作が終わって、導師が開白《かいびゃく》を行なった〈願文は（大江）挙周《たかちか》が作成した。〉。次いで百僧が百部法華経の題名《だいみょう》を揚げた。公家《くげ》（後一条《ごいちじょう》天皇）・宮々および一家の卿相《けいしょう》が諷誦を修した。十僧および百僧の膳物を据えた〈「大折櫃《おりびつ》。牙象《げじょう》が有った」と云うことだ。〉。講師と呪願師が退出したことは、入った儀と同じであった。春宮大夫頼宗〈上東門院別当《じょうとうもんいんべっとう》。〉が、大僧正の禄を執った。絹に包んだ。諸僧に禄が有った。皆、絹か。この間、子細を記さないだけである。諸卿は欄干《らんかん》に臨んだ。先ず円座《わろうだ》を敷いた。衝重《ついがさね》が有った。大唐《だいとう》・高麗《こま》舞《まい》は、各三曲〈曲の中に、陵王《りょうおう》と納蘇利《なそり》が有った。〉。関白以下の殿上人《てんじょうびと》は、衣を脱いだ。私は袷衣《あわせごろも》を（多《おおの》）政方《まさかた》に下給した。関白および内府（藤原教通《のりみち》）は、（狛《こまの》）光高《みつたか》〈両府（頼通・教通）は二度、衣を脱いだ。〉と政方に下給した。舞が終わって、諸卿は座に復した。関白が語って云ったことには、「御念仏《ねんぶつ》を始め行なわれる際に、聴聞《ちょうもん》しなければならない。また、僧に賞を給わなければならない。やはり伺候するように。請僧《しょうそう》が退出して、この事が行なわれるであろう。僧たちが伺候している間は、きっと思うところが有るであろう」と。また、云ったことには、「未だ堂司《どうす》および三昧僧《さんまいそう》を定められていない。先ずただ、吉日《きちにち》であるので、伺候している僧に始め行なわせるように」ということだ。すぐに念仏を始められた。関白が密かに語って云ったことには、「内(後一条天皇)から頭弁を介して、申されるように」と云うことだ。「もしかしたら賞進《しょうしん》しなければならない人はいるのか」ということだ。「この事は、未だ決定していない。法成寺司《ほうじょうじし》は、山座主僧正慶命・大僧都永円・大僧都定基である。定基は故入道《にゅうどう》(藤原道長《みちなが》)が補された寺司《てらづかさ》である。もう二人は、入滅《にゅうめつ》されて以後の寺司である。定基は、その時から今まで寺に住している。ところが、最下臈《さいげろう》の者を抽撰《ちゅうせん》して賞進させてはならない。また、三人を賞するのは、如何なものか。はなはだ汎愛《はんあい》か。すべて三人ともに賞は行なわない。これについては、如何であろう」と。私が答えたことには、「この御寺の中の阿弥陀堂《あみだどう》と薬師堂《やくしどう》、仁和寺《にんなじ》に母后《ははきさき》(彰子)が建立された観音院《かんのんいん》、慈徳寺《じとくじ》・円融寺《えんゆうじ》・雲林院《うりんいん》には、皆、賞が有りました。今に及んで賞が無いのは、如何なものでしょう。多数の難点が有るとはいっても、やはり行なわれないわけにはいかないのではないでしょうか」と。関白が云ったことには、「事はもっともそうである」ということだ。「僧正には封戸《ふこ》を下給すべきか。永円には法印《ほういん》位を給うべきか。定基は人に譲るとの気持が有る」と云うことだ。私が云ったことには、「便宜が無い人に譲るのは、如何なものでしょう」と。答えられて云ったことには、「最円《さいえん》である」ということだ。私が答えたことには、「最円は、もっとも宜しい事です。そもそもただ、主上《しゅじょう》(後一条天皇)の御心と院(彰子)の御雅《が》意《い》によるべきでしょう」と。関白は座を起って、御前に参った。議定《ぎじょう》されているのか。しばらくして、座に復して云ったことには、「三人の賞は、やはり行なうべきである。頭弁が綸旨《りんじ》を伝えるのか。しばらく退出してはならない」ということだ。これは念仏以前のことであった。何事も無かった間に、念仏が終わった。頭弁が勅語《ちょくご》を伝えて云ったことには、「天台座主《てんだいざす》権僧正慶命に七十戸の封戸を下給するように〈宣旨には七十五戸を書いた。前例の数である。〉。大僧都永円に法印位を給うように。阿闍梨最円を権律師に任じるように。大僧都定基の譲りである」と。封戸と律師について、同じ弁に伝えた。法印については、これより先に、関白が云ったことには、「法印位を給わったならば、僧都《そうず》については停任《ちょうにん》すべきであろうか」ということだ。私が答えて云ったことには、「俗官《ぞくかん》に准じて、停任してはならないのではないでしょうか。参議《さんぎ》を三位に叙す場合です。中納言もまた、このようなものです。僧俗は同じです。道理の当たるところは、どうして差別が有るでしょうか。如何でしょう。『尋円は申請があったからである』ということでした。僧都を法印位に叙すのは、その願いに任せたのです。その他は、帯びるところの職は無く、ただ叙しただけです。院源《いんげん》および石清水《いわしみず》司と同じです」と。関白は許諾した。停任は無いであろう。深夜に及んで、退出した。今日、清談《せいだん》を行なった。八省院を造営される行事に、右大弁《うだいべん》経頼を加えられるよう語った。関白は許すという意向が有った。八省院と豊楽院《ぶらくいん》の作事の人々は多いからである。今日、関白相府（頼通）、内大臣（教通）、大納言《だいなごん》頼宗・（藤原）能信《よしのぶ》・（藤原）長家《ながいえ》、中納言（源）師房《もろふさ》は、螺鈿《らでん》の釵と隠文《いんもん》の帯を着した。正月の御斎会には着用しないものである。前日、三位中将には、着そうという気持が有った。ところが、着させなかった。六人の他は、蒔絵《まきえ》の釼と有文《うもん》の帯を着した。慈徳寺供養の日は、故前大相府《さきのだいしょうふ》〈道長。〉は、螺鈿の釼と有文の帯を着した。仁和寺の太后《おおきさき》(彰子)の御堂会の日は、現在の関白は、螺鈿の釼と有文の帯を着した。先公《せんこう》(道長)の例を逐われたのか。もっともこれは傾き怪しむ事である。隠文の帯と螺鈿の釼の着用は、その時が有るばかりである。関白は、八幡宮《はちまんぐう》に参る事や塔供養《とうくよう》に遅参した事について、談話が有った。大略、答対した。「今夜、女院は還御《かんぎょ》される」と云うことだ。(高階《たかしなの》)重規《しげのり》に、但馬《たじま》の位禄《いろく》を下給する。ところが、「その身は無い」ということだ。そこで(源)知道《ともみち》に下給する。そのことを、史《し》為隆《ためたか》に伝えた。

二十二日、癸卯。　永円の位記

権大僧都永円の法印の位記《いき》を作成するよう、大内記《だいないき》(橘)孝親《たかちか》朝臣に命じた。律師が来て云ったことには、「明日、拝堂《はいどう》を行ないます〈法成寺。〉。僧たちは、先ず今日、関白の邸第《ていだい》に参って、このことを申すことになっています。これは先例です」ということだ。法眼元命《ほうげんげんみょう》が、檳榔《びんろう》三百把《は》を志してきた。法印永円と大僧都定基が来た。慶賀《けいが》によるものである。産穢《さんえ》を転じたので、立ったまま逢った。先ず法印と談った。次いで定基僧都。僧都は最円の慶賀によるものである。

二十三日、甲辰。　信濃望月牧駒牽／光孝天皇国忌を忘失／八省院・豊楽院造営定、延引／紀伊守罷申／良円、法成寺三昧堂を拝す

大外記文義が云ったことには、「二十日は、信濃《しなの》の御駒牽《こまひき》が行なわれました。陣饗《じんきょう》の準備が無かったので、解文《げぶみ》を奏上しませんでした。今日、取ることにします」ということだ。式日《しきじつ》ではないので、大納言以下に告げなければならない〈後に聞いたことには、「中納言（藤原）定頼《さだより》が上卿《しょうけい》を勤めた」と。〉。

二十六日に八省院と豊楽院を造営する国々について定め申すということは、前日に申させたところである。ところが、その日は国忌《こき》であった。思い忘れていた事である。そこで書状を記して、頭弁の許に伝えた。今月は日が無い。来月二日に定め申すよう、同じく示し遣わしておいた。報書に云ったことには、「関白に申しておきました。おっしゃられて云ったことには、『来月二日に定められるのは、大いに善い事である』ということでした」と。紀伊守《きいのかみ》（源）良宗《よしむね》が、二十六日に赴任するということを申してきた。触穢《しょくえ》であったので、逢うには便宜が無い。師重に□させた馬を遣わされて、これを志し与えた。

律師が伝え送って云ったことには、「剋限《こくげん》に拝堂を行ないました。雨は降りませんでした。座主《ざす》（慶命）が云ったことには、『拝堂の後、関白の邸第に参って申すように。拝堂以前には、便宜が無い』ということでした。そこで晩方に参ることにします」ということだ。私が答えて云ったことには、「拝堂については、もしかしたら申してはならないのではないか。特に大いに懈怠《けたい》している。たとえ早いとはいっても、まったく申してはならない事ではないか。但し僧中の事は、俗家《ぞっか》と異なる。考えると、拝堂が終わって、まずは山に登るのが、難点が無いのではないか。そもそも、僧の例によるべきものである」と。

二十六日、丁未。　美作守が貢上した馬を兼頼に与える／明法博士、源相高の罪名を勘申／諸司勘料の過差について、頼通から諮問／彰子、法成寺東北院に渡御

帯刀長《たちはきのおさ》(藤原)資経《すけつね》に馬を下給した。紀伊守良宗に属して下向するのに、馬が無いとのことを申してきた。そこで下給したものである。この何日か、中将が云ったことには、「馬一疋を上野介《こうずけのすけ》(藤原)良任《よしとう》に与えようと思っています」ということだ。既には然るべき馬がいない。ところが、今日の巳剋、良任は下向する。美作守《みまさかのかみ》(藤原資頼《すけより》)の許から、馬一疋を送ってきた。すぐに中将に志した。「中将は悦びながら、追ってこれを遣わした」と云うことだ。頭弁が種々の宣旨を下した。また、奏事が有った。この中に、明法家《みょうぼうか》が、(源)相高《すけたか》の罪名を勘申《かんじん》した事が有った。検非違使《けびいし》を遣わすべきか否かについて、勘申して云ったことには、「天皇の聖断《せいだん》によることとする」ということだ。私が密々に談って云ったことには、「住宅の破却《はきやく》に検非違使を遣わされる□事は、人主《じんしゅ》(後一条天皇)の専断《せんだん》によるべき事項か。優厚《ゆうこう》が有るのが宜しいであろう」と。関白の御書状に、「諸国司《こくし》が申して云ったことには、『勘料《かんりょう》の過《か》差《さ》によって、まったく為す術が無いことについて、愁い嘆くことは、もっとも深いものです』と。どの様に行なうべきであろうか」と。報じて云ったことには、「前の分については、法制《ほうせい》は軽くはありません。本来ならば停止《ちょうじ》されなければなりません。ところが、古今、先例が有ります。急に停止されるのは、何としましょう。その数を定めて宣下されるのは、憲法《けんぽう》ではありません。天下は感心しないでしょう。中古の例と近代の例を、内々に尋ね問われて、中古の例によるべきであるとのことについ

て、意向が有りました。過差の法は行ない難いでしょう。もしもやはり、承って行なわなければ、勘料を停止するという宣旨を下されれば、怨恨《えんこん》するところは無いでしょう」と。頭弁は感心した。「今夜、女院は新造の御堂に渡御する。卿相が扈従する」と云うことだ。

二十七日、戊申。　頼宗女、訪問／栄爵を申請し八省・豊楽院造営に加わる者

昨日、春宮大夫の女子〈六歳。〉を、中将が率いて来た。今日、帰った。瑠璃壺《るりつぼ》に丁子《ちょうじ》を納めて、これを志し与えた。これは小女〈藤原千古《ちふる》〉の志である。造八省《ぞうはっしょう》・豊楽院行事所《ぶらくいんぎょうじしょ》が申請した栄爵《えいしゃく》の者四人〈藤原言良《ときよし》・丸部礼用《わにべのあやもち》・源良親《よしちか》・伊福部孝行《いふくべのたかゆき》。〉の名簿《みょうぶ》を大内記孝親朝臣に下給した。位記を作成するよう命じた〈国用位記《こくよういき》。但し礼用・孝行の二人は外階《げかい》。〉。

二十八日、己酉。　備前守罷申／資平室、重態

左大史《さだいし》（惟宗《これむね》）義賢《よしかた》が、宣旨を進上した。目録を前に召した。八省院と豊楽院の造営について命じた。来月二日に定めることとする。八省院と豊楽院を造営する国々について諸卿に告げるよう、大外記文義に命じた。備前守《びぜんのかみ》（源）長経《ながつね》が、来月一日に赴任するということを告げてきた。しばらく清談した。禄を与えた〈蘇芳《すおう》の綾の掛《うちき》と袴《はかま》。〉。知道朝臣が、□□□□中納言が来た。雑事を談った次いでに云ったことには、「室の病は危急《ききゅう》です。朝夕も期し難いものです」ということだ。

二十九日、庚戌。　筆生、筆を進上／一条天皇最初の例／仁和寺が弥勒寺を預かるを愁う／法華経講釈／講師、改替

筆生忠時《ひっしょうただとき》が、筆十管《かん》を進上してきた。疋絹《ひっけん》を下給した。頭弁が宣旨を持って来た。この中に相高の宅の罪名勘文《ざいめいかんもん》があった。命じて云ったことには、「諸卿が定め申さなければならない。所司《しょし》の勘料については、下官(実資)が申したとおりである。一条院《いちじょういん》の最初の際の例が、もっとも宜しいであろう。その時の例を調べて、親しい国司たちに命じよ。別に過差が有れば、咎《とが》めるように」ということだ。「高家《こうけ》の人が奪って妨げる□□官米《かんまい》について制止せよとの宣旨を、検非違使の官人に伝えるように」ということだ。同じ弁に命じた。尋清《じんせい》僧都が来て、仁和寺が弥勒《みろく》寺を預かる事を愁いた。「これはあの別当某《なにがし》が、あの寺の事を知行《ちぎょう》しようと思っているのです」と云うことだ。新律師最円が来た。念《ねん》賢《けん》が、随喜功徳品《ずいきくどくほん》を講じ奉った〈布施《ふせ》は□□□□。〉。湛国《たんこく》を招請することをあらかじめ定めていた。ところが、去る夕方、急に辞した。憚るところが有るのか。「去月の講師は、もっとも□であった。勝劣が明らかであったので、辞したものか」と云うことだ。

○九月

一日、辛亥。　**河臨祓／当季仁王講・夏季尊星王供・夏季聖天供始／千古の薬師供始・夏季観音供始・春季聖天供始**

早朝、沐浴《もくよく》し、河原に出て解除《げじょ》を行なった。「中将《ちゅうじょう》(藤原兼頼《かねより》)の祓《はらえ》については、確かではない」ということだ。また、(紀)為資《ためすけ》の申したところは、いい加減である。そこで去る三月の暦を検じたところ、すでに解除を行なったことを記してあった。そこで河原に出て祓を行なった。当季《とうき》仁王講《にんのうこう》〈念賢《ねんけん》・智照《ちしょう》・忠高《ちゅうこう》。〉・夏季尊星王供《そんしょうおうく》〈三箇日。阿闍梨《あじゃり》文円《ぶんえん》。〉・夏季聖天供始《しょうでんぐはじめ》〈三箇日。〉を修した。小女（藤原千古《ちふる》）の薬師供始《やくしぐはじめ》〈七箇日。歳事《さいじ》。〉を行なった。新たに図絵し奉って、供養《くよう》した。毎年の事である。律師《りつし》（良円《りょうえん》）が天台《てんだい》（延暦寺《えんりゃくじ》）の房に於いて供養した。夏季観音供始《かんのんくはじめ》〈新たに図絵した。〉を行なった。供師《くし》は念賢。春季聖天供始を行なった〈三箇日。〉。延政《えんせい》阿闍梨。

二日、壬子。陣定／国充

諷誦《ふじゅ》を東寺《とうじ》に修した。小女は乳を服用した。信仰の師である正遠《せいえん》が、云々された。内裏に参った〈午三剋。〉。待賢《たいけん》門から入ったことは、恒例のとおりであった。左大弁《さだいべん》（藤原）重尹《しげただ》が先に参っていた。頭《とうの》弁《べん》（源経頼《つねより》）が陣座《じんのざ》に出て、播磨守《はりまのかみ》（藤原）資業《すけなり》が申請した二箇年の任期を延べられて、朝集堂《ちょうしゅうどう》一宇《う》を造営して進上する申文《もうしぶみ》、備中守《びっちゅうのかみ》（藤原）邦恒《くにつね》が申請した一任期を延べられ、応天《おうてん》門および東西廊三十二間・東西の楼を造営する申文を伝え下した。後一条《ごいちじょう》天皇の綸旨《りんじ》に云ったことには、「定め申すべきである」と。小臣《しょうしん》（実資）・内大臣（藤原教通《のりみち》）、大納言《だいなごん》（藤原）斉信《ただのぶ》・（藤原）頼宗《よりむね》・（藤原）長家《ながいえ》、中納言《ちゅうなごん》（源）師《もろ》房《ふさ》・（藤原）経通《つねみち》・（藤原）定頼《さだより》、参議《さんぎ》（源）朝任《あさとう》・重尹が、定め申して云ったことには、「資業が申請した朝集堂一宇は、その功が甚だ軽い。もう一宇の朝集堂を加えられて、裁許《さいきょ》すべきであろう」と。頼宗卿が云ったことには、「中文を返却され、彼がやはり加えて申請することが有れば、その時に裁許するのが宜しいのではないか」と。この議定《ぎじょう》については、詞で頭弁に託して、奏上させた。中文を同じ弁に託し、八省院《はっしょういん》や豊楽院《ぶらくいん》を造営することを命じる国々、および両国が申請した所々の定書《さだめがき》を奏上させた。堂・門・廊は、未だ充てられていない。今日はただ、初めて定めただけである。頭弁が云ったことには、「両国が申請した所々は、その人を記すわけにはいきません。ただ官符《かんぷ》を下給する時に、官符に載せるよう、関白《かんぱく》（藤原頼通《よりみち》）の御書状が有りました」と。そこで□命に従って、その人を記さずに上奏した。諸卿が云ったことには、「やはり申請した人を記すべきではないか」と。堂・門・廊・渡殿《わたどの》・築垣《ついがき》は、未だ充てられていない。伝えて云ったことには、「右府（実資）が定め充てて奏上させるとのことについて、関白の書状が有った」と。垣の丈尺《じょうしゃく》を能く勘知《かんち》して国々を充てる事を、同じ弁に伝えた。夜、深夜に及んで□、この事を同じ弁に告げて退出した。

三日、癸丑。　悪米進官の禁・美服の禁について頼通に進言

夜に入って、頭弁が来た。関白相府（頼通）の書状を伝えて云ったことには、「悪米の制を立てた後、ただ一年ほど、その制に拘わられてきた。明年については、諸国の米はまた、麁悪《そあく》□。昨年以前、国々は不熟《ふじゅく》であった。『今年は豊稔《ほうねん》とのことだ』と云うことだ。諸国に様米《ようまい》を進上させ、もしも様米に違うことが有れば、先年の宣旨《せんじ》に任せて使の綱丁《こうちょう》を勘申《かんじん》する事を、汝《なれ》（実資）に告げて、難点が無ければ、奏聞《そうもん》するように」ということだ。私が云ったことには、「悪米は用いるに値しない物です。先年、制する宣旨を下しました。様米を太政官《だいじょうかん》に進上させ、検非違使《けびいし》に給わって、糺し行なわせるのが宜しいでしょう」と。また、云ったことには、「世間の美服《びふく》の制は、長保《ちょうほう》の宣旨に任せて行なうべきであろ

うか」と。私が云ったことには、「重ねて宣旨を下して行なわれるのが、もっとも佳《よ》いであろう事です」と。国々の衰亡《すいぼう》は、ただ過差《かさ》にある。能く禁止されるのは、誰が悦ばないであろうか。

四日、甲寅。

暁方、呵梨勒丸《かりろくがん》二十丸《がん》を服用した。昨日は服薬《ふくやく》の吉日《きちにち》であった。そこで先ず一丸を服用した。春宮大夫《とうぐうだいぶ》頼宗が、（藤原）為資朝臣《あそん》を介して書状を送って云ったことには、「明日、拝謁できるでしょうか」ということだ。

五日、乙卯。　資平室、快方に向かう／頼通邸で石清水詣試楽

早朝、中納言が来て云ったことには、「吉日であったので、参謁《さんえつ》します。今日、また内裏に参ることにします」ということだ。また、云ったことには、「室の病は、頗る宜しくなりました。状況に随って、参ることにします」と。関白は八幡宮《はちまんぐう》に御出《ぎょしゅつ》する。今日、高陽院《かやのいん》に於いて、八幡宮の試楽《しがく》が行なわれた。夜に入って、中将が帰って来て云ったことには、「上達部《かんだちめ》は衣を脱がず、殿上人《てんじょうびと》や諸大夫《しょたいふ》は衣を脱ぎました。特に関白の命が有って、私（兼頼）は衣を脱いで、納蘇利《なそり》〈（多《おおの》）政方《まさかた》。〉に下給しました」と。中将が厳父《げんぷ》（頼宗）の書状を伝えて云ったことには、「今日、参ろうと思っていましたが、申さなければならないことが有りまして、女院《にょういん》（藤原彰子《あきこ》）に急いで参りますので、来たる明日の夕方になって参ることにします」ということだ。

六日、丙辰。　平忠常追討宣旨を源頼信に下す

頭弁が仰せを伝えて云ったことには、「甲斐守《かいのかみ》（源）頼信《よりのぶ》が特に官符を国々に下給して一緒に（平）忠常《ただつね》を追討すべき事・米を進上する国々は様米を進上すべき事・その後に検非違使に下給して行なわせるべき事・故（源）政職《まさもと》の処分の事・美服を禁じる事を、皆、仰せ下せ」と。他の宣旨についても、いくつか有った。すべて目録にある。弁が云ったことには、「十一日に八省院行幸《はっしょういんぎょうこう》が行なわれることになっています。関白が云ったことには、『右府は、必ず参らないのか』と」と。老人（実資）は行歩《ぎょうほ》に堪え難いことを知っておられるのか。まったく思い懸けなかった事である。また、云ったことには、「近日、御作文会《さくもんかい》が行なわれることになっている。御書所《ごしょどころ》の人を召すように」と云うことだ。右衛門督《えもんのかみ》経通が来て云ったことには、「二十三日に、伊勢大神宮《いせだいじんぐう》に参ることになっています。御祈禱《きとう》の為です」と。随身《ずいじん》の胡簶《やなぐい》四腰《こし》と馬の移鞍《うつしぐら》四具《よろい》を貸した。

七日、丁巳。　本命供／八省院・豊楽院造営宣旨

本命供《ほんみょうく》を行なった。左少弁《さしょうべん》（源）資通《すけみち》が云ったことには、「権左中弁《ごんのさちゅうべん》（藤原）経任《つねとう》を介して、八省院と豊楽院を造営させる宣旨を仰せ下しました」ということだ。この宣旨は、前日、伝えた。ところが、今まで仰せ下さなかった。懈怠《けたい》と称さなければならない。春宮大夫が、夜に入って、立ち寄った。長い時間、清談《せいだん》した。深夜の後、退帰された。

八日、戊午。　維摩会講師請書／火事で藤原国成宅、類焼

維摩会《ゆいまえ》講師《こうじ》の請書《しょうしょ》に「朝臣」の二字を加えた〈朝懐《ちょうかい》、専寺《せんじ》。〉。

中納言が来て云ったことには、「今日、法成寺薬師堂《ほうじょうじやくしどう》の例講《れいこう》に参りました。関白及び卿相《けいしょう》が参会しました」と。戌剋の頃、西洞院《にしのとういん》大路の東・土御門《つちみかど》大路の北の小人の宅が、焼亡した。因幡守《いなばのかみ》（藤原）国成《くになり》の宅が、この中にあった。国成は得富《とくふ》と号する者である。そこでこの災が有ったのか。潤屋《じゅんおく》の戒めは、不信の遇《ぐう》である。

九日、己未。　丹後講師から進物／源済政、造宅について虚偽申請

丹後《たんご》講師長円《こうじちょうえん》が、絹十疋を進上してきた。使に託して返給した。

右衛門督と中納言が来て、語った。夜に臨んで、退去した。修理大夫《しゅりだいぶ》（源）済政《なりまさ》が来て云ったことには、「造宅についての申請は、諸卿が許可して進上しました。右大弁《うだいべん》（経頼）が述べたところは、『今となっては官奏《かんそう》に入れなければならない。奏が有る時に、漏らしてはならない。事の事情を関白に申したところ、すでに許容が有った。女院がいらっしゃる間に焼亡した。他に准じるわけにはいかない』ということでした」と。私が答えて云ったことには、「先ず南所《なんしょ》に申し、次いで官奏に入れる。許可されるかどうかは、ただ関白の命に従うように」と。先日、権左中弁経任が云ったことには、「まったく許可してはなりません。但し、格別な宣旨および関白の仰せが有れば、申す限りではありません」ということだ。書状を記して問い遣わした。その返報に云ったことには、「先日、述べたとおりです」と。弁が許可して進上したということは、はなはだいい加減である。済政が云ったところは、虚言《きょげん》のようなものである。奇怪に思った、奇怪に思った。

十日、庚申。 神明の夢想／伊勢例幣使を定める／法成寺東北院行幸／叙位／播磨守から進物

今朝の夢で、「内裏に参った。陽明《ようめい》門に到り、未だ車から下りなかった頃に、轅《ながえ》の男に命じて云ったことには、『何日か、この御門から参っていない。待賢門から輦車《てぐるま》に乗って参入する』と。男一人が車を引き、待賢門に到った。牛を懸けず、随身はいなかった。前駆《ぜんく》〈前駆は誰とはわからなかった。覚えているところは、主計允《かずえのじょう》であった。前駆二人は、もう一人は主税允《しゅぜいのじょう》であった。〉を遣わして、随身を召し遣わした。今日は定めなければならない事が有って、参入したものである。大弁《だいべん》が先に参っていた。その車を陽明門に立てて、私の参入を待っていた。随身の番長《ばんちょう》共保《ともやす》が、布衣《ほい》を着して来た。勘当《かんどう》を加えた。褐衣《かちえ》を着して来るよう命じた。『すぐに退出します』ということだ。待賢門と陽明門の間の二町に、小宅が有った。その一つの宅から、褐衣・冠□を着した四人が、馬に乗って、大宮《おおみや》大路を南行した。皆、飾馬《かざりうま》に乗っていた。馬の色は葦毛《あしげ》であった。私が心に思ったところは、飾馬はすでに神明《しんめい》である。飾馬を得て、神力《じんりき》によって、今、通例の馬のようになっている。次いで身長六尺ほどの女が、ただ白い袙《あこめ》の衣を着し、大牛を引いて従っていた」と見ている間に夢が覚め、天は明るかった。妄想《もうそう》と称するものと思ったのだが、確かに覚えているものである。早朝、沐浴した。念誦所《ねんじゅしょ》に向かう頃、大外記《だいげき》(小野)文義《ふみよし》朝臣が来て、関白の御書状を伝えて云ったことには、「明日の御幣《ごへい》使の卜串《うらぐし》は、いささか思い悩むことが有って、開き見ることができなかった。汝がこれを見て、その使王《しおう》を定めて遣わすように」ということだ。驚きながら衣冠《いかん》を着し、車に乗って、西門の辺りに引き出した〈車は門外の屋の

内に立てた。〉。卜串を見た。文義朝臣が筥《はこ》に納めて、これを進上した。返給して、開かせた。丙合《へいごう》の信清《のぶきよ》王を定め仰せた。終わって、帰り入った。暁方の夢は、既にこの事に合致している。すでに牛が車を引くことは、夢のとおりであった。感応《かんのう》と称さなければならない。特に沐浴の後、未だ念誦《ねんじゅ》を行なわないうちに、この事が有った。もっともそうさせたのか。文義が云ったことには、「去る夕方、女院の御堂《みどう》に行幸し、人々に加階《かかい》されました。（源）行任《ゆきとう》と（藤原）隆光《たかみつ》は、正四位下に叙されました。（橘）俊通《としみち》は従四位上に叙位《じょい》されました」と。中納言が来た。すぐに内裏に参った。黄昏に臨んで、帰って云ったことには、「関白相府に拝謁し奉りました。雑事を談られた次いでに云ったことには、『造八省院《ぞうはっしょういん》については、右府の定に随って、聞いたところをただ定めた』と。その気持は、自ら別の意図はありませんでした」ということだ。夜に入って、加階に入った人たちが、一度に来た。中納言は中将に伝言して、庚申《こうしん》を守っていた。播磨守資業が、紙二百帖《じょう》を送ってきた。人が少なく、紙は多かった。そこで頗る□だけであった。

十一日、辛酉。　小安殿の鴟尾、落ちる／八省院行幸、停止／甲斐守源頼信から進物

先日、頭弁が云ったことには、「小安殿《しょうあんでん》の西簷《えん》が頽壊《たいかい》して、鴟尾《しび》が落ちました。そこで行幸は停止《ちょうじ》となりました」と。今日の奉幣使《ほうべいし》については、権大納言《ごんだいなごん》長家が上卿《しょうけい》を勤めた。後に聞いたことには、「雨が降っていたので、月華門《げっか》から出て、八省院に向かいました。太政官《だいじょうかん》の上官《じょうかん》が、同じく笠を差して従いました」と。降雨の時は、敷政《ふせい》・宣陽《せんよう》門から出、中隔《なかへだて》を経て、八省院に向かうのが通例である。

故実《こじつ》を知らないのか。或いは云ったことには、「先ず民部卿《みんぶきょう》(斉信)の許に到って、事情を問いました」と云うことだ。甲斐守頼信が、糸十絇《く》と紅花《べにばな》二十斤《きん》を志してきた。

十二日、壬戌。　八省院・豊楽院・大垣を造営する諸国を定む／平則義、爵料を進上／清涼殿にて密宴・作文会

頭弁が、甲斐守頼信に下給した官符・諸国が様米を進上せよとの官符・美服を禁制《きんせい》する宣旨の草案《そうあん》を持って来た。関白に内覧《ないらん》させて、清書《せいしょ》するよう、伝え仰せたのである。八省院・豊楽院・大垣《おおがき》を造営する国を、大弁と一緒に定めた。左大史《さだいし》(惟宗《これむね》)義賢《よしかた》を召して、伺候させた。大弁が定文《さだめぶみ》二枚を書いた〈一枚は両院(八省院と豊楽院)、一枚は大垣。〉。内覧を経て奏上するよう、示し伝えたのである。播磨《はりま》と備中《びっちゅう》の申請について、頭弁に問うた。答えて云ったことには、「裁許が有りました」ということだ。防河《ぼうか》・造円教寺《ぞうえんきょうじ》の国々も、皆、充てた。「もう五、六箇国、充てられたところです」ということだ。「安芸《あき》国は、改めて定めることが有るでしょう」と云うことだ。改替《かいたい》の分である。「造八省院行事所《ぞうはっしょういんぎょうじしょ》に、平則義《のりよし》が爵料《しゃくりょう》を進上しました。随ってそこで、国用位記《こくようい き》を給うとの宣旨が下ったのです。ところが、愁いたところが有りました。そこで恪勤位記《かくごいき》を給うことになりました」ということだ。頭弁が仰せを伝えたことには、「今夜、清涼殿《せいりょうでん》に於いて密宴《みつえん》が行なわれる」と云うことだ。「詩作を得意とする上達部・侍臣《じしん》・御書所の人々は、階下《かいか》に伺候する」と云うことだ。深夜、右衛門督が□来た。右衛門督は、気上《きじょう》を補って、内裏に参った。「詩人の召人《めしびと》」と云うことだ。宿直装束《とのいしょうぞく》を着していた。

十三日、癸亥。　造八省院・豊楽院行事／御前作文会の探韻で不正／斉信、安房守平正輔の延任を求む

権左中弁経任が来た。頭弁を造八省《ぞうはっしょう》・豊楽院《ぶらくいん》の行事《ぎょうじ》とする事を、先ず関白に伝え、許すか否かに従って奏聞する事を伝えておいた。

未剋の頃、大外記文義が来て云ったことには、「作文《さくもん》の上達部は、関白の御直廬《じきろ》に於いて□食されました。御前の作文会は、未だ終わっていません」と。古昔《こせき》はそうではなかった。暁に臨んで、会が終わった。未だ一日二夜の作文会を聞いたことがない。故入道前太相府《にゅうどうさきのだいしょうふ》（藤原道長《みちなが》）の作文会も、このようであった。あの時、世は奇怪に思った。酉の終剋の頃、（藤原）経季《つねすえ》が内裏から退出して云ったことには、「ただ今、会が終わりました。天皇の御製《ぎょせい》が有りました。関白相府、大納言斉信・頼宗・（藤原）能信《よしのぶ》・長家、中納言経通・定頼が、参入しました。関白と長家卿は、詩作を得意とする人ではありません。ただ請うて作りました」と云うことだ。「上達部に御衣《おんぞ》を下給しました。殿上人および御書所の者たちには疋絹《ひっけん》でした」と云うことだ。夜に入って、権左中弁が来て云ったことには、「右大弁が、造八省・豊楽院の行事を関白に申しました。おっしゃって云ったことには、『早く奏上するように』ということでした。すぐに奏聞しました。おっしゃって云ったことには、『申請によれ』と」と。宣下するよう伝えた。また、云ったことには、「昨日の御前の作文会で、探韻《たんいん》が行なわれました。権中納言《ごんちゅうなごん》定頼がこれを探り、『芳』字を申し給わりました。その後、（大江）時棟《ときむね》が階下に於いて、

『芳』字を申し給わりました。諸卿が云ったことには、『同じ字を、両人が取れるはずがない』と。驚いて問われたところ、時棟は探った字を献上しました。次いで定頼に問われたところ、『芳』字を探ったとのことを申しました。おっしゃって云ったことには、『探った字を進上するように』と。申して云ったことには、『すでに紛失しました』と。関白は、汚穢《おわい》であることをおっしゃられました。また、左少将《さしょうしょう》(藤原)師成《もろしげ》が、『霜』字を申し給わりました。元々はこの字を書いていませんでした。事の疑いが有って問われたところ、『霜』字を進上せず、『飛』字を進上しました。両人が行なったところは正直ではないとのことについて、関白の仰せが有りました」と云うことだ。不廉《ふれん》と称すべき者である。無才《むさい》の清廉《せいれん》と高才《こうさい》の不廉は、この間、如何であろう。ああ、ああ。権弁《ごんのべん》(経任)が、民部卿の書状を伝えた。これは安房守《あわのかみ》(平)正輔《まさすけ》の延任《えんにん》についてである。その趣旨は懇切《こんせつ》であった。

十四日、甲子。　平則義に恪勤位記を給う／興福寺維摩会不足米宣旨

平則義が、爵料を造八省院行事所に進上した。前日、宣旨によって、国用位記を下給した。今、恪勤位記を作成するよう、宣旨が有った。そこで今日、大内記《だいないき》(橘)孝親《たかちか》朝臣に伝えた。左中弁《さちゅうべん》(藤原)経輔《つねすけ》が、興福寺《こうふくじ》維摩会《ゆいまえ》の不足米の宣旨を持って来た。同じ弁に下した。

十五日、乙丑。　但馬守から進物

但馬守《たじまのかみ》(源)則理《のりまさ》が、八丈の桑糸五疋を志してきた。

十六日、丙寅。　犬が鎰袋を嚙み破る怪異／勘文／高陽院競馬

権左中弁が来て云ったことには、「昨日の未剋、犬四疋が御匙《かぎ》の韓櫃《からびつ》に入って、鎰《かぎ》の袋を喰い損じました。すぐに関白に申したところ、おっしゃって云ったことには、『御占《みうら》を行なわなければならないであろうか。外記《げき》に問うて、准じることのできる例を勘申させよ』ということでした。すぐに大外記文義に伝えました。延喜《えんぎ》二十二年・承平《じょうへい》二年・天慶《てんぎょう》三年に時杭《ときのくい》を失った例を勘申しました。延喜の例は、蔵人所《くろうどどころ》に於いて御占が行なわれました。あとの二年は、ただ、御占が行なわれたとのことを記して、子細を記していませんでした。ただ今、関白の命によって奏覧《そうらん》することにします」ということだ。「御占は、もしくはいずれの所に於いて行なわれるべきでしょうか。上卿を承られるでしょうか。それとも如何でしょう」と。私が答えて云ったことには、「延喜の例は、蔵人所に於いて御占が行なわれた。更にまた、調べられることもないのではないか」と。感心して、内裏に参っていった。詳細を短紙《たんし》に記して云い送るよう、示し伝えておいた。「東大寺《とうだいじ》の勅封《ちょくふう》の御倉の匙」と云うことだ。勘文《かんもん》に云ったことには、

「勘申した、犬が御鎰の袋を嚙み破った怪異《かいい》に准じることのできる先例の事。

延喜二十二年十月十七日の記に云ったことには、『烏が時報の杭を喰い抜いた。そこで蔵人所に於いて、陰陽寮《おんみようりよう》を召して占い申させた』と。

承平二年七月十一日の記に云ったことには、『今月五日、紫宸殿《ししんでん》の版位《へんい》に犬の糞が遺っていた。陰陽寮が占い申して云ったことには、「兵革《へいかく》を慎しむように」と云うことだ』と。

天慶三年十月二十三日の記に云ったことには、『蔵人式部丞《くろうどしきぶのじょう》源信明《のぶあきら》が奏時《ときもうし》を命じた。内竪《ないじゅ》が申して云ったことには、「今日、辰一剋の頃、酉一剋の杭を紛失しました」と。そこで陰陽寮を召して御占させた。申して云ったことには、「西方に兵革が起こります」と云うことだ』と」と。

黄昏に臨んで、中納言が来て云ったことには、「高陽院に参りました。競馬《くらべうま》が行なわれました。石清水宮《いわしみずぐう》に参ることができないということを左衛門督《さえもんのかみ》師房に告げました。病者〈藤原資平《すけひら》室〉がやはり重いからです」と。

十七日、丁卯。　陣定／八省院・豊楽院修造の分担を定む／不堪佃田申文／五節定

諷誦を六角堂《ろっかくどう》に修した。内裏に参った〈未三剋。〉。経季が従った。春華門《しゅんかもん》から入った。頭弁が先日、定めた八省院と豊楽院を修造する国々の定文、播磨・備中の国司《こくし》の申請文〈播磨守資業が申請した朝集堂一宇を造営して二年の任期を延べられるものに、朝集堂一宇を加えられるもの、備中守邦恒が申請した応天門および東西楼と廊三十二間を造営して一任期を延べられるもの。〉といった文書《もんじょ》を下給した。命じて云ったことには、「播磨《はりま》国司が申請した朝集堂一宇を加えることは、申請によれ。備中《びっちゅう》国司が申請した□□、申請によれ。且つ近江《おうみ》国が豊楽《ぶらく》門を造営することを止めて、和泉《いずみ》・安芸国を充てるように〈三間は安芸、二間は和泉。〉。近江については、亡弊《ぼうへい》が特に甚しい。今年は休慰《きゅうい》し、明春に大垣三町ほどを充てることとする。延禄堂《えんろくどう》十五間〈七間は周防《すおう》、三間は丹後《たんご》、三間は伯耆《ほうき》、二間は出雲《いずも》。〉は、初めは八間を周防に定めた。もう一間を止めて、他の国に充てた。この定については、初めの定文に書き入れるように。本来なら

ば仗座《じょうのざ》に於いて書かせなければならない。ところが、下官（実資）の居宅に於いて充てた。ただ書き加えられるだけである」と。そこでただ、定文に書き載せるよう、大弁に伝えた。不《ふ》堪佃田申文《かんでんでんもうしぶみ》について問うたところ、「準備して揃えてあります」ということだ。大弁が云ったことには、「備《び》前《ぜん》の後《ご》不《ふ》堪《かん》文《ぶん》・東寺定額僧《とうじじょうがくそう》の解文《げぶみ》二通・四《し》天王寺《てんのうじ》の解文は、急ぐということです。□もしかしたら不堪佃田申文に加えては如何でしょう」と。加えるよう命じておいた。しばらくして、右《う》大史《だいし》（小野）奉政《ともまさ》が、書《ふ》杖《づえ》を捧げて北の床子《しょうじ》の方を渡った。私は座を起って、南座《なんざ》に着した。大弁が座に着した。中□□中文□□。私は揖礼《ゆうれい》した。大弁は称唯《いしょう》し、史《し》の方を見た。右大史奉政は、書杖を捧げて走り入り〈目録は横挿《よこざし》にした。〉、小《こ》庭《にわ》に控えた。私は目くばせした。称唯し、膝突《ひざつき》に着して、これを奉った。私はこれを取った。横挿の目録の文は、わざと取り落とすのが通例である。文書を置いて、表紙《おもてがみ》を開いた。横挿の目録を取って置いた。表巻紙《うわまきがみ》と内文《うちぶみ》を、右手で右の方に掻き遣った。これより先に、文書を加えた。後不堪文である。次いで目録を見た。次いで不《ふ》堪佃田《かんでんでん》解《げ》文《ぶみ》を結んだ緒を解いた。一々、これを見た際、未だ半ばに及ばない頃、心神《しんしん》が乖乱《かいらん》して、目が頗る転じた。そこで文書を見なかった。扇で二度、面を煽いだ。心神は漸く尋常に復した。その後、これを見た。文書を見る際には、扇を用いない。ところが、苦しさに堪えなかっただけである。不堪佃田や寺の解文を見終わって、元のように結んだ。目録と他の文書は、結緒《ゆいお》の外、表巻紙の内にあった。すぐに板敷《いたじき》の端に推し出した。史が給わって、先ず後不堪文を束ね申した。宣して云ったことには、「申し給え」と。寺の解文は、ただ目くばせした。

目録に記して、受領《ずりょう》の官の署名の無い解文は、返給して署させなければならない。僧名《そうみょう》が無い解文も、同じく返給して、僧名を記させるよう、大弁に伝え仰せた。次いで史に命じて云ったことには、「申し給え」と。称唯して、元のように奏文《そうぶん》を杖に執り副えて、走り出た。大弁が座を起った。私も座を起ち、和徳門《かとく》から出たことは、通例のとおりであった。□日、頭弁が云ったことには、「陰陽寮が勘申した塔供養《とうくよう》は、来月十四日と二十九日です。十四日は維摩会の中間で、且つ塔の壇や石畳《いしだたみ》は犯土《ぼんど》となりますので、憚りが有ります。維摩会の中間については、このような事を行なわれた例が有ります。そもそも二十九日は、関白が云ったことには、『道虚日《どうこにち》は忌避《きひ》しなければならないか否か。事の次いでが有れば、右府に問うように』ということでした」と。私が云ったことには、「道虚日は、必ずしも仏事《ぶつじ》を忌まなければならないことはないのではないか。能く問われなければならない」と。弁が云ったことには、「(惟宗《これむねの》)文高《ふみたか》が云ったことには、『まったく道虚日を忌まなければならないことはない。特に二十九日は、道虚日ではない』ということでした」と。私は(安倍)晴明《はるあきら》一家の申したところを忘れていたのである。世はやはり、道虚日を知っている。但し古昔、小の月の晦日《つごもり》に、嫁娶《かしゅ》が有った。その際、道虚日ではないということを知っていたのか。また、仏事については、特に妨げは無いのか。頭弁が云ったことには、「関白が考えられたところも同じでした」と。

今日、五節《ごせち》について定められた〈殿上人は、伊予守《いよのかみ》(藤原)章信《あきのぶ》と越後守《えちごのかみ》(藤原)頼祐《よりすけ》。〉。内大臣・大納言頼宗。権弁経任が云ったことには、「今日の巳剋、蔵人所に於いて、文高が一昨日の怪異を占い申して云ったことには、『咎《とが》は無い』と。一昨日の未剋の怪異です。ところが、今日の巳剋に伝《でん》を用いて占い申したものです。そうであってはなりません」ということだ。権弁朝臣の述べたところは、もっとも道理である。

十八日、戊辰。　**兼頼随身に装束を下給／資平室、平癒**

中将の随身四人に、装束《しょうぞく》を下給した〈紅染《こうぞめ》の袙一襲《かさね》・狩袴《かりばかま》の布腰《ぬのごし》のための絹。すべて各二疋。〉。中将は、関白の御供に扈従《こしょう》しなければならない。そこで特に下給したものである。

中納言が来て云ったことには、「室は頗る宜しくなりました。起居《ききょ》して、少し食しました」と。

亜将《あしょう》（藤原資房《すけふさ》）は、物忌《ものいみ》を破って高陽院に参った。競馬の興が有ったのか。僧たちに祈禱を行なわせた。また、諷誦を修させた。

十九日、己巳。　**日記六年分を資平に託す／兼頼、頼通石清水詣に扈従**

六箇年の暦記《りゃくき》を中納言の許に遣わした。書状が有ったからである。申剋の頃、中将が関白の御供に供《ぐ》奉《ぶ》する為に、堀河院《ほりかわいん》に参った。一緒に先ず八幡宮の宿所《しゅくしょ》に到らなければならない。そこから明日、関白の御宿所に参る。「御在所《ございしょ》に参上することになっています」と云うことだ。中持《なかもち》の韓櫃と衣の櫃を随身させた。釼《たち》・帯・雑具・朝衣《ちょうい》を、この韓櫃に納めた。深夜、雨を冒し、帰って来て云ったことには、「雨脚は止みません。雨の間を伺って、あの宿所に向かうよう、厳父が命じたものです」ということだ。「そこでちょっと帰って来ました」ということだ。中将の為に、諷誦を修した。今日と明日は物忌である。そこで修させたものである。

二十日、庚午。　八省院・豊楽院の指図、修造諸国の定文

暁方、天気を伺ったところ、雨脚は止まなかった。物の象《かたち》を見分けようと思っていた間に、雨脚は頗る止んだ。出納《すいとう》の男を遣わして、関白の邸第《ていだい》を見させた。帰って来て云ったことには、「前駆の人三人ほどが、参会していました。随身たちは装束を着していました」と。中将たちは厳父の居宅に向かった。また、人に命じて、堀河院に問い遣わした。返事に云ったことには、「中将は早く来ることになっています」と。すぐに馳せ向かった。しばらくして、還って来て云ったことには、「関白は、今夜、月出の頃に参られることになっています。明日、願を果たされることになっています。厳父《げんぷ》閤《こう》(頼宗)は午剋の頃に、先に八幡宮の宿所に向かうことになっています。その供に供奉しなければなりませんので、中将は巳剋の頃に堀河院に参って、同道します」と云うことだ。左大史義賢が、八省院・豊楽院の指図《さしず》と、両院と大垣を造営する国々の定文を進上した。右衛門督が来た。二十三日に伊《い》勢《せ》に参る雑事を談った。

二十一日、辛未。　頼通石清水詣

随身の胡簶四腰〈小手《こて》を付けた。〉・弓四張《はり》・調鞍四具を右衛門督に貸し遣わした。「伊勢に参る随身の分」ということだ。今日、関白殿は、八幡宮に種々の願を果たされた。

二十二日、壬申。　石清水八幡宮社頭競馬／頼通等、遊女に衣・絹・米を下賜

早朝、男たちが云ったことには、「ただ今、関白が八幡宮から帰られました〈辰剋。〉」と。午剋の頃、中将が帰って来て云ったことには、「大納言三人〈頼宗・能信・長家。〉、中納言二人〈師房・定頼。〉、参議四人〈(藤原)通任《みちとう》・(藤原)兼経《かねつね》・朝任・重尹。〉、三位二人〈(藤原)惟憲《これのり》・兼頼。〉」と。「競馬が行なわれました」と云うことだ。「一番〈左方は右近将曹《うこんのしょうそう》(秦《はたの》)正親《まさちか》、右方は右近府生《うこんのふしょう》(下毛野《しもつけのの》)公《きん》忠《ただ》。〉で、馬が倒れ、正親は落ち伏して動かなくなりました。しばらくして、蘇生《そせい》しました。公忠は独り馳せ渡りました。正親の馬は、立って公忠の馬の前を走り渡りました」と云うことだ。

今朝、関白が船に乗って渡った際、遊女《ゆうじょ》が数艘《そう》、出て来た。関白及び上達部・殿上人以下は、衣を脱いで遊女に下給した。関白は一枚の衣を下給した。中将は着していた衣〈三枚。〉を、皆、脱いだ。中将は馬寮《めりょう》の馬〈左馬寮《さめりょう》。〉に騎っていた。馬部《めぶ》の男に疋絹を下給した。或いは云ったことには、「関白は、絹百疋と米百石を遊女に下給した」と云うことだ。

二十三日、癸酉。　諸仏事を修す／伊勢大神宮奉幣使、発遣／頼宗、宇治で湯治

当季尊星王供〈文円阿闍梨。〉・当季聖天供〈三箇日。〉・秋季賀茂大明神仁王講《かものだいみょうじんにんのうこう》〈尹覚《いんかく》・念賢・智照・良静《りょうじょう》・慶範《けいはん》。〉・祇園仁王経読経《ぎおんにんのうきょうどきょう》〈年中一度の例善《れいぜん》。〉を行なった。

山階寺《やましなでら》(興福寺)の南円堂《なんえんどう》に於いて、今日から三箇日、大般若経《だいはんにゃきょう》を転読《てんどく》し奉る。先年の願である〈請僧《しょうそう》は、毎日二十口。合わせて六十口《く》。〉。当季修法《とうきしゅほう》〈不動調伏法《ふどうちょうぶくほう》。律師良円、同伴僧《どうはんそう》は四口。南円堂に於いて、これを修す。発願《ほつがん》は□剋。□後々の時々に、加持《かじ》に来てはならないということを伝えた。〉。西の保《ほ》に命じて、仁王講を行なわせた。信濃布《しなののぬの》十端《たん》と米一石を下給した。未剋の頃、左少将経季が来た。ただ今、右衛門督に従って伊勢に下向するということを申した。頭弁が国々の申請文を持って来た。文書を継がせた。また、斗升および悪米の官符・甲斐守頼信に下給する忠常を追討せよとの官符の草案が有った。見終わって、これを返し、清書させるよう命じた。但し、国々の申請文は、これを継がせた。諸卿に定め申させる為である。蔵人頭《くろうどのとう》（源隆国《たかくに》）が云ったことには、「今日の巳剋、伊勢使《いせし》を発遣されました」と。使は中納言経通。内大臣が行事を勤めた。中納言定頼と左大弁重尹が、従って八省院の東廊《ひがしろう》に参った。使の中納言の座は、上座《じょうざ》の北に敷いた。絶席《ぜつせき》したことは幾《いくば》くもなかった。宣命《せんみょう》を下給する為である。別に金銀の御幣《ごへい》が有った。廊外《ろうがい》に於いて、内蔵寮《くらりょう》の官人が神祇官《じんぎかん》に託した。内外宮《ないげくう》の御幣は、各々、螺鈿《らでん》の筥に納めた。また、蒔絵《まきえ》の筥に納めた。中臣《なかとみ》と忌部《いんべ》に進ませた。小安殿に進んで御幣を給わったことは、通例のとおりであった。延喜の御代は金銀の御幣であった。御釵《みはかし》は御幣の机に安置するのか。今回、関白が云ったことには、「便宜《びんぎ》が無いであろう。廊外に於いて神祇官に託すのが宜しいであろう。近代は、一、二度、廊外に於いて神祇官に託した」と云うことだ。その後、大外記文義が来て云ったことには、「使の上卿は、卜串が有るので、前日の例を調べたところ、御卜串はありませんでした。中納言を使としています。更にまた使の卜串が有ってはなりません。宣命を給わった人を使とする故に、卜串が有ってはなりません。王□は、この日、副えるだけでしょうか」ということだ。事の道理は、当たっているか。上卿は尋ねなかったのか。尋常の時は、まずは王を卜して、中臣や忌部を卜さない。これによって知るべきか。今日、春宮大夫は、痙攣《けいれん》の湯治《とうじ》に備える為、宇治《うじ》に向かった。春宮大夫は中将を連れて行った。従って鴨川《かもがわ》□□船に乗った。

二十四日、甲戌。

右大弁に大垣について兼ねて行なわせるとのことを、権弁経任を介して関白に奏上させた。その許すかどうかに随って奏上するよう、伝えておいた。

二十五日、乙亥。　小一条院、宇治に赴く／定考参仕の近衛次将／天狗、良円の天台座主任命、頼通の執政の長からざるを霊託

為資朝臣が云ったことには、「ただ今、宇治に参り向かいます。小一条院《こいちじょういん》がいらっしゃることになりました。中将は□帰されます。ところが、雨脚が止みませんので、明日、帰ることになりました」と云うことだ。私が云ったことには、「明日は帰忌日《きこにち》である。明後日に帰られるのが宜しいのではないか。今日は院(小一条院)がいらっしゃる。そこで帰洛《きらく》は便宜が無いであろう」と。右近府生(藤井《ふじいの》)尚《なお》貞《さだ》が申させて云ったことには、「二十七日の考定《こうじょう》は、将がすべて故障を称しています」と。頭中将《とうのちゅうじょう》(隆国)が云ったことには、「本来ならば参って着し行なわなければなりません。ところが、何日か病悩が有り、我慢して関白の御供に供奉しました。その後、更に発《おこ》って、襪《したうづ》を着すことができません」ということだ。「右少将《うしょうしょう》(源)定良《さだよし》は、格別な障りを申していません。他の人は物忌を称しています。右少将(源)章任《あきとう》は、任国に下向しています」ということだ。定良を督促するよう命じた。中納言が密かに語って云ったことには、「今朝、(藤原)知章《ともあきら》一家で、天狗《てんぐ》が人に駆り移って云ったことには、『天台山《てんだいさん》(延暦寺)の陵遅《りょうち》は極まり無い。すでに十余年に及ぶ。権僧正《ごんのそうじょう》尋円《じんえん》は、座主《ざす》になる様もあるであろう。また、ならない様もあるであろう。別様《べつよう》である。この老翁《ろうおう》をこそ座主にすべきである。皆、定め置いた事である』と。『老翁とは誰か』と云ったところ、『権律師《ごんのりっし》良円である。なることになる時期は、漸く近い』ということでした。また、云ったことには、『関白の御代は、幾くもないのではないか』ということでした」と。

二十六日、丙子。　定考参仕の近衛次将を改替／和泉国百姓の愁訴／頼通、造八省院・豊楽院行事に大弁を充てると語る／伊賀追捕使を捕進／伊勢神宮神民の愁訴

尚貞が申して云ったことには、「定良は、面上《めんじょう》に故障が有ります。そこで着して行なうことに堪えません」ということだ。伝えさせて云ったことには、「右少将(藤原)行経《ゆきつね》は、今日と明日、物忌である。乙日《おつび》については、午の後剋《ごこく》に着して行なっても、何事が有るであろう。考定は右近衛府《うこのえふ》の大事である。行なわないわけにはいかない」と。この趣旨を行経に伝えさせた。申させて云ったことには、「定め仰せたことに随い、明日、午の後剋に罷り着して行なうことにします」ということだ。和泉国の百姓《ひゃくせい》が、和泉守《いずみのかみ》(藤原)範基《のりもと》の行なった非法《ひほう》の条々の愁文《うれえぶみ》を進上した。壇所《だんしょ》に向かって、日中の加持を受けた。今日、魚味《ぎょみ》を服したことは、先ず仏に申上させた。中納言が云ったことには、「今日の早朝の出仕は、宰相が遅参《ちさん》して、政務は行なわれませんでした」と。

権弁が関白の御書状を伝えて云ったことには、「大弁は、大事な役であるので、造八省・豊楽院の行事とする。造門・大垣の行事については、そうしないとはいっても、何事が有るであろう」ということだ。夜に入って、頭弁が来て云ったことには、「伊賀《いが》国司が、追捕使《ついぶし》忠清《ただきよ》を召し進めました。すぐに関白に申したところ、『検非違使に勘問《かんもん》させるように』ということでした」と。先日、検非違使が、神祇《じんぎ》および国府《こくふ》の者を勘問した日記を持って来た。宣旨に任せて仰せ下すよう、伝え仰せた。今日、中納言が云ったことには、「伊勢《いせ》太神宮《だいじんぐう》の神民《しんみん》たちが陽明門に群れ立って、伊賀国司を愁訴《しゅうそ》しています」と。長門《ながと》国の綱丁が播磨国から言上《ごんじょう》して云ったことには、「権門勢家《けんもんせいけ》の使々が、河尻《かわじり》に於いて、運上《うんじょう》の官米《かんまい》を奪おうとしていることについて、その告げが有ります」ということだ。すぐに頭弁に伝え仰せた。答えて云ったことには、「先日、検非違使に仰せ下しておきました。重ねて宣下することにします」ということだ。そのことを綱丁の所に仰せ遣わしておいた。

左大史義賢が官符を進上した。前に召して、明日、奏に入れなければならない文書について命じた。

二十七日、丁丑。　法成寺五重塔供養の日を改定／官奏、停止／唐暦を源顕基に貸す／更衣の御座の錦の奏

山階《やましな》（興福寺）別当扶公《べっとうふこう》が、南円堂の読経の巻数《かんず》を随身して来向した。長い時間、清談した。云ったことには、「御塔供養は、来月二十九日に改め定めました。今日の朝、関白に参謁《さんえつ》しました。すぐに命じられました」と。頭弁の書状に云ったことには、「右馬頭《うまのかみ》朝臣（源守隆《もりたか》）が云ったことには、『関白の

邸第に犬の死穢《しえ》が有る』ということです。今日、官奏を行なうのは如何なものでしょう」ということだ。止めるよう、伝えておいた。来月の旬政《しゅんせい》についても、行なわれることは難しいのではないか。関白は参られないのではないか。特に伊勢使が未だ帰り参っていない間は、禁中《きんちゅう》に潔斎《けっさい》が有るのではないか。事情を頭弁に取った。報じて云ったことには、「旬政については、大閤《たいこう》（頼通）の命に随って申し行なうべきでしょう」と。伊勢使が帰り参っていない間は、僧尼は参ってはならないということについて、誡めが有った。ましてや督促するについては、なおさらである。

唐暦《とうれき》〈四十巻。〉を左《さ》宰相中将《さいしょうちゅうじょう》（源顕基《あきもと》）に貸した。大内記孝親朝臣が使であった。孝親朝臣を使として、互いに見るよう、伝えておいた。夜に入って、雨を冒して、権弁経任が、掃部寮《かもんりょう》が申請した御衣《ころも》替《がえ》の御座の錦の奏状を持って来た。宣下しておいた。

二十九日、己卯。　尾張守から進物／東大寺で濫行

尾張守《おわりのかみ》（平）惟忠《これただ》が八丈の絹五疋を志してきた。或いは云ったことには、「仁海僧都《にんかいそうず》が東大寺を出た際、石で房を打ち、その後、房の戸を封じて出入りさせなかった。良真《りょうしん》が弓箭《きゅうせん》を随身させて、仁海の房の前を通った。仁海の弟子の童子《どうじ》たちは、良真を捕え籠めて打擲《ちょうちゃく》した。権別当済慶《ごんのべっとうさいけい》が請うて免《ゆる》した。良真が言ったことには、『寺中の僧どもの乱逆《らんぎゃく》は、特に甚しい』と云うことだ」と。

三十日、庚辰。　右近衛府番奏の簡／法華経講釈／斉信、韮を服し陣定に不参を申す／強盗首魁、脱獄

修法が結願《けちがん》した。壇所に向かい、後加持《ごかじ》を受けた。権弁朝臣が、装束使《しょうぞくし》が請い申した御台盤《だいばん》の覆い両面一疋の文を持って来た。奏下《そうか》するよう伝えた。右近府生尚貞が、番奏《ばんそう》の簡《ふだ》を進上した。「朝臣」の二字を加えて返給した。

惟命《いみょう》に法師《ほうし》功徳品《くどくほん》を釈させ奉った。また、四巻経《しかんぎょう》(金光明経《こんこうみょうきょう》)を加えて講じ奉った。この経は、破け散って紛薄《ふんぱく》したので、書写《しょしゃ》させたものである。これはただ、滅罪慙愧《めつざいざんき》の為である。演説《えんぜつ》は微妙《みみょう》であって、落涙《らくるい》は禁じ難かった。布施《ふせ》は四疋。中納言・三位中将《さんみちゅうじょう》(兼頼)・権弁経任・左少将資房・少納言《しょうなごん》(藤原)資高《すけたか》が聴聞《ちょうもん》した。その他、何人もいた。権弁が、装束使が請い申した御台盤の覆いの文を伝え下した。すぐに宣下した。弁が民部卿の書状を伝えて云ったことには、「何日か、韮《にら》を服用しました。余香《よこう》は、まだ遺っています。来月三日は、参入することは難しいものでしょうか」と。その日は、国々が申請した雑事を定め申すことになっている。そこで内々に督促したものである。今となっては、その韮香が散る頃を待つこととする。戸部《こぶ》(斉信)は、やはり僉議《せんぎ》に備わらなければならない人である。或いは云ったことには、「明日、天皇は紫宸殿に出御《しゅつぎょ》することになっている。関白は参られることができない。上達部は多く故障が有る」と云うことだ。「先日、追捕《ついぶ》した強盗の首大蔵某丸《おおくらのなにがしまる》が、獄から逃げ脱した。(宮道《みやじの》)式光《しきみつ》朝臣および一、二人の検非違使が捜し逐ったところ、摂津《せっつ》国に於いて捕獲した」と云うことだ。「これは播磨国に住む明方《あきかた》朝臣の姪《てつ》である」と云うことだ。

○十月

一日、辛巳。　当季大般若読経始／舞人を勤める衛府官人無し／番長を府生に補し、舞人を勤めさせる／旬平座

当季《とうき》大般若読経始《だいはんにゃどきょうはじめ》である〈尹覚《いんかく》・念賢《ねんけん》。〉。律師《りっし》（良円《りょうえん》）は山（延暦寺《えんりゃくじ》）に登った。頭中将《とうのちゅうじょう》（源）隆国《たかくに》が来て云ったことには、「今日の舞人《まいびと》は、右近将曹《うこんのしょうそう》（多《おおの》）政方《まさかた》・右兵衛府生《うひょうえのふしょう》（但波《たんばの》）公親《きんちか》でした。公親は、あらかじめ召し遣わさせたのですが、未だ返事を申してきません。『八幡宮《はちまんぐう》に参った』と云うことです。『政方は、丹波《たんば》から罷り上った際、途中で落馬し、手を突き損じて、参上しない』ということでした。官人がいないのを、何としましょう」ということだ。関白《かんぱく》（藤原頼通《よりみち》）に申すよう伝えた。私が思ったことには、円融《えんゆう》院の御代の相撲《すまい》の時に、左方の官人一人の他は、またいなかった。そこで当日は、長《なが》尾助行《おのすけゆき》を左兵衛府生《さひょうえのふしょう》に補されて、官人二人が舞った。ここに官人二人がいなければならないことがわかる。助行の装束《しょうぞく》は、折花《せっか》しなければならなかった。ところが青朽葉《あおくちば》の下襲《したがさね》を着し、小竹の葉を挿頭《かざし》とした。そこで見物の者は、或いは笑い、或いは憎んだ。頭中将が、内裏から右近将曹（紀）正方《まさかた》を遣わして云ったことには、「公親は、未だ参って来ません。但し、参るとのことを申させています。政方は、落馬して参ることはできません。汝《なれ》（実資）の伝える趣旨を関白に申すことにします」ということだ。報じるに円融院の御代の相撲の日の例を以てした。右近将監《うこんのしょうげん》（高《こうの》）扶宣《すけのぶ》が来て云ったことには、「頭中将が云ったことには、『正方が伝えた趣旨を、関白の邸第《ていだい》に参って、詳細を申します』と。

番長《ばんちょう》多政資《まさすけ》を府生に補すよう、奏下《そうか》されました。政資は政方の子です。これは舞師《まいし》です。公親は参入するとのことです。公親と政資が、舞を奉ります」と。但し政資の請奏《しょうそう》を作成させるよう、すぐに扶宣に命じておいた。右近府生《うこんのふしょう》（藤井《ふじいの》）尚貞《なおさだ》が、舞人の分の平胡籙《ひらやなぐい》六腰《こし》を申請した。下給させた。深夜、少納言《しょうなごん》（藤原）資高《すけたか》が来て云ったことには、「今日の旬政《しゅんせい》は、内大臣（藤原教通《のりみち》）が、奏を催促しました。右大史《うだいし》（小野）奉政《ともまさ》が奏文《そうぶん》を持って小庭《こにわ》を渡り、大臣に就いてこれを奉りました」と。誤った儀か。公親の説である。入道相府《にゅうどうしょうふ》（藤原道長《みちなが》）は、この説を用いていた。違っていたので、召して伝えた。旧儀《きゅうぎ》を知らないのか。御鎰奏《みかぎのそう》と庭立奏《にわだちのそう》は無かった。日が暮れたからである。番奏《ばんそう》が三府なのは、近代では聞いたことがない。頭弁《とうのべん》（源経頼《つねより》）が云ったことには、「三府の例は、延喜《えんぎ》にあります」と云うことだ。「出居《でい》は右中将《うちゅうじょう》（藤原）良頼《よしより》でした。内府（教通）は内案《ないあん》を召して見ませんでした。はなはだ前例を失しています」と云うことだ。参った上達部《かんだちめ》〈内大臣、大納言《だいなごん》（藤原）能信《よしのぶ》・（藤原）長家《ながいえ》、中納言《ちゅうなごん》（藤原）定頼《さだより》、参議《ぎ》（源）顕基《あきもと》。〉。今日、召して見なかった官符《かんぷ》の内案は、少納言と外記《げき》が、皆、準備して揃えてあった。上卿《しょうけい》（教通）は思い忘れたのか。もしくは知らなかったのか。

二十日、庚子。　駒牽の牽分

（藤原）経季《つねすえ》が云ったことには、「昨夜の深夜、牽き分けの勅使《ちょくし》として白河《しらかわ》に参りました〈厩《うまや》の馬に乗りました。□随身《ずいじん》（身《む》人部《ひとべの》）信武《のぶたけ》を従者としました。〉。おっしゃられて云ったことには、『今年から、牽き分けを給わないこととするということを奏上しておいた』と。権大納言《ごんだいなごん》〈長家。〉は、事情を知らないのでしょうか。すぐに牛を返されました。帰り参った次いでに、右衛門督《えもんのかみ》(藤原経通《つねみち》)の許に寄って、事情を告げました。伝えて云ったことには、『御馬は口付《くちつき》の近衛《このえ》を介して馬寮《めりよう》に遣わすように。返された牛については、権大納言の許に参って申すように』ということでした。すぐに権大納言の御許に参ったところ、『他所に向かわれた』ということでした。侍男《さむらいおとこ》に云い置いて、帰りました」ということだ。私が答えたところは、「牽き分けは勅使が行なう。そこで上卿は、一切、関知しない。蔵人《くろうど》を介し、勅を承って差し遣わすものである」と。

長元四年（一〇三一）

藤原実資七十五歳（正二位、右大臣・右大将・東宮傅）　後一条天皇二十四歳　藤原頼通四十歳　藤原彰子四十四歳　藤原威子三十三歳

○正月

一日、己酉。　四方拝／十斎日大般若読経始・東北院大般若読経始／三河守から進物／小朝拝／元日節会／禄を持って来た者に給う／鎌倉聖に供料を施す

四方拝《しほうはい》を行なった。天は晴れた。夜は閑《しず》かであった。十斎大般若読経始《じっさいだいはんにゃどきょうはじめ》を行なった。東北院《とうほくいん》大般若読経始を行なった。諸寺の御明《みあかし》は、通常のとおりであった。絹三疋を、平緒《ひらお》を繍《しゅう》した者〈（藤原）致光《むねみつ》。〉に下給した。絹一疋を漆工公忠《しつこうきんただ》に下給した。三河守《みかわのかみ》（藤原）保相《やすすけ》が、糸十絇《く》を進上してきた。中納言《ちゅうなごん》（藤原資平《すけひら》）は、拝礼《はいらい》を行なって、すぐに内裏に参った。下官（実資）も内裏に参った。（藤原）資高《すけたか》が従った。これより先に、東宮（敦良《あつなが》親王）に参って、しばらく伺候した。資高に小朝拝《こちょうはい》を見させた。帰って来て云ったことには、「ただ今、諸卿は後一条《ごいちじょう》天皇の御前に進み出ました」ということだ。東宮の侍臣《じしん》は、飲食を供する様子が有った。下官の参入を見て、急いで下り迷った。しばらくして、陣頭に参った。本来ならば和徳《かとく》門から入らなければならない。ところが、年首《ねんしゅ》であることを思ったので、敷政《ふせい》門から参った〈酉剋。〉。内大臣（藤原教通《のりみち》）以下は、御前から退下した。或いは座に着し、或いは佇立《ちょりつ》した。頭《とうの》

弁《べん》(藤原)経任《つねとう》が、内弁《ないべん》を承るよう、内大臣に伝えた。座を起って、南座《なんざ》に着した。所司《しょし》の奏について問うた。私が答えて云ったことには、「黄昏に臨んだ時、事情を奏上して、内侍所《ないしどころ》に託すのが通例である。そこで頭弁を介して、これを奏上させなされ。請詞《しょうし》は下官に問いなされ。この他に問う事が有れば、参会の時に雑事を問いなされ。甚だ心安んじなされよ」ということだ。諸卿は外弁《げべん》に出た。内弁(教通)は座を起ち、陣の後ろに於いて靴を着し、笏文《しゃくぶん》を押させた。秉燭《へいしょく》の後、陣を引いた。警蹕《けいひつ》が未だ発していないのに、内弁は頻りに進もうとした。事情を伝えた。そこで留まった。天皇の御座が定まって、近衛《このえ》が警蹕を称した。終わって、内弁は宜陽殿《ぎようでん》の兀子《ごっし》に着した。この間の事は、見ていない。開門の後、舎人《とねり》を召す声は、極めて長かった。また、大夫《まちきみ》たちを召させた声も、甚だ長かった。古伝《こでん》に聞いたことのないようなものである。諸卿が参上した後、下官が参上し、北座に着した。粉熟《ふずく》があった。御箸を下した後、私は退出した。中納言(藤原)経通《つねみち》・資平、三位中将《さんみちゅうじょう》(藤原)兼頼《かねより》が送ったのである。敷政門の下に於いて、礼を言って帰らせた。春華《しゅんか》門の下に於いて輦車《てぐるま》に乗ることになっていた。ところが、天皇が紫宸殿《ししんでん》に出御《しゅつぎょ》した。事の恐れが有ったので、輦車を元の東宮(西雅院《にしのがいん》)の南西の角に引かせ、これに乗って退出した。参った諸卿は、左大臣(藤原頼通《よりみち》)(関白《かんぱく》。御後ろに伺候した。)、内大臣、大納言《だいなごん》(藤原)頼宗《よりむね》・(藤原)能信《よしのぶ》・(藤原)長家《ながいえ》、中納言(藤原)実成《さねなり》・(源)師房《もろふさ》・経通・資平、参《さん》議《ぎ》(藤原)通任《みちとう》・(源)朝任《あさとう》・(藤原)公成《きんなり》・(藤原)重尹《しげただ》・(源)経頼《つねより》。或いは云ったことには、「(藤原)斉信《ただのぶ》卿は、車を焼いて、参らなかった」と。

権随身《かりのずいじん》は、右近将監《うこんのしょうげん》（高《こうの》）扶宣《すけのぶ》と右近将曹《うこんのしょうそう》（秦《はたの》）正親《まさちか》。深夜、縫殿頭《ぬいどののかみ》（保季王《やすすえ》）の代官図書頭《だいかんずしよのかみ》（和気《わけの》）相成《すけなり》が、禄を持って来て被《かず》いだ。そこで下給した。昨年、典薬頭《てんやくのかみ》（但波《たんばの》）忠明宿禰《ただあきらすくね》も、このようであった。彼に下給し、これに下給しないのは、□に背く。医師は、思うところが有るに違いないからである。今日から十五箇日、鎌倉聖《かまくらひじり》（真等《しんとう》）の供料《くりょう》を、通例によって施与する。

二日、庚戌。　上東門院朝覲行幸召仰／関白邸臨時客／二宮大饗

頭弁が云ったことには、「昨日、行幸《ぎょうこう》の召仰《めしおおせ》が行なわれるということについて、関白の仰せが有りました。ところが、節会《せちえ》の後に命じなければならないのに、未だ格別な仰せを蒙《こうむ》らない前に、内府（教通）が退出しました。そこで右衛門督《えもんのかみ》（経通）に命じました」と。大外記《だいげき》（小野）文義《ふみよし》が云ったことには、「五衛府《えふ》が参入しました」と。叙位勘文《じょいかんもん》を見せた。左右両大弁（重尹・経頼）と右兵衛督《うひょうえのかみ》（朝任）が来た。会わなかった。左兵衛督《さひょうえのかみ》（公成）と中納言が来会した。関白の邸第《ていだい》に参ることになっている。そこで扶持《ふち》する為か。上達部《かんだちめ》が列立《れつりつ》した後に、参り向かうこととした。列に立たない為である。告げ送るよう、伊《い》予守《よのかみ》（藤原）章信《あきのぶ》に示し遣わした。書状で告げ送った。すぐに参り向かった。両納言（公成・資平）および（藤原）資房《すけふさ》・資高・（藤原）経季《つねすえ》が従った。三位中将が先に参り、出て迎えて地上に坐っていた。私は奥座《おくざ》に着した〈大納言斉信・頼宗・能信・長家、中納言実成・師房・経通・資平、参議通任・（藤原）兼経《かねつね》・朝任・公成・重尹。三位二人［（藤原）惟憲《これのり》と兼頼。］は、四位宰相《しいさいしょう》（公成・重尹）の上座《じょうざ》にいた。〉。盃酌《はいしゃく》四、五巡《じゅん》の後、下官と内府に引出物《ひきでもの》が有った〈馬が各一疋。〉。随身《ずいじん》には腰挿《こしざし》。広廂《ひろびさし》〈西対《にしのたい》の南廂《みなみびさし》。〉に出居《でい》し、引出物を見た。随身に騎らせた。日はすでに黄昏に及んだ。諸卿は二宮大饗《にぐうのだいきょう》に参ろうとしていた。私は先ず退出した。関白は意向を示し、催促して退出させた。未だ秉燭に臨まず、家に帰った。民部卿《みんぶきょう》斉信は元日節会《がんじつのせちえ》に参らず、今日、参入した。未だその理由がわからない。今日の関白の饗饌《きょうせん》は、梨を四面に切り、推し合わせて、これを食した。便宜《びんぎ》が有った。下官が前日、申したものである。今から以後は、これを通例とするか。

晴陰は定まらなかった。二宮大饗。

三日、辛亥。　宇佐八幡宮造宮料材木採始日時勘文／上東門院朝覲行幸・行啓

早朝、頭弁が、陰陽寮《おんみょうりょう》が勘申《かんじん》した、杣《そま》に入って宇佐八幡大菩薩《うさはちまんだいぼさつ》の造宮のための材木を採り始められる日時勘文《にちじかんもん》〈二月十一日戊子、時は巳・午剋。二十三日庚子、時は辰・午剋。〉を持って来た。

諷誦《ふじゅ》を東寺《とうじ》に修した〈生気方《しょうげのかた》に当たった。〉。

今日の未剋、天皇は上東門院《じょうとうもんいん》（藤原彰子《あきこ》）に臨幸《りんこう》した。東宮も参られた。下官は、本来ならば行幸に扈《こ》従《しょう》しなければならない。ところが、馬に騎るのは耐え難く、扈従することができなかった。旧年、奏《そう》達《たつ》を経た。また、洩らし聞こえさせ□。上東門院に参るよう、仰せが有った。そこで参入したものである。権随身たちが、先ず行幸に供奉《ぐぶ》した後に来て、事情を告げた。そこで参入した。中納言および資房・資高・経季が、車の下に迎えに来て云ったことには、「主上《しゅじょう》（後一条天皇）および東宮は、御拝《ぎょはい》

が終わりました」と。私は西廊《にしろう》の饗の座に着した。関白・内府・一家の納言〈頼宗・能信・長家〉は、御前から出て、この座に着した。これより先、諸卿は座にいた。飲食が終わった。黄昏に臨んで、次将《じしょう》たちを召して、御前の御簾《みす》を上げさせた。蔵人頭右中将《くろうどのとうちゅうじょう》〈源〉隆国《たかくに》が、下官を召した。下官が云ったことには、「諸卿と共に参るべきでしょうか。一緒に参ることにします」ということだ。関白と内府は、召しが無い前に、座を起って、御所に参った。私は御所に進んだ。関白は渡殿《わたどの》から出て、御前の簀子《すのこ》敷《じき》の円座《わろうだ》に着した。次いで内府。次席の者は、序列どおりに座に着した。この頃、燭《しょく》を秉《と》った。次いで主殿寮《とのもりょう》が燎《ひ》を執った。関白は衝重《ついがさね》について命じた。すぐに侍臣が衝重を据えた。右衛門督経通〈上東門院別当《じょうとうもんいんべっとう》。〉が、勧盃《けんぱい》を行なった。巡が降り終わって、御膳を供した。中宮権大夫《ちゅうぐうごんのだいぶ》能信が陪膳《ばいぜん》を勤めた〈打敷《うちしき》を執った。〉。参議と三位中将の益供《やくぐ》の人が、警蹕を称した。院〈彰子〉は同所にいらっしゃる。称してはならないのではないか。御膳の物は、懸盤《かけばん》六基《き》であった〈御器《ごき》は銀を用いた。〉。次いで東宮の御膳の物。陪膳は左大弁《さだいべん》重尹〈打敷を執った。〉。東宮昇殿《とうぐうしょうでん》を兼ねる侍臣が益供した〈懸盤四基。銀器。〉。上達部や侍臣たちは、管絃《かんげん》を奏した。蔵人頭隆国が、御笛を執って、南西の戸の下に控えた。関白が云ったことには、「伝え取って御前に献上するのに、誰が伺候しているか」と。私が答えて云ったことには、「頼宗・能信卿の間では如何でしょう」と。関白は頼宗卿にこれを献上させた。侍臣は、催馬楽《さいばら》および大唐《だいとう》・高麗《こま》楽《がく》を奏した。この間、主上は御笛をお吹きになられた。数曲の後、禄を下給した。上達部に大掛《おおうちき》、殿上人《てんじょうびと》に疋絹《ひっけん》。終わって〈後に聞いたことには、「供奉の諸司や諸衛府も、禄を下給された」と。〉、主上は入御《にゅうぎょ》した。次いで東宮も、同じく入御された。考えるに、院の御所に参られたのか。諸卿は座を起った。御輿《みこし》を南階《みなみのきざはし》に寄せた。この間、雪が零《こぼ》れた。左大将《さだいしょう》(教通)〈内大臣。〉および諸卿は、砌《みぎり》に立って、天皇が輿《こし》に乗った際、警蹕を行なった〈「初め臨幸の時、御輿を中門に留めて、降りられた」と云うことだ。前々も、このようであった。〉。下官及び斉信卿は、騎馬の障りによって、扈従しなかった。そこで両人は、□門の南腋《みなみわき》に控えた。天皇の乗輿《じょうよ》は、西門を御出《ぎょしゅつ》した。終わって、退出した。東宮が帰られようとしていた。行幸に供奉しなかったので、事情を春宮亮《とうぐうのすけ》(藤原)泰通《やすみち》に告げた。扈従した公卿は、左大臣〈関白。〉、内大臣、大納言頼宗〈春宮大夫《とうぐうだいぶ》。東宮の行啓《ぎょうけい》に供奉した。〉・能信・長家、中納言実成・師房〈春宮権大夫《とうぐうごんのだいぶ》。東宮の行啓に供奉した。〉・経通・資平、参議通任〈東宮の行啓に供奉した。〉・兼経・(源)顕基《あきもと》・朝任・公成・重尹〈行啓に供奉した。〉・経頼〈行啓に供奉した。〉、三位二人〈惟憲と兼頼。〉。権随身たちは、行幸に供奉した後に、参って来た。禄〈将監《しょうげん》に二疋、将曹《しょうそう》に二疋、府生《ふしょう》に一疋。番長《ばんちょう》以下は通例の禄。〉を下給した。中将《ちゅうじょう》(兼頼)は、深夜、内裏から退出した。権随身は、府生の禄は二疋、番長は一疋。皆、過差《かさ》の禄の例である。随身は通例の禄を下給した。中将は関白の馬に乗った。馬の口付《くちつき》の舎人に、三疋を下給した。居飼《いかい》に手作布《たづくりのぬの》二段。深夜、頭弁が、宇佐《うさ》の材木を採る日時勘文を持って来て、云ったことには、「勘文に任せて宣旨《せんじ》を下給することにします。この勘文を副えて遣わすことにします」と。

今朝、頭弁の口宣《くぜん》に云ったことには、「太政官《だいじょうかん》の厨家《くりや》に納めている絹百疋を、上東門院に奉献《ほうけん》することになりました」ということだ。すぐに宣下した。もしかしたらこれは、行幸の諸司や諸衛府の禄であろうか。公物《くもつ》を行幸の禄料に充てるのは、如何なものか。後に聞いたことには、「近江守《おうみのかみ》（源）行任《ゆきとう》が、昇殿《しょうでん》を聴《ゆる》された」と云うことだ。「大納言斉信は、行幸に扈従しなかった。腰病によって、追って参った。あらかじめ奏上した」と云うことだ。

四日、壬子。　美作守から進物

美作守《みまさかのかみ》（藤原）資頼《すけより》が、紫端《むらさきべり》の畳二十枚と油を進上してきた。油は晦日《つごもり》の分、畳は元日の分であった。違期《いご》は最も甚しい。十二月十四日の書状である。使者が懈怠《けたい》したのか。

五日、癸丑。　通任、男の加階を請う／叙位議／王氏爵名簿に不審

誦経《ずきょう》を修した〈六角堂《ろっかくどう》。〉。

大蔵卿《おおくらきょう》（通任）が来た。子の左少将《さしょうしょう》（藤原）師成《もろしげ》の加階《かかい》について言った。師成も、同じく来た。

頭弁が勅を伝えて云ったことには、「今日、叙位《じょい》の議が行なわれる。参入するように」ということだ。恐縮して承ったということを奏上させた。内々に云ったことには、「去る夕方、仰せを承ったのですが、深夜に及んだので、来て伝えませんでした。懈怠の至りです」ということだ。大外記文義が云ったことには、「叙位の召仰について、関白に申させました。おっしゃられて云ったことには、『内裏に参って、伝えるように』ということでした」と。

申剋の頃、内裏に参った。中納言は車後《くるまじり》に乗った。資房・資高・経季が、輦車に従った。諸卿は未だ仗頭《じょうとう》に参っていなかった。「一、二人は、執柄《しっぺい》(頼通)の直廬《じきろ》にいます」と云うことだ。酉剋に臨んで、内大臣以下が参入した。頭弁が、備後《びんご》国が申請した大垣《おおがき》修造の覆勘文《ふっかんもん》を申上していた際、蔵人左少弁《くろうどさしょうべん》(源)経長《つねなが》が進み出た。諸卿が示して止めた。驚いて退帰した。頭弁が退出した後、あれこれが経長に告げた。すぐに諸卿を召した。私は筥文《はこぶみ》を揃えるよう、少外記《しょうげき》(文室《ふんやの》)相親《すけちか》に命じた。長い時間、見えなかった。度々、催促して命じた後、外記《げき》が硯と筥文を執って、軒廊《こんろう》の南庭《なんてい》に立った。私は座を起って、射場《いば》に参った。内府以下が従った。列立の作法は、通例がある。筥文を執った他は、射場の東庭《とうてい》に列立したことは、通常のとおりであった。私が先ず参上した。次いで内府。これより先に、左大臣〈関白。〉は、殿上間《てんじょうのま》に伺候していた。序列どおりに御前の座に着した。大納言頼宗・能信・長家が、筥文を執った。諸卿が座に着した。終わって、左大臣を召した。称唯《いしょう》して、御簾の前の円座に着した。左大臣は仰せを承って、下官を召した。称唯して、円座に着した。次いで内大臣は小臣《しょうしん》(実資)のとおりであった。おっしゃって云ったことには、「早く」と。私は第一の筥文を取って、次の筥《はこ》に移し納めた。十年労《ろう》の勘文を一筥に納めて御簾の中に奉り、笏《しゃく》を把《と》って伺候した。御覧が終わって、返給された。おっしゃって云ったことには、「早く」と。男たちを召した。頭弁が来た。続紙《つぎがみ》を奉るよう命じた。続紙二巻を柳筥《やないばこ》に納めて、持って来た。紙を取って、筥を返した。天皇の意向を伺った。先ず式部省《しきぶしょう》を書こうとした。ところが、丞《じょう》たちに議論が有った。式部卿《しきぶきょう》親王(敦平《あつひら》親王)が是非を定めなかったので、請奏《しょうそう》を出さなかった。問い遣わすよう、頭弁に命じた。時剋が移っても、あれこれを申さなかった。そこで丞の第一の者を外記に問わせた。申して云ったことには、「式部大丞《しきぶのだいじょう》惟道《これみち》」ということだ。書き載せておいた。あの省が云ったことには、「式部少丞《しきぶのしょうじょう》〈某《なにがし》。〉が申請したことが有りました。それで疑いを持って、奏を出しませんでした」と云うことだ。下官が申して云ったことには、「少丞は爵に預かることはできない。惟道については、未だ到らないとはいっても、公事《くじ》を勤めて、未到《みとう》の難点は無いであろう」と。これより先に、二、三を書き終わった。奏上して云ったことには、「院宮《いんぐう》の御給《ごきゅう》の名簿《みょうぶ》を取り遣わそうと思います」と。天皇の許容があって、中納言藤原朝臣《あそん》実成を召した。院宮の御給の名簿を取り遣わすよう命じた。時剋が推移し、三所の名簿を奉った。「他はこれに従います」ということだ。二箇所の名簿を関白に奉った。関白はこれを奏上した。御覧になり、すぐにこれを返給された。関白は下官に授けた。一々、書き載せた。王氏《おうし》の名簿が無かった。頭弁を介して、外記に問うた。申して云ったことには、「ただ今、進上します」ということだ。すぐに進上した。進んで、関白に伝えた。次いで奏聞《そうもん》した。御覧になり、返給された。これを書き入れた。何世かを記していなかった。関白が云ったことには、「四位に叙すように」と。事の疑いが有ったとはいっても、仰せによって、書き載せた。関白が云ったことには、「東宮の御給は、春宮亮(藤原)良頼《よしより》に給う〈正四位下。〉。経任を正四位下に叙すよう申請させているのは、如何であろう」ということだ。私が申して云ったことには、「経任は良頼の上臈《じょうろう》です。格別な事も無く、良頼の下臈《げろう》とするのは、如何なものでしょうか。正四位下は一世源氏に叙すものです。但し、或いは非常の賞、或いは臨時の恩です。蔵人頭は、近代では正四位下に叙すのが通例です。蔵人頭である者が、春宮亮に超越《ちょうおつ》されるのは、如何なものでしょう。特に一階を加えられても、格別な難点は無いのではないでしょうか」と。すでに天皇の許容が有った。書き載せておいた。叙位簿を関白に見せた。見終わって、返された。すぐに御簾の中に奉った。天皇の叡覧《えいらん》が終わって、返給された。叙した者は、三十五人。主上は入御した。私は中納言実成朝臣に目くばせした。進んで来た。叙位簿を授けた。笏を笏に取り副えて、退下した。もしかしたら病悩が有って、笏を挿まなかったのか。左大臣・下官・内大臣は、序列どおりに退下した。戌の終剋、退出した。今日の参入は、左大臣、内大臣、大納言頼宗・能信・長家、中納言実成・師房・経通・資平、参議朝任・顕基・公成・重尹・経頼。

六日、甲寅。　叙位の錯誤を改める

左大弁の書状に云ったことには、「藤氏爵《とうししゃく》を給わった者の名字《みょうじ》が誤っています」と。私が答えて云ったことには、「関白が伝えられたものに随って、書いたものである。今の間に、関白の邸第に持参して、事情を取るのが宜しいであろう」と。しばらくして、来て云ったことには、「事情を申させておきました」と。すぐに外記を召し遣わしておいた。沐浴《もくよく》していたので、逢うことができなかった。大内記《だいないき》(橘)孝親《たかちか》を召して、この間の事を伝えた。大外記文義が云ったことには、「王氏爵《おうししゃく》は、王胤《おういん》の者ではありません。鎮西《ちんぜい》の異姓《いせい》の者で、前都督《さきのととく》(惟憲)が口入《こうじゅ》しました」と云うことだ。頭弁が来て云ったことには、「式部卿宮《しきぶきょうのみや》(敦儀親王《あつのり》)の御書状に云ったことには、『王氏爵は、五位を給わることになってい

る。ところが、「四位を給わった」と云うことだ。五位を改めて給うように』ということでした」と。
私が云ったことには、「この事は、狼藉《ろうぜき》がもっとも甚しい。早く関白に申して、処置しなければならない。藤氏爵の者の名については、事情を申して、入眼《じゆげん》の上卿《しようけい》(実成)に伝えられるべきであろう」と。小槻仲節《おつきのなかとき》は、内階《ないかい》の中に書いてある。外階《げかい》を給わなければならない事を、詳しく関白に伝えた。すぐに帰って来て、報を伝えて云ったことには、「王氏は、極めて便宜のない事である。止めるように。また、仲節の内階を外階に改める事、(平)理義《まさよし》と(藤原)良資《よしすけ》が治国《ちこく》の加階を申請した申文《もうしぶみ》、および甲《か》斐守《いのかみ》(源)頼信《よりのぶ》が治国の加階を申請した事を、外記に勘申させるように」ということだ。今日、入眼の請印《しよういん》を行なう。更に外記を召し遣わしたら、時剋が推移するのではないか。内裏に帰り参って、これらの申文を下給して勘申させ、関白に覧せることとした。更に持って来ることはない。関白が云ったことには、「王氏爵については、右府(実資)に告げて、奏聞するように」ということだ。夜に入って、頭弁が内裏から記し送って云ったことには、「王氏爵の人は、停められました。仲節を外階に叙し、『成重《なりしげ》』を改めて『(藤原)成尹《なりただ》』とするよう、宣旨を下しました。従四位上平朝臣理義、従四位下源朝臣頼信・藤原朝臣良資〈以上、治国。〉。外記の勘文は、明日、献上することにします」ということだ。

七日、乙卯。　白馬節会

厩《うまや》の馬を右《う》馬助《まのすけ》(紀)知貞《ともさだ》に下給した。前駆《ぜんく》を勤めるからである。諷誦を六角堂に修した。頭弁が来て、昨日の事を言った。外記の勘文を持って来た。見終わって、これを返した。「関白から、奉るよう、命が有りました」ということだ。今日の式次第の文を乞い取った。両納言(資平・経通)も、今日の式次第を乞うた。使に託して、これを遣わした。右金吾《うきんご》(経通)が、元日と十六日の式次第を加えた。その念願によったのである。今日の参入は、定まらなかった。ところが、故殿《ことの》(藤原実頼《さねより》)の御記《ぎょき》を見ると、列立した後に参上するという宣旨が下っていて、明年・明々年と、頻りに参られている。参入を企てた。白馬奏《あおうまのそう》は、あらかじめ「朝臣」を加えて返給した。軒廊に於いて加署《かしょ》するわけにはいかない。そこで里第《りてい》に於いて加えたものである。

疋絹を(内蔵《くらの》)千武《ちたけ》に下給した。中将の平胡籙の箭《や》六筋《すじ》に筈《はず》の水晶《すいしょう》を調整して入れた禄である。

未剋の頃、内裏に参った。中納言は車後に乗った。資房・資高・経季が従った。内大臣以下が伺候していた。私は内座《うちざ》に着した。内大臣は外座《げざ》にいた。内弁を承るからであろうか。少外記相親が、外任《げにん》の奏を揃えたということを申した。内府が下官に問うて云ったことには、「外任の奏は、甚だ早いものです。如何でしょう」と。私が云ったことには、「まったく早晩を謂わず、申すに随って奏覧《そうらん》するのが通例である」と。弁を介して、奏上させた。すぐに下給された。また、外記を召して、返給した。仰詞《おおせことば》は聞かなかったのである。定まった詞が有る事である。次いで少外記相親が代官を申してきた。内府が問うて云ったことには、「戒めたのか」と。式部省と兵部省《ひょうぶしょう》の輔《すけ》と丞たちの代官を申した。内府はただ、目くばせした。称唯して、退出した。仰詞が有った。その詞に云ったことには、「仰せ宣《のたま》え」と。内府は座を起った。もしかしたら靴を着するのか。また、笏文を押させるのか。長い時間の後、軒廊に進み、東階《ひがしのきざはし》を昇った。内侍所が持っていた下名《おりな》を受け取って、退帰した〈階下《かいか》に於いて笏を挿んだ。はなはだ早かった。階《きざはし》を三級ほど昇って、笏を挿むべきであろう。下名を取って笏を抜き、笏に取り副えて退下した。〉。随身を遣わして、宜陽殿の兀子を直し立たせた。未だ見たことのない事である。装束司《しょうぞくし》に立たせるべきであろう。兀子に着して内豎《ないじゅ》を召したことは、二声。同音に称唯した。内豎《ないじゅ》所別当之清《どころべつとうこれきよ》が参入した。命じたことには、「式《のり》の司《つかさ》と兵《つわもの》の司を召せ」と。称唯して、退出した。次いで二省の丞が参入した。立ち定まった後、式の司を召した。称唯して進み、下名を給わって、本所に還った。次いで兵の司を召したことは、式の司と同じであった。一緒に退出した。次いで内弁が座を起って、退いた。また、諸卿が外弁に出た。右大弁《うだいべん》経頼一人が、陣座《じんのざ》に留まった。下官一人がいることになるからである。左右近衛府《このえふ》が階下に陣を引いた。次いで御座が定まった。近衛府が警蹕を行なった。時剋が移り、内弁は兀子に着した。内侍《ないし》は檻《かん》に臨んだ。座を起って、帰り入った。更に軒廊の東第二間を出て、左仗《さじょう》の南に於いて謝座《しゃざ》を行なった〈確かには見なかった。〉。終わって、参上した。次いで開門した。内弁は退下し、南東の壇上に立ち、新叙《しんじょ》の宣命《せんみょう》を催促した。先例では、軒廊に立った。失誤と称さなければならない。但し坊家奏《ぼうけのそう》と相撲奏《すまいのそう》は、壇上に立ってこれを取るのが通例である。宣命や見参簿《げんざんぼ》は、そうであってはならない事である。頭弁が下官に伝えて云ったことには、「兵庫寮《ひょうごりょう》の官人が参っていません。御弓奏《みたらしのそう》は、如何なものでしょう」ということだ。私が答えたことには、

「寮官が伺候していなければ、ただ内侍所に託されるように」と。頭弁は勅命《ちよくめい》を伺って、内弁に伝えた。内弁は外記に伝えた。内弁は新叙の宣命を執って参上した。すぐに退下した。内記《ないき》(藤原)国成《くになり》は、陣の腋《わき》に帰って、階下に伺候していなかった。随身を遣わして、召させた。急いで参入した。本所に於いて文夾《ふばさみ》を返給した。立った所は、格別な前跡《ぜんせき》があるわけではない。目が有る人は、必ず傾き怪しむのではないか。太政官《だいじょうかん》の上官《じょうかん》たちは、階下の座に着さなかった。下官が陣座に伺候していたからであろうか。もっともそうあるべきである。内弁が内豎を召したことは、二音。日華《につか》門に於いて、同音に称唯した。内豎所別当之清が参入した。おっしゃったことには、「式の司と兵の司を召せ」と。称唯して、退出した。二省の輔と丞の代官が参入した。式の司〈相成。〉を召した。称唯して、参上した。笏を給わって退下し、丞に伝えて給わった。次いで兵の司〈(上毛野《かみつけのの》)広遠《ひろとお》。〉を召したことは、式部省と同じであった。両省の丞代《じょうだい》は、笏を執り、机の上に置いて退出した。次いで舎人を召したことは、二声〈その声は、やはり長かった。元日節会のようであった。〉。しばらくして、大舎人《おおとねり》が同音に称唯した。少《しょう》納言《なごん》(源)経成《つねなり》が、入って版位《へんい》に就いた。宣したことには、「刀禰《とね》を召せ」と。称唯して、退帰した。群臣が参入し、各々、標《しめ》に立った。宣したことには、「座に侍れ」と。群臣が謝座と謝酒《しゃしゅ》を行なったことは、通常のとおりであった。公卿が参上した。すぐに叙列を引いた。この頃、下官は靴を着して参上し、奥座に着した。新叙の宣命使《せんみょうし》を召そうとした。そこで下官は退出した。本来ならば春華門に於いて輦車に乗ることになっていた。ところが、未だ本殿に還御《かんぎょ》しない間に退出するのは、事の恐れが無いわけではない。そこで輦車を元の東宮の南西に引かせ、これに乗って退出した。これは謹しみが致したものである。黄昏、家に帰った。夜に入って、慶賀《けいが》の人々が来た。丑剋の頃、頭弁が来た。拝し終わって、格子《こうし》の外に来て云ったことには、「侍従《じじゅう》〈藤原〉信家《のぶいえ》〈内大臣の子息。〉四品《しほん》に叙された。新一品宮《ぽんのみや》〈禎子《よしこ》内親王〉の御給。〉は、還昇《げんしょう》を聴されました」と。今日の見参《げんざん》は、左大臣、内大臣、大納言頼宗・能信・長家、中納言実成・師房・経通・資平・〈藤原〉定頼《さだより》、参議通任・兼経・顕基・公成・重尹・経頼、三位二人〈惟憲・兼頼。〉。

八日、丙辰。　御斎会始

御斎会始《ごさいえはじめ》が行なわれた。参入しないということを、随身に命じて、八省院《はっしょういん》に伺候している外記に仰せ遣わした。随身が還って来て、申して云ったことには、「成経《なりつね》に伝えておきました」ということだ。また、大外記文義が来たので、同じく障りがあることを伝えた。

九日、丁巳。　本命供／和泉守の所望

本命供《ほんみょうく》を行なった。南円堂《なんえんどう》の巻数使《かんずし》の僧に疋絹を下給した。大蔵省《おおくらしょう》が、七日の手禄の絹を進上した〈中納言が来た。〉。

右衛門督〈経通。〉が来て云ったことには、「『蔵人〈源〉資通《すけみち》を和泉守《いずみのかみ》に任じることになった』と云うことです。蔵人所《くろうどどころ》の蔵人は、経季を補されるよう、関白に申請させることになりました」ということだ。資高は、この望みが有る。関白に伝えるよう、度々、申していた。並んで申請するよう、答えておいた。

但し資高は上臈であって、すでに年齢もまた長じている。宜しいのではないか。夜に入って、資房が内裏から退出して云ったことには、「主上の御意向は、資高にあります」ということだ。女叙位《おんなじょい》の日について、頭弁を介して、関白に伝えさせた。「明後日に行なわれることになりました」ということだ。

十日、戊午。　御斎会加供／賭射の賞

加供《かぐ》を、我が家に於いて給わせた。八日は関白の加供であった。ところが、坎日《かんにち》であったので、昨日、行なった。そこで我が家の加供は、今日、行なったものである。

矢数《やかず》の懸物《かけもの》二疋と米五石を射場に下給した。また、米十五石を手結《てつがい》の饗料《きょうりょう》として下給した。頭中将《とうのちゅうじょう》（隆国）が右近将監扶宣を介して伝え送って云ったことには、「賭射《のりゆみ》に仕える者がいません。事の賞が無いからです。的の数の勝る者を、一道の相撲使《すまいのつかい》として差し遣わすという宣旨を下されては如何でしょう」と。報じて云ったことには、「もっとも佳《よ》い事である」と。但し一道に遣わしてはならないということを、伝え仰せておいた。手作布五端《たん》を、大僧正《だいそうじょう》（深覚《しんがく》）の御房に送り奉った。意向が有ったからである。頭弁が来た。明日の女叙位は、早くするよう、関白の仰せが有った。私が答えて云ったことには、「ただ参られるのが早いか遅いかによるでしょう」と。明日の請印の所司および位記《いき》について、各々、催し仰すよう、大外記文義に命じた。上卿と宰相が伺候しなければならない。中納言は小臣の供をすることになっている。彼（資平）が行なうべきであろうか。

十一日、己未。　女叙位／中原師重に実資家政所を知行させる／触穢により位記請印を延引

絹一疋を紀法師に下賜した。行幸の日、樋螺鈿《ひらでん》の釼《たち》の後ろの帯取《おびとり》が抜けた。この法師に給わって、元のようにさせた。今日、持って来た。そこで下給したものである。今日、女叙位が行なわれた。位記請印の上卿および宰相は参るよう、外記成経に命じた。内々に中納言に戒め伝えた。（中原）師重《もろしげ》朝臣に、元のように政所《まんどころ》を知《ち》行《ぎょう》させる事を、（源）知道《ともみち》朝臣に伝えた。射場が矢数を進上した。五を過ぎなかった。

今日、女叙位が行なわれた。そこで参入した〈申一剋。日はまだ高かった。未の終剋か。〉。中納言は車後に乗った。諸卿は参っていなかった。右大弁は中宮《ちゅうぐう》（藤原威子《たけこ》）に伺候しているのか。関白が参られた。頭弁を呼んで、女叙位の早晩を問うた。答えて云ったことには、「関白が未だ参上されていません。その命に随って、申文を撰ばなければなりません」と。酉剋、蔵人右中弁《うちゅうべん》資通を介して、関白の御書状が有った。そこで殿上間に参上した。関白は台盤所《だいばんどころ》から殿上間に来た。長い時間、清談《せいだん》した次いでに、王氏爵について話が有った。すでに止められた。その事を問われるべきであろうか。もっともそうあるべきであることを答えた。蔵人頭隆国が、二人を召した。関白が参入した。次いで私は御前の円座に着した。次いで申文を下給した。関白は下官に目くばせした。ところが、進んで給わらなかった。この様子によって、関白が進んで給わり、座に復した〈申文は御硯筥《すずりばこ》の蓋の上にあった。蓋のまま給わり、座に復した。〉。小臣は男たちを召して、硯と続紙について命じた。院宮の御給の名簿を取り遣わすよう、関白に告げた。次いで奏聞を経た。終わって、男たちを召した。蔵人左少弁経長が参った。

頭中将隆国朝臣を召すよう命じた。すぐに参った。院宮の御給の名簿を取り遣わすよう命じた。この間、関白は、書くべき人たちを伝え示した。二、三を書いた頃、御殿油《おんとのあぶら》を供した。隆国朝臣が名簿を取って進上した。「もう三所は、これに従います」ということだ。関白が伝え示された。加階すべき人々の中に、年限が確かではない人々がいた。頭弁を介して、外記に問わせた。その申すに随って、書き載せた。一々、書き終わった。先ず関白に見せた。次いで硯を撤去し、叙位簿を硯の柳筥に盛った。笏《しゃく》を挿み、柳筥を取って、御前に進み、これを奏上した。笏を取って、座に復した。御覧が終わって、返給された。座に復し、御意向を伺った。叙位文を笏に取り副えて退下し、殿上間に於いて中納言資平に給わった。内記が申して云ったことには、「位記を預かった下部《しもべ》が、触穢《しょくえ》である上、位記の準備が未だ終わっていません」ということだ。後日、請印するよう、命じさせておいた。下官は退出した〈戌一剋。〉。頭弁が紫宸殿に追って来て云ったことには、「しばらく伺候してください」と。そこで左仗に伺候した。すぐに勅を伝えて云ったことには、「式部卿親王は、王氏爵の名簿を進上したが、世系《せけい》を記さず、ただ『寛平《かんぴょう》(宇多《うだ》天皇)の御後《みのち》』と記してあった。そこで止めておいた。そもそも寛平の御後のどの人か。問わせるように」ということだ。奏上させて云ったことには、「大外記文義を介して、問い遣わすべきでしょうか、如何でしょう」と。おっしゃられて云ったことには、「外記が宜しいであろう。明日、前例を調べて遣わすべきであろうか」と。前例を調べて、明日、申すよう、大外記文義に命じた。すぐに退出した。「蔵人と昇殿を定められる」と云うことだ。夜に入って、右近《うこんの》府生《ふしょう》（下毛野《しもつけのの》）公武《きんたけ》が、手結を進上した。右中将隆国と右少将《うしょうしょう》（源）定良《さだよし》が、着して行なった。

十二日、庚申。　実資への讒言を頼通に伝える／藤原兼隆、敦平親王のために奔走

中納言が云ったことには、「昨夜、関白と清談した次いでに、汝《なれ》（実資）が述べた事を伝え達しました。これは讒言《ざんげん》のような事でした。報じて云ったことには、『まったく聞いたことのない事である。また、右府を疑っていない』と」と。その間、事が多く、記す暇はなかった。

天暦《てんりゃく》七年、姓を改めて臣下となった者を、王氏爵の名簿に入れた。そこで親王（元平《もとひら》親王）を召したところ、病を申して参らなかった。外記（小野）傅説《もりとき》を遣わして問わせた。文書《もんじょ》に記させて、奏聞を経た。詳しく故殿の御記に見える。外記を遣わすよう、頭弁を介して関白に申させた。報じられて云ったことには、「前例によって遣わすべきである。大外記文義では、何事が有るであろう」ということだ。天暦の例は、六位の外記を遣わしたのか。五位と六位の間は、分別しない。勘申するよう、文義朝臣に命じた。その申す趣旨を重ねて関白に伝え、遣わすべきである。前左衛門督《さきのさえもんのかみ》（藤原兼隆《かねたか》）から、（藤原）為資《ためすけ》朝臣を遣わして書状が有った。また、（藤原）実行《さねゆき》朝臣を介して、来るという書状が有った。私が報じて云ったことには、「まったく来られてはならない。必ず事の風聞が有るであろう。関白の邸第に参られて、申されるように。他の人については、益が無いであろう」と。式部卿親王は、前左金吾《さきのさきんご》（兼隆）の聟《むこ》である。そこで奔走《ほんそう》しているものか。

十三日、辛酉。　平季基から進物／右近衛府真手結／源光清、配流の途上で襲撃される／右近衛陣

饗料を下給

右衛門督が清談の次いでに、「去る夕方、御庚申待《こうしんまち》によって、召しによって参入しました。御斎会《ごさいえ》の間、便宜が無いであろうということについて、あれこれが云々しました。また、このことを奏上しました。そこで停止《ちょうじ》となりました」と。(平)季基《すえもと》が雑物〈唐錦《からにしき》一疋・唐綾《からあや》二疋・絹二百疋・総鞦《ふさしりがい》の色革《いろがわ》百枚・紫革《むらさきがわ》五十枚。〉を進上してきた。

一昨日、右大弁経頼が内裏に伺候していた際、急に胸病《きょうびょう》を煩い、我慢して退出した。今朝、一行の書状を送った。報書は無かった。ただ病悩しているとのことを称した。真手結《まてつがい》に垣下《えんが》の五位と六位を差し遣わした。将および射手《いて》の官人以下の禄は、通例によって遣わした。夜に入って、右近府生(紀)基《もと》武《たけ》が手結を進上した。右中将隆国と右少将定良が行なった。或いは云ったことには、「配流《はいる》した(源)光清《みつきよ》は、近江《おうみ》国の焼山《やけやま》に於いて、群盗《ぐんとう》に衣を剝がれた。検非違使左衛門府生《けびいしさえもんのふしょう》〈某。〉も、同じく剝がれた」と云うことだ。極めて怪しい事である。或いは云ったことには、「大いに事実は無い」と云うことだ。梨・棗《なつめ》・味煎《みせん》・薯蕷《しょよ》を右近衛府《うこのえふ》に下給した。十四日の分である。

十四日、壬戌。　**加賀守から進物／王氏爵について敦平親王に問う**

加賀守俊平《かがのかみとしひら》が綿二十帖《じょう》を進上してきた。

今日、八省院に参らないということを、大外記文義朝臣に伝えた。王氏爵に記した寛平の御後がどの人かについて、不審であったので、止められた。式部卿親王に問うよう、先夜、宣旨を承った。この事は、前跡を調べて見て、天暦七年、姓を改めて臣下となった者について、名簿を奏上した。先ず親王（元平親王）を召し遣わしたが、病を申して参らなかった。そこで権少外記《ごんのしょうげき》傅説に命じて親王に問い遣わし、その弁じ申した趣旨を記し取って親王に見せ、奏聞を経た。その例によって、六位の外記を差し遣わし、親王が申すところを記させて、奏聞を経るべきであろうか。処分に随って処置するよう、頭弁を介して関白に伝え達した。その報に云ったことには、「前例によって六位の外記を差し遣わしても、何事が有るであろう。近代は、六位の外記は、ほとんど首尾《しゅび》を忘れたようなものである。すでに不覚である。そこで万事は、大夫外記《たいふのげき》に命じている。六位蔵人《ろくいのくろうど》も不覚であって、一向に蔵人頭に召し仕われている。これらに准じて思うと、大外記を差し遣わしても、また何事が有るであろう。六位の外記の中で、然るべき者がいれば、前例に任せて差し遣わしても、また何事が有るであろう。あれこれ、宜しきに随って行なうように」ということだ。日次《ひなみ》が宜しくない。十七日に少外記相親を遣わすこととした。相親は文章生《もんじょうしょう》であって、才学の聴こえが有る。親王が弁じ申すところを記すのに、不足と称することはないのではないか。

十五日、癸亥。　美作守から進物

延暦寺《えんりやくじ》の巻数使の僧に疋絹を与えた。

美作守資頼が、綿衣《わたぎぬ》二領《りょう》と単衣《ひとえきぬ》を調備して送ってきた。頭弁が来て、雑事を談った。中納言が来て云ったことには、「去る夕方の陣饗《じんきょう》は、最もよかったです。特に今年の所々の饗宴は、信濃梨《しなののなし》が無かったのです。この梨は、もっとも優れています。また、薯蕷粥《しょよがゆ》も美味しかったです」と。

十六日、甲子。　堀河院に放火／内弁の作法を頼宗に示す／頼通、藤原惟憲を憎む／踏歌節会

頭弁が禁色《きんじき》・雑袍宣旨《ざつぽうせんじ》を下給した。今日は参ることができないということを、頭弁に伝えた。為資朝臣が云ったことには、「昨夜、堀河院《ほりかわいん》の寝殿《しんでん》の南東に付火《つけび》がありました。撲滅《ぼくめつ》しました」と。極めて怖畏《ふい》しなければならない。

春宮大夫が内弁を承ることになっているが、疑いが有った。そこで度々、不審の事を問われることが有った。書冊《しょさつ》に記して、答対した。今日の式次第を記して送るよう、頭弁が内裏から示し送った。すぐに笏紙《しゃくし》を遣わした。明日、少外記相親と共に参るとのことを、大外記文義朝臣に伝えた。式部卿親王の許に差し遣わす為である。或いは云ったことには、「前大宰大弐《さきのだざいのだいに》惟憲は、愁嘆《しゅうたん》が極まりない。飲食は味を忘れている」と。関白が云ったことには、「年齢はすでに七旬に臨んでいる。出家するのが、もっとも宜しいであろう」と。憎まれている様子が有った。もしかしたら宇佐八幡宮《うさはちまんぐう》の神が関白の心に入って、思わせたものであろうか。

惟憲は貪欲《どんよく》の上に、首尾を弁《わきま》えない者である。「都督の任期中に行なった非法《ひほう》は、数万であった」と云うことだ。去る八日に法師を殺した者である。

春日祭使《かすがさいし》について、右近将監扶宣を介して、頭中将の許に示し遣わした。帰って来て云ったことには、「右少将定良に伝え仰せました。定良が云ったことには、『右中将良頼が巡に当たっています』ということでした。中将朝臣の所に示し遣わして、事情を申させることにします」ということだ。「今日の節会は、申剋の頃、列を引きました。左少将師成と経季が遅参《ちさん》して、勘事《かんじ》に処されました」と云うことだ。

十七日、乙丑。　春日祭使を定める／開門の役を勤めなかった将監の処置／敦平親王を尋問／頼宗、実資の指示により失誤無きを謝す

「祭使について、右中将良頼は、右近衛府の使として三箇度である。右少将定良は、右近衛府の使は未だ奉仕していない。ところが、左近衛府《さこのえふ》の使は、一度、奉仕している。その年の冬の祭使である。良頼は同年の夏の祭使であった。定良については、その間隔が近い」ということだ。定めておっしゃって云ったことには、「良頼は右近衛府の役を三箇度、勤仕《ごんし》している。異論は無いであろう」と。定良に奉仕させるよう定めた。頭中将が、扶宣を介して伝え送って云ったことには、「昨日の開門の役は、あらかじめ右近将監吉真《よしざね》に命じていました。ところが遅参しました。召勘《しょうかん》しなければならないことがあります。右近衛府に遣わすべきでしょうか」ということだ。私が答えて云ったことには、「陣に於いて勘責《かんせき》するように。すでに四等官《しとうかん》である。右近衛府に遣わすのは、何の法を行なうのか」と。

右近将監扶宣が申して云ったことには、「右少将定良が申して云ったことには、『祭使を奉仕します』ということでした」と。大外記文義と少外記相親が参って来た。大外記文義を介して、相親に伝え仰

させて云ったことには、「式部卿親王は、王氏爵に良国王《よしくに》の名簿を奏上した。事の疑いが無かったので、叙位簿に載せられた。ところが、良国王は不実の聴こえが有る。そこで除いて留めた。父はどういう人か。また、この良国は、その身はどこにいるのか」と。確かに申されるよう、相親に命じて、親王の許に遣わし仰せた。但し親王が申されたところを文書に記し、先ず親王に見せてから奉るよう、命じておいた。本来ならば、直接、相親に命じなければならない。ところが、問題の趣旨を失わない為に、特に思慮して、文義を介して伝え仰せたものである。証人のような事である。親王が弁じ申した詞を記させるのは、これは天暦七年の例である。時剋が推移し、相親が文書に記して、式部卿親王が弁じ申した趣旨を進上した。文義朝臣が伝えて進上した。相親が申して云ったことには、「先ず親王に見せました。(藤原)惟忠《これただ》朝臣が伝え取って見せました」と。頭弁が、伊勢国司《いせこくし》(橘行貞《ゆきさだ》)が召し進めた(平)正輔《まさすけ》□□□申した証人八人の解文《げぶみ》を持って来た。奏上するよう、伝え仰せた。「斎宮助《さいぐうのすけ》〈某。〉を召し上げさせるように」ということだ。すぐに宣下した。証人である。少外記相親が注進《ちゅうしん》して云ったことには、

「宣旨に云ったことには、『式部卿親王は、本来ならば内裏にその召しが有るべきである。ところが、召しについては停止した。但し王氏爵の中文に推挙し申されたところで、良国王は分明《ぶんめい》ではないので、叙位の議に入ったとはいっても、除いて留めておいた。父はどういう人か。また、その身はどこにいるのか』と。親王が申されて云ったことには、『宣旨は、謹んで承った。未だ王氏爵を推挙し申さな

かったもので、子細をその門に尋ね申したものである。ところが、昨年の冬から、病悩があった上に、前大宰大弐惟憲卿の書状によって、事の疑いを持たず、推挙し申したものである。但しその身については、ひとえにその伝えに基づいていて、伝え知っていない』ということだ。

長元《ちようげん》四年正月十七日　　　　　少外記文室相親」と。

頭中将に託しておいた。

中納言が来て云ったことには、「昨日の内弁の春宮大夫は、思いの他に失誤が無かったです」と。春宮大夫から、為資朝臣を遣わして書状を送って云ったことには、「昨日、内弁を奉仕しました。格別な失誤は無かったと思います。これはただ、汝の恩です。中納言が申したところは有ったでしょうか。中将も人に褒《ほ》められました。汝の教喩《きようゆ》によるものです。その流儀《りゆうぎ》によって、内弁の失誤を犯しませんでした。何事がこれに匹敵しましょうか。斉信卿が参入しました。そこで事情を奏上させました。おっしゃって云ったことには、『同じ大納言である。先に承った人が奉仕するように』ということでした。そこで斉信は退出しました」と云うことだ。

十八日、丙寅。　賭射、延引

今日、賭射が行なわれるはずであった。障りを申して、参らなかった。昨日、洩らし奏すということについて、今朝、頭弁の書状が有った。巳剋の頃、来て云ったことには、「昨日、すぐに関白の邸第に参って、式部卿が申した趣旨・伊勢《いせ》国の解《げ》について申させました。おっしゃって云ったことには、

『明後日に至るまで、堅固《けんご》の物忌《ものいみ》である。この期間を過ぎて、文書を見ることにする。重事であるので、伝え聞くわけにはいかない』ということでした」と。

午剋の頃から、雨が降った。賭弓を行なわれるのは難しいのではないか。事情を頭弁に問い遣わした。報状に云ったことには、「賭弓については、明日、行なわれることになりました」ということだ。「そもそも賭弓が延引《えんいん》される時は、もしかしたら上卿に伝えられるのでしょうか。それとも伝えられないのでしょうか、如何でしょう。また、上卿に伝えられるとなった際に、上卿が内裏に参っていなければ、如何なものでしょうか。賭弓は延引するけれども、参議一人を、やはり射礼《じゃらい》・射遺所《いのこしどころ》に遣わすとのことが、『村上御記《むらかみぎょき》』に見えます。近代の例は如何でしょう。詳細を承りたいと思います」ということだ。私が報じて云ったことには、「射遺《いのこし》の宰相については、そうあるべきである。賭射の延引について、上卿に伝えられるのが通例であるが、『近代は伝えられない』と云うことだ。違失と称さなければならない。延引については、内々に将たちに告げるものである。所司も同じである。ところが、上卿が宣旨を承って仰せ下すのが通例である。上卿が伺候していなければ、密々に親しい公卿に示し遣わし、公卿が外記を召して下すのか」と。黄昏、右近府生(玉手《たまての》)信頼《のぶより》が申して云ったことには、「賭射は雨によって延引となりました。明日、行なわれることになりました」ということだ。

十九日、丁卯。　外記政始／賭射／勘事に処された近衛次将を優免／小一条院王子敦貞親王、結婚

外記政始《げきせいはじめ》が行なわれた。頭弁が宣旨を持って来た。今日、賭射を行なわれた。参入することができないということを、まずは頭弁に伝えた。頭弁が云ったことには、「昨日、左将軍（教通）から、参入するという御書状が有りました。今日、参入されるのでしょうか」と。また、云ったことには、「昨日、右宰相中将《うさいしょうちゅうじょう》（兼経）が参入しました。射遺について伝えました」ということだ。「先日、勘事に処された近衛次将《このえのじしょう》（師成・経季）は、今日、免《ゆる》されました」と云うことだ。賭射は左方が勝った〈一・二度は、右方が勝った。三・四・五度は、左方が勝った。〉。今夜、小一条院《こいちじょういん》の一宮（敦貞《あつさだ》親王）が、修理大夫《しゅりだいぶ》（源）済政《なりまさ》の女《むすめ》と結婚した。

二十日、戊辰。　月蝕を暦博士、記さず

右衛門督が来て云ったことには、「賭射の狼藉は、極まりありませんでした。諸卿は多く退下しました」と。人々が云ったことには、「十六日の夜の月蝕は、暦博士《れきはかせ》が記し付けていませんでした。怪しむべき事です」と。

二十一日、己巳。　平致経の証人を召進／資高・経季の蔵人補任を頼通に依頼／近衛将監を申請

玄蕃允《げんばのじょう》守孝《もりたか》と帯刀長《たちはきのおさ》（藤原）資経《すけつね》に絹〈各五疋。〉を下給した。「頼りが無い」と云うことだ。そこで下給したものである。

頭弁が、伊勢国司が進上した、（平）致経《むねつね》が申請した証人八人の解文を持って来た。すぐに奏上させた。しばらくして、仰せを伝えて云ったことには、「検非違使に給わって、召問《しょうもん》させるように。但し正輔は、未だ証人を進上していない。彼が進上した後に、各々が申すところに、もし相違が有る時は、拷訊《ごうじん》させるように」ということだ。同じ弁に仰せ下しておいた。中納言が内裏から退出して云ったことには、「今日、早朝の出仕を行ないました。終わって、関白の邸第に参り、拝謁し奉りました。『明日と明後日は、外記庁《げきちょう》に参るように。国司が申請したものが有る。また、除目《じもく》は二十五日である。その日は、また外記庁に参るように』ということでした。資高と経季の蔵人について、関白に申しました。報じられて云ったことには、『定めなければならない事である。その際に申請するように』ということでした」と。内舎人《うどねり》高階為時《たかしなのためとき》が将監を申請している事について、事情を伝えさせた。先年、(藤原)国《くに》永《なが》を申請した。また重ねて申請するのは、如何なものか。この間の事について、事情を伝えたものである。報じて云ったことには、「大将(実資)の労は久しい。重ねて申請されても、何事が有るであろうか」ということだ。

二十二日、庚午。　平正輔の証人を召進／下野守の申請／当年封戸の解文

禁色・雑袍宣旨を弾正少忠《だんじょうのしょうちゅう》(中原)貞親《さだちか》に下給した。頭弁が、伊勢国司が召し進めた正輔方の証人三人の解文を持って来た。奏上させた。頭中将隆国が来た。宣旨を伝え下した〈下野守《しもつけのかみ》(藤原)善政《よしまさ》の解文は、定めなければならない。〉。また、賭射について談った。土佐守頼友《とさのかみよりとも》が申させて云ったことには、「一昨日、入京しました」ということだ。当年の封戸《ふこ》の解文を進上した。夜に臨んで、頭弁が来て云ったことには、「正輔が進上した証人たちは、検非違使に引き渡して尋問させることになりました」ということだ。すぐに宣下した。この正輔と致経が進上した証人は、証人と称してはならないのではな

いか。「皆、これは従者や近親《きんしん》です」と云うことだ。申すところが確かでなければ、各々、拷掠《ごうりゃく》を加えなければならないであろうか。宣旨一枚を頭弁に下した。これは今日、頭中将が下したものである。下野《しもつけ》国司（善政）が申請した事である。前例を継がせた。

二十三日、辛未。　悲田院に施行／北保の夜行の者、放火嫌疑者を逮捕

悲田院《ひでんいん》に施行《せぎょう》を行なった〈米五斗と塩一斗。〉。「病者は数が少ない」と云うことだ。「昨夜、北の保《ほ》の夜行《やぎょう》の者が、嫌疑の者二人を搦め捕えた。すぐに刀禰たちが、検非違使（安倍）守良《もりよし》に引き渡した。これは因幡《いなば》国の人夫である」と云うことだ。この頃、春日《かすが》小路の南辺り・室町《むろまち》小路の西辺りの小人の宅の屋上に、包み火を置いた。燃え出た際に捕えたものである。その保刀禰《ほとね》を召した。能く夜行を勤めたことを召し仰せた。いよいよ事の勤めを励まさせる為である。昨夜の夜行の者六人に信濃布《しなののぬの》を下給した。

二十四日、壬申。　悲田院に施行

「悲田院の病人は、寒苦《かんく》が特に甚しい」と云うことだ。そこで炭を下給させた。「喜悦《きえつ》はもっとも深かった」と云うことだ。

二十五日、癸酉。　頼宗に甘海苔を送る／不動息災法・当季聖天供・読経／小野宮西町で仁王講／除目の始期について頼通と協議／隠岐守の解由を下す／千古の冬季聖天供始

「春宮大夫が、甘海苔《あまのり》を要している」と云うことだ。「中将が少々を送った」と云うことだ。私は随身延武《のぶたけ》を介して、一折櫃《おりびつ》を送った。疋絹を与えた。

当季《とうき》修法《しゅほう》を行なった〈不動息災法《ふどうそくさいほう》。念誦堂《ねんじゅどう》に於いて、これを行なった。阿闍梨《あじゃり》は文円《ぶんえん》。伴僧《ばんそう》は四口《く》。〉。当季聖《とうきしょう》天供《でんぐ》を行なった。祇園《ぎおん》社で般若心経《はんにゃしんぎょう》および仁王経《にんのうきょう》読経《どきょう》を行なった。西町に於いて刀禰《とね》に命じて、仁《にん》王講《のうこう》を修させた。信濃布七端と石米を下給した。諷誦を東寺に修した。

頭弁が来た。公卿給《くぎょうきゅう》の申文および三条宮《さんじょうのみや》（脩子《ながこ》内親王）の御給の申文を託した。また、人々の申文を託した。すぐに帰って来た。関白の御書状を伝えて云ったことには、「将監を申請される申文を、早く奏上するように」ということだ。これは内応《ないおう》が有る事である。先年、申請した事と重畳《ちょうじょう》とはいっても、年紀《ねんき》を久しく隔てている。そこで申請したものである〈内舎人正六位上高階朝臣為時。〉。また、云ったことには、「風病《ふうびょう》が発動《はつどう》し、今のようであれば、参ることは難しいであろう。午剋に及んで、なおも活動できなければ、参入することはできない。まずはこのことを右府に伝えるように」と。報じて云ったことには、「御心地《ここち》が尋常に復されなければ、まったく参られることはできないでしょう。二・三月に行なわれた例も有ります」と。また、帰って来て云ったことには、「来月、陣の物忌および神事が連なっている。今日、参入することは堪えられない。明日、始め行なわれ、二十八日の国忌《こき》は、二十九日に行なわれるのが宜しいであろうか」ということだ。もっとも宜しいであろうということを報答した。「但し、今日、午剋の頃に、宜しいのであれば参ることとする。そうではなくては参ることはできない」ということだ。「その頃に参会することにします」ということだ。中納言が来て云ったことには、「ただ今、外記政《げきせい》に参ります」と。私が云ったことには、「先ず高陽院《かやのいん》に参り、私の書状で除目を延引するかどうかを申させるように」ということだ。報じて云ったことには、「書札《しよさつ》に記して、急いで送るように」ということだ。随身延武に副えて、これを送った。延武が持って来た書状に云ったことには、「除目は明日に改めて定める。風病が堪え難く、今日は参らない」ということだ。堂に参って、塔を拝し奉った。三匝《めぐり》した。吉日《きちにち》であるからである。晩方、大外記文義が来て云ったことには、「二度、高陽院に参りました。今日は風病が発《おこ》ったので、参りません。夜間、我慢して、もし宜しければ、明日、内裏に参って、召仰を宣下することになりました」ということだ。筆一双《そう》と墨一廷《てい》を文義に下給した。硯筥に納めさせる為である。黄昏に臨んで、中納言が来て云ったことには、「高陽院に参りました。書状のとおりです」と。権中納言《ごんちゆうなごん》定頼が来た。逢って清談した。早朝、左中弁《さちゆうべん》(藤原)経輔《つねすけ》が来て云ったことには、「隠岐守《おきのかみ》(源)道成《みちなり》の解由状《げゆじよう》を抑留《よくりゆう》している事は、昨日の指示によって、是非を論じず、許して進上しておきました」ということだ。逢わなかった。晴陰は定まらなかった。極めて寒い、極めて寒い。春気《しゆんき》に背いてしまった。小女(藤原千古《ちふる》)の冬季聖天供《しようでんぐ》始《はじめ》を行なった。師は延政《えんせい》。

二十六日、甲戌。　正輔方の証人を召進／大和守、僧道覚を討った下手人を召進／二月の除目の例を勘申

今日の除目の事情を伊予守章信に問い遣わした。伝え送って云ったことには、「関白がおっしゃって云ったことには、『何とかして巳・午剋の頃に参入することにする』ということでした」と。その後、頭弁が来た。除目について問うた。「未だ関白の邸第に参っていません」ということだ。人々の中文を託した。弁が云ったことには、「正輔方の証人二人を、国司が召し進めました」と。奏上するよう伝えた。(菅原)明任《あきひで》朝臣に二月の除目の例を勘申させるよう、大外記文義を召して命じられた事が、もしも事実であれば、除目は定まっていないのか。重ねて伊予守の許に問い遣わした。報状に云ったことには、「関白が云ったことには、『事情は頭弁を介して申させておいた』ということです」と。すぐに頭弁が来た。御書状を伝えて云ったことには、「心神《しんしん》がまだ悩《や》み、参入することができない。来月の上旬頃に宜しい日々が有る。その頃に行なわれることとする。五日は宜しい日である。但しその間、春日祭使の発遣および祭日に当たっているのは、如何なものか」と。私が云ったことには、「廃《はい》務《む》の日ではありません。行なわれるべきでしょう。今日の延引については、下司《しもづかさ》に告げ、続いて奏上することにします」ということだ。また、云ったことには、「正輔方の証人は、同じく法に任せて召問するように」ということだ。すぐに宣下した。また、云ったことには、「大和守《やまとのかみ》(源)頼親《よりちか》が日記の内の下手人の五位(宣孝《のぶたか》)を召し進めた。拘禁《こうきん》すべき処は、如何であろう」と。事情を関白に申した。定め下されることが有るであろうか。但し五位の者は、左衛門府《さえもんふ》の射場に拘禁するのが通例である。黄昏に臨んで、来て云ったことには、「頼親が召し進めた下手人の五位は、左衛門府の射場に拘禁させることになりました。もう四人の下手の者も、確かに召し進めさせなければなりません。彼らを召し進めなければ、免してはならないということについて、関白の命が有りました」ということだ。宣下しておいた。両納言が来て、雑事を談った。三位中将が云ったことには、「関白は私(兼頼)を使として、女院《にょういん》(彰子)に遣わされました。病悩について申されました。今日は昨日に倍して、悩苦の様子が有ります。吟じられた声が有りました」ということだ。

大外記文義が云ったことには、「春日祭《かすがのまつり》の日、除目を行なった例は有るのか、勘申するよう、関白の御尋ねが有りました。前例を勘えたところ、見えるところはありませんでした。但し大原野祭《おおはらののまつり》の日に、除目を召し仰せた例は有りました。その例を注進しておきました」ということだ。春日祭と大原野祭は、これは同じ神の祭である。また、廃務は行なわない。

二十七日、乙亥。　頼通の病状／興福寺の怪異の占方

中納言が云ったことには、「関白の邸第に参り、左金吾将軍《さきんごしょうぐん》(師房)を介して、御風病について申させました。報命に云ったことには、『朝の間は、頗る宜しかった。今の頃は甚だ悩んでいる』ということでした。金吾《きんご》(師房)が密かに語って云ったことには、『ひとえに御風病ではないのではないでしょうか』と」と。中将が黄昏に臨んで、高陽院から来て云ったことには、「風病は宜しいようです」と。

夜に入って、関白が(源)為弘《ためひろ》朝臣を遣わして、興福寺《こうふくじ》の怪異《かいい》の占方《うらかた》を送られた。「寺の上司《じょうし》および氏《うじの》長者《ちょうじゃ》(頼通)、及び寅・申・巳・亥年の人は、病事《びょうじ》が有るか。怪異の日以後、二十五日の内、及び来たる四月・七月・十月の節中《せっちゅう》の並びに丙・丁の日である」と〈今月二十三日、巳剋、興福寺食堂《じきどう》の棟上に集まった白鷺《しらさぎ》の怪異。〉。

二十八日、丙子。　小野宮五体不具穢

早朝、犬が片足の無い児を喰い入れた。五体不具《ごたいふぐ》であるので、七箇日の穢《え》とすべきであろうか。前例を調べなければならない。

中納言が伝え送って云ったことには、「絹十疋の必要が有ります」ということだ。送ろうと思っている間に、穢が有った。そこで先ず事情を示し遣わした。「物の値を充てるように」ということだ。穢の長短は、古昔《こせき》の定では、或いは五体不具はすべて穢としたか、或いは穢とすることを定められた。そこで一定し難かった。頭弁を呼んで、この趣旨を告げ、関白に伝えさせた。その定によらなければならない。尊い神事が、この間、はなはだ多い。大外記文義朝臣を召し遣わして、五体不具穢について問うた。申して云ったことには、「その定は、同じではありません。やはり五体不具は、三十日の穢とはしません」ということだ。

夜に入って、中納言が来た。地上である。頭弁が来て云ったことには、「穢について、関白に申しました。おっしゃられて云ったことには、『これを承った。前例を調べて見て、申すように。また、調べて検じられれば、詳細を承ることとする。この物忌を過ぎて、また聞くこととする』ということでした」と。

二十九日、丁丑。　例講、延引

本来ならば恒例の講演《こうえん》を修することになっていた。ところが、穢が有ったので、講説《こうぜち》することができなかった。来月の神事以後、吉日を択んで講じ奉ることとする。

○二月

一日、戊寅。　平正輔・平致経召進の証人の証言／神民拷訊の例

右衛門督《えもんのかみ》(藤原経通《つねみち》)および中納言《ちゅうなごん》(藤原資平《すけひら》)が、関白《かんぱく》(藤原頼通《よりみち》)の邸第《ていだい》から来た。中納言が関白の御書状を伝えて云ったことには、「穢《え》については、朔日であるので、外記《げき》に問わない。明日、前例を尋ね問うて、事情を申すように」ということだ〈「人を介して伝えられました。未だ尋常に復されないのでしょう」と云うことだ。〉。大外記《だいげき》(小野)文義《ふみよし》が云ったことには、「年々の日記を随身《ずいじん》しました」ということだ。大略、召して見た。地上に於いて、中納言に読ませた。その例は同じではなかった。明日、決定すべきであろうか。山座主《やまのざす》(慶命《きょうみょう》)が門下に来た。中納言を招いて雑事を談った次いでに云ったことには、「関白の御慎しみは、もっとも重いものです。随ってまた、御祈禱《きとう》も極めて猛々しいです。汝《なれ》(実資)も能く慎しまれますように」ということだ。佇立《ちょりつ》するのは便宜《びんぎ》が無かったので、逢うことができなかった。「このことを伝え、逐電《ちくでん》して退帰しました」と云うことだ。追って書状を遣わし奉った。返事が有った。

晩方、頭弁《とうのべん》(藤原経任《つねとう》)が、(平)正輔《まさすけ》と(平)致経《むねつね》が召し進めた証人と称する者の申詞《もうしことば》と勘問日記《かんもんにっき》を持って来た。取らなかった。ただ頭弁に持たせたまま、ほぼ見た。奏上するよう伝えた。但し正輔が召し進

めた者二人は、皆、神民《しんみん》である。今となっては、方々の者を拷訊《ごうじん》すべきである。神民は拷訊してもよいものか否か、明法道《みょうぼうどう》の官人に問われるべきであろうか。これは内々の考えである。但し正輔が召し進めた証人二人は、皆、神民である。明法道の官人が、拷訊してはならないということを申したら、正輔に従僕《じゅうぼく》を召し進めさせるべきであろうか。この趣旨を関白に伝えさせた。頭弁が云ったことには、「明日、触穢定《しょくえさだめ》の例の勘文《かんもん》を進上するよう、仰せ事を承りました。文義に伝えておきました」ということだ。

二日、己卯。　大原野祭／除目の日時について／教通が除目執筆を勧めることの危惧

延政阿闍梨《えんせいあじゃり》が、種々の精進物《しょうじもの》を調備して送ってきた。使者に禄〈疋絹《ひつけん》。〉を下給した。

今日、大原野祭《おおはらののまつり》が行なわれた。触穢《しょくえ》であったので、奉幣《ほうべい》しなかった。雨であったので、河原に出なかった。念誦堂《ねんじゅどう》に於いて修善《しゅぜん》を行なった。そこで西隣に出た。中将《ちゅうじょう》（藤原兼頼《かねより》）と一緒に解除《げじょ》を行なった。

大外記文義が云ったことには、「穢の例の勘文を、早朝、関白の邸第に持参しました。おっしゃられて云ったことには、『奉幣の後に見ることにする』ということでした。午の後剋《ごこく》に覧せました。三十日と定められるべきでしょうか」と。

頭弁が関白の使として、文義が勘申《かんじん》した触穢の例文を持って来た。頭弁に読ませた。取って見るのは、憚りが有る。「関白は、このことをおっしゃいました」ということだ。その仰せに云ったことには、

「延長《えんちょう》四年の例によって、三十日とすべきか。この間、如何であろう」と。報じて云ったことには、「延長の例によって、一本の手足が無いとはいっても、もう三本が全うしていれば、三十日の穢としなければなりません」と。弁が云ったことには、「正輔と致経の証人の勘問日記について、関白が云ったことには、『正輔が召し進めた者二人は、神民である。拷掠《ごうりゃく》については、明法道の官人に問うべきであろうか、如何か』ということでした」と。私が云ったことには、「もっとも問われなければならない事です」と。弁が云ったことには、「汝の申したことに随って、仰せ下すことにします」ということだ。そこで宣下しておいた。除目《じもく》について頭弁に問うた。答えて云ったことには、「関白は、未だあれこれを伝えられていません。猶予の様子が有ります」ということだ。文義が云ったことには、「兵庫寮《ひょうごりょう》の官人の怠状《たいじょう》についておっしゃいました。召しによって、内府（藤原教通《のりみち》）に参りました。（藤原）能通《よしみち》が仰せを伝えて云ったことには、『除目の日については、承ったところが有る。ただ短紙《たんし》に記して申させるように』ということでした。能通が云ったことには、『五日に行なわれることになりました』ということでした」と。内府は準備をする為に、尋ねられたようなものである。能通は、いい加減の第一の者である。誰の説によって除目の日を定めるのか。中納言が来て云ったことには、「除目は、内府が執筆《しゅひつ》を勧められるのは難しいのではないでしょうか。また、大納言《だいなごん》に行なわせるのは、内府の恥となるでしょう。関白には思慮されることが有るでしょうか」と。弁が云ったことには、「斎宮助《さいぐうのすけ》（某《なにがし》。）が証人であるということを、正輔が申したところです。もし事の疑いが有れば、拷訊させなければなりません。先ず斎宮助を解却《げきやく》して、拷訊を経ても、何事が有るでしょうか」ということだ。

三日、庚辰。除目について、頼通の弁

修法《しゅほう》が結願《けちがん》した。阿闍梨には通例の布施《ふせ》〈絹三疋。〉。右大弁《うだいべん》（源経頼《つねより》）の書状に云ったことには、「昨日、関白が云ったことには、『除目の日については、未だ決定していない。或いは神事、或いは内（後一条《ごいちじょう》天皇）の御物忌《ものいみ》や私（頼通）の物忌が重なっている。春日祭《かすがのまつり》は廃務《はいむ》ではないとはいっても、延長以後、除目を行なわれた例を見ない。右府（実資）が籠居《ろうきょ》していて、雑事を奉行《ぶぎょう》する人がいない。特に除目および大切な事が多くあるので、はなはだ便宜のない事である』ということでした」と。その後、頭弁が来た。長い時間、雑事を談った。「除目の日については、承っていません」ということだ。

四日、辛巳。教通、除目執筆を習練

「明日、除目が行なわれる」と云うことだ。中納言が云ったことには、「先夜、関白が右大弁を介して内府に伝えられました。その御返事は、大略、これを承りました。但し行なうことは難しいであろうという様子が有りました」と云うことだ。また、云ったことには、「権中納言《ごんちゅうなごん》（藤原）定頼《さだより》を呼んで、書くべき事を習いました。又の説に、『大切な京官《きょうかん》と受領《ずりょう》だけを、心を配って書くように。公卿給《くぎょうきゅう》に及ぶことはない』と云うことでした」と。上下の者が嗷々《ごうごう》としている。事は甚だ軽々である。頭弁が伝え送って云ったことには、「明日、行なわれることはありません」と。いい加減な説である。事情

を申さなければならないばかりである。（藤原）致行朝臣《むねゆきあそん》が云ったことには、「修理大夫《しゅりだいぶ》（源）済政《なりまさ》が密かに語って云ったことには、『先日、関白が内府に、除目を奉仕されるよう談られた』と」と。極めて便宜のないであろう事である。返す返す、歎き思った。

五日、壬午。　祈年穀奉幣定／春日祭馬寮使、逃隠

大外記文義が云ったことには、「除目は未だ決定を承っていません。今日、先ず祈年穀使《きねんこくし》を定められなければならないということについて、関白が頭弁を介して、内府におっしゃられました。そこで決定が行なわれるのでしょう。『この使を発遣する日の他で、除目の日を択ばれなければならない』と云うことでした。昨日、頻りに内府の召しが有りました。ところが、病悩していたので、参入しませんでした。夜分、史《し》広雅《ひろまさ》を介して、除目の間の事をおっしゃられました。極めて不審の様子が有りました。外記については、四所籍《ししょのしゃく》、および諸道の労帳《ろうちょう》を筥《はこ》に納めて、揃えさせておくだけです。他の事は知り申さないということを、申させておきました。大略は、事々に鬱々《うつうつ》とされているのでしょうか」と云うことだ。文義が、先日、下給した墨と筆を返して進上した。除目の間に下給したものである。そのことを伝えたので、返してきたものである。彼もまた、わかっているのか。文義が云ったことには、「馬寮使《めりょうし》右馬助《うまのすけ》（源）頼職《よりもと》が、逃げ隠れています。関白の仰せによって、捜し求めさせたところ、たまたま捜すことができました。灸治《きゅうじ》を行なっているとのことを申しています。『近処については、車に乗って参入することにします。遠い距離については、堪えられそうもありません』ということでした。命じて云ったことには、『車については、進退《しんたい》は耐えられるのか』と。まったく故障を申してはならないということについて、重ねて仰せが有りました」ということだ。

六日、癸未。　春日祭使、故障を申す／教通、除目執筆忌避の言葉

春日祭使《かすがさいし》は右少将《うしょうしょう》（源）定良《さだよし》である。

黄昏、右近将曹《うこんのしょうそう》（紀）正方《まさかた》が門外に於いて申させて云ったことには、「舞人《まいびと》や陪従《べいじゅう》は、射場殿《いばどの》に参りました。頭中将《とうのちゅうじょう》（源隆国《たかくに》）がおっしゃって云ったことには、『使の右少将定良が参入していないのは、如何なものか。早く召し遣わすように』ということでした。すぐに処々に尋ねて、やっと捜して遇いました。申させて云ったことには、『右近府生《うこんのふしょう》（下毛野《しもつけのの》）公武《きんたけ》を介して、二度、障りがあるということを頭中将に告げさせました。あれこれの報はありませんでした。ここに使の役を免じられたということを知りました』ということでした」と。命じさせて云ったことには、「その申した趣旨を頭中将に告げるように。自ら定めて命じられる事が有るであろうか」と。或る僧が云ったことには、「内府が云ったことには、『除目について、未だ仰せ事を承っていない。内々にこれを示し告げたことが有った。ところが、格別な仰せが無いので、あれこれを申すことができない。但しまったく方策は無い。どうして奉仕できるだろう』と。今、様子を見ると、奉仕することは難しいのではないでしょうか」と云うことだ。

七日、甲申。　五日に除目が行なわれたとの風聞／十五日に行なわれるとの説

或いは云ったことには、「『去る五日に除目が行なわれた』と云うことだ。その日以前、内府の門前に市を成したとのことを、関白が漏れ聞いて、笑われることが有った」と云うことだ。凶悪の者が、内府に盈満《えいまん》している。彼らの様子は、敢えて言うことができない。愚である、頑である。奇である、怪である。内府が兵部丞《ひょうぶのじょう》(藤原)章経《あきつね》を遣わして、書状を送られて云ったことには、「関白の御書状に云ったことには、『季御読経《きのみどきょう》と仁王会《にんのうえ》については、同日に定められる様、覚えているところである。右府に問うて定めるように』ということでした」と。報じて云ったことには、「確かには覚えていません。たとえ例が無いとはいっても、同日に行なわれても、忌諱《きき》は無いであろう。神位記《しんいき》と僧位記《そういき》に、並んで請印《しょういん》する例が有る。どうしてましてや仏事《ぶつじ》を並んで行なわれるのは、なおさらである。難点は無いであろう事である」と。中納言が伝え送って云ったことには、「関白の邸第に参りました。左宰《さ さい》相中将《しょうちゅうじょう》(源顕基《あきもと》)を介して伝えられて云ったことには、『風病《ふうびょう》は、頗る平復《へいふく》した』と。ところが、未だ簾外に出ません。そこで逢うことができませんでした」と。また、云ったことには、「伊予守《いよのかみ》(藤原)章信《あきのぶ》が云ったことには、『十五日に除目が行なわれることになりました。内府が力を尽くして奉仕されることになりました』と云うことでした」と。日没の頃に臨んで、中納言が来た。触穢であったので、春日祭に奉幣しなかった。河頭《かわのほとり》に臨んで、解除を行なった。中将が同車した。

九日、丙戌。　春日祭上卿・近衛府使の代官

今日と明日は物忌である。ただ北門を開いた。中将の物忌によって、東門を開かなかった。頭弁が云ったことには、「春日祭に参る公卿が、参りません。近衛府使《このえふし》も参りません。そこで代官《だいかん》について問いました。外記成経《なりつね》が申して云ったことには、『承っていないものです』と。或いは申して云ったことには、『使の右少将定良が、勧学院別当《かんがくいんべっとう》（藤原）致孝《むねたか》の許に書状を送って云ったことには、「代官（藤原）通能《みちよし》が、急に故障が有って参りません。準備することにします」ということでした』と云うことです。そこで致孝に問うたところ、事はすでに事実でした。驚き怪しんだことは、極まりありませんでした。代官については、上卿《しょうけい》が外記に伝えて宣旨《せんじ》を下給します。ところが、宣旨を賜わっていませんでした。大略は、頭中将が上卿に伝えなかったのでしょうか。前例を尋ね問うたところ、『汝が参った時、馬助《うまのすけ》を代官とした』と云うことでした。そこで右馬助頼職を代官として、事を収めておきました」ということだ。「昨日、関白に申したところ、驚き怪しまれました。穢は来たる十一日に及びます」と。また、云ったことには、「除目は来たる十四日から行なうよう、前日、関白の仰せが有りました。様子を伺うと、決定していないのではないでしょうか。心神《しんしん》は通例ではないとのことを伝えられました。民部卿《みんぶきょう》（藤原斉信《ただのぶ》）の家に、犬の死穢《しえ》が有ります。事情を知らず、夜分、座に着しました。穢は来たる十一日に及びます」と。また、云ったことには、「除目は来たる十四日から行なうよう、前日、関白の仰せが有りました。様子を伺うと、決定していないのではないでしょうか。心神は通例ではないとのことを伝えられました。やはり頗る怪しく思いました。延引《えんいん》されることになるのでしょうか。この間、意味がわかりません」ということだ。

十日、丁亥。　大食男

何日か、男たちが云ったことには、「藤原忠国《ただくに》は大食《たいしょく》です」と。そこで前に召して、食させた。全部で五升を食した。六升の飯を盛ったが、僅かに一升ほどを遺した。疋絹を下給した。起って舞い、終わって和歌を詠んだ。その装束《しょうぞく》は、衛府《えふ》の冠に、竹馬を挿頭《かざし》としていた。六位の表衣《うえのきぬ》に笏《しゃく》を把《と》った。尻鞘《しりざや》の釼《たち》を着して、藺履《いぐつ》を履いていた。男たちは散楽《さんがく》を行なったのか。

十一日、戊子。　祈年穀奉幣／列見、延引／資平、移徙

「祈年穀使は、内府が上卿を勤めた」と云うことだ。列見《れっけん》は延引となった。夜に臨んで、大外記文義が来て云ったことには、「内府は、急に風病が発動《はつどう》したということを申されました。そこで他の上卿を召されました。大納言斉信・（藤原）頼宗《よりむね》・（藤原）能信《よしのぶ》は故障を申され、大納言（藤原）長家《ながいえ》が上卿を勤めました。宣命《せんみょう》の草案《そうあん》は、今日、奏上し、卜串《うらぐし》を開き見ました。昨日と一昨日は、内府は物忌によって、見ませんでした。事はすでに懈怠《けたい》です」と。「戌剋、中納言は北家に移徙《わたまし》を行なった。ただ西廊《にしろう》を結構《けっこう》し、急いで移った」と云うことだ。

十二日、己丑。　円融寺法華八講始／多武峯鳴動の占方

今日、円融寺《えんゆうじ》御《み》八講始《はっこうはじめ》が行なわれた。触穢であったので、参らなかった。関白が（菅原）孝標《たかすえ》朝臣を遣わして、多武峯《とうのみね》が鳴った占方《うらかた》を送られた〈今月十日の戌剋、鳴り揺れた。陰陽博士《おんみょうはかせ》（巨勢《こせの》）孝秀《たかひで》が占い申した。〉。「巳・亥・丑・未年の人は、病事によって、しばらく所を避けるか。期は怪異《かいい》の日以後、二十五日の内、及び来たる十月節中《せっちゅう》の並びに壬・癸の日である」と。

十三日、庚寅。

実資家人、群盗の共犯との嫌疑／春日社仁王経転読／大安寺申請の大和国免田・若狭国司申請の教通・頼宗荘園の濫行についての解文／流人源光清の配流使、射殺される／頼通、十四日に除目を行なおうとし、外記を召すも、停止となる

夜に入って、(宮道《みやじの》)式光《しきみつ》朝臣が来た。検非違使《けびいし》別当《べっとう》(源朝任《あさとう》)の書状を伝えて云ったことには、「大江久《ひさ》利《とし》は、群盗《ぐんとう》の同類であると指摘されました。少納言《しょうなごん》(藤原)資高《すけたか》の宅に、先年、入った群盗です。つまり大和《やまと》に住して犯を行なったということについて、申したところです。この久利が小野宮《おののみや》に伺候しているとのことを、承ったところです。あれこれ、ただ仰せに随います」ということだ。報じて云ったことには、「久利は家人《けにん》である。時々、来ているのが見える。もしかしたらこの風聞が有って、逃げ隠れているのか」と。早く追捕《ついぶ》するよう、命じておいた。

今日、春日《かすが》御社に於いて、五十口《く》の僧を招請して、仁王経《にんのうきょう》を転読《てんどく》させ奉った。これは祭日の十列《とおつら》の代わりで、二季恒例の事である〈供料《くりょう》は日別に五斗。〉。今日から始めて二七箇日、栖霞寺《せいかじ》(清涼寺《せいりょうじ》)に於いて、三口の僧〈利原《りげん》・覚蓮《かくれん》・政尭《せいぎょう》。〉を招請して、仁王経を講演《こうえん》させ奉る。宿曜《すくよう》の厄《やく》と、興福寺《こうふくじ》・多武峯の怪異を攘《はら》う為に、特に修するものである。

頭弁が、大安寺《だいあんじ》が申請した大和国の免田《めんでん》の文書、若狭《わかさ》国司《こくし》(源惟頼《これより》)が申請した内大臣(教通)と春宮大《とうぐうだい》夫《ぶ》(頼宗)の荘園《しょうえん》の濫行《らんぎょう》についての解文《げぶみ》を持って来た。奏上するよう伝えた。また、云ったことには、「流人《るにん》(源)光清《みつきよ》の配流使《はいるし》左衛門府生《さえもんのふしょう》永正《ながまさ》は、駿河《するが》国に於いて、甲斐《かい》国の調庸使《ちょうようし》の為に射殺されました。

すぐに配流使永正の母が、配流使が随身していた雑物を給わりたいと申請しました」と。私が答えて云ったことには、「駿河《するが》国司（源忠重《ただしげ》）は、解文を言上《ごんじょう》するであろうか。それによって、仰せ下されるであろうか」と。除目について問うた。「先日、関白から、明日、行なわれるという仰せが有りました。未だ奏し定められていません。これは内々におっしゃられたものです。今日、その意向を伺うことにします」ということだ。また、云ったことには、「去る八日、内府が仁王会と季御読経について定めました。ところが、未だあれこれを命じられていません。そこで綱所《こうしょ》に伝えていません」と云うことだ。「二十日に仁王会、二十七日に御読経《みどきょう》。先例では行事《ぎょうじ》の定文《さだめぶみ》を奏上しない。ところが、検校《けんぎょう》の定文に加えて奏上された」ということだ。

大外記文義が云ったことには、「昨日、関白が召し仰せられて云ったことには、『明日、除目を行なうことにした。これは内々の事である。これは召仰《めしおおせ》ではない。あらかじめ準備を行なえ』ということでした。申させて云ったことには、『明日は復日《ふくにち》です。久しく天皇の出御《しゅつぎょ》はありません。復日は如何なものでしょうか』と。おっしゃって云ったことには、『必ずしも忌むことはない』ということでした。仰せを承って、罷り出ました。晩方、召しが有りました。すぐに参入しました。おっしゃって云ったことには、『明日の除目の議を止めて、明後日に行なうことにする』ということでした」と。今朝、頭弁が云ったことには、「『明日と明後日は、多武峯物忌《とうのみねものいみ》である。上達部《かんだちめ》の年は、多く当たっている。大納言頼宗・能信・長家、その他、中納言と宰相も、何人もいる。参入することはできない』と云うことでした。民部卿が云ったことには、『面上《めんじょう》にいささか熱物《ねつもつ》が有る。参入することは定まらない』ということでした」と。大納言が一人も参らないのは、聞いたことのない事である。申剋の頃、中納言が来て云ったことには、「先ず内裏に参りました。次いで関白の邸第に参りました。左宰相中将を介して、御書状が有りました。『明日、除目を行なう』と云うことでした」と。夜に入って、頭弁が来て云ったことには、「明日、除目を行なうことになりました。関白が云ったことには、『上達部は、多く物忌である。そうとはいっても、二箇日の間、一日はやはり参るように』と伝えられました。或いは云ったことには、『民部卿の面は宜しくなった。参入するであろう』と云うことでした」と。

十四日、辛卯。　仁王会の日時／群盗の被害／久利の弁明／亡父斉敏忌日

頭弁が早朝、来て云ったことには、「除目について、昨日、執柄《しっぺい》(頼通)の意向を伺ったところ、おっしゃって云ったことには、『一昨日、心神は極めて悩《や》んだ。今日は頗る宜しくなった。宜しいのであれば、明日、申し行なうこととする。やはり不快であれば、参入するのに憚りが有る』ということでした。簾外に出られました。その実情がわかりません。もしこの状況のようであれば、明日もまた、きっと参入されるのは難しいでしょうか。除目を奉仕される事は、未だ内府に仰せ遣わされていないということについて、関白の仰せが有りました」ということだ。「伊賀《いが》の証人一人を原免《げんめん》されました。これは光清の従者で、つまり国人《こくじん》が伝え聞いた者です。禁固《きんこ》すべきではありません」ということだ。また、云ったことには、「去る八日、内府が仁王会について定められ、御読経について定められませんでした。昨日、伝え承った事を申すものです。但し仁王会は二十七日に行なわれるとのことを、決定しました」ということだ。元興寺《がんごうじ》が申請した爵について、宣旨を下された。先ず爵料《しやくりよう》を納めるという宣旨を下さなければならない。そのことを伝えておいた。「大安寺が申請した免田については、前の宣旨によって宣旨を下給することになりました」ということだ。そこでこれを仰せ下した。右少史《うしようし》孝親《たかちか》が、仁王会の僧名《そうみよう》を進上した〈二十七日。〉。少納言を呼んで、先年の群盗について問うた。「取られた物は、衣二領《りよう》・朝衣装束《ちよういしようぞく》二襲《かさね》・麴塵袍《きくじんのほう》・香薬《こうやく》の小辛櫃《こからびつ》・雑女《ぞうじよ》の衣裳・甲斐布《かいのぬの》少々・細釼《ほそだち》・韉《したくら》です。この疑わしい者は、中納言の従者の夏武《なつたけ》です。その同類は獄にいます」ということだ。久利が云ったことには、「私(久利)を疑わしいと申す者は某丸《なにがしまる》です。従者のような男です。預け給わった雑物は、すでにその弁済《べんさい》はありません。催し責めたので、恨みを起こして申したものでしょうか」ということだ。今朝、(中原)師重《もろしげ》朝臣が申したものである。去る夕方、久利は罷り去った。人々が云ったことには、「事は無実のようである」と云うことだ。今日、式光朝臣が勘問日記を持って来た。久利はただ、住人と申している。他の事は無い。分配《ぶんぱい》の物に預かっていない。ここに無実であることがわかる。逃げ隠れることはできないのではないか。忌日《きにち》である。諷誦《ふじゆ》を東北院《とうほくいん》に修した。念賢《ねんけん》を身代わりとして、斎食《さいじき》させた。法華経《ほけきよう》と般若心経《はんにやしんぎよう》を供養《くよう》した。袈裟《けさ》と僧の食膳料を施した。精料《せいりよう》を読経の僧たちに分かち施した。

十五日、壬辰。　多武峯物忌／除目第一日／斉信の失儀

今朝は多武峯物忌である。ただ東門を開いて、外人《がいじん》を忌まなかった。

権少外記《ごんのしょうげき》成経が欠官帳《けつかんちょう》を進上し、申して云ったことには、「召仰の後に、進上したものです〈巳剋。〉」ということだ。「除目の議を始めました」と云うことだ。内大臣が執筆を勤めました。

後に聞いたことには、「諸卿が議所に着しました。大納言斉信は途中に留まり、恭礼門《きょうらいもん》の内に隠れ立って、参上しなかった。筥文《はこぶみ》を執らない為である」と云うことだ。議所に着して参上しない例は、未だ前跡《ぜんせき》を知らない。議所に着さず、諸卿が参上し終わって、その後、単身で参上する。これは恒例である。故実《こじつ》を知らないのか。

十六日、癸巳。除目第一日の様子／経頼の失儀

早朝、中納言が書簡《しょかん》に記して云ったことには、「昨日の除目についてですが、内大臣以下が議所に着しました〈申二剋。〉。未だ盃酒《はいしゅ》に及ばない前、召しが有りました。すぐに参上しました。筥文は三合《ごう》。前例では四合、有ったでしょうか。京官除目《きょうかんじもく》の時は三合、有るでしょうか。但し申文《もうしぶみ》の多少によるものでしょうか。上卿がそのことをおっしゃらなかったのは、如何なものでしょう。御前の作法は、格別な失儀《しつぎ》は無かったでしょうか。大間《おおま》書《がき》の際は、知り申しませんでした。子一剋、議が終わりました。殿上間《てんじょうのま》に於いて、関白がおっしゃって云ったことには、『除目を始めた際、心神は甚だ苦しかった。秉燭《へいしょく》に及ぶ頃には、頗る宜しかった。ところが、尋常ではない』ということでした。その容顔《ようがん》を伺うと、憔悴《しょうすい》は特に甚しいものでした。人々はこのことを申していました。内府が云ったことには、『今

年は公卿給が甚だ多い』ということでした。見参《げんざん》の上達部〈内府、権大納言《ごんだいなごん》（長家）、左右金吾《きんご》（源師房《もろふさ》・経通）・新中納言《しんちゅうなごん》（定頼）、大蔵卿《おおくらきょう》（藤原通任《みちとう》）・左右宰相中将《さいしょうちゅうじょう》（顕基・藤原兼経《かねつね》）・右兵衛督《うひょうえのかみ》（朝任）・左右大弁（藤原重尹《しげただ》・経頼）。〉。右大弁経頼が、始めに肥前《ひぜん》の勘文を読んだ様子は、頗る非例《ひれい》でした。ところが、甚だ全うしました」と。大外記文義が来た。昨日の除目について申した。

十七日、甲午。　土佐守罷申／蔵人・昇殿定／大間書に不審

土佐守頼友《とさのかみよりとも》が、任国に下向するとのことを申させた。

除目の議が終わった。子剋、中納言が来て云ったことには、「ただ今、除目が終わりました。子の終剋です。内大臣は、執筆した際に、難点はありませんでした。諸卿は感嘆しました。但し、尻付《しづけ》の作法を知らずに書いたくらいのものです。思いの他のことです」と云うことだ。今回、史を給わらなかった。欠国《けっこく》の数が少なかったからであろうか〈利正《としまさ》が明法博士《みょうぼうはかせ》に還任《げんにん》された。天恩《てんおん》か。〉。内舎人高階為時《うどねりたかしなのためとき》を将監《しょうげん》に申請した。裁許《さいきょ》が有った。また、中務録《なかつかさのさかん》中原実国《さねくに》を民部録《みんぶのさかん》に任じた。奏達《そうたつ》させたのである。旧年、関白に申したところ、許容の様子が有った。そこで今回、頭中将を介して驚かせ伝えさせたのである。

御物忌に籠り候じた上達部は、大納言頼宗・長家、中納言師房・経通・資平、参議《さんぎ》朝任・顕基・（藤原）公成《きんなり》・経頼。大学助《だいがくのすけ》藤原実綱《さねつな》を蔵人《くろうど》に補した。これは秀才《しゅうさい》である。（源）資通《すけみち》朝臣を和泉守《いずみのかみ》に任じた。

この所は、本来ならば五位を定めて補されなければならない。ところが、六位を補した。先例が無いわけではない。五品《ごほん》は専一《せんいつ》の者がいない。「昇殿《しょうでん》を聴《ゆる》されたのは、（源）章任《あきとう》と（大江）定経《さだつね》です」と云うことだ。章任は還昇《げんしょう》である。簡《ふだ》の外か〈丹波守《たんばのかみ》である。〉。この両人は、御乳母子《めのとご》の爵である。乳母子の官爵《かんしゃく》を意に任せるのは、道路は目くばせした。大外記文義が云ったことには、「疑いの事が有るので、大間書を見て決しようとしました。そこで内府に参って申し出て、これを見ました。尻付の所々に墨を塗ってありました。まぎらわしいことです」ということだ。「前に召して、見せられました。多く見ることはできませんでした。はなはだ便宜のないことでした」ということだ。

十九日、丙申。　漂着した耽羅人を帰国させる／神民拷訊の可否に関する明法勘文／主計允・主税允任官の申請を却下

頭弁が、斎宮寮《さいぐうりょう》の返解《へんげ》の文書《もんじょ》〈「正輔が申請した証人の斎宮寮助《さいぐうりょうのすけ》〈某。〉は、熊野《くまの》に参って帰って来ない」と。〉と大宰府《だざいふ》の解文〈耽羅《たんら》島の人八人が漂流して来た事。昨年の解文である。ところが、関白が忘れて、下されなかった。〉を持って来た。命じて云ったことには、「勘問日記のとおりであれば、企《たくら》みは無いようである。粮を下給して返し遣わすべきであろう」と。これは関白が伝え示したところである。申させて云ったことには、「異国《いこく》の人は、事の疑いが無ければ、言上を経ず、粮を下給して還却《かんきゃく》するということは、格文《きゃくぶん》をほのかに覚えているものである。近代は、やはり言上を経ている。この解文のとおりであれば、すでに疑い怖れることは無い。粮を下給して還し遣わすのが、もっとも宜しい」と。また、「正輔方の証人の神民を拷訊すべきか否かについて、明法道の勘文〈(令宗《よしむねの》)道成《みちなり》と(中原)成通《なりみち》。〉では、禰宜《ねぎ》を解却して拷訊すべき格文を、この勘状《かんじょう》に引き載せている。神民については、格別な言及は無い。『ただ勅断《ちょくだん》によるように』ということだ。この勘文は分明《ぶんめい》ではない。拷訊するか否かについて、決定を申すように。先ず奏聞《そうもん》を経れば、自らおっしゃられる事が有るであろうか」と。奏上するよう、伝えておいた。また、「菅野親頼《ちかより》が、米千石の解文を造八省院行事所《ぞうはっしょういんぎょうじしょ》に進上した。主計允《かずえのじょう》か主税允《しゅぜいのじょう》の宣旨を下されるように」ということだ。私が命じて云ったことには、「二寮は転任《てんにん》の官である。昨年、他の人を主税允に任じられた。頻りに二寮の允の宣旨を申し下しては、寮官が愁えるところが有るのではないか。もし算師《さんし》を申請する者が有れば、宜しいであろう」と。すぐに返給しておいた。これは頭弁が伝えて進上したものである。「豊楽院行事《ぶらくいんぎょうじ》の左大史《さだいし》(惟宗《これむねの》)義賢《よしかた》が、これを進上しました」ということだ。この親頼および父主計允(菅野)重頼《しげより》は、私の家人である。重頼は切々と申させた。ところが、二寮が愁い申すであろうから、奏上させなかったものである。

二十日、丁酉。　**源俊賢を改葬**

「故(源)俊賢《としかた》卿を改葬《かいそう》した」と云うことだ。

二十一日、戊戌。　**列見／神民拷訊の可否に関する明法勘申を却け、重ねて勘申させる／頼通、親頼の属任官を提案**

今日、列見が行なわれた。早朝、中納言が来向した。列見について、地上に坐って日記を開いて見た。

夜に入って、頭弁が来た。仰せを伝えて云ったことには、「明法博士が勘申した、神民を拷訊するか否かについて、『勅断によるように』ということであった。決定を勘申しなかった。ただ勅断によるということを申して、勘状は明らかではなかった。早くこれを返給し、重ねて勘申させるように」ということだ。すぐに宣下した。弁が云ったことには、「親頼が申請した二寮の允の宣旨について、次いでが有って、関白に申しました。おっしゃられて云ったことには、『造八省院の事について、重ねて裁許しなければならない。ところが、右府が言ったように、転任の官に允の宣旨を下されるのは、愁い申すことが有るであろうか。属《さかん》については、何事が有るであろう』と」と。下官〈実資〉が答えて云ったことには、「その仰せのように、属なら宜しいであろう。但し父重頼は、虚言《きよげん》の者である。確かな使を遣わして、米が事実であることを実検《じつけん》させ、裁許すべきであろう」と。尚書《しようしよ》〈経任〉は感心した。

二十二日、己亥。

早朝、中納言が来て談った。「昨日の列見の作法は、散楽のようでした」と云うことだ。

二十三日、庚子。　**列見上卿頼宗の失儀／頼通、政務の諸事を諮問／外記庁屋根修理の檜皮無し**

大外記文義朝臣が云ったことには、「列見の日、上卿〈大納言頼宗。〉は、東廊《ひがしろう》に召して、所司《しよし》の懈怠を おっしゃられました。すでに前例の無い事です。『そうあるべき事が有れば、六位の外記を召して、伝え仰せられる』ということです。昨年、同じく召し仰せられた際には、南を経て、廊の壇上から上卿の前に進みました。これは急に考えた事です。六位は北から参入し、壇の下から進みました。事情を知っておられない上卿は、何事につけて古伝《こでん》を失われます。時に臨んで迷惑し、進退する方策がありません。他の所の道に推して准じると、五位は砌《みぎり》を用い、六位は庭を用います。そこで思量して、参り進むものです」ということだ。頭弁が関白の書状を伝えて云ったことには、「流人光清の使が、甲斐国の調庸使の為に、駿河国に於いて射殺された事は、今も未だ言上していなかったところ、甲斐《かい》国司（源）頼信《よりのぶ》が、子細に事情を申上した。『この流人の使は、甲斐の調物《ちょうもつ》の中の荷物を奪い取りました。制止している間に、相論《そうろん》していた際、使の左衛門府生永正が、荷に副っていた者を射殺しました〈後に聞いたことには、「蟇目《ひきめ》矢《や》で部領《ことり》を射た」と。この間、すでに正税《しょうぜい》は無かった。〉。彼の子の男が、使永正を射殺しました』ということだ。どの様に行なえばいいのであろうか」と。報じて云ったことには、「駿河国司〈忠重。〉は、未だ言上を経ていません。その責めは逃れ難いでしょう。その言上を待っていたら、日月はいよいよ移ります。且つは言上しない事、且つは流人光清の配所《はいしょ》に伝える事の宣旨を下給すべきでしょう。官符《かんぷ》については、重ねて流人の官符を下給するのは、便宜が無いでしょう。『駿河と伊豆《いず》の、境を接する辺りです』と云うことです。また、他の国を経ることはないのではないでしょうか」と。また、おっしゃって云ったことには、「陸奥守《むつのかみ》（藤原）貞仲《さだなか》の時の砂金は、色代《しきだい》で進済《しんさい》するということを、昨年の除目で諸卿が定め申した。（源）満正《みつまさ》の時は、絹一疋を砂金一両に充てて進済した。貞仲は二疋を一両に充てて進済することを申請している。諸卿は裁許が有るべきであるとのことを定め申したが、定文に記さなかったので、確かには覚えていないところである」ということだ。

報じて云ったことには、「諸卿は多く裁許されるべきであるとのことを申しました。前例が有る上に、一疋は満正の例に倍します。特に実物の金を進上するよう責めが有ったとはいっても、進納することは難しいのではないでしょうか」と。また、おっしゃって云ったことには、「外記庁《げきちょう》の檜皮《ひわだ》が破損し、雨脚は留まらない。修理職《しゅりしき》が申して云ったことには、『修理職に檜皮を納める国々が、未だ進上してきません。特に宣旨を未進《みしん》の国々に下給して進納させ、修理して葺《ふ》くこととします』ということだ。そこで召し納めさせたところ、先ず重要な殿舎《でんしゃ》を葺いた。『その遺りは、幾《いくば》くもありません』ということだ。申請する者が有れば、裁許しては如何であろう」と。報じて云ったことには、「外記庁は檜皮が無く、雨露の時は、すでに外記政《げきせい》が行なわれないとのことを、承っているところです。『もうしばらく修補が無ければ、顚倒に及ぶであろう』と云うことです。人目に付く諸司ではなくても、成《じょう》功《ごう》の輩《やから》は、皆、その賞を蒙《こうむ》っています。どうしてましてや、この勤功についてはなおさらです。申請について、軽ければ、他の庁舎《ちょうしゃ》を加えられるのが宜しいでしょう。『文殿《ふどの》の舎は、有って無いようなものである』と云うことです。賞と功を共に定めて、宣下されるべきでしょう」と。また、おっしゃって云ったことには、「『親頼は、造八省院行事所に主計属《かずえのさかん》か主税属《しゅぜいのさかん》の任料《にんりょう》の米八百石を進上した』ということだ。近代は千石を進上している。本来ならば千石を進上しなければならない。但し現物の米は六百石で、その遺りを代物《だいもつ》としても、何事が有るであろう」ということだ。先ず物の有無を実検させなければならない。これは関白に伝えた。それに随ってまた、仰せ下すものである。父重頼は不実の風聞が天下に流布《るふ》している。もし物の実体が無ければ、他の人に求めるべきであろう。まずはこのことを尚書に伝えておいた。

黄昏に臨んで、中納言が来て語った。未だ座に着すことはなく、地上に坐った。

二十四日、辛丑。政務の諸事を頼通に回答

晩方、頭弁が来た。関白の御書状を伝え示したことには、「流人が逗留《とうりゅう》する事は、宣旨を駿河国に下給するように。今まで言上しなかった事・犯人を追捕すべき事・配所に伝えるべき事」と。すぐに宣下しておいた。

「漂流して来た者に粮を下給して廻却《かいきゃく》すべき事・官符を大宰府に下賜すべき事」と。但し、漂流して来た者八人は、自筆で名を書いた。ところが勘問日記に、「伯達《はくたつ》に問う。伯達は八人の他である」ということだ。事は相違が有る。官符に載せるべきか。そのことを申したとはいっても、格別な報が無ければ、もう一度、事情を申すよう、示し含めておいた。「貞仲の金の色代については、先日の定の趣旨は、汝が述べたとおりであった。また、民部卿に問うよう、仰せが有った」ということだ。「外記庁の修造については、成功の者では難点は無いであろうか。再三、このことを伝えておいた。汝の述べた趣旨を申しておいた。裁許が有るようである」ということだ。また、云ったことには、「前備《さきのび》前守《ぜんのかみ》（藤原）中尹《なかただ》が申して云ったことには、『談天《だんてん》門以南の一町を、修築して進上することはできませんでした。材木を造八省所《ぞうはっしょうしょ》に進上します』ということだ。もしかしたら進上させるべきか否か。この

間のことを定め申すように」ということだ。申させて云ったことには、「八省院《はっしょういん》や豊楽院は、大きな材木が多く入るでしょう。進納させるのが、もっとも宜しいであろう事です。築垣《ついがき》については、追って他の国を定めて充てても、何事が有るでしょう」と。

二十五日、壬寅。

今日と明日は物忌である。ただ東門を開いた。外人を禁じなかっただけである。

二十六日、癸卯。　耽羅人の人数の相違／東大寺の出した返抄の印の疑い／季御読経定

備前守《びぜんのかみ》(源)長経《ながつね》が門外に来た。師重朝臣を介して伝えたことには、「明日、任国に下向します。但し、申請する事が一つ、有ります。準備を蒙ろうと思います」ということだ。物忌であったので逢わないということを答えた。頭弁が門外に来た。門を開いて、招き入れた。関白の御書状を伝えて云ったことには、「耽羅島の漂流して来た者八人は、その他に伯達と云う者がいる。廻却の官符に、相違していることを載せるというのは、もっともそうあるべきである」ということだ。すぐに宣下した。また、云ったことには、「東大寺《とうだいじ》故別当観真《かんしん》の出した返抄《へんしょう》については、その時に請けた返抄は、同じ国に二枚であった。再返抄である。伊予《いよ》国の返抄は、国司が進上した。印の大小が有った。印を召して、実検すべきであろうか。汝に問うこととする」ということだ。弁が云ったことには、「あの寺の上司《じょうし》の印は一面です。また、造寺《ぞうじ》の印が有ります。その他に、造印《ぞういん》が有ります」と云うことだ。私が云ったことには、「あの時の観真の署と印文《いんもん》は、官底《かんてい》に保存してあるのか。このような時は、他の寺の例に当たって、調べられなければならない。但し印を官底から召して実検されても、何事が有るであろう。但し寺家《じけ》が、もしかしたら申すところが有るであろうか。建立した天皇(聖武天皇《しょうむ》)は寺門《じもん》から出してはならないと命じていたとのことを、或いは申す輩がいるであろうか。七大寺《しちだいじ》の法師は、多く悪言《あくげん》を吐く。官史《かんし》を寺家に遣わして、三面の印を紙面に捺《お》し、その奥に寺司《てらづかさ》たちに署させて、それを結ばせては如何か。そもそも御定によらなければならない」と。この事は、弁が感心した。弁が云ったことには、「伊勢《いせ》国司(橘行貞《ゆきさだ》)が申して云ったことには、『三年に一度の伊奈冨《いのう》社祭は、来月の上旬〈その日を覚えていないのです。〉、国司が必ず供奉《ぐぶ》します。五、六日の假《か》を給わり、祭が終わって、参上します』ということでした」と。申すところの趣旨を関白に告げ申して処置するよう、示し含めておいた。弁が云ったことには、「今日、内府が季御読経を定め申されることになっています。陰陽寮《おんみょうりょう》は、来月四日辛亥と七日甲寅を勘申しました」と。甲寅は八専日《はっせんにち》および御衰日《すいにち》である。勘申したところは、極めて愚かである。

二十七日、甲辰。　仁王会

今日、仁王会が行なわれた。触穢であったので、堂を飾らなかった。史為隆《ためたか》が季御読経の定文を進上した。未剋の頃、中納言が来た。すぐに内裏に参った。

二十八日、乙巳。　源倫子修二月会／藤原信基・信長、着袴／藤原経家、元服

中納言が来た。座に着さなかった。明日、穢の期間が終わる。ただ今日だけである。中納言が云ったことには、「昨日の御物忌に、上達部一、二人が籠り候じました。外宿《がいしゅく》の人は紫宸殿《ししんでん》に伺候しました。その後、関白の仰せによって、あの尊堂《そんどう》（源倫子《ともこ》）の修二月会《しゅにがつえ》に参りました。暁方、分散しました。今日、内府の子息たち（藤原信基《のぶもと》・藤原信長《のぶなが》）が、着袴《ちゃっこ》の儀を行ないました。また、あの蓮府《れんふ》（教通）に於いて、権中納言定頼の子息（藤原経家《つねいえ》）が元服《げんぷく》を加えました。前右衛門督《さきのえもんのかみ》（藤原）実成《さねなり》が加冠《かかん》を勧めました。加冠は、先日、右衛門督経通を定めました。ところが、忌日であったので、実成卿に改めました」と云うことだ。

二十九日、丙午。　手負いの狼、資平宅に入る／長家・経頼、着座／輦車を改造／東大寺印を実検／鬼気祭／夢想紛紜

暁方、呵梨勒丸《かりろくがん》を服用した〈三丸《がん》。〉。山階《やましな》（興福寺）僧朝寿《ちょうじゅ》が来た。遇わなかった。帰りの粮三石を与えた。「悦気《えつき》が有りました」と云うことだ。卯剋、狼が中納言の家に入った。他処に於いて射られ、矢が立ったまま、走り入った。今日と明日は、中納言は物忌である。大外記文義が云ったことには、「今日の酉剋、権大納言長家と右大弁経頼が着座《ちゃくざ》の儀を行ないました」と。午剋、輦車《てぐるま》を造らせた。通例の乗用の車は、はなはだ狭少である。そこで改めて造らせたものである。東大寺僧厳琱《げんちょう》と詮義《せんぎ》が来た。遇わなかった。蔵人左少弁《さしょうべん》（源）経長《つねなが》が、勘宣旨《かんせんじ》〈前阿波守《さきのあわのかみ》（藤原）義忠《よしただ》が申請した蔵人所《くろうどどころ》の召物《めしもの》の直法《じきほう》。〉を持って来た。覆奏《ふくそう》させた。次いで頭弁が来た。勅を伝えて云ったことには、「『官史を東大寺に差し遣わして、印を実検させ、紙に捺させて奏上するように』ということでした。関白が云ったことには、

『右府が定め申したところは、もっとも好言《こうげん》であった』ということでした」と。すぐに宣下しておいた。

今夜、鬼気祭《ききさい》を行なった〈西門。為高《ためたか》は病を称した。そこで陰陽属《おんみようのさかん》（中原）恒盛《つねもり》に祭らせた。〉。

諷誦を三箇寺〈東寺《とうじ》・清水寺《きよみずでら》・祇園《ぎおん》社。〉に修し、金鼓《こんぐ》を打たせた。夢想《むそう》が紛紜《ふんうん》したからである。

当季《とうき》……

三十日、丁未。　伊賀国掌の罪名勘文／法華経講演

頭弁が、明法博士が勘申した伊賀国掌大中臣逆光《いがのこくしょうおおなかとみのさかみつ》の罪名を持って来た。奏上させた。

阿闍梨源泉《げんせん》を招請して、二部法華経を供養させ、薬王品《やくおうぼん》と妙音品《みょうおんぼん》を講演させ奉った。去月と今月二箇月の分である。布施は絹六疋で、一箇月の分である。右衛門督・三位中将《さんみちゅうじょう》（兼頼）・左少将《さしょうしょう》（藤原）資《すけ》房《ふさ》〈四品《しほん》。〉・右馬頭《うまのかみ》（源）守隆《もりたか》・少納言資高・左少将（藤原）経季《つねすえ》、その他、五品たちが聴聞《ちょうもん》した。中納言は物忌であった。

○三月

一日、戊申。　伊賀国掌を原免／王氏爵不正の処置について頼通に回答／敦平親王を勘事に処し、源良国を追捕す／下総守の延任を裁許

河原に出て、解除《げじょ》を行なった。雨であったので、車を下りなかった。中将《ちゅうじょう》（藤原兼頼《かねより》）が同車した。左《さ》少弁《しょうべん》（源）経長《つねなが》が、宣旨《せんじ》〈前阿波守《さきのあわのかみ》（藤原）義忠《よしただ》が申請した蔵人所《くろうどどころ》の召物《めしもの》の値の文。〉を持って来た。すぐに宣下した。頭弁《とうのべん》(藤原経任《つねとう》)が来て、おっしゃって云ったことには、「伊賀国掌《いがのこくしょう》(大中臣《おおなかとみの》)逆光《さかみつ》を原免《げんめん》するように」ということだ。すぐに仰せ下した。関白《かんぱく》(藤原頼通《よりみち》)の御書状を伝えて云ったことには、「式部卿《しきぶきょう》親王(敦平《あつひら》親王)は、王氏《おうし》爵《しゃく》の事によって、前日、召問《しょうもん》される事が有った。もしかしたら口入《こうじゅ》した人を尋問されるべきであろうか。それとも、王氏爵の是定《ぜじょう》を留められるべきであろうか。今年、朔旦叙位《さくたんじょい》が行なわれることになっている。他の親王に是定させるべきであろうか。(源)良国《よしくに》は、前犯《ぜんぱん》が有る上に、またこの事を起こした。追捕《ついぶ》させるべきであろうか」と。また、云ったことには、「当時(後一条天皇《ごいちじょう》)は、三条《さんじょう》院の御譲りによって践祚《せんそ》した。あの上皇(三条院)の皇子は、頗るその□□が有るのは、如何なものか。事の事実を調べて憶《おも》うに、前左衛門督《さきのさえもんのかみ》(藤原)兼隆《かねたか》と前大宰大弐《さきのだざいのだいに》(藤原)惟憲《これのり》の謀略である。やはり惟憲に問うべきであろうか。親王については、勘事《かんじ》に処されるべきか」と。私が報じて云ったことには、「重ねて親王に問われる事は、道理はそうあるべきです。親王が申すことによって、惟憲を勘責《かんせき》されるのは、そうあるべき事です。そもそも、譲位《じょうい》した太上天皇《だいじょうてんのう》の皇子は、頗る思われている事が有るのでしょう。先朱雀院《さきのすざく》院は、弟の村上《むらかみ》天皇に譲位しました。その礼遇《れいぐう》は、最も厚かったのです。先朱雀院が崩じられた時は、□□諒闇《りょうあん》に異なりませんでした。御譲位について重んじられたことによるものです。当時は三条天皇の御譲りによって、立ったものです。式部卿は、その皇子です。□□させることが有ることをおっしゃられました。頗る優恕《ゆうじょ》の仰せが有るのが宜しいでしょう。罪名については、勘申《かんじん》させず、□□が宜しいであろう事です。事の事実を推して思うに、親王の心にあったのではないのではないでしょうか。ただ、両人（兼隆・惟憲）の謀慮《ぼうりょ》から出たものでしょうか。先ず勘事に処されても、何事が有るでしょうか。惟憲と兼隆は、もっとも憎むべきです。但し親王の他は、強いて調べられることはないのではないでしょうか。事を御譲位に寄せて、敢えて軽く行なわれるのが宜しいのではないでしょうか。良国は検非違使《けびいし》に命じられて、追捕されるべきでしょう。良国は華《か》洛《らく》を経廻っていないでしょうか。後々の為、早く追捕の宣旨を下されなければならないばかりです」と。また、云ったことには、「下総守《しもうさのかみ》（藤原）為頼《ためより》が、重任《ちょうにん》されて、逃散《ちょうさん》した民に農業を勧める□□を申請しています」ということだ。中文《もうしぶみ》を下給した。御書状に云ったことには、「『□□討の際、勤公《きんこう》が有った』と云うことだ。もしくは裁許《さいきょ》が有るべきか、如何か」と。報じて云ったことには、「『下総国《しもうさ》は、（平）忠常《ただつね》を追討した事によって、亡弊《ぼうへい》は特に甚しい』と云うことです。為頼が云ったことには、『積貯《せきちょ》は無く、飢餓《きが》に及ぶでしょう。また、妻および女《むすめ》は、昨年、道路で憂死《ゆうし》しました。罪も無いので、京中の人が見て歎いたとのことです』と云うことです。先ず二箇年の任期を優遇され、もし良吏《りょうり》の風聞が有れば、その時に臨んで、もう二箇年を延べられるべきでしょうか。そもそも、安房《あわ》・上総《かずさ》・下総は、すでに亡国《ぼうこく》です。公力《こうりょく》を加えられて、復興を期させるのが、もっとも佳《よ》いのです」と。

二日、己酉。　仏経供養／諸仏事／千古のための当季聖天供

堂の預得命《あずかりとくみょう》が、仏経《ぶつきょう》を供養《くよう》するとのことを申した。絹□疋を下給した。

大原野祭《おおはらののまつり》の馬の代わりの仁王経《にんのうきょう》講演《こうえん》を行なった。新経を四部、請僧《しょうそう》は五口《く》〈明宴《みょうえん》・念賢《ねんけん》・智照《ちしょう》・光円《こうえん》・

忠高《ちゅうこう》。〉。二季の例事である。春日《かすが》御社で大般若読経《だいはんにゃどきょう》を行なった。歳事《さいじ》である。請僧は六十口。山階《やましな》（興福寺《こうふくじ》）別当《べっとう》扶公《ふこう》の房に於いて、二口の僧を招請して、二十五箇日間、千巻金剛般若経《こんごうはんにゃきょう》を転読《てんどく》させ奉る。天台《てんだい》（延暦寺《えんりゃくじ》）無動寺《むどうじ》に於いて、二口の僧を招請して、二十五箇日間、千巻金剛般若経を転読させ奉る。特に重く慎しまなければならないからである。阿闍梨《あじゃり》久円《きゅうえん》を招請して、普門寺《ふもんじ》〈久円の住所。〉に於いて、今日から始めて二七箇日、尊勝王法《そんしょうおうほう》を修させる。滅罪《めつざい》の為である。伴僧《ばんそう》は三口。清浄の衣を、先日、送った。等身《とうしん》の十一面観音《じゅういちめんかんのん》像五体を造顕《ぞうけん》し奉った〈紙に画いた。毛筆《もうひつ》を用いず、花蘇芳《はなずおう》と支子《くちなし》で彩色《さいしき》した。膠《にかわ》を加えなかった。〉。恒例の年首《ねんしゅ》の修善《しゅぜん》である。ひとえにこれは、疫病《えきびょう》を攘《はら》う為である。但しこの何年来は、三体を造顕し奉っている。中将および家中の人の為に、もう二体を加えて造顕し奉った。また、請僧二口を加えた〈念賢・明宴阿闍梨・円空《えんくう》阿闍梨。〉。小女〈藤原千古《ちふる》〉の当季聖天供《とうきしょうてんぐ》を行なった〈延《えん》政《せい》。〉。三井寺《みいでら》（園城寺《おんじょうじ》）の十一面観音像の宝前《ほうぜん》に於いて、三口の僧〈慶尊《けいそん》・□賢・慶静《けいせい》。〉を招請して、□□日、観音品《かんのんぼん》を転読させ奉る。

三日、庚戌。

早朝、中納言《ちゅうなごん》（藤原資平《すけひら》）と女子と一緒に、ちょっと北廊《きたろう》に渡った。しばらくして、帰□。

四日、辛亥。　**季御読経始／頼通の諫止を遮り、内裏御作文会／但馬守、下向**

今日、季御読経始《きのみどきょうはじめ》が行なわれた。日次《ひなみ》が宜しくなかった。参入しなかった。中納言が来て云ったことには、「去る夕方の内裏の御作文会《さくもんかい》は、上達部《かんだちめ》が伺候しました。すでに今日に及びました」と云うことだ。一昨日、頭弁が云ったことには、「作文会を行なうということを、関白に仰せ遣わされたところ、奏上させて云ったことには、『明後日、御読経《みどきょう》が行なわれます。余興が尽きずに翌日に及ぶのは、如何なものでしょう。もしどうしても行なわれるのでしたら、日中が宜しいのではないでしょうか。そもそも、天皇の叡慮《えいりょ》によるべきものです』ということでした。納得した様子はありませんでした」ということだ。関白が奏上された□□、もっともそうあるべきである。但馬守《たじまのかみ》（源）則理《のりまさ》が云ったことには、「一昨日、昇殿《しょうでん》しました。九日に、妻子と一緒に下向することにします」ということだ。今夕、中将は清水寺《きよみずでら》に参った。明日の暁方、退出することになっている。御明《みあかし》を奉って、諷誦《ふじゅ》〈絹一疋。〉を修した。導師《どうし》の禄である〈疋絹《ひっけん》である。〉。

五日、壬子。　若狭に官使を遣わし、荘人の濫行を停止させる／彰子、白河の花見を停止

頭弁が関白の御書状を伝えて云ったことには、「若狭《わかさ》国司《こくし》（源惟頼《これより》）が申請した、内大臣（藤原教通《のりみち》）と春《とう》宮大夫《ぐうだいぶ》（藤原頼宗《よりむね》）の荘人《しょうにん》の濫行《らんぎょう》について、官使《かんし》を差し遣わすように。使は一緒に官物《かんもつ》についても沙汰するように。誰を差し遣わそうか。使部《しぶ》では如何か」と。史生《ししょう》を遣わすよう報じた。弁が云ったことには、「もっとも善いことです」ということだ。読経が結願《けちがん》した。請僧は五口。布施《ふせ》は、各々絹二疋。女院《にょういん》（藤原彰子《あきこ》）から、急に白河院《しらかわいん》を覧るとの告げが有った。中将は関白の邸第《ていだい》から急いで退出した。狩衣《かりぎぬ》を着して参入しようと思っていたところ、「院（彰子）は留まられます。関白及び上達部が、一緒に白河第《しらかわてい》に向かいました」と云うことだ。中将は白河《しらかわ》に参った。中納言が来て云ったことには、「今日と明日は物忌《ものいみ》です。ところが、大弁《だいべん》の告げが有ったので、物忌を破って院の御供に供奉《ぐぶ》しようと思いました。留まられたということについて、ただ今、またその告げが有りました。そこで白河に参ることはできません。物忌によるものです」ということだ。夜に入って、中将が帰って来て云ったことには、「関白および卿相《けいしょう》は、白河に向かいました。何事も無く、各々、分散しました。食事はありませんでした」と云うことだ。「明日、いらっしゃることになりました」ということだ。

七日、甲寅。　彰子、白河の花見を再び停止／季御読経、結願／鴨川、増水

「女院は白河の花を御覧になろうとしていたが、雨であったので、留まられた」と云うことだ。中納言が来て云ったことには、「(橘)俊遠朝臣《としとおあそん》の書状に云ったことには、『白河の花見は停止《ちょうじ》となりました』と」と。三位中将《さんみちゅうじょう》(兼頼)が関白の邸第から下人を遣わし、伝え送って云ったことには、「今日の御幸《ごこう》は、停止となっていません。装束《しょうぞく》を急いで縫わなければなりません」と。(宮道《みやじの》)式光《しきみつ》朝臣を遣わして事情を取らせた。また、(身人部《むひとべの》)信武《のぶたけ》を遣わして様子を見させた。今日、季御読経《きのみどきょう》が結願する。この事を専らにされなければならないものである。執柄《しっぺい》の人(頼通)は、他の事が有ってはならないのではないか。頭弁が内裏から伝え送って云ったことには、「『大和守《やまとのかみ》(源)頼親《よりちか》は、身の假《か》を免《ゆる》して、事に従わせる。但し請僧道覚《どうかく》の下手人たちは、確かに召し進めさせよ』ということでした。御読経の結願によって、ただ今、参りません。法事が終わって、来ることにします」ということだ。宣下するよう、伝えておいた。式光が帰って来て云ったことには、「俊遠に問うたところ、『今日の花見は停止となりました。もしかしたら明日、行なうことになるのでしょうか』と」と。信武が申して云ったことには、「すでに気配はありません。関白は女院の供に参られるということを、随身《ずいじん》たちが申していました」ということだ。今日、絹百疋を律師《りっし》（良円《りょうえん》）の八講の分として上送《じょうそう》しようと思ったけれども、河水が盈溢《えいいつ》していて、持って渡ることができなかったということは、使の男が先に申したものである。中将が来て云ったことには、「今日の花見は、未だ決定が有りません。また院に参入します」と。信武を追って遣わした。長い時間が経って、帰って来て云ったことには、「関白は院に伺候されています。二度、随身に命じて鴨川《かもがわ》に遣わし、浅深を実検《じっけん》させたところ、『歩いて渡る人は、衣裳を脱いで、やっと渡れます』ということでした」と。そこで停止とされたということについて、中将の書状が有った。「明日、いらっしゃるのでしょうか。また、未だ決定していません」と云うことだ。夜に臨んで、中将が来て云ったことには、「明日、白河院にいらっしゃることになりました」と。式光朝臣も同じくこのことを申した。明日、宣旨によって、内裏に参って官奏《かんそう》を奉仕しようと思う。また、所《ところ》充《あて》の文を申上させなければならない。ところが、白河の花見が有れば、行なわせるわけにはいかない。晩方、中納言が来て云ったことには、「ただ今、御読経が結願します。明日、受領《ずりょう》の任符《にんぷ》の請印《しょういん》を行なうことにします」と。また、云ったことには、「左大弁《さだいべん》（藤原重尹《しげただ》）が触穢《しょくえ》となりました。右大弁《うだいべん》（源経頼《つねより》）は、着座《ちゃくざ》した後、未だ政事《まつりごと》に従っていません」ということだ。大丞《だいじょう》（経頼）が参入した後、内裏に参ることとする。

八日、乙卯。　伊賀守・因幡守・安芸守、罷申／神郡郡司の拷訊の可否について勘申／官奏・所充申文／重ねて敦平親王を尋問／受領任符請印

早朝、中納言が告げ送って云ったことには、「今日、女院が白河殿《しらかわどの》にいらっしゃる事を停止することについて、俊遠朝臣の告げが有りました」と。そこで内裏に参るという事を、頭弁に示し送り遣わした。また、右大弁に伝えた。「今日、権大納言《ごんだいなごん》(藤原長家《ながいえ》)と右大弁が、着座した後、外記政《げきせい》に参ることになっています」と云うことだ。伊賀守《いがのかみ》(藤原)顕長《あきなが》が罷申《まかりもうし》を行なった。沐浴《もくよく》していたので、逢わなかった。絹百疋を律師の許に上送した。二、三の者を差し副えた。坂の間が危ないからである。因幡《いなば》守《かみ》(藤原)頼成《よりしげ》が、赴任するとのことを申した。逢わなかった。織物《おりもの》の赤色の掛《うちき》と袴《はかま》を下給した。右大弁の書状に、「官奏の文書《もんじょ》および所充の文書を準備して、揃えておきます」ということだ。頭弁が、神郡《しんぐん》の郡司《ぐんじ》を拷訊《ごうじん》するかどうかについての明法道《みょうぼうどう》の勘状《かんじょう》を持って来た〈「禰《ね》宜《ぎ》や祝《はふり》は、犯すところが有れば、先ずその任を解き、後に決罰《けつばつ》を行なう。神郡の郡司の職や社司《しゃし》の任は、名は異なるとはいっても、その職は、これは同じである。敬神《けいしん》の道は、あれこれ、共に存する。如在《じょさい》の礼は、何によって差別しようか。それならばつまり、決罰を行なう間は、凡民《ぼんみん》に准じることは難しい。郡司を帯びながら、どうして拷訊を用いることができようか」と云うことだ。〉。奏上するよう伝えた。

今日、官奏および中文の儀が行なわれた。厩《うまや》の馬一疋を大蔵卿《おおくらきょう》(藤原通任《みちとう》)の許に遣わした。その従者の漆工《しっこう》公忠《きんただ》を使とした。加賀守《かがのかみ》(藤原)師成《もろしげ》が任国に下向する時、馬を与えるようにとの書状が有った。

たとえこの書状が無いとはいっても、志し与えようと思っていたのである。大蔵卿は、元来、志が有る人である。或いは云ったことには、「賀茂祭《かものまつり》を過ぎた後に、下向することにします」と云うことだ。或いは云ったことには、「明日、首途《かどで》します」と云うことだ。この間、あれこれしている。ところが、準備した物は、自ずから相違が有る。そこで遣わしたものである。明日、下向するのならば、今日、来るはずであろう。ここに延引《えんいん》していることがわかる。

内裏に参った。中納言が同車した。また、輦車《てぐるま》に乗って参入した。春華門《しゅんか》に於いて輦車から下りた頃、侍従所《じじゅうしょ》から大納言《だいなごん》長家・中納言(源)師房《もろふさ》・参議《さんぎ》経頼が、建春門《けんしゅん》から入った。私は続いて敷政門《ふせい》から参入した。右大弁以下、弁と少納言《しょうなごん》が、床子《しょうじ》の前に列座《れつざ》した。私は揖礼《ゆうれい》した。弁以下は磬折《けいせつ》し、揖礼した。私は陣座《じんのざ》に着した。右大弁が座に着した。大中納言《だいちゅうなごん》は退出したのか。官奏および所充の文について、大弁に問うた。弁が云ったことには、「皆、揃えてあります」ということだ。「所充の文に鈎匙《かぎさじ》文《ぶみ》を加えては如何でしょうか」と。加えるよう命じた。また、云ったことには、「右《う》大史《だいし》信重《のぶしげ》は、官奏に伺候しなければなりません。その他の少史《しょうし》たちは伺候しています。少史(大江)広経《ひろつね》に申文の儀に伺候させることにします」ということだ。答えて云ったことには、「信重は、官奏および申文の儀に伺候するのは、何事が有ろうか。前例が無いわけではない」と。大弁は座を起った。私は南座《なんざ》に着した。しばらくして、大弁が座に着した。申して云ったことには、「申文」と。私は小揖《しょうゆう》した。大弁は称唯《いしょう》し、史《し》の方を見た。右大史信重は、書杖《ふづえ》を持って、小庭《こにわ》に控えていた。私は目くばせした。称唯し、膝突《ひざつき》に着して、これを奉った。取って見たことは、通常のとおりであった〈加賀《かが》・因幡《いなば》の鈎匙文、所充の文、合わせて三枚。〉。見終わって、推して板敷《いたじき》の端に置いた。史が給わって、一々、束ね申した。鈎匙文は、命じて云ったことには、「申し給え」と。所充の文は、ただ目くばせした。史は杖に取り副えて、走り出た。次いで大弁が座を起った。長い時間の後、座に復して云ったことには、「奏」と。私は小揖した。大弁は称唯し、史の方を見た。信重は奏書を挿んで、小庭に跪《ひざまず》いて控えた。私は目くばせした。称唯し、走って来て、膝突に着し、これを奉った。一々、見終わって、先のように巻き終わり、結んで板敷の端に置いた。史が給わって、文書一枚を開き、揃えなければならない文書の数を申した〈「二枚」と。〉。杖に取り副えて走り出て、右中弁《うちゅうべん》（源）資通《すけみち》を介して内覧《ないらん》させた。この頃、頭弁は膝突に着した。関白の御書状を伝えて云ったことには、「王氏爵は、もう一度、式部卿親王に問われるべきであろうか。伝え申す人の文書が有るか否かについてである。それとも、そうでないとはいっても、ただ勘事に処すべきであろうか。重ねて問われた後、勘事に処されれば、終始が有るようなものではないか。これについて、定めて伝えるように」ということだ。報じて云ったことには、「伝え仰せられた事は、道理は当たっています。先日、親王に問われたところ、『前大宰大弐惟憲が申したので、事の疑いを置かずに名簿《みょうぶ》を進上した』ということでした。覆問《ふくもん》される事は、もっともそうあるべきでしょう」と。資通朝臣が帰って来て、関白の報を伝えて云ったことには、「早く奏上するように」ということだ。そこで官奏が揃っていることを奏上させた。しばらくして、召しが有った。

すぐに参上した。射場《いば》に到って、奏を執り〈史信重は、早く帰って来た。本来ならば立ち定まった後に来るべきである。ところが、未だその処に到らずに、走って来た。〉、御前に参上した。作法は恒例のとおりであった。退下して、文書および杖を返給した。終わって、陣座に復した。大弁が座に着した。次いで史が文書を奉った。私は先ず表巻紙《うわまきがみ》を給わった。次いで一々、文書を取って、板敷の端に置いた。史は給わって、これを見た。命じたことには、「申したままに」と。称唯して、成文《なりぶみ》の数を申した。結《ゆい》緒《お》を給わった。史が結んで、走り出た。次いで大弁が座を起った。これより先に、参議通任が参入した。中納言資平を呼び立て、申させて云ったことには、「大弁が伺候しています。私〈通任〉が伺候する座は、中納言の座でしょうか」と。私が答えて云ったことには、「着すように」と。すぐに座に着した。私は退出した。未だ秉燭《へいしょく》に及ばず、家に帰った。中納言は、受領の任符の請印によって、陣座に留まった。私が退出した際は、送った。和徳《かとく》門から退出した。男たちが云ったことには、「内裏に参った間に、安芸守《あきのかみ》〈源〉頼清《よりきよ》が、赴任するということを申してきました」と。

九日、丙辰。石見守に餞す／神郡郡司の拷訊についての勅裁／平正輔・平正度と合戦したことを、平致経が申上

早朝、馬一疋を石見守資光《いわみのかみすけみつ》朝臣に下給させた。昨日は内裏に参っていたので、下給しなかった。今日、首途するということを、昨日、申したからである。資光朝臣は、〈源〉相奉《すけとも》朝臣を介して、馬を給わった恐縮を申させた。厩舎人《うまやのとねり》の男に大掛《おおうちき》を与えた。右大史信重が奏報《そうほう》を進上した。頭弁が勅を伝えて云ったことには、「神郡の郡司は、明法勘文《みょうぼうかんもん》のように、先ず郡司の職を解き、そうした後に拷訊するように」ということだ。宣下しておいた。但し、郡司を解却《げきやく》する事は、前例を調べなければならない。宣旨と官符《かんぷ》の間の事である。「伊勢《いせ》国司(橘行貞《ゆきさだ》)が言上《ごんじょう》した、従五位下大原為方《ためかた》が殺害された事については、犯人を追捕する宣旨を下給するように」ということだ。宣旨を作成するよう命じた。留守《るす》所《どころ》の官人が、犯人を捕えて、勘問日記《かんもんにっき》を副えて進上した。また、(平)正輔《まさすけ》と(平)致経《むねつね》の中文および日記を下給した。「放火については、相違が有る。そのことを問うように。致経の中文に云ったことには、『正輔・(平)正度《まさのり》と合戦を行なった』とのことである。勘問日記には、正度については無い。そのことを問うように」ということだ。大蔵卿が来て云ったことには、「師成に馬を給わった恐縮を申す為に、昨日、来ようと思っていました。内裏に参ったので、来ませんでした。返す返す、恐悦しています。賀茂祭使《かもさいし》を勤仕《ごんし》して、夏・秋の間に下向することにします」ということだ。夜に入って、中納言が来た。頭弁が内裏から書状を送って云ったことには、「宣旨は、従五位下藤原朝臣陳孝《のぶたか》は、病が有るとのことを申した。假を給わって療治《りょうじ》させよ」と。宣下するよう命じておいた。

十日、丁巳。　本命供／成高を若狭使に認めず／東大寺印影を注進／明法博士、神郡郡司の解却・拷訊の不当を申す／清涼寺に赴く

本命供《ほんみょうく》を行なった。

頭弁が云ったことには、「(小槻《おつきの》)貞行宿禰《さだゆきすくね》が申して云ったことには、『史生成高《なりたか》を若狭《わかさ》に差し遣わすのは如何でしょう』と」と。私が命じて云ったことには、「成高は内府(教通)の政所《まんどころ》の人である。その荘園《しょうえん》の事によって差し遣わすものである。他の人を遣わすよう命じるように」と。また、東大寺《とうだいじ》の印《いん》文《もん》三面を進上した。印を紙に写して捺《お》し、その奥に三面の印を処置した人々の名を記し付けていた。但し別当少僧都仁海《しょうそうずにんかい》と権別当済慶《ごんのべっとうさいけい》は、三面の印文に皆、署した。この文書は、別当以下が署し、その奥に勅使右少史《ちょくしうしょうし》〈某《なにがし》。〉と史生〈某。〉が加署《かしょ》した。奏上するよう伝えた。大略は、伊予《いよ》の返抄《へんしょう》の印を見ると、一枚は合い、一枚は三面の印に合っていない。検非違使《けびいし》別当右兵衛督《べっとううひょうえのかみ》(源朝任《あさとう》)が、式光朝臣を介して伝え送って云ったことには、「左衛門尉《さえもんのじょう》(豊原《とよはらの》)為長《ためなが》と右衛門志《えもんのさかん》(中原)成通《なりみち》の勘文に云ったことには、『先ず神郡の郡司を解却し、拷訊しなければならない』ということでした。ところが、明法《みょうぼう》博士《はかせ》(令宗《よしむねの》)道成《みちなり》が申して云ったことには、『格別な罪も無く、神郡の郡司を解却して拷訊する事は不当です』ということです。成通は道成の申したところに合意しました」と。すぐにこのことを頭弁に伝えておいた。「明日、関白に伝えることにします。昨日と今日は物忌です」ということだ。

栖霞寺《せいかじ》(清凉寺《せいりょうじ》)に向かって、文殊《もんじゅ》像を拝した。大宋《だいそう》の商客《しょうきゃく》(周《しゅう》)良史《りょうし》は、故盛算《じょうさん》に付属していた。中納言・三位中将・中納言の息童《そくどう》(藤原資仲《すけなか》)が同車した。少納言(藤原)資高《すけたか》は馬に騎った。左少将《さしょうしょう》(藤原)経季《つねすえ》が、馬に騎って来て迎えた。帰路の途中、小雨が降った。

十一日、戊午。　比叡社八講／保の仁王講／彰子、内裏参入

今日、比叡《ひえ》御社の八講を行なった。律師がその事を行なった。我が家から送った物は、屯食《とんじき》三十具《よろい》。

ところが、(中原)師重《もろしげ》朝臣が云ったことには、「頗る不足が有るのではないでしょうか」と。あらかじめ送った物は、絹百疋と紙千八百帖《じょう》であった。七口の僧〈念賢・智照・光円・清朝《せいちょう》・済算《さいさん》・乗延《じょうえん》・忠高。〉を屈請《くっしょう》し、般若心経《はんにゃしんぎょう》百巻と仁王経十部を供養し奉った。これは年首の通例の修善である。疫病を攘う為に、修したものである。二講の中間に、小食を供した。この他の供物《くもつ》や供養の布施は、通常のとおりであった。

今日、当保が仁王講演《にんのうこうえん》を修した。刀禰《とね》が申すところが有った。手作布《たづくりのぬの》二端《たん》を下給させて、講師《こうじ》と読《どく》師《し》の布施に充てるよう命じた。

今夕、智照師を招請して、神供《じんく》を行なわせた。「今夜、女院は内裏に御入《ぎょにゅう》されます」と云うことだ。「後に帰られます。臨時祭《りんじさい》の後に参られることになっています」と云うことだ。

十二日、己未。　伊勢神郡の郡司の任命者を勘申

頭弁が宣旨を持って来た。これは東大寺の返抄についてである。仁諶《じんしん》法師が進上した返抄の印文は、寺守と上政所の印文に合っていた。早くこの返抄二枚を返給しなければならない。神叡《しんえい》法師は、甚だ小さく、三箇所の印文に合っていない。謂うところの上下の政所および造印《ぞういん》の印である。神叡法師に問われるのか。ところが、あれこれの仰せは無かった。また、云ったことには、「伊勢《いせ》神郡の郡司は、伊勢《いせ》太神宮《だいじんぐう》が任じるものでしょうか、官符によって任じるものでしょうか。勘申させるよう、関白の仰せが有りました。そこで貞行宿禰に命じておきました」ということだ。上野国司《こうずけ》〈前司《ぜんじ》(藤原)家業《いえなり》。〉

が申請した造大垣料の申文と、武蔵《むさし》国司〈（平）致方《むねかた》。〉が申請した条々の国解《こくげ》を、同じ弁に託した。

十三日、庚申。　伊勢神郡郡司の拷訊について頼通に回答／伊勢国司に私闘の詳細を申上させる

頭弁が関白の仰せを伝えて云ったことには、「正輔と致経の合戦については、今も実際の事はわからない。はなはだ非常である。また、正輔が召し進めた証人は、皆、これは神民《しんみん》である。検非違使為長と成通の勘文を諸卿に定め申させた後に、あれこれ処置を行なうべきであろうか」ということだ。私が報じて云ったことには、「急に諸卿の議定《ぎじょう》に及んではならないのではないでしょうか。為長たちの勘文には、初めに神民を拷訊してはならないとの詞が有って、郡司の職を解却してから拷訊するよう申しています。前後が相違し、一致していないようなものです。また、右兵衛督〈検非違使別当。〉が、式光朝臣を介して申し送って云ったことには、『明法博士道成が云ったことには、「正輔が召し進めた神郡の郡司は、証人と称することはできません。また、格別に犯したところもありません。拷訊してはならないのではないでしょうか」ということでした』と。道成に勘文を進上させて、彼らの勘状を御覧になり、定め下されるべきでしょう。またまた、僉議《せんぎ》に及ばなければならないでしょうか。また、伊勢国司は、召しによって参上し、数日、洛下《らっか》に控えています。今となっては、重ねて尋ね問われて、合戦の際の事を中文に記して進上するよう、召し仰せられるべきでしょう。神民は拷訊してはならないのならば、正輔に戦場の詳細を見た者を召し進めさせて、拷訊を経るべきでしょう」と。密々に伝えたものである。時剋が移って、来た。関白の報を伝えて云ったことには、「伝えたところの事は、一々、道理が有る。それならば、正輔と致経の従者を召し進めさせるべきであろうか」と。報じて云ったことには、「先ず道成の勘文を進上させた後、定め下されなければならないでしょう」と。関白が云ったことには、「それならば、先ずこの趣旨を奏上し、汝《なれ》(実資)に伝えられることとする」ということだ。すぐに内裏に参った。また来て、勅語《ちよくご》を伝えて云ったことには、「為長と成通の勘文を道成に下給し、勘申させるように。また、伊勢国司に命じて、合戦の際の事について申文を進上させるように」と。一々、同じ弁に伝えた。夜に入って、重ねて来て云ったことには、「左大史《さだいし》貞行を召し仰せました。また、道成が参って来ました。直接、子細を伝えました。申して云ったことには、『上﨟《じようろう》の博士利正《としまさ》に命じられるべきでしょう』と。勅語によって召し仰せたものです。どうして更に利正に命じましょうか。そこで勘進《かんしん》するとのことを申しました」と。また、云ったことには、「神民は、今のとおりならば、罪はありません。拷訊されてはなりません。たとえ証人とはいっても、先ず拷掠《ごうりやく》してはなりません。正輔と致経の従者を召し進めさせて、各々、争い申すことが有れば、拷訊することにします」ということだ。下官(実資)が考えたとおりであるばかりである。但し致経が召し進めた証人は、獄舎《ごくしや》に拘禁《こうきん》した。また、更に召してはならない。神民は原免されて、ただ正輔の従者を召すこととする。弁は内裏に帰り参った。

十四日、辛酉。　**尊勝修法、結願／主税允を家司とする／位禄定／伊勢神郡郡司の拷訊についての勘文／敦平親王の釐務を停め、勘事に処す／良国を追捕／内侍除目／和泉守・安芸守・筑後守、罷申**

普門寺の尊勝修法《そんしょうしゅほう》が、明日、結願する。今日、いささか布施を送った〈阿闍梨に二疋、番僧に一疋。〉。主《しゅ》税允《ぜいのじょう》致度《むねのり》を家司《けいし》とした。

内裏に参った。左右大弁〈重尹・経頼〉が、先に参っていた。私は和徳門から入った。大丞〈重尹・経頼〉は軒廊《こんろう》の立蔀《たてじとみ》の辺りに立った。位禄文《いろくぶん》について左大弁に問うたところ、云ったことには、「揃えてあります」ということだ。そこで奥座《おくざ》に着さず、南座に着した。右大弁が座に着した。次いで左大弁が座に着し、意向を伺った。位禄文を進上させるよう伝えた。陣官《じんかん》に命じて史に伝えさせた。すぐに左《さ》少史《しょうし》〈坂合部《さかいべの》〉国宣《くにのぶ》が、筥文《はこぶみ》を奉った〈文書の数は、通例のとおりであった。〉。国宣の進退《しんたい》の作法は、はなはだ便宜《びんぎ》のないものであったのである。大弁が教えて正した。右少史為隆《ためたか》が、硯を左大弁の前に置いた。私は他の文書を取り出し、国充《くにあて》の文を筥《はこ》に入れた。位禄弁《いろくのべん》の左少弁経長を介して奏上させた。但し先ず内覧を経て奏上するよう指示した。しばらくして、帰って来て云ったことには、「御覧が終わって、返給されました」と。この頃、関白が参入した。私は大弁に伝えて、位禄《いろく》の定文《さだめぶみ》一枚〈殿上《てんじょう》の定文と十箇国の定文。〉を書かせた。書き終わって、これを進上した。見終わって、左少弁経長を召して、下給した。束ね申して、退出した。筥文と硯を撤去させた。国々が申請した詔使《しょうし》について、左大弁に問うた。弁が云ったことには、「皆、準備して揃えてあります」ということだ。奉るよう、伝え仰せた。座を起って、陣の腋《わき》に向かった。すぐに座に復して、意向を伺った。私は目くばせした。来て三箇国〈摂津《せっつ》・越中《えっちゅう》・長門《ながと》。〉の詔使の擬文《ぎぶん》を奉り、座に復した。私は開いて見た。終わって、大弁に目くばせした。大弁が来て、擬使《ぎし》の文を給わった。一々、束ね申した。先ず一国の使を伝えた。私は大弁に問うた。申したことには、「某丸《なにがしまる》」と。私は弁に目くばせした。大弁がもう二箇国を験じたことは、同じであった。座に復し、すぐに座を起った。この間、大納言〈藤原〉能信《よしのぶ》・中納言資平〈頭弁が云ったことには、「今日、内侍除目《ないしじもく》が行なわれます。関白が云ったことには、『中納言資平が上卿《しょうけい》を勧めるのが宜しいであろう。汝が奉行《ぶぎょう》するのは、便宜が無いであろう』と」と。使の雑事が多々の上、正月の除目《じもく》を行なわず、内侍除目を承って行なうのは、便宜が無いであろう。関白はこのことを思っていた。私は随身を介して、内々に中納言を呼び遣わした。すぐに参入した。〉・参議経頼が、座にいた。左大弁は、三箇国の詔使の文を書き、笏《しゃく》に取り副えて座に復した。私は目くばせした。持って来た。見終わって、返給した。すぐに退いた。更に主典《さかん》の名簿を書き、座に復して、進上し奉った。作法は使と同じであった。頭弁は、明法博士道成が勘申した神郡の郡司〈物部《もののべの》〉兼光《かねみつ》の罪名の文書を取って進上した〈拷訊してはならないとのことを申した。〉。すぐに奏上させた。関白が云ったことには、「この勘文のように、原免するように。但し正輔に命じて、合戦の詳細を見て知っている者を召し進めさせなければならない。如何であろう」と。報じて云ったことには、「先日、致経が召し進めた者は、何人もいます。また、神民ではありません。拷訊しても、憚りはありません。正輔が召し進めた神民は、早く返し遣わし、その従僕《じゅうぼく》を召し進めさせなければならないのです」と。関白が云ったことには、「伝えたところは、そうあるべきである。但し上達部は、陣座に伺候している。大略、定め申させては如何であろう」と。報じて云ったことには、「それは宜しい事です」と。すぐに伝えられて云ったことには、「上達部に定め申させるように。また、しばらく伺候するように」ということだ。上達部が定め申して云ったことには、「神民については、拷訊してはならないとのことは、明法家《みょうぼうか》が勘申したところです。早く原免しなければなりません。正輔の従僕を召し進めさせなければなりません」ということだ。すぐに奏聞《そうもん》させたところ、「神民は罪が無いとのことは、勘申したところである。これを免すように。正輔の戦場の者を召し進めさせるように」ということだ。これらの事を、同じ弁に宣下した。また、おっしゃって云ったことには、「式部卿の王氏爵については、すでに弁解するところが無い。釐務《りむ》を停めて、勘事に処す。また、良国を追捕させるように」ということだ。釐務を停める事を、大外記《だいげき》（小野文義《ふみよし》）に伝えた。勘事に処すことは、少外記《しょうげき》（文室《ふんやの》）相親《すけちか》を遣わして、式部卿親王に伝えさせなければならない。大外記文義を介して、相親に伝え仰させた。良国を追捕する事も、同じ弁に伝えた。晩方、退出した。

頭弁が云ったことには、「内侍除目について、中納言資平に命じることになりました」ということだ。後に聞いたことには、「藤原直子《なおこ》を典侍《ないしのすけ》に補した。菅原某子の辞退の替わり」と。

夜に入って、和泉守《いずみのかみ》（源）資通《すけみち》が、罷申に来た。小瘡《こがさ》を療治していたので、逢わなかった。馬寮《めりょう》に飼わせていた馬を取り遣わして、返給した。従者を留めて、預けて下給した。安芸守頼清と筑後守《ちくごのかみ》（中原）盛光《もりみつ》が、罷申に来た。聞いたということを伝えただけであった。

十五日、壬戌。

大外記文義を召して、式部卿親王の許に遣わす事を問うた。申して云ったことには、「少外記相親を介して、宣旨を仰せ遣わしておきました。但し釐務を停める事は、宣旨ではないとはいっても、ただ申させ奉りました」ということだ。これは大外記文義が諷諫《ふうかん》したのか。左大史貞行宿禰を召して、昨日の事を問い仰せた。

十六日、癸亥。　正輔召進の証人の処置

普門寺の修善の巻数使《かんずし》の童《わらわ》に、小禄〈手作布一端。〉を下賜させた。

頭弁が云ったことには、「正輔が進上した日記に署名を加えた者三人は、事の起こりを知らず、伝え聞いたとのことを申しました。ところが、勘問《かんもん》を経ていません。格別な罪が無いからです。今となっては、免されるべきでしょうか。この趣旨を関白に申しました。おっしゃられて云ったことには、『先ず右府(実資)に告げて、伝えるところに従うように』ということでした」と。私が答えて云ったことには、「この三人は、署名を正輔の進上した日記に加えました。先ずやはり、勘問されなければなりません。一問も経ずに免し遣わすのは、如何なものでしょう。特に伝え聞いたとのことを申しています。その人を指して申させるべきでしょう。勘問の時に、弁解し申す事が有るでしょう」と。頭弁は感心して退去した。

晩方から降雨があった。申剋の頃に止んだ。

十七日、甲子。　夢想紛紜／正輔召進の証人を勘問／諸祭・国忌に不参の諸司を注進

夢想が紛紜《ふんうん》した。諷誦を東寺《とうじ》に修し、また金鼓《こんぐ》を打った。頭弁が云ったことには、「署名を加えた者を召勘《しょうかん》せよとのことについて、関白の仰せが有りました」ということだ。今朝、書状の次いでに、召し遣わしたものである。そこでこのことを伝えた。来て伝え示した時に、宣下するよう伝えなければならない。深夜、頭弁が来て、勅を伝えて云ったことには、「三人の署した者を勘問させるように」ということだ。宣下した。関白の御書状に云ったことには、「諸司は、諸祭および国忌《こき》に参らない。極めて便宜のない事である。見参《げんざん》と不参の者を、外記《げき》に命じて記し申させては如何であろう」と。報じて云ったことには、「式のとおりであれば、諸司はすべて参らなければなりません。中には参ってはならない司々が有ります。ほのかに覚えているのは、式部丞《しきぶのじょう》は蔵人所に参って、見参簿《げんざんぼ》を進上します。そもそも、特に外記に命じられて、見参と不参の諸司を注進《ちゅうしん》させるのは、宜しい事です。諸祭に供奉する司々が、本司に差文《さしぶみ》を進上させるのは、あらかじめ催し仰せたところです。ところが、供奉の者は、その勤めが無いとのことを承ったところです。諸司の勤めが無いのは、現在のようなことはありませんでした」と。中納言が来て、雑事を談った。

十八日、乙丑。　資平、清水坂下の者に施行

頭弁が勅語を伝えて云ったことには、「諸祭や国忌の日の見参と不参の諸司を、注進させるように」ということだ。

申剋の頃から、天が陰った。堂塔《どうとう》に参った。深夜、中納言が来た。清水坂下《きよみずさかした》の者に施行《せぎょう》させる塩を申させた。

十九日、丙寅。　諸祭・国忌供奉について主要官司を抽出／豊楽院の廂、頽落／大和守から進物

諸祭や国忌に供奉する諸司について、大外記文義に命じた。但し、『式部式《しきぶしき》』で国忌に供奉する諸司は、その数がはなはだ多い。また、供奉しない諸司、および衛府《えふ》の官で、任国、或いはその司にいるのは、幾《いくば》くもいないばかりである。中心となる司々を抽出《ちゅうしゅつ》して、戒め仰すのが宜しいであろう。講師や読師が供奉してはならないのは、如何であろう。式部省《しきぶしょう》・兵部省《ひょうぶしょう》・民部省《みんぶしょう》・治部省《じぶしょう》・玄蕃寮《げんばりょう》および然るべき官々は、算段して定め仰すべきであろうか。百官《ひゃっかん》を戒め仰すのは、はなはだ便宜が無いであろう。この趣旨を関白に伝え、指示に従うとのことを、仰せ伝えておいた。中納言が来た。頭弁が云ったことには、「(惟宗《これむねの》)義賢《よしかた》が申して云ったことには、『豊楽院《ぶらくいん》の西方の南の際《きわ》の十九間と、堂の南妻の東面六間は、廂《ひさし》が頽落《たいらく》していますが、垂木《たるき》は顚倒していません』ということでした」と。その遺りを顚倒させない事を、工匠《こうしょう》たちに命じて構築させるよう命じた。

晩に向かって、雲が散った。大和守頼親が糸十絇《く》を志してきた。十一日から銀工《ぎんたくみ》菊武《きくたけ》を召して、提《ひさげ》と鋺《かなまり》を打たせていた。今日、打ち終わった。絹二疋を下給した。

二十日、丁卯。　頼通の白河第を見物

中納言・中将と同車して、関白の白河第に向かい、これを見た。はなはだ優美である、はなはだ優美である。(藤原)資房《すけふさ》・経季・中納言の息童は、別車で従った。「昨日と今日は、関白は御物忌です」

と云うことだ。そこでその間隙を伺って、中納言に催促されて、これを見た。先日の競馬《くらべうま》の時、参り向かった。ところが、西方《さいほう》の他は見なかったばかりである。

二十一日、戊辰。　**伊勢国司、正輔・致経合戦の状を注進／馬寮上日文／右馬寮の馬、石清水臨時祭の走馬に堪えず／座次の論／実資養子を上臈とする**

頭弁が、伊勢国司が進上した正輔と致経の合戦の際の申文〈両人の書状を副えて進上した。〉を持って来た。すぐに奏上させた。試楽《しがく》および祭の日は、参ってはならないということを頭弁に伝えた。中納言が来た。左少弁経長が宣旨〈内膳司《ないぜんし》が申請した事。〉を下した。同じ弁に下給した。馬寮が、上日《じょうじつ》の文書二通〈一通は頭《かみ》以下庁頭《ちょうとう》以上、一通は馬医代《ばいだい》。久しく上日の文書を進上していなかった。そこで事情を召し仰せて、進上させたものである。〉を進上した。夜に入って、中納言が来て云ったことには、「関白に拝謁し奉りました。昨日、白河を見た事を問われました。汝が談じた事を申しました。一々、感心されていました」と云うことだ。深夜、頭弁が来て云ったことには、「右馬寮《うめりょう》の御馬三疋は、疲瘦《ひそう》が特に甚しいのです。臨時祭の走馬《はしりうま》とするわけにはいきません。左馬寮《さめりょう》の御馬七疋は、能く労飼《ろうし》しています」ということだ。左馬寮七疋と右馬寮三疋、これが命じた数である。

頭弁が云ったことには、「左少将経季と侍従良貞《じじゅうよしさだ》の歴名《れきみょう》の順序は、良貞を経季の上に記しています。『経季は右府の養子である。そこで上臈であるべきである』ということでした。事は道理であるので、殿上間《てんじょうのま》では、経季を上臈に記しています。初めは良貞を上臈に書いていました。後にこの論が有ったので、上臈に改めて書きました。臨時祭の座次《ざじ》に論が有るのは、便宜が無いのではないでしょうか。内記《ないき》は汝の養子の序列を知らないということについて、内々に大内記《だいないき》(橘)孝親《たかちか》が申したところです。今となっては、事情を奏上して、内記と外記に仰せ下されるべきでしょうか」と。そうあるべきであることを答えた。証昭《しょうしょう》師は南山《なんざん》(金峯山《きんぶせん》)に参った。浄衣料《じょうえりょう》の手作布を送った。

二十二日、己巳。　石清水臨時祭試楽／馬寮の代馬に充てるべき厩の馬、遁去／年給を下給／相撲使についての意見／河臨祓／実資家請印

「臨時祭試楽《りんじさいしがく》が行なわれた」と云うことだ。昨日は国忌であった。そこで今日、行なわれた。早朝、右馬頭《うまのかみ》(源)守隆《もりたか》が来て云ったことには、「右馬寮の馬三疋の他には、御馬がおりません。また、走馬に充てるわけにはいきません。代わりの馬を進上するようにとの宣旨を、去る夕方、頭弁が仰せ下されました。然るべき馬が有れば、奉献《ほうけん》してください」ということだ。「今朝、厩の馬二疋が、綱を引き切って、遁れ去った」と云うことだ。手を分けて、あちこちを捜させたが、未だ帰って来ない。遣った二疋は、肥満していない。他の馬を捜して進上するよう、伝え仰せた。随ってまた、一疋を進上することにするということを伝えた。やはり肥満していないので、思慮したものである。遁れ去った馬一疋は、頗る宜しいものであった。捜し出したならば、状況に随ってその馬を奉献することとする。巳剋の頃、鹿毛《かげ》の馬を、(源)章任《あきとう》の桂《かつら》の宅に於いて、(藤原)致孝《むねたか》の従僕が捜し出して、率いて来た。晩方、中納言が来て云ったことには、「ただ今、試楽が終わりました。関白・内大臣及び諸卿が、多

く参りました。内大臣は陣の南座に着して、公卿給《くぎょうきゅう》・二合《にごう》・停任《ちょうにん》を下給しました」と。多くは家に於いて下給するのか。宣旨ではない。頗る奇怪に思った。調べなければならない。頭中将《とうのちゅうじょう》（源）隆国《たかくに》が来て云ったことには、「明日、内裏に参るように」ということだ。相撲使《すまいのつかい》を、明日、定めなければならないということを、先日、伝えたものである。その事によって来たものである。関白の随身・賭射《のりゆみ》の矢数《やかず》の者・陣の恪勤《かくご》の者・右近府生《うこんのふしょう》（藤井《ふじいの》）尚貞《なおさだ》、また院の御随身を差し遣わさなければならないのである。但し差し遣わすべきではない。ところが、頻りに仰せが有ったので、定めて遣わすのである。下官の随身は、もし定めて遣わすことになれば、恪勤の者と院の御随身の内で、一人は止めなければならない。思慮するところが有ったので、今回、我が家の随身を遣わさなかった。特に随身善正《よしまさ》は、一度、使に遣わした。また、恪勤ではない者である。

（大中臣）実光《さねみつ》朝臣を遣わして、河臨《かわのぞみ》の祓《はらえ》を行なわせた。師重朝臣に衣を持たせて、祓所《はらえどころ》に遣わした。

小女は西宅に移った。私が送った。夕方、迎えた。

午剋、我が家の請印を行なった。廊に於いて、これを行なった〈伊賀《いが》の封戸《ふこ》の返抄。〉。師重朝臣が行なった。

二十三日、庚午。　石清水臨時祭／厩の馬を出す／遁去の馬を発見／兼頼母、重病

臨時祭が行なわれた。小女と同車して、密かに見た。使は（源）行任《ゆきとう》。早朝、馬頭《うまのかみ》朝臣（守隆）が来て云ったことには、「昨日、御馬を御覧になった後、頭弁が召し仰せて云ったことには、『代わりの馬を、や

はり進上するように』ということでした。厩の馬一疋を給わって、代わりの馬として立ててくださ
い」ということだ。厩の馬を貸し給わっておいた。遁れ失った馬は、今日、使を四方に遣わして捜し
た。疑うところは、丹波《たんば》にいるのか。「章任の馬です」と云うことだ。巳剋の頃、資高が舞人《まいびと》の装束
を着した。「昨日、病であることを申して、参りませんでした。そこで今日、里第《りてい》に於いて装束を着
して参入しました」ということだ。
大外記文義が云ったことには、「昨日、内大臣は、陣の南座に於いて、公卿給を下給されました。特
に召さなかった事でした。里第に於いて下給するのが通例です」と。また、云ったことには、「左少
将経季と侍従良貞の蔭《おん》は、誤っています。経季を上﨟とするようにとの宣旨を、内府が仰せ下されま
した」ということだ。先日、頭弁が云々していた事である。秉燭の後、右近府生尚貞が、相撲《すまい》の定文
を持って来た。今回は、随身を遣わさなかった。申剋、先日、遁れた馬を捜し出すことができた。丹
波国から牽いて来た。これは致孝の従者が、捜して捕えたのである。そこで小禄を下給させた。中将
が内裏から退出して云ったことには、「母氏《ぼし》(頼宗室、藤原伊周《これちか》女)が重く煩っています」と。夜に入っ
て、また堀河院《ほりかわいん》に参った。その後、詳細を取ったところ、「やはり減平《げんぺい》しません。邪気《じゃけ》が行なったも
のです」と云うことだ。「何日か、阿闍梨頼秀《らいしゅう》を招請して、修善を行なっています」と云うことだ。

二十四日、辛未。　相撲使定文の誤字／石清水臨時祭の詳報／受領の供人

相撲使の定文は、尚貞が「畿」字を「幾」字と書いた。そのことを伝えた。昨日、頭中将隆国と四位《しい》

少将《しようしよう》（藤原）行経《ゆきつね》が定めた。行経が執り申したのか。日が未だ入らない頃、少納言が来て云ったことには、「昨日、途中の風雨は、まったく方策がありませんでした。船に乗って渡った際、猛風が急に発《おこ》りました。棹《さお》さすことができず、進んで渡ることは難しくなりました。風を計っているうちに、やっと渡ることができました。舞人と陪従《べいじゆう》は、暁方に参上します。今日、巳剋の頃、神楽《かぐら》が行なわれました。散楽《さんがく》に異なりませんでした。朱雀院《すざくいん》の準備は、はなはだ豊贍《ほうせん》でした。特に饗饌《きようせん》を柏殿《かえどの》に設備して、舞人と陪従は、その座に着しました。舞人と陪従の宿所《しゆくしよ》や食事は、祭使が皆、準備したものです」と云うことだ。行任の供人は、数多くいた。五品《ごほん》十人の内で、伊勢守行貞は、甚だ悪い、甚だ悪い。未だ受領の供に受領がいるのを聞いたことがない。

早朝、師重を堀河院に遣わし奉った。帰って来て云ったことには、「中将が云ったことには、『夜半以前、不覚となりました。立願《りゆうがん》の後は、頗る宜しくなりました』と」と。中将が来た。格別な事は無いのであろうか。「中将と小女が、同車して見物した」と云うことだ。

二十五日、壬申。　頼通随身、実資家人の厩舎人・小舎人を打擲

頭弁が云ったことには、「免田《めんでん》について糾し行なう使は、山城《やましろ》国司が左衛門府生《さえもんのふしよう》（日下部《くさかべの》）重基《しげもと》を申請しています」ということだ。関白に申すよう、伝えておいた。「右馬允《うまのじよう》（藤原）頼行《よりゆき》は、戸を閉じて遺《のこり》革《がわ》を進上していません。そこで厩舎人と侍所《さむらいどころ》の小舎人《こどねり》の男たちが、関白の随身（下毛野《しもつけのの》）安行《やすゆき》の宅を通り、頼行の宅に向かったところ、厩舎人や小舎人の男たちを打擲《ちようちやく》し、二人の男を捕縛して、関白の邸第に連行して参りました。関白は式光朝臣を介して、示し送られました。すぐにこの男二人を付して送られ、縄を解いて随身させられました。格別な報告を伝えてはならないとのことでした」ということだ。返事を申させ、この男二人を、式光に命じて獄所《ごくしょ》に拘禁させた。安行は右近衛府《うこのえふ》の近衛《このえ》である。先ず詳細を申すべきであろうか。未だこのことを伝えない前に、随身行武に命じて、俊遠朝臣の許に示し遣わした。また、その御随身番長《ばんちょう》(播磨《はりまの》)貞安《さだやす》を召して、事情を伝えた。二人の者を獄所に下した後、安行が、濫行させた事を、本来ならば先ず申させなければならない。ところが、関白に愁い申した後、申させたことは、はなはだ冷淡《れいたん》である。凶悪の評判が有る者である。夜に入って、式光朝臣が来て云ったことには、「関白がただ今、召し仰せられて云ったことには、『今朝、右府の仰せによって、獄所に拘禁させた男二人は、更に右府に告げずに、ただ今、免すように。事の実正を尋ねると、安行の宅を損破《そんぱ》したのではない。ただ頼行が門戸を閉じたので、安行の宅の内を通って経ようと思っているうちに、濫吹《らんすい》の事が起こったのである』ということでした」と。式光朝臣が云ったことには、「厩舎人節成《ときなり》は、打たれて腫《は》れています」ということだ。明日、召し取って、我が家に於いて、安行の宅に乱入した事を勘責させることとした。

二十六日、癸酉。　山城介の人選について回答／致経召進の証人のうち、法師・高齢者の釈放を具申

頭弁が宣旨一枚〈賀茂下社《かものしものやしろ》が申請した田の事。使を遣わすことになった。河内守《かわちのかみ》(藤原)公則《きんのり》が尾張守《おわりのかみ》であった時に申請した、志摩《しま》国司の俸料《ほうりょう》を除く事。前例を勘申することになった。〉を持って来た。関白の御書状に云ったことには、「山城介《やましろのすけ》を任じなければならない。ところが、然るべき者がいない。昌村《まさむら》か(紀)為説《ためとき》では如何であろう」と。前日、頭弁を介して伺い問わせた。そこでこの問いが有ったのか。また、云ったことには、「致経が召し進めた者たちの中に、法師および年高の者がいる。原免するのが、難点が無いのではないか」と。答えて云ったことには、「召し進めた者たちは、何人もいます。これは証人ではありません。法師については、証人によって刑を定めます。どうしてましてや、犯人ではないのですから、なおさらです。また、証人はいません。また、衰老《すいろう》の者とは、七十歳の者でしょうか。拷訊してはならないのではないでしょうか。検非違使に問われて、免されるべきでしょう」と。

二十七日、甲戌。　**正輔召進の証人の勘問日記**

頭弁が、伴奉親《とものともちか》・大鹿致俊《おおがのむねとし》・物部兼光を勘問した日記を持って来た。この三人は、正輔の日記に加署した者である。正輔の申した詞を聞いたとのことを申した。「そこで加署した」ということだ。証人とすることはできない。すぐに奏聞させた。中納言が来た。次いで右衛《え》門督《もんのかみ》(藤原経通《つねみち》)。

二十八日、乙亥。　**直物／伊勢国司召進の証人についての処置／陰陽寮連奏／敦平親王の勘事を免す**

「今日、直物《なおしもの》が行なわれた」と云うことだ。頭弁が、国司が召し進めた者三人の勘問日記を持って来た。関白の書状に云ったことには、「また免すべきであろうか。それとも如何であろう」と。報じて云ったことには、「この三人は、正輔が申した言葉によって加署した者です。国司に預けて、また後の備えに充てるのならば、その時に臨んで召し進めるよう、仰せ事を給うべきでしょう。『致経が召し進めた者八人の中で、法師および衰老の者がいるとのことだ』と云うことでした。すぐにこれを注進したところ、『沙弥良元《しゃみりょうげん》は七十歳、三宅長時《みやけのながとき》は六十二歳』と。奏聞させましょう」と。弁が云ったことには、「関白が云ったことには、『もし右府が、内々に述べたところを問われれば、どの様に申せばよいのであろう』と」と。答えて云ったことには、「沙弥良元は、格別な証人ではありません。拷訊に及んではなりません。また、七十余歳です。原免されなければなりません。長時は未だ七旬に及んでいません。あれこれ、勅定《ちょくじょう》によるべきでしょう。但し、六十余歳の者は、究拷《きゅうごう》することは難しいでしょう」と。また、勅命《ちょくめい》を伝えて云ったことには、「右馬寮の御馬は、疲瘦が特に甚しい。これは右馬頭守隆が、勤公が無いので起こったものである。過状《かじょう》を進上させるように」ということだ。大外記文義を召して、これを伝えた。文義が召しによって内府に参ったところ、「おっしゃられて云ったことには、『「関白は風病《ふうびょう》が発動《はつどう》している。直物については定まらない」と云うことだ。如何であろう』と。申して云ったことには、『未だ事情を承っていません』と。関白の邸第に参って、事情を申させました。おっしゃられて云ったことには、『今日、必ず参入するように』ということでした。内府に参って、申させました。今日、内府は諸卿を督促されました。ところが、大納言は皆、故障を称されました。他は、或いは参り、或いは参りません。先日の意向では、受領の功過《こうか》を定め申されるようです。未だ関白に申されない前に、内々に諸卿を督促されました。ところが、関白に申されたところ、響応《きょうおう》は無いのでしょうか。頭弁が云ったことには、『民部卿《みんぶきょう》（藤原斉信《ただのぶ》）が云ったことには、「意趣が有る督促である。参入するわけにはいかない」ということでした』と」と。中納言が来た。すぐに内裏に参った。位禄所《いろくしょ》の史孝親が、位禄を給う文書を進上した。信濃《しなの》・但馬《たじま》・紀伊《きい》三箇国は、給人《きゅうにん》の名を記させて返給した〈信濃は（紀）知貞《ともさだ》、但馬は（源）永輔《ながすけ》、紀伊は（源）知道《ともみち》。〉。子剋、雨を冒して、中納言が来て云ったことには、「内大臣が直物の上卿を勤めました。大納言能信・長家、私（資平）、宰相たちが参入しました。また、参らない人々がいました」と。今朝、大納言が皆、障りを申しているということを、文義が申した。ところが、二人が参入した。召使《めしつかい》は、いい加減なことを申したのか。陰陽寮《おんみょうりょう》の連奏《れんそう》があった。図書助《ずしょのすけ》（藤原）経平《つねひら》、少内記宗岳国任《しょうないきむねおかのくにとう》、中務録《なかつかさのさかん》紀信頼《のぶより》〈明法道の挙《きょ》。〉。蔵人《くろうど》藤原惟任《これとう》の叙位〈女院の御給《ごきゅう》。〉。山城介紀為説。左少将経季を蔵人に補した。大雨であったので、来なかった。丑剋の頃、人々がこれを申すことが有った。「関白は勘事を免した」と云うことだ。

二十九日、丙子。　直物上卿教通、違例多し

早朝、中納言が来た。「直物の際、頗る違例《いれい》の事が有りました。また、事を定めていた際、上達部が定め申した事は、各々、異なりました。ところが、伝奏《てんそう》の際、事は分明ではありませんでした」と云うことだ。これは神祇官《じんぎかん》の連奏についてである。文義が除目を注進した。中務録紀信頼〈明法道の挙。〉、少内記宗岳国任、図書助藤原経平〈元は諸陵助《しょりょうのすけ》。〉、内蔵権頭《くらのごんのかみ》大江定経《さだつね》、陰陽頭《おんみょうのかみ》大中臣実光、陰陽助《おんみょうのすけ》巨勢孝秀《こせのたかひで》、陰陽允《おんみようのじよう》中原恒盛《つねもり》、陰陽大属《おんみようのだいさかん》清科行国《きよしなのゆきくに》、陰陽少属《おんみようのしようさかん》大中臣栄親《ひでちか》、陰陽師《おんみようじ》菅野親憲《ちかのり》、大炊属《おおいのさかん》壬生則経《みぶののりつね》、山城介紀為説。従五位下藤原惟任〈上東門院《じようとうもんいん》（彰子）の御給。〉。頭弁が若狭国の解《げ》〈大垣《おおがき》修造を申し返した。〉と伊予国の解〈不老門《ふろうもん》造営を申し返した。〉を持って来た。

三十日、丁丑。　吉夢を談らせる／良元を釈放、三宅長時を拘束／法華経講演

（清原）頼隆真人《よりたかまひと》が、吉夢《きちむ》を談った。前に於いて書かせた。

頭弁が仰せを伝えて云ったことには、「『致経の召し進めた沙弥良元は、原免することになった。三宅長時は、漸く七旬に及ぶ。ところが、もしかしたら必ず後の問いに備えなければならない者ではないか。しばらく免すわけにはいかない』ということでした。関白は御物忌です。門外に於いて、伝え申させました。また、伊勢国司が召し進めた証人三人については、あれこれは無く、これを伝え申しました」ということだ。確かには申さなかったのか。「明日、直接、申すことにします」と云うことだ。そもそも、良元を免すようにという事を、すぐに同じ弁に命じた。旬政《しゆんせい》の草子《そうし》を、頭弁に渡した。已講《いこう》真範《しんはん》が、観音品を講演した〈布施は三疋。〉。釈経《しやくきよう》は甚だ貴かった。人々は随喜《ずいき》した。中納言と三位中将が聴聞《ちようもん》した。頭弁・四位少将資房・経季、その他は記さない。

○七月

一日、丙午。　当季十斎日大般若読経始／源頼信、平忠常追討の行賞を申請

当季《とうき》十斎日大般若読経始《じっさいにちだいはんにゃどきょうはじめ》を行なった。尹覚《いんかく》と忠高《ちゅうこう》。夜に入って、頭弁《とうのべん》（藤原経任《つねとう》）が来て云ったことには、「今夕、（源）頼信朝臣《よりのぶあそん》が来向しました。宣旨《せんじ》の趣旨を伝えました。申して云ったことには、『頼りに朝恩《ちょうおん》を蒙《こうむ》って、四箇国に任じられました。特に宣旨を承って、（平）忠常《ただつね》を追討しました。戦場に赴こうとしている間に、思いの外に忠常は帰降《きこう》しました。ひとえに朝威《ちょうい》の致したところで、私（頼信）の殊功《しゅこう》ではありません。ところが、急に褒賞《ほうしょう》の綸言《りんげん》を承って、驚き恐れる寸心《すんしん》を抑え難いものがあります。ただ、衰老《すいろう》が日々に積もって、遠任には赴き難いのです。もしも朝恩が有るのならば、丹波《たんば》に任じられたいと思います』ということでした」と。先ず関白《かんぱく》（藤原頼通《よりみち》）に申して奏聞《そうもん》するよう、示し伝えておいた。

二日、丁未。　白馬節会節禄代／藤原資房、病悩

春宮大夫《とうぐうだいぶ》（藤原頼宗《よりむね》）が立ち寄られた。中将《ちゅうじょう》（藤原兼頼《かねより》）を訪ねて、長い時間、談話した。中納言《ちゅうなごん》（藤原資《すけ》平《ひら》）が来た。大蔵省《おおくらしょう》が、正月七日の節禄代《せちろくだい》の革〈絹五十疋の代が十五枚、綿四百屯の代が八枚。〉を進上した。この事は、都督《ととく》（藤原惟憲《これのり》）の罪報《ざいほう》は恐れるべきである。公家《くげ》（後一条天皇《ごいちじょう》）がおっしゃられるべきであろうか。去る夕方から、亜将《あしょう》（藤原資房《すけふさ》）は病悩の様子が有った。風病《ふうびょう》のようである。但し、頭が痛く、頗る熱い。疫病《えきびょう》であろうか。諷誦《ふじゅ》を祇園《ぎおん》社に修することを、芳真《ほうしん》師の許に示し遣わした。晩方から減《げん》気《き》が有った。

三日、戊申。　国忌不参の官人の申文／伊勢斎王の託宣

夜に臨んで、頭弁が兵部丞《ひょうぶのじょう》（藤原）定任《さだとう》と兵部録《ひょうぶのさかん》為孝《ためたか》の申文《もうしぶみ》を持って来た。国忌《こき》に参らなかった事である。「関白に申したところ、おっしゃって云ったことには、『奏聞するように』ということでした。御物忌《ものいみ》に籠りますので、明日、奏上することにします」ということだ。

伊勢《いせ》に託宣《たくせん》が有った。斎王《さいおう》（嫥子《よしこ》女王）が自ら託して云ったことには、「斎宮寮頭《さいぐうりょうのかみ》（藤原）助通《すけみち》を追却《ついきゃく》されよ」と。斎宮《さいぐう》から関白に申された。すぐに祭主《さいしゅ》（大中臣《おおなかとみの》）輔親《すけちか》を召し遣わした。これは頭弁が談ったものである。

四日、己酉。　春季尊星王供・夏季仁王講・当季聖天供／蓼倉尼寺申文／諸寺に蓮花を奉献／夢想／深覚を見舞う

春季尊星王供《そんしょうおうく》・夏季仁王講《にんのうこう》〈智照《ちしょう》・朝円《ちょうえん》・忠高。〉・当季聖天供《とうきしょうでんぐ》を行なった。

永円僧都《えいえんそうず》が送ってきた蓼倉尼寺《たでくらにじ》の司の申文と調度文書《ちょうどもんじょ》を、頭弁の許に遣わした。

池の蓮花《れんげ》を、根本中堂《こんぽんちゅうどう》・無動寺《むどうじ》・東寺《とうじ》・広隆寺《こうりゅうじ》に奉献《ほうけん》した。先日、先ず清水寺《きよみずでら》に奉献しておいた。

今朝の夢に、相撲《すまい》の間、慎しまなければならないとの告げが有った。中将に伝えた。中将が高陽院《かやのいん》から来て云ったことには、「事の次いでが有って、関白に語りました。指示されて云ったことには、『まったく参入してはならない』ということでした」と。朝源律師《ちょうげんりつし》が来た。開田《かいでん》の畠について談った。この事は、定め申すようにとの宣旨が有った。文書を検非違使庁《けびいしちょう》に下給しておいた。

また、云ったことには、「禅林寺《ぜんりんじ》大僧正《だいそうじょう》（深覚《しんがく》）は、病悩の様子が有ります」と。驚きながら、書状を

申した。自筆の御報が有った。

中将の為に、諷誦を祇園社に修した。「心神《しんしん》は通例に復しました。痢は未だ快くはありません」と云うことだ。「近日、上下の者に、この病悩が有る」と云うことだ。

五日、庚戌。　**頼宗、兼頼に肉食を行なわせんとす／東大寺、正倉破損の修理を請う／彰子、病悩／国忌不参の官人についての仁海の訴え／中原恒盛、彰子の病は御竈神・土公の祟りと占う／祈年穀奉幣定**

中将の厳父《げんぷ》（頼宗）が（藤原）為資《ためすけ》を遣わし、示し遣わして云ったことには、「中将は枯槁《ここう》しています。肉を服用させようと思います」と。報じて云ったことには、「何事が有るであろう」と。

仁海《にんかい》僧都が来て云ったことには、「東大寺《とうだいじ》の勅封《ちょくふう》の御倉の棟は、すでに風の為に吹き損じられています。勅使《ちょくし》を給わって修理を加えるよう、関白の邸第《ていだい》に参って事情を申させたのですが、女院《にょういん》（藤原彰《あき》子《こ》）が急に悩《や》まれましたので、急いで参られてしまい、あれこれの報はありません」ということだ。また、云ったことには、「先日、所司《しょし》を召問《しょうもん》されるとのことを愁い申しました。ところが、皆、帰伏《きふく》したことは、まるで降人《こうじん》のようでした。今となっては、召問されないとしても、何事が有るでしょうか。私（仁海）は愁い申すのです。催促して申さなければ、拷訊《ごうじん》されてはならないのではないでしょうか」ということだ。事は任意に渉り、朝廷の決定は、そうではない。ところが、宜しきに随う決定は、その例が無いわけではない。僧家《そうけ》の愁いは、事無きようにすべきである。このことを頭弁に伝えた。

頭弁が勅を伝えて云ったことには、「兵部録の申文は、返給するように。弁解し申すところは、各々、道理が有るからである。また、造酒令史《みきのさかん》御使《みつかいの》惟用《これもち》は、摂津《せっつ》国に住んでいる。極老《きょくろう》の上に、重病であるとのことについて、国の解文《げぶみ》を進上した。また優免《ゆうめん》するように」と。すぐに同じ弁に伝えた。左少《さしょう》弁《べん》(源)経長《つねなが》が宣旨を持って来た。すぐに下した。内膳司《ないぜんし》が申請した大粮《たいろう》である。(中原)恒盛《つねもり》が云ったことには、「今朝、召しによって、女院に参りました。急に御腰を悩まれました。御竈神《みかまどがみ》と土公《どくう》の祟《たた》りであることを占い申しました。御竈《みかまど》の前に於いて、御祓《はらえ》を奉仕しました。二箇度でした。宜しくいらっしゃるとのことを承りました」と。中将が深夜に来て、云ったことには、「女院は暁方に悩まれました。昼の間は宜しくいらっしゃいました。申剋の頃に、厳しく悩まれました」と。深夜に臨んで、頭弁が来て云ったことには、「今日、祈年穀使《きねんこくし》を定められました。来たる十三日に発遣されます。中納言(藤原)実成《さねなり》が上卿《しょうけい》を勤めました」と。また、云ったことには、「院(彰子)の御心地《ここち》は、これは御腰を重く病まれているのです」と云うことだ。

早朝、重ねて大僧正を見舞った。自筆の書状が有った。甘海苔《あまのり》を奉献した。御所の愛好の物である。

六日、辛亥。　定基の車宿、焼亡／清水寺で法華経転読／大和守から進物

定基《じょうき》僧都が中河《なかがわ》に住んでいる所の車宿《くるまやどり》の屋が、昨夜、焼亡した。良静《りょうじょう》師を介して、書状を送った。白大豆・赤小豆各一折櫃《おりびつ》、和布《わかめ》一長櫃《ながびつ》を、禅林寺大僧正の御許に送り奉った。御書状が有ったからである。今日から七箇日を限り、清水寺に於いて、住僧《じゅうそう》二口《く》を招請して、観音品《かんのんぼん》を転読《てんどく》させることとした。息災《そくさい》を祈り申させた。小女（藤原千古《ちふる》）の事を加えて祈った。僧正（慶命《きょうみょう》）は、使に託して菓子を送られた。和歌が有った。女院に参った。中納言は車後《くるまじり》に乗った。関白から、左衛門督《さえもんのかみ》（源師房《もろふさ》）を介して書状が有った。「憚るところが有って、逢わなかった。院の御心地は宜しいと承っている」ということだ。金吾《きんご》（師房）が云ったことには、「関白は冠を被《かぶ》っておられません。そこで御対面はありませんでした」ということだ。しばらく内府（藤原教通《のりみち》）に立ち寄り、清談《せいだん》して退出した。

大和守《やまとのかみ》（源）頼親《よりちか》が、糸十絇《く》と紅花《べにばな》二十斤《きん》を進上してきた。

七日、壬子。　広瀬使源知道を勘当／旧道長領の源行任宅、焼亡

「（源）知道《ともみち》は、広瀬使《ひろせし》に定められました。ところが、昨日、侍所《さむらいどころ》にいて、官使《かんし》の使部《しぶ》に逢いませんでした。使部が見付けて、述べたところが有ったとはいっても、あれこれ答えることは無く、身を隠していたとのことです」と云うことだ。このことを尋ね聞いて、勘当《かんどう》を加えて追い出しておいた。今朝、外記《げき》成経《なりつね》を召して、知道について伝えた。また、大外記《だいげき》（小野）文義《ふみよし》に伝えた。自宅に於いて故障を申すのは、何事が有るであろう。身は家中にいながら、官使に逢わなかったのは、事の聞こえに便宜《びんぎ》が無い。但し頼みの無い者で、遠使を勧めることは難しいのか。文義朝臣は、頗るそのことを知っているのか。丑剋の頃、近江守《おうみのかみ》（源）行任《ゆきとう》が領する宅が焼亡した（富《とみ》小路以西、上東門《じょうとうもん》大路以北。世に御《み》倉町《くらまち》と号する。これは元は故入道大相国《にゅうどうだいしょうこく》（藤原道長《みちなが》）の家領《かりょう》である。）。女院（土御門院《つちみかどいん》）とは近い。老人（実資）は参り難いばかりである。

八日、癸丑。　六波羅蜜寺に施物／家司に不遜の事有り／興照、頓滅した橘行頼母を車に載せて出す

蓮花二十五本に、乳垸《にゅうわん》五と名香《みょうごう》を加えて、六波羅蜜寺《ろくはらみつじ》に奉献した。あの寺が伝えてきたので、送った。名香を奉献したのは、別の志である。寿抜は千手観音《せんじゅかんのん》像に供え奉る分である。

中納言を呼んで、雑事を談った。(宮道《みやじの》)式光《しきみつ》・(中原)義光《よしみつ》朝臣は、頗る不遜《ふそん》の事が有った。式光を召して、そのことを伝えた。義光については、城外《じょうがい》にいる。「一条《いちじょう》(恵子《さとこ》女王)の養女《ようじょ》の(橘)行頼《ゆきより》の母〈(菅原)明任《あきひで》朝臣の妻。〉が、阿闍梨《あじゃり》興照《こうしょう》の別処〈知足院《ちそくいん》の西。〉に於いて、急に頓滅《とんめつ》した。興照が車に載せて出し遣った頃には、命はすでに損じてしまっていた。興照の行なったところは、法師の志ではない」と云うことだ。「興照は女院の御修法《みしほ》に奉仕している。ちょっと寺に帰った間に、行なったものである」と云うことだ。「この女は、春宮大夫の二女の乳母《めのと》である。情操《じょうそう》は宜しくなく、先年、追い出した者である。その乳母であるので、先日、二女が労問《ろうもん》の為に、その許に向かった。すでに穢《え》に触れた。興照も、やはり穢の疑いが有る」と云うことだ。或いは云ったことには、「春宮大夫が云ったことには、『興照は、やはり身は穢《けが》れなかったが、病人を出してはならなかった。行なったところは、慈悲《じひ》が無いようなものである。但し院の御修法については、奉仕することは難しいのではないか』と云うことだ」と。春宮大夫の行なったところは、もっとも深い道理である。

九日、甲寅。　相撲節装束司、屏幔料の布等を請う／兼頼従者と小舎人童、闘乱／兼頼母、病悩

頭弁が、装束司《しょうぞくし》が申請した相撲節会《すまいのせちえ》の際の屛幔《びょうまん》のための手作布《たづくりのぬの》、および染めるためや縫糸《ぬいいと》のための信《しな》濃布《ののぬの》の文書、および越中介《えっちゅうのすけ》信任《のぶとう》が申請した外記局《げききょく》の雑舎《ぞうしゃ》の覆勘文《ふっかんもん》を持って来た。奏聞させた。夜に入って、頭弁が来た。宣旨三枚〈装束司が申請した屛幔のための布、信任が申請した覆勘文。申請によることになった。但し屛幔の中で、率分《りつぶん》と年料《ねんりょう》を分けて宣下した。故（源）政職《まさもと》の処分。（源）頼職《よりもと》は、処分を行なわなかった。前日の明法家《みょうぼうか》の勘文《かんもん》に任せて、検非違使《けびいし》に行なわせることになった。〉を下した。すぐに宣下しておいた。「今夕、中将の侍人たちと小舎人童《こどねりわらわ》が、闘乱《とうらん》を行なった。小舎人は刃傷《にんじょう》された」と云うことだ。中将が糺《ただ》し行なうであろう。式光朝臣が云ったことには、「（藤原）師成《もろしげ》が出京《しゅっきょう》を免《ゆる》されました」と。中将は堀河院《ほりかわいん》に参った。この一、二日、母氏《ぼし》（頼宗室、藤原伊周女《これちかのむすめ》）は、身が熱く、尋常ではない。中将は、病悩が有った後、今日、出行《しゅっこう》した。

十日、乙卯。　法事・諸僧に物を遣わす／加賀守罷申

先日、政堯《せいぎょう》師が云ったことには、「盛算《じょうさん》の七々日の法事は、十三日に修すことになっていますが、僧《そう》供《ぐ》がありません」ということだ。今日、米三石を遣わし与えた。また、覚蓮《かくれん》・政堯両師の経所《きょうしょ》の函は、閑《しず》かであった。塩を遣わした。また、慈心寺《じしんじ》の成教聖《せいきょうひじり》にも、同じくこれを遣わした。また、菩提講《ぼだいこう》の聖である雲林院《うりんいん》の慈雲《じうん》に、塩と和布を遣わした。（高階《たかしな》）為時《ためとき》を使とした。加賀守《かがのかみ》師成が、罷申《まかりもうし》を行なった。逢って清談した。先日、馬を与えた。そこで重ねて他の志は無いばかりである。頭弁が来た。主税頭《しゅぜいのかみ》（中原）貞清《さだきよ》が弁じ申した主税助《しゅぜいのすけ》（三善《みよし》）雅頼《まさより》の濫吹《らんすい》についての文書、および治部録《じぶのさかん》行任が国忌に

参らなかった中文を見た。これを奏聞させた。

十一日、丙辰。　**実資女忌日／若狭守が愁訴した教通・頼宗荘園の文書／相撲召仰**

諷誦を天安寺《てんあんじ》に修した。精進《しょうじ》を行なった。頭弁が、若狭《わかさ》国司《こくし》(源惟頼《これより》)が愁い申した内大臣(教通)と春宮大夫の荘園《しょうえん》の文書および官使の注進文を持って来た。但し、目録もう一通を加えて進上するよう、実際に有る物の数を□、尚書《しょうしょ》(経任)に命じ、加えて奏上するよう、同じく伝え仰せておいた。夜に入って、右近将曹《うこんのしょうそう》(紀)正方《まさかた》が申させて云ったことには、「頭中将《とうのちゅうじょう》(源隆国《たかくに》)が、相撲の召合《めしあわせ》について伝え仰せました」ということだ。何日に行なわれることになったということを申さなかった。楽の有無を問うた。申して云ったことには、「楽は行なわれます」と。また、問うて云ったことには、「何年の例か」と。申して云ったことには、「確かには承っていません」ということだ。事毎に不審であり、暗夜に向かうようなものである。

十二日、丁巳。　**節料を下給／本命供／右近衛府庁修築、完成**

所々の節料《せつりょう》を、中将の随身《ずいじん》や雑色《ぞうしき》たちに下給させた。雑色所《ぞうしきどころ》に手作布百五十段と米十石を下給した。中将の乳母の節料は、米二十石であった。本命供《ほんみょうく》を行なった。精進の通例である。右近将監《うこんのしょうげん》(高《こうの》)扶《すけ》宣《のぶ》が申させて云ったことには、「右《う》近衛《このえ》府庁《ふちょう》の修築が終わりました。檜皮《ひわだ》を葺《ふ》かなかったとはいっても、笹を架しておきましたた。壁は、ただ塗ることにしています。相撲の試《し》楽《がく》は行なわれることになりました」ということだ。また、申して云ったことには、「檜皮二千枚・大榑《おおくれ》二千寸・檜曽《ひそ》は、多く入れなければなりません。右近衛府《うこのえふ》の力の及ぶことのできるところではありません」ということだ。また、申して云ったことには、「相撲の念人《ねんじん》の陰陽師《おんみょうじ》陰陽允《おんみょうのじょう》（大中臣）為利《ためとし》が、障りを申してきました。頭中将は無理に召し仰させました。申して云ったことには、『身代わりを進上することにします』ということだ」と。そもそも先年の念人（巨勢《こせの》）孝秀《たかひで》が右中将《うちゅうじょう》（源）実基《さねもと》の為に辱《はずかし》められた後は、あらゆる陰陽師は、障りを申して参らない。もっとも道理である。今年、膂力《りょりょく》の相撲人《すまいびと》がいなければ、深く挑むことはできないのではないか。また参入することはできない。昨日の相撲の召仰《めしおおせ》について、頭弁の許に問い遣わした。報書に云ったことには、「相撲の召合は、二十八・九日です。治安《じあん》三年の例です」と。また、云ったことには、「主税寮《しゅぜいりょう》が愁いた主税頭と主税助の不善《ふぜん》については、博陸《はくろく》（頼通）がおっしゃったところです。但し申文については、しばらく残しておくことにします」ということだ。

十三日、戊午。　根本中堂大般若経転読／甲斐守から進物／実資室婉子女王周忌法事／祈年穀奉幣／奉幣使発遣の上卿実成の失儀

相撲人（県《あがたの》）高平《たかひら》が来た。憔悴《しょうすい》していた。今日から山堂に於いて、中聖《ちゅうせい》師を招請して大般若経《だいはんにゃきょう》を転読させ奉る。天の怪異《かいい》を攘《はら》う為である。甲斐守《かいのかみ》頼信が、絹二十疋と細手作布《ほそたづくりのぬの》四段六丈を進上してきた。故女御《にょうご》（婉子《つやこ》女王）の忌日《きにち》である。諷誦を禅林寺に修した。日没の頃に臨んで、（紀）知貞《ともさだ》朝臣が来て云ったことには、「大和《やまと》の神社四箇所の奉幣使《ほうべいし》を兼ねました。中納言実成卿が、宣命《せんみょう》を給いました。四箇社の宣命は、社毎に四箇度、宣命を賜わりました。極熱《ごくねつ》の候、数度、召しに応じました。極めて耐え難かったです」ということだ。事情を知らない上卿は、事に臨んで不覚である。一緒に宣命を手にして、一度に給うものである。

十四日、己未。　奉幣使発遣の上卿実成の失儀／実資の盂蘭盆供の使者、途中で濫行

大外記文義が云ったことには、「昨日、前右衛門督《さきのえもんのかみ》（実成）が、奉幣《ほうべい》の上卿を勧めました。極めて便宜のないことでした。遠使四人を進め奉りました。ところが、上卿は内々に皆、免じました。外記伊行《これゆき》が云ったことには、『当日、遠使たちはいませんでした』ということです。そこで賀茂《かも》使の次官（橘為通《ためみち》）を急に春日《かすが》・大和《おおやまと》社の使として遣わし、知貞を石上《いそのかみ》・大神《おおみわ》・広瀬《ひろせ》・竜田《たつた》社の使としました」と。公事《くじ》に疎遠の人（実成）が、便宜が無く承って行なったものか。東北院《とうほくいん》に盆供《ぼんぐ》を送った使が申して云ったことには、「長櫃を荷った者は八人、四人は家の仕丁《しちょう》、二人は右近衛府の人夫、二人は馬寮《めりょう》の人夫。これらの人夫たちが、使の男に語って云ったことには、『米を取るのを許すから、めいめい食おう』ということでした。使の男は同意しませんでした。人夫たちは罵辱《ばじょく》しました。あれこれを述べず、すぐに帰って来ました。次いで馬寮の人夫が、法住寺《ほうじゅうじ》の西辺りの小宅を占拠しました。小宅の女は放言《ほうごん》しました。人夫たちが相論《そうろん》している間、この女の夫の男が出て来て、互いに放言しました。家の仕丁と宅主《たくしゅ》の男は拏攫《どかく》しました。法住寺の内から、法師や童《わらわ》が、数多く刀杖《とうじょう》を提げて出て来て、追い打とうとしました。その威勢に堪えられず、長櫃を棄てて遁れ去り、居場所がわかりません」と。今、使者の申したとおりであれば、仕丁たちの行なったところは、濫吹がもっとも甚しい。長櫃を棄てて遁れ去った事は、はなはだ奇怪に思った。すでに夜分に及んでいる。家人《けにん》を差し遣わすのは、既に憚りが有る。そこで（中原）師重《もろしげ》朝臣を検非違使別当《けびいしべっとう》（源朝任《あさとう》）の許に示し遣わした。報じて云ったことには、「検非違使の官人を召し仰すことにします」ということだ。夜更け、書状で云ったことには、「検非違使の官人は、四堺御祭所《しかいごさいしょ》に遣わしていました。その他には官人はいません。明朝、召し仰すことにします」と。報じて云ったことには、「明日でも何事が有ろうか」と。

十五日、庚申。　皆既月蝕／盂蘭盆供使者の濫行の子細／治部録行任の勘事を免す／甲斐守・尾張守から進物

月蝕は皆既《かいき》であった。虧《か》け初め、酉七剋五十分。加える時、亥の初剋三十二分。末に復した時、子一剋四十二分。実際は亥剋に月が虧け始め、子剋に加え、丑剋に末に復した。時剋は頗る違った。ところが、勘文に合ったと称さなければならない。右衛門府生《えもんのふしょう》（秦《はたの》）貞澄《さだずみ》が申させて云ったことには、「検非違使別当がおっしゃって云ったことには、『師重朝臣に罷り逢って、詳細を問うことにする』ということでした」と。我が家の仕丁の濫行《らんぎょう》についての子細を、伝えさせておいた。また、長櫃を捜して進上するよう、加えて命じた。法住寺僧都尋光《じんこう》が、威儀師《いぎし》勧高《かんこう》を介して、書状を送って云ったことには、「何日か、瘧病《おこりやまい》を煩って五大堂《ごだいどう》に籠居《ろうきょ》しています。昨日、慮外の事が有りました」と。示し送ってきた趣旨は、盆使《ぼんし》が申したことに異ならなかった。但し、「宅主の男は、頭に疵《きず》が有って、血が出ました。また、身の所々に疵が有ります。長櫃については、その銘が揃っていますので、確かに取り

置かせました。そこで闘乱のあった宅に置いてあります」ということだ。盆使の申した詞のとおり、我が家の仕丁たちは、跡を晦《くらま》して逃げ隠れた。右近衛府の人夫を召し遣わしたが、法師を進上してきた。もう一人の男は、恐れを成して逃げ去った。法師を召問したが、申したところは僧都の書状のとおりであった。この法師は、ただ見申しただけである。他の者は、手を下した。我が家の仕丁の春光《しゅんこう》丸《まる》の申したところによると、もう一人の仕丁某《なにがし》が先に手を下した。集まって打擲《ちょうちゃく》したのは事実である。但し、某は鎌を持っていた。宅主の男は鎌に当たって、額を少し切った。この法師は、禁固《きんこ》させてはならない。そこで免し遣わした。もう一人の男を召し進めるよう命じた。頭弁が勅を伝えて云ったことには、「治部録行任は、勘事《かんじ》を免すように」ということだ。すぐに仰せ下した。甲斐守頼信が、紅花一壺と鴨頭草《かもとぐさ》の移二帖《じょう》を進上してきた。尾張守《おわりのかみ》（平）惟忠《これただ》が、薄物《うすもの》二疋と糸五絇を進上してきた。

十六日、辛酉。　月蝕の異変／実資、重厄を脱す／坎日の相撲召合の可否

昨夜の月蝕の異変《いへん》の奏案《そうあん》を、（安倍）時親《ときちか》・（中原）師任《もろとう》朝臣が進上した。これは仰せ遣わしたのである。師任が申させて云ったことには、「七曜暦《しちようれき》の食分《しょくぶん》は、女宿《じょしゅく》にありました。女・虚《きょ》の二宿を越えて、危《き》宿《しゅく》で蝕しました。希有の事です」と云うことだ。女宿は下官（実資）の命宿《みょうしゅく》である。何日か、怖れていたところである。ところが、あの宿を超えて他の宿に於いて蝕した。重厄《じゅうやく》を脱したのか。頭弁が来た。雑事を談った次いでに云ったことには、「相撲始《すまいはじめ》の日は坎日《かんにち》です。如何でしょう」ということだ。私が答えて云ったことには、「坎日によって延縮《えんしゅく》した例は、確かには覚えていない。大の

月は二十八・九日、小の月は二十七・八日。この日は、すでに天皇の御物忌および大雨の日には、延《えん》引《いん》する。ところが、坎日による延縮については、如何であろう。また調べて勘えられれば、自ずから見えるところが有るであろうか」と。大略、年々の日記を見たが、見えるところは無かった。

十七日、壬戌。　月蝕、後一条天皇の本命宿で蝕す

早朝、証照《しょうしょう》法師が来て云ったことには、「月蝕は、女宿に於いて蝕すはずでした。ところが、あの度を過ぎて蝕しました。女・虚の二宿を越えたのです。女宿で蝕すと、汝《なれ》(実資)の厄は、もっとも重かったでしょう。他の宿に於いて蝕したのは、重厄を脱したと称さなければなりません。希有のまた、希有のことです」ということだ。「危宿は主上《しゅじょう》(後一条天皇)の御本命宿《ほんみょうしゅく》です。御慎しみは軽くはありません。道理の食分の度を過ぎ、御本命の度に到って皆既となった蝕は、恐るべき御事です。このことを奏上させる為に、自ら頭弁の許に向かいました。内裏に伺候していたので、罷り帰りました」ということだ。

相撲の召合の日が坎日であった例を調べて見ると、すでにその例は無い。勘中《かんじん》されるよう、頭弁に示し遣わしておいた。「延喜《えんぎ》以後、すでに見えるところはありません。いい加減に見たのでしょうか。奥に書きません」と云うことだ。

十八日、癸亥。　東北院に盂蘭盆供を送る／相撲人宇治元高追討官符／相撲召合日時変更の可否

盆二口が破れ、米少々が長櫃の底に留まっていた。仕丁たちが食した。そこで一、二倍を東北院に進上し送らせた。早朝、相撲の日について頭弁に問い遣わした。報じた書状に云ったことには、「相撲は、これは節会《せちえ》のような事です。日を択んではならないのではないでしょうか。また、延縮は、時に随って、未だ決定していません。(宇治《うじの》)元高《もとたか》たちについては、追討の官符《かんぷ》を下給すべきでしょう。同意した者は、大宰府《だざいふ》が確かに実否を調べ、事がまた事実が有れば、同じく追討を加えるよう、官符に載せなければなりません」ということだ。私が報じて云ったことには、「節会や相撲の日は、式にある。ところが、節会は延縮が無い。相撲については、延縮することは通常の事である。吹日に行なわれないのは、もしかしたら自然のことか。また日記に記していない。古伝《こでん》を聞いたことがない。無理に驚かせ申すわけにもいかない。節会に准じてこれを行なわれても、何事が有るであろう」と。弁が報じて云ったことには、「昨日、驚かせ申しました。今となっては、ただ勅定《ちょくじょう》によるものです」と。しばらくして、頭弁が来た。雑事を談った次いでに云ったことには、「相撲を延期する事は、決定はありませんでした」ということだ。つらつら事情を考えると、相撲の召合は臨時の小儀《しょうぎ》である。延縮は時に従うべきであろう。まったく節会に准じることはできないのではないか。

十九日、甲子。　新造の輦車

巳剋、新造の輦車《てぐるま》を取り寄せた。作工道慶《さつこうどうけい》法師が副って来た。疋絹《ひつけん》を下給させた。頭中将が来て云ったことには、「今日の未剋、相撲所《すまいどころ》を始めることになりました」と。然るべき人に勤めさせるよう述べた。少し談って退出した。頭弁が勅命《ちょくめい》を伝えて云ったことには〈実は関白。〉、「早く仁王会《にんのうえ》について定め申すように」ということだ。二十五日に定めるということを答えた。料物《りょうもつ》を弁備《べんび》する事・またその日に大弁《だいべん》が参るべき事を伝え仰せた。夜に臨んで、右近府生《うこんのふしょう》（下毛野《しもつけのの》）光武《みつたけ》が、相撲所の定文《さだめぶみ》および相撲の召合のための絁《あしぎぬ》・布・糸・紅花・木綿《ゆう》の請奏《しょうそう》を進上した。右中将隆国・（藤原）良頼《よしより》、右少将《うしょうしょう》（源）経親《つねちか》・（源）親方《ちかかた》が、内取所《うちとりしょ》に着した。

二十日、乙丑。　実資家牛童従者、小一条院牛付従者と闘乱

相撲の召合の雑物の請奏に、「朝臣」の二字を加えた。定文を加えて光武に返給しようと思ったが、参って来なかった。仕丁二人は、貞澄に引き渡して獄に拘禁《こうきん》させ、鎌を取った事を尋問させた。返したとのことを申した。確かに糺し返すよう命じた。為資朝臣が小一条院《こいちじょういん》の仰せを伝えて云ったことには、「私（小一条院）の牛付《うしつき》の従者と、右府（実資）の家の牛童《うしわらわ》の従者が、闘乱を行なった。糺問《きゅうもん》しなければならないので、右府に告げてはならない。中将に問うように」ということだ。驚きながら、牛童および従者の童三人を召し取って、これを奉った。すぐに返給された。「各々の牛童の中で定めるべき事である」ということだ。各々を尋問するよう命じた。但し、「院の牛童の従者の為に、狩衣《かりぎぬ》および小刀を奪い取られた際、腹が切れて、血が出た」と云うことだ。「（橘）俊遠《としとお》の牛童の為に打擲されたと」と云うことだ。事は頗る混乱している。

二十一日、丙寅。　頼宗、兼頼の封戸の処置を委ねる／伊予守・備中守から進物／美作国の国情

今日と明日は物忌である。東門を開いて、外宿《がいしゅく》の人を禁じなかった。早朝、光武が門外に於いて申させて云ったことには、「昨日は煩う所が有って、参入しませんでした」ということだ。雑物の請奏と相撲所の定文を下賜させた。相撲奏《すまいのそう》を伝えて進上する将監《しょうげん》は、事情を知る者はいないのか。扶宣は勤めることができるという事を伝え仰すよう、光武に伝えた。為資朝臣が、三位中将《さんみちゅうじょう》（兼頼）の丹波の封戸《ふこ》の解文と下文を持って来て、云ったことには、「春宮大夫の書状に云ったことには、『汝が自由にしてください』と」と。私が答えて云ったことには、「まったく請け取るわけにはいかない。春宮大夫の処置によらなければならない」と。返し授けておいた。解文に油を載せていないのは、如何なものか。伊予守《いよのかみ》（藤原）章信《あきのぶ》が、随身の狩袴《かりばかま》のための手作布五端《たん》八丈を志してきた。備中守《びっちゅうのかみ》（藤原）邦恒《くにつね》が、紅花二十斤を進上してきた。美作守《みまさかのかみ》（藤原）資頼《すけより》の今月十七日の書状が、今日、到来して云ったことには、「去る十三日、国に着きました。作田《さくでん》は何年来に倍しています。早田《はやた》もまた、豊作であるようです。但し去月の晦日《つごもり》の頃から、雨が降っていません。『田畠は共に損亡《そんもう》した』と云うことです。祈《き》禱《とう》については、堪えるに随って勤仕《ごんし》させます」ということだ。

二十二日、丁卯。　相撲人、参上／祈雨使を発遣

諷誦を六角堂《ろつかくどう》に修した。午の後《ご》剋《こく》、三門を開いた。淡路《あわじ》・阿波《あわ》・讃岐《さぬき》・伊予《いよ》の相撲使《すまいのつかい》の右近府生（藤《ふじ》井《いの》）尚貞《なおさだ》が、相撲人を随身して参って来た。尚貞に雑事を問い、相撲人を見なかった。和泉《いずみ》の相撲人が来た。召して見なかった。頭弁が来て、雑事を談った。相撲の音楽は、行なわれてはならないという事である。主上は月蝕の異変によって、御慎しみが軽くはない。先年、月蝕は皆既し、その夜、内裏が焼亡した。どうしてましてや、御本命宿に於いて蝕が有ったのであるからなおさらである。善政《ぜんせい》が並び行なわれなければならない時である。頭弁はまた、右大弁《うだいべん》(源経頼《つねより》)に示し遣わした。自ら考えついた様子を、各々、申すよう、示し遣わしたものである。このような事は、疎遠の愚翁《ぐおう》(実資)が洩らし答えるのは憚りが有る。そこで両人に指示しただけである。今日の午剋、祈雨使《きうし》を丹生《にう》・貴布禰《きぶね》両社に出立《しゅったつ》された〈使は蔵人《くろうど》。〉。中納言資平が上卿を勤めた。黄昏に臨んで、中納言が来た。御幣使《ごへいし》について談った。

二十三日、戊辰。　相撲について頼通に回答／兼頼、肉食

早朝、和泉の相撲人が参って来た。念誦《ねんじゅ》の間であったので、召して見なかった。右近衛府に率いて参るよう命じさせた。頭中将隆国が関白の御書状を伝えて云ったことには、「月蝕の異変が有った。早く仁王会を行なわれるのが、もっとも佳《よ》いであろう。二十五日に定め行なうように」ということだ。前日に定めさせるものである。また、云ったことには、「相撲の楽は、行なわれることはできないのではないか。月蝕は皆既し、天皇の御慎しみは軽くはない。もしかしたら楽の有無は、諸卿に定め申させるべきであろうか。吹日の相撲は改めなければならないのか。すでに式にある日は、必ずしも延期しなくてもよいのか、如何か」と。私が答えて云ったことには、「召合については、事に従って延縮します。式にあると称すわけにはいきません。これは臨時の小儀です。そこで延縮が有ります。延喜以後、吹日の例はありませんでした。また、月蝕の異変は、道理の蝕とはいっても、皆既がすでに

蝕したのは、もっとも驚き恐れなければなりません。月の内に楽を挙げるのは、不快の事です。諸卿の議に及ぶこともありません。月蝕の異変によって止められる事を、直ちに宣下させられるのが宜しいでしょうか。更に僉議《せんぎ》を行なうのは、叡慮《えいりよ》の決定が無いようなものです。仁王会については、謹んで承りました」と。史《し》守輔《もりすけ》を両大丞《だいじよう》(藤原重尹《しげただ》・経頼)の許に遣わした。明後日に参るようにとのことである。その日、陰陽寮《おんみようりよう》を召して伺候させる事は、本来ならば弁に命じなければならない。ところが、先ず式を揃えさせ、続いて弁を召して、仰せ下させなければならない。文書を揃えて伺候する事を(小槻《おつきの》)貞行《さだゆき》と(惟宗《これむねの》)義賢《よしかた》に命じる事・中少弁を伺候させる事を、同じく守輔に命じておいた。美作《みまさか》と阿波の相撲人が、率いられて来た。見なかった。夜に入って、右近府生光武が、内取《うちとり》の手結《てつがい》の文を進上した。中将は、今日、宍《しし》を食うことになっている。そこで去る夕方、西隣に宿した。小女も、同じくその宅にいる。厳父の勧めによって服用するのである。腹中は不例《ふれい》であって、飲食は多く減じ、顔色は憔悴している。そこでこれを服用した。私は口入《こうじゆ》しなかった。伊予の相撲人(越智《おちの》)惟永《これなが》は、前に召してこれを見た。

二十四日、己巳。　内裏触穢により仁王会定、延引／相撲節会の延期・楽の有無

左少弁経長を呼び遣わした。仁王会の日の事を申させる為である。すぐに来て云ったことには、「昨日、内裏に犬の死穢《しえ》が有りました。座に着しません」と。宮中の穢処《えしよ》に到るのは、忌まないものである。そこで呼び上げた。「明日、仁王会について定め申そうと思うのですが、穢の期間中に定め申すのは、如何なものでしょう。近く修されることのできる日が有れば、定め申すのに憚りはありません。そこで来月七・八日は吉日《きちにち》です。ところが、御願《ごがん》によって諸社に奉幣し、および御読経《みどきょう》三箇日を修されるとのことを、伝え承っています。そこでその日は、仁王会を修されてはならないのではないでしょうか。その後は日次《ひなみ》が宜しくありません。十五日・二十二日は宜しい日です。暦について見申したところ、十五日は八幡宮放生会《はちまんぐうほうじょうえ》が、あの宮に於いて行なわれます。仁王会は便宜が無いでしょう。二十二日は吉日です。修されることのできる日が来月下旬に及べば、上旬の間に参入して定め申しては如何でしょう」と。定められるに随って参入を企てることにするということを伝えて、経長を介して関白に伝えさせた。帰って来て云ったことには、「十五日に行なわれることは難しいであろうか。祇園会《ぎおんえ》の日は、会によって延引した例が有る。来月二十二日は吉日である。上旬の間に定め申すのが、もっとも佳いであろう」ということだ。明日、大弁が参らないということを、経長を介して告げさせた。大外記文義が云ったことには、「関白がおっしゃって云ったことには、『月蝕による相撲の例を勘申せよ』ということでした。今朝、外記《げき》局日記《きょくにつき》および指定した史書を、ともに奉りました。承平《じょうへい》七年七月十六日、月蝕は皆既し、相撲の楽がありました。天暦《てんりゃく》以後は、天変によって楽を止め、或いは宮中が焼亡して楽を止めました。多く例が有ります。但し承平七年の例は不快です。その理由は、明年に(平)将門《まさかど》と(藤原)純友《すみとも》の乱が起こりました。宜しくない例です。今年の相撲の楽は、行なわれてはならないということを、執り申しておきました。格別な事が無い時は、停止《ちょうじ》されるからです」と。

下官の愚案《ぐあん》は、やはり止められるのが天意《てんい》に叶うであろうか。経長に問うた。経長が云ったことには、「頭中将が伝えたことには、『音楽は、大略、停止するでしょう。相撲は二十九日と三十日に行なわれるのでしょう』と」と。楽の有無や、相撲を延期するかどうかについて、私は書札《しょさつ》で頭中将に問い遣わした。報状に云ったことには、「楽の有無は、未だ決定を承っていません。今日、関白が内裏に参られた後に、決定が有るのでしょう。期日は、九・三十日に行なわれるでしょう」ということだ。九は二十九日か。或る者が云ったことには、「二十九・三十日は、関白の御物忌です。内裏に候宿《こうしゅく》されるのは忌まれなければなりません」ということだ。経長も同じくこの趣旨を述べた。晩方、中納言が関白の邸第から来て云ったことには、「関白が談って云ったことには、『相撲の楽の停止は、事の道理は最もそうあるべきであろうか。但し承平七年は、皆既の月蝕が有ったとはいっても、音楽はやはり行なわれた。また、童相撲《わらわすまい》の興が有った。もしあの例によるのならば、音楽が有るべきであろうか。あの時の変異《へんい》の奏は、重くはなかったのか。今回の奏文《そうぶん》は軽くはない。ただ、承平七年は何事も無く、明年、将門などの事が有った。年中の事と称さなければならない。明年の事と称してはならないのではないか。詳しく事の趣旨を奏上し、決定はまた、天皇の叡慮によるべきである』ということでした」と。今、この命についてこれを考えると、まったく前例を調べられることのできないものである。賢臣《けんしん》(藤原忠平《ただひら》)がすでに輔佐《ほさ》であって、その政は正直であった。ところが、変異を忘れ、重ねて相撲の興を行なった。明年から兵革《へいかく》が起こった。あらかじめその慎しみが無いので、起こったところか。

これを亀鏡《きけい》としなければならない。今回、陰陽寮が奏上して云ったことには、「御慎しみは三箇年に及ぶ」ということだ。承平の例によってはならないのではないか。特に寛弘《かんこう》年中、月蝕が皆既し、夜中に内裏が焼亡した。これを鑑誡《かんかい》とする。末代《まつだい》の災異《さいい》は、人が救うことは無い。悲しいことよ、悲しいことよ。舌を呑むに如《し》かないばかりである。「関白は、夜に入って、内裏に参った」と云うことだ。明日、決定が有るのであろう。

二十五日、庚午。 侍読の賞

頭弁が、信任が申請した外記局を修造する覆勘文を持って来た。これを奏上させた。国々の相撲人たちが参って来た。念誦を行なっていたので、召して見なかった。時剋を経て、播磨《はりま》の相撲人が重ねて来た。召して見た。蔵人左少弁経長が、綸旨《りんじ》〈実は関白の書状。〉を伝えたことには、「(大江)挙周《たかちか》が侍読《じどく》として天皇に『文選《もんぜん》』『史記《しき》』を授け奉った。一級を加えるように」ということだ〈正四位下。〉。また、経長が云ったことには、「相撲の楽を止める事、相撲を二十九日・三十日に改めて定めさせる事を、大納言《だいなごん》(藤原)長家《ながいえ》卿に命じられました」ということだ。召仰の上卿であるので、下し奉ったものか。必ずしも初めに提案した人(実資)に尋ねなくてもよいのであろうか。また、「相撲両日の上下の装束《しょうぞく》は、二襲《かさね》を禁止する宣旨が、今日、下されました」ということだ。最もそうあるべきである。古人《こじん》が云ったことには、「諫言《かんげん》に従う聖《ひじり》は、これに感じることが有る」と。また、談って云ったことには、「関白が云ったことには、『挙周の加階《かかい》は、事の次いでが有る時に行なわれなければならない事である。

ところが、『文選』をすでに読ませ終わった時に、頻りに勅命が有った。これを申し返し難いのである』ということでした」と。申剋の頃、大雷と大雨があった。酉剋の頃、大雷雨となったのである。（藤原）経季《つねすえ》が内裏から退出して云ったことには、「相撲の楽は、月蝕によって停止することを、先日、右大弁と頭弁を介して関白に伝えさせました。関白は奏聞しました」と。夜に入って、相撲の内取の手番《てつがい》を進上してきた。

二十六日、辛未。　相撲の腋が死去し、土佐相撲人、腋を望む／右近衛府内取／頼宗、九条第に移徙

法眼元命《ほうげんげんみょう》が来た。ところが、「宇佐宮《うさぐう》内の三昧堂《さんまいどう》については、勘文に任せて行なわせよ」などの仰せ、および勘文を、前日、すでに送ってしまった。少内記《しょうないき》（宗岳《むねおかの》）国任《くにとう》を召して、挙周の位記《いき》について命じた〈正四位下、侍読の労《ろう》。〉。但し別勅《べっちょく》によるものである。侍読の加階の位記の文は、尋常の位記と異なるか否かを、調べて伝えなければならない。先ず事情を申さなければならない。大内記《だいないき》（橘）孝親《たかちか》に告げて、その申すところを申すことにする。また、他の位記は請印《しょういん》するのか。捺印《なついん》させるよう、同じく命じた。頭中将が来て云ったことには、「腋《わき》（他部《おさべの》）秀孝《ひでたか》が死去しました。その地位は、各々、望む者が多いのです。（中臣《なかとみの》）為男《ためお》が辞《じ》を申上して云ったことには、『私（為男）は相撲節会に供奉《ぐぶ》した労が四十余年、老屈《ろうくつ》は特に甚しいのです。相撲を取ることはできません。今年だけは助手《すけて》として罷り立ち、住国《じゅうこく》土佐《とさ》の相撲人の面目を施そうと思います。明年に至れば、数年の労績《ろうせき》によって住国の掾《じょう》〈土佐。〉

を申請しようと思います。相撲の役も、また今年ばかりです』と」と。答えて云ったことには、「申すところの趣旨は、もっとも哀憐《あいれん》すべきである。この他、(県)為永《ためなが》・高平・惟永たちが雄雌を決して、優劣を定めるように」と。頭中将はこれに感心した。「今日、内取が行なわれることになっています。そこで右近衛府に罷り向かいます」ということだ。「大宰府の相撲人は、今も音沙汰が無い」と云うことだ。或いは云ったことには、「河尻《かわじり》に到着した」ということだ。深夜、右近府生(下毛野)公忠《きんただ》が、最手《ほて》(真上《まかみの》)勝岡《かつおか》と為永を随身して、参って来た。申して云ったことには、「白丁《はくちょう》一人が、内取によって右近衛府に罷り向かいました」ということだ。そこで率いて参らなかった。(秦《はたの》)吉高《よしたか》は、疫病を煩って、途中で留まった。今日、春宮大夫は、戌剋に九条《くじょう》の新造の家に□。中将は申剋の頃に参った。母氏(兼頼母)も同行した。

二十七日、壬申。　腋の人選／相撲内取／豊楽院西方に落雷

尋光僧都の書状に云ったことには、「仕丁の人たちが禁獄《きんごく》されているのは、極めて便宜のない事です。鎌は返し受けました。早く免されてください」ということだ。貞澄を召して、事情を問うた。申して云ったことには、「鎌は返し奉りました。僧都は免すよう申されています」ということだ。免すか否か、ただ検非違使別当の心にある。あれこれを命じるわけにはいかないということを、伝えさせておいた。早朝、挙周が慶びを申させた。頭中将が右近将監扶宣を遣わして、伝え送って云ったことには、「腋の欠が有ります。為男・為永・高平・惟永は、互いに申すところが有ります。この間、事情を承りたいと思います」と。答えて云ったことには、「為永・高平・惟永は、勝負を決して定めるべきであろう。但し為男は、もっとも哀憐しなければならない。今年だけ腋に立ち、数年の恥を雪《そそ》ごうと思っている」ということだ。扶宣が申して云ったことには、「中将の官人たちが申して云ったことには、『先年、御前に於いて為永と高平が相撲を取り、為永は膝を突いた』ということです。惟永は申すところが有ります。これに為永と雄雌を決させようと思います」ということだ。この間の事を定めて処置するよう、扶宣に伝えて示し遣わした。頭中将が宣旨二枚〈一枚は信任が申請した覆勘文。「申請によって、使を遣わせ」と。石見守資光《いわみのかみすけみつ》が申請した五箇条の文。「中文を継がせよ」と。〉を持って来た。早朝、中将が九条から来た。申剋の頃、内裏に参った。内取が行なわれた。黄昏に臨んで、退出した。夜に入って、御前の内取の手結を進上してきた。一昨日の雷は、豊楽院《ぶらくいん》の西方に落ちた。南の堂が、柱を損傷した。

二十八日、癸酉。　左方の最手を止める／兼頼母、病悩

□□「左方の最手の真上為成《ためなり》を止めるように。国司に召し進めさせよ」ということだ。すぐに宣下した。これは先年の国司への濫行の下手人であるので、召し進めさせた者である。□ではうまく言い表わせない。昨日の内取以前に命じられたものである。相撲節会の供奉を勤めたので、特に寛免《かんめん》した。頭中将が来た。相撲の雑事を相談した次いでに、「為男は腋に立てるのがもっとも宜しいとのことを、関白がおっしゃられました。また、云ったことには、『明年、住国の掾を申請するのは、そうあるべき事である』ということでした。擬近奏《ぎこんのそう》に白丁四人を載せることにします」ということだ。中将は九条に参った。「早く帰って来ることにします」と云うことだ。ところが、夜に入って、女房《にょうぼう》の書状を送って云ったことには、「母は、今日、急に腹を煩いました。二、三度、万死一生《ばんしいっしょう》となりました。どうしていいかわかりません」と云うことだ。驚きながら、厩《うまや》の馬に乗せて、師重朝臣を馳せ遣わした。弓《きゅう》箭《せん》を帯びさせて、（大江）文利《ふみとし》を副えた。一夜だけ宿されて、帰られるよう、為資朝臣に伝えておいた。ところが、信用しなかった。愚者《ぐしゃ》（実資）の言は、賢哲《けんてつ》はやはり採択するだけである。師重が帰って来て云ったことには、「今の頃は、頗る宜しくなりました。痢はなお止みません。食べた物がその形を変えずに出るということは、春宮大夫が談ったところです」と。（和気《わけの》）相成《すけなり》を召し遣わした。深夜、来て云ったことには、「明朝、参り向かうことにします」ということだ。子剋、右近府生光武が申して云ったことには、「最手勝岡と為永は、忌み籠りません」ということだ。召し籠めるよう命じた。

二十九日、甲戌。　頼宗室を見舞う／実資不参に頼通、興言／相撲召合

早朝、師重を遣わして、九条に奉った。中将が西隣に来た。四位《しい》少将《しょうしょう》資房を介して、状況を問い遣わした。返事に云ったことには、「今朝は頗る宜しくなりました。春宮大夫が云ったことには、『汝（兼頼）が参入して、状況を関白に申すように。両人が連絡も無く籠居するのは、甚だ不審であろう』と。そこで参入することにします」ということだ。師重が云ったことには、「春宮大夫が云ったことには、『昨夜、湯を腹に沃《そそ》いだ。その後、頗る宜しくなった。ところが、痢は未だ止まない。明日、帰ることにする』ということでした」と。右近将曹正方が、擬近奏〈四人。〉を進上した。「朝臣」の二字を加えて返給した。中納言は内裏に参った。大外記文義が云ったことには、「もしかしたら参らなければならない事が有るでしょうか」ということだ。伝えて云ったことには、「慎しむところが有って参ることができないということを、先日、伝えておいた」と。障りであることを、度々、頭弁に伝えさせた。ところが、今朝、重ねて示し遣わしておいた。「式光は内府に告げました。内府は関白に問われました。関白が云ったことには、『随身の馬が無く、また牛が無いので参ることができない』ということならば、馬二疋と牛一頭を遣わし奉ろうか』と」と。興言《きょうげん》か。相撲の召合は、楽が無かった。参入しなかった。楽の定は、前記にある。「右近将監(菅原)義資《よしすけ》は、青色の表衣《うえのきぬ》と鼻切沓《はなきれぐつ》を着して、相撲奏に伺候した」と云うことだ。そうではないとはいっても、何事が有るであろう。酉剋の頃、相撲人惟永が参って来て云ったことには、「一番から六番に至るまで右方が勝った後、未だ七番を取らない前に退出しました」と。惟永は二番である。これより先に、頭中将が舎人《とねり》を遣わして申し送ったことには、「一番近光と二番惟永は、皆、勝ちました」ということだ。陰陽師為利に禄を下給するよう、示し送った。夜に入って、右近将監為時が手結を持って来た。十一番は右方が勝った。右方の最手は勝岡、腋は為男。為永は取らなかった。右方の幹行《もとゆき》は障りを申して免じられたのか。十二番は左方が障りを申した。この間の二番は、左方の勝ちとした。金勝《きんしょう》が一番あった。金勝の一番は天判《てんぱん》であった。左方の陰陽師は恒盛、右方の陰陽師は為利。為時に、右近衛府に納めた絹二疋を取り遣わせて、為利に下給した。夜に入って、三位中将が来て云ったことには、「東宮（敦良《あつなが》親王）が参上されます。御供に供奉します。夜更けに退出します」と。また、云ったことには、「左方の相撲人は、極めて無力でした」と云うことだ。「未だこのような事を見たことがありません。内府は簾下《れんか》に伺候していました」ということだ。また、清談の次いでに、（源）道成《みちなり》朝臣に官を給う事を伝え示した。しばらくして、「阿波の相撲人良方《よしかた》は、敵の髪を執りました。勅が有って、右近衛府に拘禁させました」ということだ。

三十日、乙亥。　相撲抜出／盆使の仕丁二人を宥免／観普賢経講釈／頼宗室、重病／宇佐宮の怪異

六角堂に諷誦を行なった。

勝岡が参って来た。（藤原）致孝《むねたか》の告げ立てた名籍《みょうせき》を伝えて進上した。故（藤原）成親《なりちか》朝臣の男である。勝岡は前に召さなかった。人を介して、雑事を伝えた。今日は抜出《ぬきいで》の日である。後日、来るよう、召し仰させた。検非違使貞澄を召した。検非違使別当に告げて、獄に拘禁させている仕丁二人を免した。厳源《げんげん》が観普賢経《かんふげんきょう》を釈した。聴聞《ちょうもん》し、随喜《ずいき》した〈布施《ふせ》は三疋。〉。今日の抜出は、三番であった〈一番は右方の最手勝岡が障りを申した。二番の右方惟永と三番の右方守利は負けた。〉。随身（下毛野）公安《きんやす》が申したものである。左方の相撲人の名を申さなかった。夜に入って、中将が馬に騎って九条に馳せ向かった。母氏の重病の告げによるものである。（源）知通《ともみち》が従った。驚きながら、随身公安と（身《む》人部《ひとべの》）信武《のぶたけ》を馬に乗せて馳せ遣わした。知通や随身たちが帰って来て云ったことには、「ただ今、格別な事はありません。

明朝、堀河院に帰ることにします」ということだ。今日、中納言は内裏に参った。中将も同じく参った。中将は何日か、西宅に住んでいる。私は念誦堂《ねんじゆどう》にいたので、事情を聞かなかった。師重が来て告げたので、追って随身を馳せ遣わした。戌剋の頃である。中納言が云ったことには、「大宰府が言上《ごんじょう》した怪異について〈「去る五月二日から晦日に至るまで、雀が宇佐宮の殿上《てんじょう》に群れ集まって巣を喫《く》った」と云うことです。〉、神祇官《じんぎかん》と陰陽寮に卜筮《ぼくぜい》させることになりました」ということだ。

○八月

一日、丙子。　侍読の別勅加階の位記の文例／仁王会定について指示／相撲抜出に東宮参列

諷誦《ふじゅ》を三箇寺〈東寺《とうじ》・清水寺《きよみずでら》・祇園《ぎおん》社。〉に修した。今朝は物忌《ものいみ》である。覆推《ふくすい》すると、「重い」ということだ。そこで門を閉じ、時々、東門を開いた。小女(藤原千古《ちふる》)は西宅にいた。午の後剋《ごこく》、外宿《がいしゅく》の人を禁じなかった。

少内記《しょうないき》(宗岳《むねおかの》)国任《くにとう》が申して云ったことには、「侍読《じどく》の別勅加階《べつちょくかかい》の位記《いき》の文について、大内記《だいないき》(橘)孝親《たかちか》に伝え仰せたところ、申して云ったことには、『未だ調べ得ることができません。七日に南山《なんざん》(金峯山《きんぷせん》)に参ります。罷り帰った後、急いで調べ申すことにします』ということでした」と。

四日に仁王会《にんのうえ》について定めるよう、頭弁《とうのべん》(藤原経任《つねとう》)に示し遣わした。大弁《だいべん》に告げる事・文書《もんじょ》を作成する事・陰陽寮《おんみょうりょう》に下給する事・告げ仰される事・弁が参るべき事を、頭弁に伝えておいた。返事に云ったことには、「一々、これを承りました。但し右少弁《うしようべん》（藤原）家経《いえつね》は、行事《ぎようじ》の巡《じゆん》に当たっています。ところが、病悩していて灸治《きゆうじ》し、出仕に堪えられません」ということだ。「昨日の抜出《ぬきいで》は、東宮（敦良《あつなが》親王）が参上された」と云うことだ。楽が無い年に、両日、参上されるのは、如何なものか。

二日、丁丑。釈奠内論義に大博士不参の例

諷誦を三箇寺〈広隆寺《こうりゆうじ》・賀茂下御社《かものしものみやしろ》神宮寺《じんぐうじ》・北野社《きたの》。〉に修した。勅使《ちよくし》（藤原）経季《つねすえ》が云ったことには、「勅使として関白《かんぱく》（藤原頼通《よりみち》）の邸第《ていだい》に参りました。これは明日の内論義《ないろんぎ》の有無についてです。関白が奏上して云ったことには、『「大博士《だいはかせ》（中原）貞清《さだきよ》は灸治していて、参ることができません。助教《じよきよう》（清原）頼隆《よりたか》は病悩していて、事に従いません」と云うことです。この二人が参らないのは、如何なものでしょう。頼隆が参るかどうかを問われてください』と。おっしゃって云ったことには、『大博士の不参の例を、外記《げき》に問わなければならないので、大外記《だいげき》（小野）文義《ふみよし》を召し遣わして問うように』と云うことでした。内々に頼隆が参るか否かを問い遣わしているところです」と云うことだ。私が云ったことには、「大博士の不参の例は、問われることもないのではないか。常例《じようれい》であるからである」と。これは密語《みつご》である。外記は勘申《かんじん》したのか。

三日、戊寅。内論義、停止／頼宗室の病状

「内論義は停止《ちようじ》となった。大博士貞清と助教頼隆が参らなかったからである」と云うことだ。これは経季が、去る夕方、内裏から申し送ったところである。早朝、頭中将《とうのちゆうじよう》（源隆国《たかくに》）が来て、相撲《すまい》の際の

事を談った。「阿波《あわ》の相撲人良方《すまいびとよしかた》は、右近衛府《うこのえふ》の宿所《しゅくしょ》に拘禁《こうきん》されています」ということだ。明日、左右大弁（藤原重尹《しげただ》・源経頼《つねより》）が参入するよう、示し遣わした。参るという報が有った。中納言《ちゅうなごん》（藤原資平《すけひら》）が来た。中将《ちゅうじょう》（藤原兼頼《かねより》）が来て云ったことには、「母堂《ぼどう》（藤原頼宗《よりむね》室）の病悩の様子は、未だ減じません」と。西宅に向かった。右衛門督《えもんのかみ》（藤原経通《つねみち》）が来たということを聞いて、すぐに帰り、長い時間、清談《せいだん》した。春宮大夫《とうぐうだいぶ》（頼宗）の室の病悩について、弾正少弼《だんじょうしょうひつ》（菅原）定義《さだよし》が云ったことには、「ただ今、酉剋で、霊気《れいき》を人に移す間、湯治《とうじ》を行なっています」と。また、云ったことには、「明朝、金液丹《きんえきたん》を服用することになりました」と。

四日、己卯。　相撲人良方を宥免／伊勢斎王の託宣／斎王に過状を進上させる／荒祭神の託宣／仁王会定／託宣を奏上

「阿波の相撲人良方は、右近衛府の宿所に拘禁されていたのを免《ゆる》された。内大臣（藤原教通《のりみち》）が勅を伝えたものである」と云うことだ。
諷誦を六角堂《ろっかくどう》に修した。（中原）師重《もろしげ》を遣わして、堀河院《ほりかわいん》に奉った。「今朝、金液丹を服用された。（但《たん》波《ばの》）忠明《ただあきら》が服用させた」と云うことだ。修善《しゅぜん》を行なわせる事を、奉信《とものぶ》に伝えた。来たる七日に修させることにした。阿闍梨《あじゃり》は本宗《ほんしゅう》の僧を請用《しょうよう》するよう、同じく伝えておいた。この修法《しゅほう》は、中将に修させるのである。頭弁が宣旨《せんじ》〈或いは定めなければならない事、或いは勘宣旨《かんせんじ》。〉を持って来た。覆奏文《ふくそうぶん》が有った。すぐに帰って来た。関白の御書状を伝えて云ったことには、「伊勢《いせ》大神宮《だいじんぐう》の御託宣《たくせん》について、近頃、斎宮《さいぐう》から内々に伝え送ってきた。ところが、もっとも子細が多い。そこで祭主《さいしゅ》（大中臣《おおなかとみの》）輔親《すけちか》を召し遣わした。託宣を承った者である。ところが、病悩していて、早く参上しなかった。先日、参上し、直接、詳細を問うた。申して云ったことには、『斎王《さいおう》（嫥子《よしこ》女王）は、（六月）十五日に離宮院《りきゅういん》に着されて、十六日に豊受宮《とようけのみや》に参られました。朝の間は、雨が降っていました。夜に臨んで、月は明るくなりました。神事が終わって、十七日に離宮院に還られました。内宮《ないくう》に参ろうとしたのですが、暴雨・大風となり、雷電が特に甚しくなりました。そこにいた上下の者は、心神《しんしん》が度を失ないました。人が走ってきて、斎王の喚《め》しが有ることを告げました。風雨を凌いで参入した際、笠がまた、吹き損じられました。召しによって、御前に参りました。斎王の御声が猛々しく高かったことは、喩《たと》えようもありませんでした。御託宣に云ったことには、「斎宮寮頭《さいぐうりょうのかみ》（藤原）相通《すけみち》は、不《ふ》善《ぜん》の者である。妻（藤原小忌古曽《こきこそ》）もまた、狂乱している。小さな宝《ほ》倉《くら》を造立し、内宮・外《げ》宮《くう》の御《ご》在《ざい》所《しょ》と申して雑人を招き集め、連日連夜、神楽《かぐら》・狂舞している。京洛《きょうらく》の中で、巫覡《ふげき》が狐を祭り、偽って大神宮と定めている。このような事は、そうあってはならない事である。また、神事は礼に違い、幣帛《へいはく》が疎《そ》薄《はく》であることは、古《こ》昔《せき》のようではない。神を敬っていないのである。末代《まつだい》の事は、深く咎《とが》めるわけにはいかない。そもそも（源）光清《みつきよ》は、官舎《かんしゃ》に納めた稲を運び出して放火し、焼亡した。また、神民《しんみん》を殺害した。その処置は遅々として、早く行なわれることが無かった。やっと三年目の十二月下旬に及んで、光清を配流《はいる》された。朝廷の懈怠《けたい》である。吾（荒祭神《あらまつりのかみ》）が朝廷を護り奉ることは、まったく他念は無い。帝王《ていおう》（後一条《ごいちじょう》天皇）と吾は、交わることは糸のようである。現在の帝王は、敬神《けいしん》の心が無い。次々に出生した皇女(章子《あきこ》内親王・馨子《かおるこ》内親王)は、神事を勤めたことが有ったであろうか。降誕《こうたん》の始めに、すでに王運《おううん》の暦数《れきすう》は定まっている。ところがまた、その間の事が有る〈延縮のことか。〉。百王《ひゃくおう》の運は、すでに過半に及んでいる。この相通および妻は、神郡《しんぐん》を追い払わなければならない。この妻は、女房《にょうぼう》の中に交わっている。早く追い払わなければならない。すぐに公郡《こうぐん》に追い払え」と。私(輔親)に命じて、斎王に過状《かじょう》を進上させました。神《しん》宣《せん》に背き難いので、急に伺うことなく、これを書きました。神宣に云ったことには、「斎王の奉公の誠は、前斎王《さきのさいおう》(当子《まさこ》内親王)に勝る。ところが、この事によって、過状を進上させた。読み申すように」ということでした。私が申して云ったことには、「御本心が無い間に、読み申したとしても、聞かれることは難しいのではないでしょうか」と。神宣に云ったことには、「吾は斎王に取り収まった神である。申すところは、もっともである。蘇生《そせい》させることにしよう」と。すぐに本心が出てこられました。そこで読み申しました。その後、神宣に云ったことには、「七箇度の御祓《はらえ》を奉献《ほうけん》するように」ということでした。この間、大雨は止みませんでした。やっと三箇度、奉仕しました。もう四箇度、奉仕しようと思っていた頃、水はすでに満ちて来ました。そこで斎王の御座を退けましたので、極めて便宜《びんぎ》のないことでした。「もう四箇度は、還られて行なうように」ということでした。また、神宣に云ったことには、「汚穢《おわい》の事が多い。酒を献上し、また、酒を供するように」ということでした。そこで三箇度、これを供しました。毎回、五盃。合わせて十五盃。また、神宣に云ったことには、「事は四・五歳の者に託さなければならない。急にその年齢の者はいなかった。そこで斎姫《いつきひめ》（媞子女王）に託された」ということでした。ついに内宮に参られませんでした。事情を申されて、神供《じんく》の雑物を抜き捨てられたのです。「これは荒祭神の御託宣である」と云うことでした。「他の事も、事が多かった」と云うことでした。近くに伺候していた女房が、これを承ったでしょうか。日記することはできませんでした』と」と。また、関白の御書状に云ったことには、「相通を配流する託宣について、諸卿に定め申させなければならないか、如何か」と。報じて云ったことには、「託宣は、すでに明らかです。疑慮《ぎりょ》は無いでしょう。凡人《ぼんにん》に取り憑《つ》いて託したのではありません。斎王に取り憑いて託宣された事は、往古《おうこ》から未だ聞いたことがありません。恐怖されなければならないのです。最も信じられなければならない事です。ただ、託宣に任せて行なわれなければならないものです。もし公卿の議定《ぎじょう》に及ぶようにとの宣旨を下されれば、託宣の疑いが有るようなものではないでしょうか」と。すぐに帰って来た。御書状を伝えて云ったことには、「伝えたところの趣旨は、もっともそうあるべき事である。ところが、斎宮から告げ送った事は、内々の事である。また、輔親を陣頭に召して問われるべきであろうか。輔親は、直接、申すところが有る。その内々の事である。また、二、三人の上達部《かんだちめ》は参入するよう、示し遣わすように」ということだ。私が答えて云ったことには、「輔親に問われるのは、もっとも善い事です」と。輔親を召し遣わす事を、そこで同じ弁に命じた。しばらくして、内裏に参った。中納言は車後《くるまじり》に乗った。待賢門《たいけんもん》から参ったことは、恒例のとおりであった。陣座《じんのざ》に着した後、左右大弁が座に着した。私は南座《なんざ》に着した。仁王会の日について、頭弁経任に命じて、陰陽寮に日時を勘申させた。「二十二日・二十九日の間、時剋は午二剋」ということだ。すぐに左大弁《さだいべん》(重尹)が例文を書いて進上させた。史《し》が文書を進上し、且つ硯を置いた事は、通常のとおりであった。左大弁が僧《そう》名《みょう》を書いた〈大極殿《だいごくでん》の百高座《こうざ》および紫宸殿《ししんでん》・清涼殿《せいりょうでん》・院宮《いんぐう》・神社は、通例のとおりであった。〉。次々に検校《けんぎょう》〈中納言経通と参議《さんぎ》経頼。〉と行事の人〈権左中弁《ごんのさちゅうべん》経任、左少史《さしょうし》(坂合部《さかいべの》)国宣《くにのぶ》・守輔《もりすけ》。〉を書いた。書き終わって、大弁が進上した。見終わって、筥《はこ》に納めた〈日時《にちじ》勘文《かんもん》・僧名の定文《さだめぶみ》・検校の定文である。但し行事の定文を奏上しなかった。これは通例である。〉。行事の弁経任を介して、先ず内覧《ないらん》を経た〈関白は急いで参入した。今朝の御書状に云ったことには、「未剋の頃に参入することにする」ということだ。ところが、仁王会について定め申していたので、未剋に参入した。後に聞いたことには、「関白は随身《ずいじん》を差し遣わして、汝《なれ》(実資)の参入を見させました。汝の参入を聞いて、沐浴《もくよく》せずに急いで参りました」と云うことだ。〉。伝えられて云ったことには、「『乗《じょう》延《えん》は重服《じゅうぶく》である』ということだ。他の人に改められるべきであろうか」と。北野社の講師《こうじ》は、清朝《せいちょう》に改めたのである。重ねて内覧を経て、奏聞《そうもん》させた。すぐに下給された。おっしゃって云ったことには、「二十二日に行なうべきである」と。僧名・日時勘文・検校の定文・行事の定文を加えて下給した。行事の弁経任が、一々、束ね申した。二十二日に行なうよう命じた。祭主輔親が参っているかどうかを問うた。申して云ったことには、「使を召し遣わしても、未だあれこれを申していません。そこで重ねて召し遣わしました」と。しばらくして、申して云ったことには、「使と一緒に参入しました」

ということだ。事情を奏上させた。おっしゃって云ったことには、「伊勢《いせ》の託宣について問うように」ということだ。すぐに頭弁に命じた。これは密事である。もし外に漏らしてはならない事が有れば、他の人に問わせるのは、便宜が無いであろうことである。そこで頭弁に命じた。陣頭に於いて問わせるのは、立ち聞く輩《やから》がいるのではないか。御書所《ごしよどころ》に於いて問うよう伝えた。心底《しんてい》に思ったところは、蔵人所《くろうどどころ》の辺り、もしくは蔵人頭《くろうどのとう》の宿所に於いて問わせられ、その申すところを仰せ下されるのが宜しいのではないか。民部卿《みんぶきょう》(藤原)斉信《ただのぶ》が云ったことには、「外記に問わせるべきでしょうか」と。私が答えて云ったことには、「誤りが多くなるであろう。頭弁に閑処《かんじょ》に於いて問わせたものを披露《ひろう》することにしよう」と。戸部《こぶ》(斉信)は承諾した。時剋が多く移った。頭弁は、輔親が承った託宣を伝え申した。すぐに奏上させた。もしかしたら注進《ちゅうしん》させるべきだったであろうか。頭弁は、漏失《ろうしつ》が無いわけではない。仰せに随うべきであるということは、伝奏《てんそう》を経るばかりである。この間、雷電や大雨が、特に甚しかった。官人および随身たちを召し、陣座の砌《みぎり》の内の宜陽殿《ぎようでん》の壇上に控えさせた。諸卿は色を失った。怖畏《ふい》は極まり無かった。陣座の前に水が満ち、また陣座の後ろに同じく溢れた。頭弁は、陣座の後ろの水に妨げられて、勅語《ちょくご》を伝えることができなかった。紫宸殿を徘徊《はいかい》し、陣座の腋《わき》の橋の床子《しょうじ》を構築し、それを橋として、やっと陣座に出て、勅を伝えて云ったことには、「託宣……

五日、庚辰。　大神宮臨時奉幣使・止雨祈禱／藤原相通夫妻逮捕の宣旨／強姦犯大江斉任の勘問日記

二十五日の御幣使《ごへいし》の事・連日の大雨の事は、先ず神祇官西院《じんぎかんさいいん》に於いて止雨《しう》の御祈禱《きとう》を行なわなければならないであろうか。祭主が祈り申すのは、通例の事である。また、止雨使《しうし》を出立《しゅったつ》されなければならないかについて、頭弁に示し遣わした。報じて云ったことには、「相通夫妻を搦めて保護するようにとの宣旨を、昨夜、(小槻《おつきの》)貞行宿禰《さだゆきすくね》に下給しました」ということだ。また、妻の姓名を輔親朝臣《あそん》に問うよう、同じく遣わし仰せておいた。伊勢使《いせし》は、未だ誰にも命じられていない。それについては、他の上卿《しょうけい》に命じられるよう、博陸《はくろく》(頼通)に申さなければならないのである。また、近来の長雨の西院の御祈禱について、同じく申されなければならない。私は行歩《ぎょうほ》に堪え難い。左仗《さじょう》から八省院《はっしょういん》に参るのは、その距離が遼遠《りょうえん》であって、腰が痛み、喘《あえ》ぎは甚しい。春華門《しゅんかもん》から陣座に参る距離は、実に幾《いくば》くもないとはいっても、すでに為す術が無い。そこで漏らし伝えるよう、示し遣わしたものである。大外記文義が云ったことには、「女の配流については、未だ調べ出していません」ということだ。国史《こくし》を引勘《いんかん》するよう命じた。弾正少弼定義が、弾正忠《だんじょうのちゅう》(大江)斉任《ただとう》を勘問《かんもん》した日記を持って来た。この頃、頭弁が来た。すぐにこの日記を託した。牛童《うしわらわ》三郎丸《さぶろうまる》の従者の童《わらわ》は、昨日、検非違使《けびいし》(日下部《くさかべの》)重基《しげもと》の随身の火長《かちょう》および左馬寮《さめりょう》の下部《しもべ》と拏攫《どかく》した。(宮道《みやじの》)式光《しきみつ》朝臣に命じて、獄所《ごくしょ》に下した。右近将監《うこんのしょうげん》(高《こうの》)扶宣《すけのぶ》が、右近府生《うこんのふしょう》(下毛野《しもつけのの》)光武《みつたけ》と(藤井《ふじいの》)尚貞《なおさだ》の過状を進上した。特に戒め仰せて、これを免された。尚貞は追相撲《おいずまい》の事で狼藉《ろうぜき》を行なった。光武は相撲所《すまいどころ》の定文を遅れて給わった。

六日、辛巳。　**斉任勘問日記の異例／相通夫妻の流罪の議定の日時**

斉任を勘問した日記は、頗る不例《ふれい》の辞が有った。通例の文は「某《なにがし》が申して云ったことには」と。とところが、「答えて云ったことには」と記していた。弾正忠を勘問した者は（中原）貞親《さだちか》である。朝夕、恪勤《かくご》の者である。記した者は弾正疏《だんじょうのさかん》致親《むねちか》である。また恪勤の者である。そこで貞親に伝えた。申して云ったことには、「失錯《しっさく》でした」と。また、弾正少弼定義に告げた。定義が云ったことには、「大失錯でした」ということだ。密々に頭弁に伝え、取り返して貞親に給い、改め書いて進上するよう、命じておいた。その後、頭弁が来た。「明日、御願使《ごがんし》として石清水宮《いわしみずぐう》に参ることになりました」ということだ。馬寮《めりょう》が馬一疋を申請してきた。鞍五具《よろい》を調備して、貸し賜わっておいた。「左馬寮は十疋でした」ということだ。右馬寮《うめりょう》も同数である。「騎者は、左右近衛府《このえふ》の将曹《しょうそう》以下、近衛《このえ》以上です」と云うことだ。頭弁が云ったことには、「今日、止雨の御祈禱について、および斎宮寮頭相通についての議定を行なわれる日について申さなければなりません」と云うことだ。夜に入って、頭弁が関白の書状を伝えて云ったことには、「相通および妻を配流する事は、決定した。今となっては、御衰日《すいにち》・重日《じゅうにち》・復日《ふくにち》を除いて行なわなければならない。明後日では、何事が有ろうか」ということだ。また、云ったことには、「止雨の御祈禱は、祭主輔親に奉仕させるように」ということだ。

七日、壬午。　**女性の配流の例文を勘進／後一条天皇御願により石清水宮に十列を奉献し、諸社御読経を行なう／興福寺御塔供養雑事定／代厄祭／右近衛府に夏衣を給う／家司を補す**

中納言が雑事を談った。大外記文義と左大史《さだいし》貞行を召して、内々に明日、行なわなければならない事を戒め仰せた。大外記文義が、女の配流の例文を勘進《かんしん》した〈国史に云ったことには、「天平勝宝《てんぴょうしょうほう》四年八月庚寅、京師《けいし》の巫覡十七人を捕えて、伊豆《いず》・隠岐《おき》・土佐《とさ》といった遠国《おんごく》に配流した」と。〉。左右大弁と検非違使《けびいし》別《べっ》当《とう》(源朝任《あさとう》)は、明日、参入するよう、示し遣わした。左大弁は故障を称した。「今日、公家《くげ》(後一条天皇)は、左右十列《とおつら》〈馬寮の馬一疋と移鞍《うつしぐら》五具を馬寮から借りた。〉を石清水宮に奉献された。使は蔵人頭権左中弁経任。大納《だいな》言《ごん》斉信が行事を勤めた。これは先年の御願《ごがん》である」と云うことだ。「今日から五箇日、諸社に於いて御《み》読経《どきょう》を行なわれる。先年の御願である」と云うことだ。石清水宮は権僧正尋円《ごんのそうじょうじんえん》。賀《か》茂上下《ものかみしも》社は大僧都明尊《だいそうずみょうそん》〈上社《かみのやしろ》。〉と大僧都定基《じょうき》〈下社《しものやしろ》。〉。松尾《まつのお》社は権律師融碩《ごんのりつしゆうせき》。大原野《おおはらの》社は賢尋《けんじん》。平野《ひらの》社は権律師経救《きょうきゅう》。祇園社は真範《しんはん》。稲荷《いなり》社は大僧都尋光《じんこう》。春日《かすが》社は前大僧都扶公《さきのだいそうずふこう》。左中弁《さちゅうべん》(藤原)経輔《つねすけ》が、御馬逗留《とうりゅう》の解文《げぶみ》を持って来た。奏上するよう伝えた。夜に入って、中納言と中将が来て云ったことには、「高陽院《かやのいん》に於いて興福寺《こうふくじ》御《ご》塔供養《とうくよう》の雑事を定められました〈十月二十日。〉」と。また、云ったことには、「十三日に止雨使を出立されることになりました。使は神祇官人」と。先日、頭弁を介して関白に伝えさせた事である。今夜、代厄祭《だいやくまつり》を行なった〈(巨勢《こせ》)孝秀《たかひで》。南庭《なんてい》に於いて祭った。〉。夏の衣服を下給した。府生《ふしょう》に四疋、番長《ばんちょう》に三疋、近衛に二疋。

右馬助《うまのすけ》(紀)知貞《ともさだ》を家司《けいし》とした。

八日、癸未。　相通夫妻配流定／結政請印／強姦犯大江斉任の処置／内裏触穢

諷誦を清水寺に修した。師重朝臣を遣わして、少納言《しょうなごん》(藤原資高《すけたか》)の息子が夭亡《ようぼう》したこと、および(橘)

俊遠《としとお》朝臣の女《むすめ》が死んだ事を弔った。文義朝臣が重ねて勘進して云ったことには、「国史を検したところ、『天平《てんぴょう》十一年三月庚申、石上《いそのかみ》朝臣乙麿《おとまろ》は久米連若売《くめのむらじわかめ》を犯したことに坐して、土佐国に配流した。若売は下総《しもうさ》国に配流した』ということでした。同じ国史に云ったことには、『天平勝宝四年八月庚寅、京師の巫覡十七人を捕えて、伊豆・隠岐・土佐といった遠国に配流した』ということでした。同じ国史に云ったことには、『天平宝字《てんぴょうほうじ》元年七月庚戌、安宿《あすかべ》王及び妻子を佐渡《さど》国に配流した』ということでした」と。早朝、頭弁が来て云ったことには、「昨日、勅使として石清水宮に参り、御願を果たし奉りました。左右馬寮の十列を奉献され、御読経を行なわれました」と云うことだ。弾正忠斉任を勘問した日記は、頭弁に先日、託しておいた。ところが、頗る不例の文辞《ぶんじ》が有った。そこで取り返し、密々に弾正忠貞親に給わって改め書かせた。弾正少弼以下が、これに署した。「弾正少弼定義は、驚いて恐縮した」と云うことだ。今日、相通および妻の配流を行なう事は、先日、承ったものである。夫婦を分けて国々に配流するよう、諸卿が定め申した。本来ならば夫に従わなければならないのである。『獄令《ごくりょう》』に見える。ところが、事件は妻から発《おこ》った。すでに共に配流しなければならない。そこで各々、その処を別としなければならない。但し、配流することになる両国は確かに事情を承るべき事・左右衛門府生《えもんのふしょう》を使とすべき事・相通の位記を取り上げて進上すべき事・宣旨を京職《きょうしき》に下給すべき事・返して進上した位記を毀《こぼ》たなければならないとの式は、すでに『刑部式《ぎょうぶしき》』にある。ところが、安和《あんな》の例では、ただ宣旨を京職に下給した。昨年、安和の例によって行なったところである。

配流の官符《かんぷ》は、結政《かたなし》に於いて請印《しょういん》しなければならない。『刑部式』に云ったことには、「良民《りょうみん》は内印《ないいん》を用い、賤民《せんみん》は外印《げいん》を用いよ」と。ところが、昨年、先例を調べて外印を用いた。そこで結政に於いて請印するよう、頭弁に命じて関白に伝えておいた。内裏に参った〈午二剋。〉。中納言が同車した。待賢門から参入したことは、通例のとおりであった。諸卿は見えなかった。陽明《ようめい》門に宰相の車二両があった。事情を問うたところ、「右兵衛督《うひょうえのかみ》朝任が参入しました。右大弁《うだいべん》経頼は中宮《ちゅうぐう》(藤原威子《たけこ》)に伺候しています」と云うことだ。随身に命じて呼ばせた。すぐに参入した。これより先に、関白が急いで参った。頭弁を呼んで、事情を問うたところ、云ったことには、「関白が云ったことには、『配流する国々に、そのまま伊勢《いせ》国から遣わす国は有るか、如何か。また、夫婦は国を異にしなければならない。また、結政の請印は、昨年の例によって行なうように。位記については、前例によって取り上げて進上するよう、宣旨を京職に下給するように』ということでした」と。私が答えて云ったことには、「遠流《おんる》・中流《ちゅうる》・近流《こんる》は、『刑部式』にあります。これによって行なわれなければなりません。但し伊豆国は、光清を配流した処です。同国に配流されてはならないでしょう。他の国々は、勅定《ちょくじょう》によることになります」と。その後、勅命《ちょくめい》に云ったことには、「斎宮寮頭相通は、佐渡国に配流するように。妻藤原小忌古曽は隠岐国に配流するように」ということだ。すぐに同じ弁に伝えた〈小忌古曽の姓名は、神祇少副《じんぎのしょう》(卜部《うらべの》)兼忠《かねただ》が注進した。〉。左衛門府生《さえもんのふしょう》秦茂親《はたのしげちか》を佐渡使とし、右衛門府生《えもんのふしょう》清内永光《きょうちのながみつ》を隠岐使とした。各府が指名したものである。また、結政の請印については、大外記文義に命じた〈『刑部式』に云ったことには、「良民は内印を用い、賤民は外印を用いよ」ということだ。ところが、昨年、外印を用いた。あの時、調べて勘申したものである。先例によって行なったところである。〉。少外記《しょうげき》（文室《ふんやの》）相親《すけちか》が、配流の官符二通〈佐渡と隠岐。〉を進上した。相親は退出した。私が見終わって、更に相親を召して返給した。しばらく膝突《ひざつき》に伺候して下給すべきであろうか。相親は笏を捧げて走り出た。右大弁が座を起った。敷政《ふせい》門から出て、結政に向かった。請印が終わって、大弁は和徳《かとく》門から入って座に着した。相通の位記を取り上げて進上すべき事、宣旨を京職に下給することを、頭弁に命じた。また、隠岐に配流する者は、まったく入京してはならない。道を枉《ま》げて配所《はいしょ》に向かうよう、使者に伝えさせた。船に乗って罷り向かうことになる。これは関白が命じたものである。秋に入る時節、海船《かいせん》が往還することは難しいのではないか。右兵衛督朝任が云ったことには、「斎宮寮頭の停任《ちょうにん》宣旨を下すべきでしょうか」ということだ。官位を共に追い取って、遠流に処した。更に停任宣旨が有ってはならないものである。後に聞いたことには、「関白は、この趣旨を頭弁に伝えられた。頭弁が申して云ったことには、『昨年、光清の停任宣旨はありませんでした』ということだ」と。今日の参入は、中納言資平・（藤原）定頼《さだより》、参議朝任・（源）顕基《あきもと》・経頼。頭弁が関白の仰せを伝えて云ったことには、「強姦《ごうかん》については、賊の露顕《ろけん》に准じて行なうべきであろうか」ということだ。私が答えて云ったことには、「斉任は、既に証人を指名しています。先ずやはり真信《さねのぶ》を尋問されるべきでしょう。強姦と和姦《わかん》について、頗る疑いを持っています。また、他の人が斉任の許に来て会うことが有ったとのことを申しています。真信と仲立ちの女は、実正を申さなければならないでしょう」と。また、関白が云ったことには、「上達部に定め申させるべきであろうか」と。私が答えて云ったことには、「今回、先ず真信を尋問すべきでしょう」と。頭弁が告げて云ったことには、「汝の言ったように、先ず真信を尋問すべきです。事情を答えなければなりません」ということだ。私は退出した〈未二剋に参入し、未三剋に議が終わり、四剋に退出した。〉。「今日、内裏に犬の死穢《しえ》が有った。十三日に止雨使を出立される。中納言が上卿を勤める。幣物《へいもつ》の請奏《しょうそう》は、当日、進上することになっている。あらかじめ用意しなければならない」ということだ。

九日、甲申。斉任・真信の尋問について／前加賀守、秋季臨時仁王会の料物進納に応じず

中納言が来た。日没の頃、頭弁が宣旨数枚を伝えて給わった。すぐに下給した。この中に、弾正忠斉任を尋問した日記が有った。関白が云ったことには、「検非違使に証人真信を尋問させるように」ということだ。私が云ったことには、「真信の申すところが、もし相違すれば、その日記によって、重ねて斉任を尋問しなければなりません。斉任については、検非違使庁《けびいしちょう》に於いて尋問してはなりません。やはり弾正台《だんじょうだい》が覆問《ふくもん》すべきです。真信が申すところに、もし事の疑いが有れば、拷訊《ごうじん》を加えなければなりません」ということだ。その時、検非違使庁に下して行なわせなければならないのか。そもそも、状況を経て処置するよう、伝えておいた。秋季臨時仁王会の料物《りょうもつ》は、加賀《かが》国が六月の内に進納するという官符が、今月、到来した。官符が遅れて来たので、官物《かんもつ》を新司《しんじ》（藤原師成《もろしげ》）に分付《ぶんつけ》するとのことを、前司《ぜんじ》俊平《としひら》が申し返してきた。解文と官符を、頭弁が持って来た。私が云ったことには、「新司師成は、先月に赴任し、未だ交替《こうたい》を終えていないのではないか。また、俊平が京にいて申し返した趣旨は、道理はそうであってはならない。本来ならば早く返給しなければならない。そこで内々に関白に申せ」ということだ。詞を加えて内覧を経ると、自らおっしゃられる事が有るであろうか。

十日、乙酉。　相撲人免田の課役についての愁訴／加賀国への太政官符の遅延

頭中将隆国が来て言ったことには、「国々の相撲人の免田《めんでん》の臨時《りんじ》雑役《ぞうやく》について、(県《あがたの》)為永《ためなが》が愁い申した事は、大宰権帥《だざいのごんのそち》(源道方《みちかた》)の許に示し遣わすことになりました」と云うことだ。示し遣わすよう、答えておいた。頭弁が云ったことには、「加賀国が申し返した仁王会の料米《りょうまい》について、去る夕方、関白に申しました。おっしゃられて云ったことには、『問わせるように』ということでした。すぐに貞行宿禰に問い遣わしました。申して云ったことには、『官掌《かじょう》(宗我部《そがべの》)秋時《あきとき》に給いました』と。この事に驚いて、召して問うたところ、思失《ししつ》したということを申しました」ということだ。関白に申すよう伝えた。又々、秋時の懈怠を責めるとはいっても、国司《こくし》の進納を勧めるべきであろうか。そもそも、関白の決定によるべきものである。大外記文義が云ったことには、「女性の配流について、また国史にありました」ということだ。注進するよう命じた。「中将の母堂は、昨日と今日、死生《ししょう》を定めることになるということを、三人の陰陽師《おんみょうじ》が占ったところです」と云うことだ。そこで中将は、一昨日、あの家に参った。今夜、西宅に帰った。師重が云ったことには、「中将が談って云ったことには、『昨

日、急に重く悩《や》みました。今日は平復《へいふく》しました』と」と。

十一日、丙戌。　頼宗室のための修善を延行／定考／蓮の実を東宮に献上

今日は物忌である。東門を開いた。中納言が来て、考定《こうじょう》について問うた。葉子《ようし》を授けた。中将は、今日から母堂の為に修善を行なう。その料物は、我が家から送らせた。阿闍梨舜豪《しゅんごう》が、何日か、修したものである。ところが、今日の結願《けちがん》は、延行《えんこう》させたものである。浄衣《じょうえ》については、その料絹を遣わした。元から浄衣を着していた。すでにその事実が有った。そこで更に染めて調備させなかった。前の修善の壇供《だんく》は、阿闍梨と伴僧《ばんそう》四口《く》の供料《くりょう》の数によって、米二十二石余を充てて下給した。これは布施《ふせ》の他である。

十二日、丁亥。　後一条天皇、毎夜、内侍所に渡御し神鏡を拝す／定考で音楽／流人領送使に枉道宣旨を下す議／賀茂斎院の辞意

考定が行なわれた。池の蓮の実を東宮に献上した。これは中将が献上したのである。

経季が云ったことには、「夜々、主上《しゅじょう》（後一条天皇）は密々に内侍所《ないしどころ》に渡御《とぎょ》しています。賢所《かしこどころ》を拝し奉られているものです。御慎しみの御祈禱でしょうか。筵道《えんどう》を敷いています。昨日の考定は、楽が有りました」と云うことだ。相撲の楽を止めたのに、如何なものであろう。中納言が伝え送って云ったことには、「上卿の中納言（源）師房《もろふさ》が、左大弁重尹と右大弁経頼に問いました。答えて云ったことには、『理由が有る時は、音楽はありません。やはり有るべきです』ということでした。そこで音楽を挙げました」と。私の愚案《ぐあん》は、朝廷が相撲の楽を止められた。これはすでに理由が有った。左右大丞《だいじょう》（重尹・経頼）の申し行なったところは、道理が無いようなものである。また、宴座《えんのざ》は、左右大弁がこれに着した。『弁官記《べんかんき》』に云ったことには、「参議右大弁は、献盃《けんぱい》の儀を見ない」ということだ。頭弁が書状を送って云ったことには、「流人《るにん》の使は、通常の路を経ません。枉道《おうどう》宣旨を下給すべきでしょうか。経過の国々は、逓送《ていそう》を勤めないのではないでしょうか。仰せに随うことにします。今日は慎しむところが堅固《けんご》で、参りません」ということだ。報じて云ったことには、「枉道宣旨を下給しなければ、国々は逓送しないのではないか。特に先日、関白の書状に云ったことには、『隠岐使は華洛《からく》を経てはならない。便路《びんろ》を取って遣わすように』と伝え示された。もし状況に随って海路によって罷り向かうとなれば、もっとも枉道宣旨を下給しなければならない。秋に入った後は、海波が高く、配所《はいしょ》に達することは難しいのではないか」と。弁がまた、云ったことには、「関白が云ったことには、『官掌秋時は勘《かん》当《どう》されなければならない。但し米については、やはり俊平朝臣が弁備《べんび》するように』ということでした」と。一々、仰せ下した。秋時は弁解するところが無い。過状を進上させなければならない。黄昏に臨んで、中納言が来た。昨日の考定の事を談ったところ、「大雨でしたので、参入するのに方策がありませんでした。音楽はやはり有るべきであるとのことを、上卿の師房と両大弁が考えました」と。大僧正《だいそうじょう》（深覚《しんがく》）が威儀師《いぎし》聖命《せいめい》を遣わして、書状を送られた。斎院《さいいん》（選子《のぶこ》内親王）の御書状を加えてあった。辞されるとの事である。「右府（実資）に伝え示すように」ということだ。報じて云ったことには、「この事は人事《にんじ》ではありません。神明《しんめい》の御心によるべきでしょう。特に伊勢は、神事の託宣によって行なわれた事が有ります。あれこれ、申し難い頃です」と。

十三日、戊子。　**丹生・貴布禰止雨使、出立／悲田院に熟瓜を下給／相撲還饗／賀茂社に十列を奉献／祈年穀奉幣使定**

小女は西宅から帰った。春宮大夫の小女が、同車して来た。今日、止雨使を出立された〈丹生《にう》・貴布禰《きぶね》二社。使は神祇官人。〉。中納言資平が上卿を勤めた。熟瓜《ほぞち》一駄《だ》を悲田院《ひでんいん》に下給した。今日、右近衛府に於いて相撲の還饗《かえりあるじ》を給わった。官人三人の禄〈右近将監扶宣に二疋、右近将曹《うこんのしょうそう》(紀)正方《まさかた》に一疋と綿一屯、右近府生光武に一疋。〉、立合《たちあわせ》と相撲人の禄〈布引《ぬのびき》の禄を下給した。〉。相撲人の見参《げんざん》は二人、皆、勝者であった。一端《たん》を加えて下給した。謂うところの勝禄《しょうろく》である〈通例の禄は二端。一端を加えた。〉。饗料《きょうりょう》十石は、あらかじめ下給した。熟瓜六籠《かご》と魚類は、今日、下給した。中納言が黄昏に臨んで来て、云ったことには、「今日、辰剋に参入しました。巳剋に使を発遣しようと思いました。大納言斉信卿は巳剋に参入し、賀茂《かも》社の御願について行ないました。左右馬寮の十列を奉献されたことは、石清水宮と同じでした。左中弁経輔を勅使としました。次いで丹生《にう》・貴布禰《きぶね》使を発遣しました。使は神祇官人。雨脚が激しかったので、宣命《せんみょう》を内覧することができないということについて、関白の仰せが有りました。また、祈年穀使《きねんこくし》について定め申しました。陰陽寮が日時を勘申しました〈今月十七日。〉」と。

十四日、己丑。　大宰府、宇佐八幡宮正殿立柱上棟の日時勘申を申請／松尾・大原野社に十列を奉献

頭弁が大宰府《だざいふ》の解文を持って来た。奏聞させた。宇佐八幡宮《うさはちまんぐう》の正宮《しょうぐう》を立柱《りっちゅう》・上棟《じょうとう》すべき日時を勘申して下されたいとのことを申請している。造営を始める日時を申さなかった。そうとはいっても、その日時を加えて勘申し、下給されなければならないものである。弁が云ったことには、「関白が云ったことには、『官掌秋時は、重ねて勘当しなければならないなら、先ず過状を進上させるように』とのことでした。強姦の証人を尋問しなければならない事は、思い忘れて申しませんでした」ということだ。松尾社と大原野社に左右十列を奉献された〈松尾使は式部権大輔《しきぶのごんのたいふ》（大江）挙周《たかちか》、大原野使は左馬頭《さまのかみ》（藤原）良経《よしつね》。左右十列は、先ず松尾社に馳せ、次いで大原野社。〉。中納言が来て云ったことには、「急速の官符請印の事によって外記庁《げきちょう》に参った際、陽明門に於いて、少納言が参らないとのことを聞きました。更に内裏に参りませんでした。関白の邸第に参って、長い時間、清談しました。御幣使の故障は許してはならないとのことをおっしゃられました」と。

十五日、庚寅。　穢により石清水八幡宮放生会に奉幣しない由祓／信濃国の正税不足を別納租穀で補う／越中守計歴の可否／伊勢神宮奉幣使発遣の上卿を命じられる

暁方、茂親が申して云ったことには、「馬が東門に入り、門の南腋《みなみわき》に於いて斃《たお》れました」ということだ。簡《ふだ》を立てさせた。中将と同車して河原に出て、解除《げじょ》を行なった。穢《え》によって八幡宮《はちまんぐう》の御会に奉幣《ほうべい》しな

いことである。

紀伊守《きいのかみ》（源）良宗《よしむね》が来て云ったことには、「明日、下向します」と。穢であったので、座に着さなかった。念誦堂《ねんじゅどう》に於いて雑事を談った。頭弁が来た。念誦堂に於いて逢った。座に着さなかった。信濃国の解《げ》を下した〈正税《しょうぜい》の例用《れいよう》の不足を、別納租穀《べつのうそこく》の内で充てて給う事。〉。続文《つぎぶみ》が有るので、取って見なかった。ただ宣下するよう伝えた。先日、見た文書である。弁が云ったことには、「強姦の証人について、今日、関白に伝えました。おっしゃって云ったことには、『右府の言ったとおりである。今、事情を考えると、弾正台に於いて真信を召問《しょうもん》し、もし斉任の申したところと相違すれば、対問《たいもん》の後に奏聞するように』ということでした」と。また、云ったことには、「関白が云ったことには、『越中守《えっちゅうのかみ》（高階《たかしなの》）業《なり》敏《とし》が計歴《けいれき》を申請した。装束假《しょうぞくか》や行程が明年に及べば、計歴を許される。ところが近代の頃は、明年に及ばないとはいっても、裁許《さいきょ》した例は有るのか。業敏は九月に任じられた。翌年に任符《にんぷ》を下給する。且つは前例を勘申させ、且つは右府に問うように』ということでした」と。報じて云ったことには、「装束假や行程が明年に及ばない計歴の輩は、その例が無いわけではありません。慣例を勘申されて行なわれるべきでしょう」と。また、云ったことには、「『伊勢の宣命について、右府が上卿を勤めるように。穢を過ぎた後、宣旨を下さなければならない』と」と。行歩は堪え難い。神祇官に於いて行なうことになるのならば、輦車《てぐるま》に乗って内裏に参らなければならない。宣命を奏上した後、輦車に乗って神祇官に向かわなければならない。宣命は先んじる日に内記《ないき》に下給し、神祇官に遣わさなければばならない。次いで参るべきである。宣命を持つ内記が輦車に従うのは、便宜が無いであろう。そこで考えたものである。その時に臨んで、又々、思慮しなければならない。小安殿《しょうあんでん》を修理している間、度々、神祇官に於いて諸社使《しょしゃし》を発遣された。

十六日、辛卯。　興福寺別当、甘瓜を送る／信濃勅旨牧駒牽

山階《やましな》（興福寺）別当《べっとう》（扶公）の甘瓜《あまうり》の使に少禄を下給した。しばしば分けて送ることが有った。今回は格別な志が有るようなものである。その味は甚だ美味であるからである。「信濃の御駒牽《こまひき》は、左衛門陣《さえもんのじん》に饗饌《きょうせん》を設備した」と云うことだ。

十七日、壬辰。　祈年穀奉幣使、発遣／平野・祇園・北野社に十列を奉献／相通夫妻の逮捕を宣旨で命じる／駒牽の左衛門陣の饗饌の議

今日、祈年穀使を出立された〈二十一社。〉。中納言資平が上卿を勤めた。伝え送って云ったことには、「定剋に発遣しました〈午剋。〉」と。来るという書状が有った。私が報じて云ったことには、「神事を行なう人は、当日、穢に触れてはならない。明日、来るように」と。大外記文義が云ったことには、「祈年穀使を出立されました。その後、平野・祇園・北野使を出立されました。左右馬寮の十列を奉献されました。使は三人でした〈平野社は兵部大輔《ひょうぶのたいふ》（源）師良《もろよし》、祇園社は右近少将《うこんのしょうしょう》（藤原）行経《ゆきつね》［四位。］、北野社は左近少将《さこんのしょうしょう》（藤原）資房《すけふさ》［四位。］。〉」と。また、云ったことには、「相通および妻を搦めて保護するようにとの宣旨を、伊勢国使の使部《しぶ》に下給しました。鈴鹿《すずか》山《やま》に於いて相通に逢い、搦め執って随身し、国司に引き渡しました。国司は宣旨に驚き、妻を捜し取って、これを保護して確保させました。返解《へんげ》の文は、ただ今、使部が貞行宿禰に託しました。上下の者が云ったことには、『もし守護《しゅご》せよとの宣旨を下給されなければ、必ず逃げ隠れることが有ったのではないか。宣旨を下給した事は、感心し申したことは極まり無い』と」と。私が答えて云ったことには、「私の智慮《ちりょ》ではない。神力《じんりき》の致したところであるだけである」と。また、云ったことには、「昨日の駒牽の左衛門陣の饗饌は、上卿の師房が、外記と史の座を改め直させました。連座《れんざ》を改めて、横切《よこぎり》の座を敷きました。座席は少なく、狭いものでした。ただ三、四人が着すことができました。また便宜がありませんでした。そこで座に着さずに退出しました。延喜《えんぎ》以後の外記《げき》局日記《きょくにっき》に見えるところは、初めのように座を敷いています。ところが、改め直されたというのは、未だその理由がわかりません。大夫外記《たいふのげき》と史は、今となっては参入するわけにはいかないとのことを、申したものです」と。私が云ったことには、「先年、故帥《こそち》(藤原)伊周《これちか》が、座席を改め直させた。太政官《だいじょうかん》の上官《じょうかん》は、申すところが有って、座に着さなかった。ほのかに覚えているものである。正暦《しょうりゃく》年中だったであろうか」と。外記局日記を見るよう、命じておいた。暦記《りゃくき》を引《いん》見《けん》すると、「正暦四年、伊周が行なったところ。同五年、(藤原)済時《なりとき》卿は年来の例によって座を敷かせた。外記と史は、首を挙げて座に着した」と云うことだ。

十八日、癸巳。　相通夫妻領送使、逗留／頼宗一家、九条第に宿す

今日、中将の母堂の修善法《しゅぜんほう》が結願した。布施を下給した。中納言が来て、駒牽および雑事を談った〈師房卿が、左衛門陣の外記と史の座を改め敷いた。「左右大弁が響応《きょうおう》した」と云うことだ。未だその是であることを知らない。〉。頭弁が関白の御書状を伝えて云ったことには、「『配流の使は逗留している』と云うことだ。早く請け取って配所に向かうよう命じるように」ということだ。「また託宣が有った」と云うことだ。宣下するよう命じておいた。或いは云ったことには、「去る十六日、使は罷り下った」と云うことだ。懈怠はもっとも甚しい。驚き怪しんだことは少なくなかった。伊勢国に遣わす使部が、昨日、帰って来たとのことは、大外記文義が申したところである。頭弁に問うたところ、「未だ事情を承っていません」ということだ。

「畳を持って九条家《くじょうけ》に宿している。一家を挙げて逍遥《しょうよう》している」と云うことだ。

十九日、甲午。　再び伊勢荒祭宮の託宣

右馬頭《うまのかみ》（源）守隆《もりたか》が密談して云ったことには、「また伊勢の託宣が有りました。『「風雨や雷電は、初回と同じである。相通の女および従類《じゅうるい》は、追い出された。また、祭主輔親は託宣の趣旨を漏らしたとのことで、勘当された」と云うことだ。諸卿がこの事を定めていた夜の雷電と大雨は、吾（荒祭神）が行なったものである』と。世間の事もおっしゃられましたが、忌諱《きき》が有ったので、詳しくは申しません」と云うことだ。もしかしたら、そうあるような事であろうか。この間の事は、恐懼《きょうく》が最も多かった。薄氷《はくひょう》を履《ふ》むようなものである。

二十日、乙未。　相通についての伊勢返解使使部の報告／再度の託宣

貞行宿禰が云ったことには、「伊勢の返解使《へんげし》の使部が申して云ったことには、『流人相通は、近江《おうみ》国の頓宮《とんぐう》で会ったところ、逃げ隠れる様子を見ました。搦め執ってこれを問うたところ、「相通」と申しました。そこで随身して、伊勢《いせ》国司(橘行貞《ゆきさだ》)に預けました。国司は宣旨を開き見て、すぐに妻の小忌古曽を捜し遣わしました。搦め取って、率いて来ました。子の童一人〈十余歳。〉を随身していました。相通は妻子と一緒に、十余人で守護させています』と云うことでした」と。頭弁が関白の御書状を伝えて云ったことには、「二十五日の伊勢使は、もしかしたら上卿を勤めることができるであろうか」と。私が答えて云ったことには、「行歩が堪え難く、進退《しんたい》は難儀《なんぎ》しています。八省院に参る距離は、はなはだ遼遠です。但し小安殿を修理している間は、度々の奉幣使《ほうべいし》は神祇官から発遣されています。その距離は幾くもありません。そこで便宜が有りますので、承って行ないます。但し宣命を筆削《ひっさく》する内記が伺候していません。少内記国任は、未だ練習していないのでしょうか。大内記孝親朝臣は南山に参り、二十二日に御燈《ごとう》を奉献します。罷り帰る時期は、未だ何日かを知りません」ということだ。大内記を経た者は、(菅原)忠貞《ただざだ》と(藤原)義忠《よしただ》である。義忠は東宮学士《とうぐうがくし》であり、頗る便宜が無いか。忠貞が宜しいか、如何であろう。また、宣命の趣旨は、確かに承らなければならない。託宣については、すべてを宣命に載せることは難しいであろうか。そもそも、「皇太神《すめおおかみ》が伝宣《でんせん》したことを荒祭《あらまつりの》大神《おおみかみ》が託宣した」と載せるべきであろうか。この間の事は、又々、承らなければならない事が多い。詳しくは記さない。すぐに帰り参った。黄昏に臨んで、来て云ったことには、「今日は堅固の御物忌です。ところが、召し入れられ、この事を談られて云ったことには、『義忠は便宜が無い。ただそうあるべき様に思量するように。宣命の趣旨は、事の趣旨を漏らさず、簡要《かんよう》を取って載せるべきか。そもそもまた、重ねて託宣が有った。斎宮から記し送った仮名《かな》の記に加えたことには、「相通は伊豆に流すよう、輔親に命じた。ところが、その事を申さなかった。勘当はもっとも重い。早く佐渡を改めて伊豆に流すように」ということだ。これを如何しよう』と」と。私が答えて云ったことには、「配流については、ただ託宣によって行なわれたものです。神宣に任せて、伊豆国に改めて遣わされるのは、まったく何事が有るでしょう。それならば、先ず宣旨を領送使《りょうそうし》の所に遣わし、伊勢国外に留めて、後の官符に随うよう命じるべきでしょうか」と。弁が云ったことには、「宣旨を遣わす事は、関白が宣したものです。宣旨を作成される日は、今日は復日、明日は御衰日です。衰日は必ずしも忌避《きひ》することもないのでしょうか。仁王会の日は如何でしょう」ということだ。私が答えて云ったことには、「御衰日は、皆、これは同じく忌まれる日である。仁王会の日に結政の請印を行なわれるのは、覚えていないものである。二十三日に行なわれては如何であろう。あれこれ、命に従うこととする」と。中納言が地上に坐って雑事を談った。「展転《てんてん》の穢が有るからです」ということだ。中納言と頭弁は、堂前《どうぜん》に於いて逢っただけである。夜に入って、頭弁が帰って来た。関白の書状を伝えて云ったことには、「『天平年中、宇佐宮《うさぐう》の御託宣によって配流された者がいた』と云うことだ。国史にあるのか。また、仁王会の日に結政所《かたなしどころ》の請印を行なう事は、先例を改めて勘申するように。また、相通は、伊勢の国境を出て、しばらく逗留している。後の官符に随って伊豆国に流すよう、まずは宣旨を領送使に下給するように」ということだ。宣下しておいた。但し宇佐宮の託宣については、文義朝臣に命じて勘申させなければならない。また、仁王会の日の結政所の請印の例を、同じく勘申させなければならないのである。頭弁が云ったことには、「関白が密談して云ったことには、『斎宮から伝え送って云ったことには、「今回の託宣に云ったことには、『陣定《じんのさだめ》の日の大雨や雷電は、議定を聴く為に、陣座の辺りに臨み向かった』ということです」と』と」と。極めて恐怖しなければならない。

二十一日、丙申。　仁王会検校について

仁王会の日・季《きの》御《み》読経始《どきょうはじめ》の日に結政所の請印を行なった例を、文義に問うた。見えるところは無いとのことを申した。そこで明後日に行なうよう命じた。また、左大史と少納言を早く参らせる事を、文義に命じた。貞行を召して、事情を伝えた。これは官符についてである。頭弁が弾正忠斉任の日記を伝えてきた。「証人真信を尋問しなければならない。申すところに、もし相違が有れば、対問するように」ということだ。弁が云ったことには、「右大弁が検校です。ところが、伊勢使であるので、仏《ぶつ》事《じ》に預かりません。そこで事情を関白に申しました。おっしゃって云ったことには、『役の遠い宰相をその替わりとせよ』ということでした。誰を替わりとしますか」ということだ。私が答えて云ったことには、「このような事は、多くはこれは大弁の役である。左大弁が宜しいであろう」と。仁王会の日の結政所の請印は、見えるところは無いとのことについて、文義が申したことを、頭弁に伝えて

おいた。昨日、兵部権大輔《ひょうぶのごんのたいふ》忠貞を呼び遣わした。今朝、来た。内々に二十五日の宣命について命じておいた。大内記を経た者である。少内記国任が、昨年の宣命を大外記文義の許から捜し取って、持って来た。すぐに忠貞の許に遣わした。

二十二日、丁酉。　**大極殿百高座仁王会**

今日、大極殿百高座仁王会が行なわれた。行事所《ぎょうじしょ》の廻文《かいぶん》によって、加供《かぐ》を行なった〈僧綱《そうごう》一口、凡僧《ぼんそう》六口。〉。参入しなかった。

二十三日、戊辰。　**託宣により相通の配所を伊豆に改めた宣旨・太政官符を下す／伊勢神宮臨時奉幣使発遣の措置／光孝天皇国忌の前斎／軒廊御卜／宣命草案**

早朝、大外記文義が来た。申して云ったことには、「二十六日は国忌《こき》です。ところが、二十五日に伊勢使が出立することになっています。散斎《あらいみ》の期間内であるので、寺に託されなければならないということを、関白に申さなければなりません。或いは内裏に還御《かんぎょ》して三日の内や、或いは神事に当たる時は、寺家《じけ》に託されます」ということだ。内裏に参った。中納言が同車した。陣座に着した後、時剋を問うたところ、「辰二剋」ということだ。これより先に、左大弁重尹が参入していた〈昨日、示し送った。〉。頭弁が勅を伝えて云ったことには、「藤原相通は遠流に処せとの託宣が有ったので、佐渡国に配流する。ところがまた、伊豆に配流せよとの託宣が有った。そこでその託宣に任せて、伊豆に遣わすことにする」ということだ。官符を作成する事を、同じ弁に命じた。弁が云ったことには、「官符の他に、宣旨を領送使に遣わすべきでしょうか。先日の宣旨が有ったからです」ということだ。私が答えて云ったことには、「官符に副えて宣旨を下給するのは、何事が有るであろう」と。私は南座に着した。次いで大弁が座に着した。中納言が座に着した。官符を承るよう命じた。すぐに外記成経《なりつね》が、これを進上した。見終わって、返給した。私は大弁に目くばせした。大弁は座を起った。敷政門を出て、温明殿《うんめいでん》の壇を経〈雨儀。〉、結政所に向かい、官符に請印させた。終わって、和徳門から帰り参った。頭弁が伊勢の宣命の趣旨を伝え仰せた。これは先日、内々に承ったものである。二十五日の伊勢使発遣の陰陽寮の日時勘文〈時剋は巳・酉剋。〉を下給した。同じ弁に下給した。束ね申した。私が云ったことには、「御幣《ごへい》請印の奏は、持って来てはならないということを、行事の蔵人《くろうど》に伝えるように」と。そこで受け取って宣下するよう、頭弁に命じた。但し目録を書かせて送らなければならないのである。弁が仰せを伝えて云ったことには、「二十六日の国忌は、二十五日の奉幣の前斎《ぜんさい》の期間内にある。寺に託すように」ということだ。そこで同じ弁に命じた。大外記文義を召して、これを伝えた。中納言が軒廊《こんろう》の御卜《みうら》について承った。雨が止まない事である。頭弁が関白の書状を伝えて云ったことには、「雨脚は止まない。どのような事を行なわなければならないのか」と。私が答えて云ったことには、「御占《みうら》によって、祟《たた》りが有る神社に祈禱されなければなりません」ということだ。辰四剋、退出した。兵部権大輔忠貞が、宣命の草案《そうあん》を持って来た。密々に作成させたのである。命じることのできる内記がいないからである。「大内記孝親朝臣は南山に参って、未だ帰ってこない」と云うことだ。宣命は事の趣旨に違わなかった。最も好い、最も好い。頭弁を呼び遣わした。夜に入って、来た。宣命の草案を託し、内覧させた。深夜、来て云ったことには、「関白が云ったことには、『大いに善い。もし漏れたことが有れば、明日、加えるように』ということでした」と。この他にはまた、何事を加えようか。弁が云ったことには、「主上は問われました。準備してあるということを奏上しました。召して覧て、宜しいとのことをおっしゃられました」と云うことだ。「書写《しょしゃ》して奉るよう、仰せ事が有りました」ということだ。

天皇の詔旨《おおみことらま》として、掛けまくも畏き伊勢の度会《わたらい》の五十《い》鈴《すず》の河上の下つ磐根《いわね》に大宮柱《おおみやばしら》を広く敷き立て、高天原《たかまのはら》に千木《ちぎ》を高く立てて、称辞《たたえごと》を定め奉った天照坐皇太神《あまてらすにましますすめおおかみ》の広前《ひろまえ》に、恐《かしこ》み恐みも申し賜わると申したことには、「本朝《ほんちょう》は神国《しんこく》である。中でも皇太神が特に助けて政事《まつりごと》を行なわれるものである。往《おう》聖《せい》もやはりその道を専らにした。いわんや朕（後一条天皇）の不徳であることは、ひとえに欽仰《きんぎょう》し奉るばかりである。ここに去る六月十七日、恒例の御祭であったので、斎内親王《さいないしんのう》（嫥子女王）が諸司を率い列ねて参詣して、先跡《せんせき》のとおりに供奉《ぐぶ》しようと思っていたところに、暴風・雷雨があって事毎に静まらなかった。驚き怪しんでいるうちに、斎姫は急に進退が度を失ない、意気が通常に背いて寄託《きたく》したところである。その趣旨は、『先ずは斎宮寮頭藤原相通の妻藤原小忌古曽は、この二、三年来、或いは豊受の高宮《たかのみや》のと、或いは太神《おおかみ》の宮の便宜を給わったと称して、己の意のままに、別社《べっしゃ》を構え造り、巫覡の事を偽って人々の耳目を驚かし、種々の怪しい事を狂《たわ》に致して、猥《みだ》りがわしく神事を損じている。ところがなおも所職《しょしょく》に備わって、今日も皆、具えている。これは大いなる咎《とが》である。早く祭事をも停廃《ていはい》し、また相通をも神戸《かんべ》の外に追い払うように』と宣した。これによって、夫婦共に祓を科して、払い却《しりぞ》け、祭祀《さいし》をも勤仕《ごんし》しなくなった。その間、奇異は一つではなかった。希代の事があるとお聞きになって、趣旨をも委《くわ》しくする為に、祭主正四位下行神祇《ぎょうじんぎ》伯《はく》大中臣朝臣輔親を遣わし召させたところ、斎王の悩んでいる所も未だ快くはない。また、身病であることを申して、旬までも参上しなかった。やっと参上して申させたところ、もっとも厳《おごそ》かにして、いささかも穏やかな気持ではいられず、驚きは大いにあった。誠に相通の短慮を咎められているのであると、神威《しんい》は明らかである。敬い懼《おそ》れることは、いよいよ深い。そこで託宣の趣旨に随って、更に明法家《みょうぼうか》にも勘申させずに、すぐに今月八日に、各々配流とした。夫相通をば伊豆国に、妻小忌古曽をば隠岐国に、あちこちに遠く放ち逐い、罷り遣わす。但し小忌古曽は、託宣の文に特に配流先は無かったとはいっても、御祟《たた》りの起こりはその身にあるので、深く尋ね捜して、罷り遣わされるのである。今、このことを祈り申させようと念われるものである。故にこれによって、吉日良辰《きちにちりょうしん》を択び定めて、参議正四位下行右大弁兼近江権守《おうみのごんのかみ》源朝臣経頼・従四位下昭章《あきあきら》王・中臣《なかとみ》正六位上行神祇権大副《じんぎのごんのたいふ》大中臣朝臣惟盛《これもり》を遣わして、忌部《いんべ》□□の弱肩《よわがた》に、太襁《ふとたすき》取り懸けて、礼代《いやしろ》の大幣《おおぬさ》に、金銀および唐錦《からにしき》と綾《あや》の御幣を副えて、常にも別に調備し、潔め擎《ささ》げ持たせて、出立し奉られる。皇太神は、平らけく安けく聞かれて、過ちが残らず、咎徴《きゅうちょう》が長く消えて、天皇の朝廷《みかど》を、宝位《ほうい》が動くこと無く、常磐《ときわ》・堅磐《かきわ》に、夜守《よのまもり》・日守《ひのまもり》に護り幸《さきわ》われて、一天無為《いってんぶい》に、四海静粛《しかいせいしゅく》にして、聖運《せいうん》は限り無く、内は平らかに外は威《おごそ》かに、衆庶《しゅうしょ》が歓楽《かんらく》に護り助け奉《まつ》り給えと、恐み恐みも申される」と申す。

辞別《ことわ》けて申されることには、「皇太神の重ねての託宣に、御体《ごたい》が慎しまれなければならないことを聞かれて、叡慮《えいりょ》は安んじること無く、恐み申された。また、近来、騰雲《とううん》が散じず、陰雨が晴れ難く、農圃《のうほ》収獲の人に、すでにそれが有るであろう。そこで陰陽寮に勘申させたところ、『南東の方角の大神《おおみかみ》が祟りを行なわれている』と申した。このように畏《かしこ》まりが重畳《ちょうじょう》であって、寝ても覚めても敬い懼れることは少なくない。今日、これらの畏みの為に、大神宮および豊受宮の禰宜《ねぎ》たちに各一階を加えられる。皇太神は、この状況を平らけく聞かれて、雨脚が早く止まり、豊作は思いどおりに、天皇の玉体《ぎょくたい》は安らかであって、遙かに万歳《ばんぜい》を期し、天下は静謐《せいひつ》に、万姓《ばんせい》は安穏《あんのん》である基《もとい》は、皇太神の限り無い冥助《みょうじょ》に有るのであると、恐み恐みも申される」と申す。

長元《ちょうげん》四年八月二十五日　　この辞別《ことわけ》は、当日、少内記国任に問うて記したものである。

二十四日、己亥。　宣命の草案を清書／内外宮の禰宜に加階

少内記国任を召して、明日の宣命の草案を下給した。自らの手跡《しゅせき》で書かせた。明日、草案として奏上しなければならない。緑紙《りょくし》を蔵人所に請うて、清書《せいしょ》に備えるよう命じた。使たちは外記に問うて書き入れなければならないのである。この宣命は、人に見せてはならないということを、戒め仰せておいた。外記時資《ときすけ》が、卜串《うらぐし》が揃ったということを申させた。すぐに車に乗り、西門を出て、召して見た。

時資に開かせた。乙合《おつごう》と丙合《へいごう》。不合《ふごう》は開かせなかった。乙合の昭章王を使とした。頭弁が奏文《そうぶん》および勘宣旨を持って来た〈宇佐宮造作始の日時の陰陽寮勘文・国々の司の申文《もうしぶみ》の続文・(平)正輔《まさすけ》と(平)致経《むねつね》が召し進めた従者の拷訊日記。今回は三箇度、拷訊した。承伏《しょうふく》することは無かった。官掌秋時の過状は、関白に覧せなければならない。〉。

夜に入って、頭弁が来た。関白の書状を伝えて云ったことには、「内(後一条天皇)からおっしゃられて云ったことには、『伊勢《いせ》太神宮《だいじんぐう》と豊受宮の禰宜たちに一階を加えようと思う』ということだ。承ったということを奏上させた。また、唐錦と綾を加えて奉献されなければならない。その数は、どれくらいが宜しいであろうか」と。私が申させて云ったことには、「多少は天皇の叡慮によるべきです」と。頭弁が云ったことには、「先年、奉献されたのは、その数が少ないとのことでした。そもそも、内外《ないげ》宮《くう》の禰宜の加階は、もっともそうあるべき事です。位記については急には作成することは難しいでしょうか。先ず宣命に載せられ、続いて仰せが有って、位記を下給すべきでしょう」と。内記国任を召し遣わして、先々の例を調べるよう命じた。また、大外記文義に仰せ遣わした。中納言を呼んで、故殿《こどの》(藤原実頼《さねより》)の御日記を引見させたところ、云ったことには、「天慶《てんぎょう》元年六月十三日。云々。豊受宮の禰宜神主《かんぬし》(度会《わたらいの》)晨晴《あさはる》を叙位《じょい》すべき事は、これを承った。大神宮の宣命に禰宜の叙位について載せた。辞別に入れた。内記に持たせて参上し、奏聞した。内記に返給すべき□□旧例を申して云ったことには、『大神宮の禰宜の叙位の時は、辞別の所に叙位について入れる。実はただ一紙である。豊受宮の禰宜の叙位の時は、内宮の宣命は辞別が無い。豊受宮の宣命の辞別に叙位について有る。宣命は二紙。内宮の禰宜と共に叙す時は、宣命は二紙共に辞別に叙位について載せる』と云うことだ。十四日、内裏に参った。伊勢の宣命を奏上した。旧例によって、二枚有った。また、神宮に辞別は無かった。豊受宮に禰宜の叙位について載せた。次いで位記に入眼《じゅげん》した。内侍《ないし》を介して奏上させた。これより先に、禰宜晨晴の申文を、殿下《てんが》（藤原忠平《ただひら》）から給わった。『内記が奏上した』と云うことだ。位記を下給する度に、宣命が二枚なければならない。近きを以て□べきか。今日、御念誦《ねんじゅ》は行なわれなかった。今日の分は、昨日、行なわれた」と云うことだ。

二十五日、庚子。　内外宮の禰宜の加階の手続きを協議／三度目の託宣／頼通、宣命草に疑義／伊勢神宮臨時奉幣使発遣

早朝、文義朝臣が、伊勢内外宮の禰宜たちの叙位の日記を持って来た。私はすぐに内裏に参った〈卯二剋。〉。これより先に、右大弁経頼が参入していた。関白の御直廬《じきろ》にいた。頭弁が神祇官に於いて、御幣を包む事を行なった。終わったら早く参るよう、使に命じて仰せ遣わした。頭中将隆国に申させた。夜分、頭弁が仰せを伝えて云ったことには、「唐錦と綾の数は、宣命に載せるように。また、内外宮の禰宜たちの叙位についても、同じく載せるように」ということだ。私が答えて云ったことには、「今日、位記を作成してはならない。ただ先ず宣命に載せるように。特に輔親朝臣は、未だ内外宮の禰宜の位階および夾名《きょうみょう》を注進してこない」と。夜分、経任朝臣に伝えておいた。文義が申して云った

ことには、「前々は、確かにはその位記を尋ね問われませんでした。ただ、漏れた者たちが有れば、後日、愁い申しました。やはり能く注進された後、位記を作成されるべきでしょう」ということだ。また、来月十一日に奉幣使を発遣する時、この位記を託して遣わされるのが宜しいであろうか。また、前例はこのようである。関白が云ったことには、「今回の宣命は、先ずただ、内外宮の禰宜の叙位について載せている。位記については、来月十一日の使に託して遣わすべきである。『前々は、既にこのようなことが有った』と云うことだ。また、重ねて託宣が有った。『主上は慎しまれなければならない』と云うことだ。辞別の所に載せるように」と。また、云ったことには、「何日か、大雨が頻りに降っている。事の祟りが有るようなものである。そこで陰陽寮に占わせた。申して云ったことには、『南東の方角の大神が御祟りを示して降したとのことだ』と。同じく辞別に載せるように。また、内外宮の禰宜の叙位について載せるように」ということだ。事の趣旨を内記国任に伝えた。しばらくして、宣命の草案を奉った。本来ならば御所に進んで奏上させなければならない。ところが、行歩は穏やかではない。陣座に於いて頭中将隆国に託し、先ず内覧を経て奏上するよう、伝えておいた。宣命の草案を返給された。関白が云ったことには、「唐錦と綾の御幣を宣命に載せている。また、辞別の所に『唐錦と綾若干』と有る。両所に記し載せるのは如何なものか」と。答えたことには、「御幣の他に錦と綾を奉献される仰せを承りました。そこで両所に載せました。頗る事の疑いが有ります。今、この命が有りました。辞別の錦と綾は止めるべきでしょう。但し宣命に『錦と綾の御幣』と申し載せ、更に疋数を載せてはなりません」と。おっしゃられて云ったことには、「伝えたことによれば、疋数を載せてはならない。ただ辞別の所の錦と綾を止めるように。また、草案を奏上してはならない。清書を奏上するように」と。すぐに承ったということを報じた。通例の御幣や錦と綾の御幣の疋数は、別に記し渡す文を副えるのが通例である。更に宣命に載せてはならない。頭中将は、事情に詳しくはないのであろうか。頭弁が神祇官から参入した。御幣について伝えさせた。関白は意を得た。初め頭中将は、事の意味を得ずに伝え仰せたものか。頭弁が云ったことには、「祭主輔親が、内外宮の禰宜たちの夾名二十四人〈内宮十二人、外宮十二人。〉を注進しました。また、三位に叙されたいとの申文を進上しました」ということだ。私が答えて云ったことには、「禰宜たちの夾名と本位《ほんい》は、確かに記し申したのか」と。又々、能く問うて進上するよう命じた。夾名を見なかった。また、三品《さんぼん》を申請した申文も見なかった。ただ関白に申せば、自ずからおっしゃられる事が有るであろう。右大弁は仗座《じょうのざ》にいた。頭弁が云ったことには、「輔親の申文は、汝に見せましょうか。もしかしたら云うことが有るでしょうか」ということだ。事情を告げたとはいっても、あれこれの報は無かった。ただ申すということを伝えた。その他は何も無かった。また、云ったことには、「もし許容が有れば、宣命に載せるべきでしょうか。清書を奏上される時、参上なさってください」ということだ。三品について聞き合わされるべきであろうか。参るということを報じた。「殿上間《てんじょうのま》に伺候されている」と云うことだ。内記国任が、宣命の清書を進上した。見終わって、返給した〈内外宮に、各々、宣命が有るべきである。故殿の天慶元年の御記《ぎょき》に見える。ところが、近代の例によって、一枚を奏上した。大略は、頭中将に先ず伝えておいた。〉。私は階下《かいか》を経て射場《いば》に進み、頭中将隆国に託した。関白は殿上間に伺候されていた。先ず内覧させた。小臣《しょうしん》(実資)は殿上間に昇り、関白に拝謁した。先ず輔親の申請した三品について伝えられた。私が答えて云ったことには、「叡慮によるべきでしょう。神意《しんい》は知り難いものです」と。報じられて云ったことには、「非難する者、非難しない者に分かれるであろうか。抽賞《ちゅうしょう》が無いことを難点としてはならない」ということだ。また、云ったことには、「もし叙すことになれば、宣命に載せるべきであろうか」と。私が報じて云ったことには、「必ず叙すというのならば、禰宜の位記の次いでに作成されるべきでしょうか」と。関白は感心した。私が心中に思ったところは、「託宣については、漏らし申したことが有る」と云うことだ。「神の咎が有るのではないか」と云うことだ。また、後の託宣によって配流を改められた。これはもっとも某(輔親)の咎である。どうして抽賞が有るのであろうか。ところが、口を閉じて答えなかった。追って進上させるのであろう。頭弁が云ったことには、「昭章王は、乗物が無いとのことを申しています」ということだ。私は弁に目くばせした。意向を得て、関白に申したところ、云ったことには、「下給するように」ということだ。私が仰せを伝えた。馬寮の御馬を下給するよう、まずは命じたものである。外記を介して召し仰させるのが通例である。但し弁官《べんかん》に命じるのが、難点が無いであろうばかりである。頭中将が宣命を返給した。内記を小板敷《こいたじき》の下に召して、これを給わった。主上は紫宸殿に出御《しゅつぎょ》しようとしていた。また、時剋が過ぎようとしていた〈巳四剋。〉。そこで座を起って、仗座に復した。内記が宣命を進上した。取らなかった。おっしゃって云ったことには、「太政官の上官たちと一緒に、先に神祇官に向かうように。本来ならば上卿に従わなければならない。ところが、輦車に乗って神祇官に向かうのは、便宜が無いであろう。宣命を持つ者が輦車に従うのは、事の憚りが有る。そこで先立って、あの官に向かい、上卿の参着を待つように」と。また、頭弁に伝えておいた。「これより先に、右大弁が神祇官に参りました」と云うことだ。主上は紫宸殿に出御した。御拝《ぎょはい》を行なうのであろうか。小臣は和徳門から出て、内侍所の辺りを徘徊した。この間、ただ太政官の上官たちを退出させた。その後、左兵衛陣《さひょうえのじん》に到り、随身に太政官の上官たちを見させた。「漸く中務省《なかつかさしょう》の東に到りました」ということだ。そこで漸く歩行した間に、思慮したことには、春華門に於いて輦車に乗るのは、御拝の間、極めて恐れ憚ることが多い。輦車を引かせて、元の東宮の南西に到る間に、太政官の上官たちは南行して東に折れた〈郁芳門《いくほうもん》大路。〉。この頃、車に乗った。待賢門に於いて車を乗り移り、郁芳《いくほう》門に到った。神祇官の北門の外の東西に幔《まん》を立て、東西の腋《わき》に畳を敷いた〈東腋の座、弁・少納言の座。〉。郁芳門から神祇官の北門まで、新たに路を造り、砂を敷いた。弁・少納言・外記・史は、門の西の辺りに列立《れつりつ》した。弁・少納言は、外記・史の前に列した〈北を上座《じょうざ》として東面した。〉。私は衣尻《ころもじり》を垂らし、摺って門に入った。西腋の座に着した〈東西に膝突・畳、南に壇。〉。これより先に、右大弁が門の東腋の座に着した。私の前に式筥《しきばこ》を置いた。召《めし》使《つかい》に内記を召させた。内記が参入した。宣命を奉るよう命じた。すぐに進上した。召使に命じて外記を召した。少外記相親が参入した。王・中臣・忌部が参っているかどうかを問うた。申して云ったことには、「皆、参入しています」ということだ。御幣を下給するよう命じさせた。重ねて召使に命じて見させた。申して云ったことには、「御幣を給わって、退出しました」ということだ。私は右大弁に目くばせした。私の前に進んで坐った。宣命を取って、大弁に授けた。大弁は宣命を受け、起って出た。御幣使が郁芳門から出た後、弁以下が列立したことは、初めのとおりであった。但し南を上座として東面した。私は揖礼《ゆうれい》して出た。弁以下が従って、門下に留まり立った。私は立ち留まり、西向きに揖礼した。弁・少納言・外記・史が、門を出た。天は晴れて和暖《わだん》し、すでに雨気は無かった。もしかしたらこれは神感《しんかん》か。弾正忠斉任を勘問した日記を、弾正少弼定義に返給した。真信を尋問し、相違する事が有れば、また斉任を対問し、その勘問日記を奏上するよう、伝え仰せておいた。

二十六日、辛丑。　**光孝天皇国忌／輔親の三位申請について頼通に意見／頼通に夢告を伝える／立野御馬逗留解文**

今日は国忌である。昨日の斎《いみ》の内であったので、寺家に託された。そのことは二十三日の記に見える。祭主輔親が三位を申請した事は、未だその例はない。昨日、関白が思慮されたのに、下官(実資)はあれこれを答えなかった。やはり愚慮を廻らすと、伊勢皇太神の定によるべきである。人間の定で決してはならない。託宣について早く申さず、二度、喚しを蒙《こうむ》って、やっと参上した。大神の御心に背くのではないか。ところが、急に例の無い三品に抽叙《ちゅうじょ》するのは、如何であろう。大神が悦ばれるのであれば、上げ叙されるのがもっとも佳《よ》いであろう。そうでなければ怖畏が有るであろう。主上および関白は、御心中に大神に祈り申され、もしくは御夢告《むこく》、もしくは御心中に叙すことのできる道理を思われることができれば、これを神慮《しんりよ》の許容と知るべきである。諸卿に下して定められるのは、甚だ汎愛《はんあい》なのではないだろうか。このような事は、叡慮から出なければならない。また、昨日の神事は、事の妨げが無いとのこと、また輦車を元の東宮の南辺りに曳かせて乗るなどの事は、中納言が事の次いでに及んで、関白に伝えた。今朝、私が談ったところ、且つ今朝に夢想《むそう》が有ったことを、同じく漏らし伝えるよう、来て伝えた。関白が云ったことには、「三品については、汝の考えが当たっている。主上が許し申された。御夢想は、もしかしたら御心に思われた事は、もっともそうあるべきである。今から祈り申さなければならない。諸卿に下して定めるのは、そうあってはならない事は、まことに汎愛と称さなければならない。汝の伝えたところによるべきであろう」ということだ。また、云ったことには、「昨日の神事を行なわれた様子が、威儀《いぎ》が有ったとのことは、承って悦んだことは少なくない。一つは神明を敬われている。一つは旧儀《きゆうぎ》を継いで処断《しよだん》された。一つは自らの御身の為に先祖の跡を行なわれた。あれこれ、はなはだ感心し申した〈故殿は、天暦《てんりやく》七・八年、神祇官に於いて、九月十一日の御幣使の上卿を勤められた。〉。すでに八十余年に及ぶ。輦車を遠処に引いて、これに乗った。そうあるべき事である。また、御夢は、主上と汝が、共に久しくあるであろうという夢想である」ということだ。念誦堂に於いて、修善の後加持《ごかじ》を受けた。その後、中納言が来て談ったのである。備前守《びぜんのかみ》(源)長経《ながつね》が来て云ったことには、「先日、入京しました」と。前美作守《さきのみまさかのかみ》(源)保任《やすとう》が来て云ったことには、「差文《さしぶみ》は二通です。ところが、もう一通には、新司(藤原資頼《すけより》)の名がありません。これを如何しましょう」と。中納言に資頼の名を書かせた。「女院《にょういん》(藤原彰子《あきこ》)は、来月二十八日に四天王寺《してんのうじ》に参られることになりました。今日、その定が有りました」と云うことだ。左中弁経輔が、立野牧《たてののまき》の御馬逗留の解文を持って来た。奏上させた。但し逢わなかった。

二十七日、壬寅。　**宇佐宮造作始日時勘文／小安殿修復の役夫を左右京に課す／巽方の神社を実検／祇園社四至内に死人あり**

頭弁が、陰陽寮が勘申した宇佐宮造作始の日時勘文を持って来た。早く奏聞を経て官符を賜うよう、示し伝えた。また、造八省所《ぞうはっしょうしょ》が申請した小安殿の瓦を葺《ふ》く役夫《えきふ》五百人を、左右京〈左京が三百人、右京が二百人。〉に召し使わせ、五日の内に役を終えるようにとの仰せは、奏聞の後、宣旨を京職に下給する事を伝えた。今朝、貞行宿禰が云ったことには、「御占によって検非違使を指名し、方角に当たる神社に遣わして実検《じっけん》させます。(平)時通《ときみち》が南東の方角の神社に罷り向かいました。祇園社の四至《しし》の中、二箇処に死人を置いてありました。鴨《かも》河の東は四至の内です」と云うことだ。

二十八日、癸卯。　**稲荷・春日社に十列を奉献／丹生・貴布禰社に止雨使を発遣／病者・窮者に施行／牛童従者を宥免**

今日、御願の稲荷・春日使を発遣された。左右馬寮の十列を奉献された〈稲荷使は内蔵頭《くらのかみ》(藤原)師経《もろつね》、春日使は左近少将経季。〉。止雨使を出立された〈丹生《にう》・貴布禰《きぶね》社。使は蔵人。〉。御願の両社の使は、民部卿斉信が上卿を勤めた。止雨使については、中納言資平が上卿を勤めた。厩《うまや》の馬を経季に貸した。悲田院および鴨河堤の病者や窮者《きゅうしゃ》たちに少し米を下給させた。また、革堂《こうどう》〈行願寺《ぎょうがんじ》〉の盲者《もうしゃ》二人〈□□□一人、□□一人。〉に、各々、斗米を下給させた。またまた窮困《きゅうこん》している者を調べて下給することとする。牛童三郎丸の従者の童は、何日か、獄に下していた。今日、師重に命じて検非違使別当に示し遣わし、免させた。

二十九日、甲辰。　正輔・致経の合戦の文書／正輔・致経従者の宥免を進言／内外宮禰宜の夾名進上を命じる／源頼親に濫行の下手人召進を命じる

念誦堂にいた間に、頭弁が来て、宣旨を下した中に、三局の史生の宣旨《ししょう》〈大膳職《だいぜんしき》が申請した左弁官《さべんかん》の史生、主税寮《しゅぜいりょう》が申請した同じ史生。一人の欠が有る。申請によることになった。〉・下野《しもつけ》国の解〈続文が有った。申請によることになった。〉が有った。正輔と致経の合戦については、諸卿が定め申さなければならないのである。度々、正輔と致経の召し進めた従者を勘問した日記や、正輔と致経の進上した調度文書《ちょうど》に、伊勢国の解文を副えて下された。また、関白の書状に云ったことには、「正輔と致経の従者は、三度、拷《ごう》掠《りゃく》したが、承伏することが無い。拷数《ごうすう》を究めてしまった。どの様に行なわれるべきであろうか」と。私が報じて云ったことには、「拷数が満ちた後は、重ねて行なわれる法は無いでしょう。今となっては、原免《げんめん》されるべきでしょうか」と。祭主輔親が来た。頭弁が云ったことには、「内外宮の禰宜たちの位階と夾名を問い遣わしたところ、来ているであろうということを申した。罷り逢って問うように」ということだ。すぐに来た。禰宜たちについて問うたところ、云ったことには、「十一日に罷り下り、確かに注進することにします」ということだ。初めに注進した夾名と位階は、いい加減なようなものである。この位記は、来月上旬の間に作成させて、十一日の奉幣使に託して遣わさなければならないのである。今月の内に馳せ遣わすよう命じた。また、云ったことには、「見参をお願いしたいのですが」ということだ。答えて云ったことには、「いささか仏事を修し、念誦堂に蟄籠《ちつろう》している」と。今日と明日を過ぎて来るよう、頭弁を介して伝えさせた。念仏《ねんぶつ》や読経の間であったので、蟄籠していることを称しただけである。頭弁が云ったことには、「関白が云ったことには、『大和守《やまとのかみ》(源)頼親《よりちか》は、未だ先日の濫行《らんぎょう》の下手人を召し進めていない。先ず典薬允《てんやくのじょう》致親を召し進めさせるように』と。この下手人を召し進めなければ、国司を罷免《ひめん》させるとのことでした」ということだ。すぐに宣下しておいた。

三十日、乙巳。　**無量義経講釈**

惟命《いみょう》が無量義経《むりょうぎきょう》を釈し奉った。聴聞《ちょうもん》した人々が随喜《ずいき》したことは、極まり無かった。中納言・頭弁経任・経季が来聴《らいちょう》した。この他、四位三人〈守隆・義忠・(菅野)敦頼《あつより》。〉、五品《ごほん》は云々。「三位中将《さんみちゅうじょう》(兼頼)は、服薬《ふくやく》によって、廊の簾中《れんちゅう》に於いて聴聞した」と云うことだ。

○九月

一日、丙午。　河臨祓

河頭《かわのほとり》に出て、解除《げじょ》を行なった。

二日、丁未。　鎌倉聖供養／彰子御幸の準備／過差を非難／伊勢両宮禰宜の夾名到着の時期

十五箇日、鎌倉聖《かまくらひじり》（真等《しんとう》）を供養《くよう》する。正・五・九月の通常の事である。中納言《ちゅうなごん》（藤原資平《すけひら》）が来て云ったことには、「女院《にょういん》（藤原彰子《あきこ》）が石清水宮《いわしみずぐう》・四天王寺《してんのうじ》・住吉《すみよし》社に参られる御船、女房《にょうぼう》・上達部《かんだちめ》・殿上人《てんじょうびと》の舟は、諸国司《こくし》に命じました。上下の饗饌《きょうせん》・屯食《とんじき》・仮屋《かりや》も、同じく奉仕します。美作《みまさか》は十月二日の饗饌を奉仕することになりました。『望むことには二百前《ぜん》ほど、準備するように』と云うことでした。紀伊《きい》国司（源良宗《よしむね》）は、仮屋五宇《う》を舗設《ふせつ》・室礼《しつらい》します。国司に告げました。今日、（源）保任《やすとう》が言ったところです」と。これは中納言が伝え談った。「女院別当《にょういんべっとう》（藤原）季任《すえとう》が、（中原）師重《もろしげ》に逢いました」と云うことだ。「播磨《はりま》国司（藤原資業《すけなり》）は御舟について奉仕することになっていました。□□□障りが□。そこで美作に改められました。あの国の弁済使《べんさいし》良時《よしとき》は、国に罷り向かいました。そこで師重に告げることになりました。あの国の事を行なっているという風聞が有ったからです。また、汝《なれ》（実資）に申させることになりました」ということだ。師重は、あの国の事に関知していない。また、承ってはならないのである。中納言を介して、季任に伝え仰せた。奇怪なことは多々である。「魚類の饗宴」と云うことだ。尼（彰子）の御物詣《ものもうで》に、魚類の饗宴は如何なものか。息災滅罪《そくさいめつざい》の事ではない。特に伊勢大神《いせのおおみかみ》の託宣《たくせん》が有ったので、非常の過差《かさ》を行なうのは、慎しみ恐れる御心が無いようなものである。「上東門院《じょうとうもんいん》主典代《さかんだい》□□が、書状を師重に預けました。あの国の事は関知していないということを答えました」と云うことだ。「御供の人々の装束《しょうぞく》は、日に随い、色を替えて折花《せっか》を挿すよう、関白《かんぱく》（藤原頼通《よりみち》）の命が有りました」と云うことだ。現在と後代の人で、目が有り耳が有る徒《ともがら》は、如何□□□□。奇である、怪である。頭弁《とうのべん》（藤原経任《つねとう》）が来て云ったことには、「伊勢《いせ》両宮の禰宜《ねぎ》の夾名《きょうみょう》について、（大中臣《おおなかとみの》）輔親《すけちか》朝臣《あそん》に問いました。申して云ったことには、『七・八日の頃に来着《らいちゃく》するでしょう』ということでした」と。

三日、戊申。八橋野牧、馬を牽進／荒祭明神について

伯耆《ほうき》の八橋野牧《やはしのまき》が、駒五疋を牽いてきた。馬を人々〈西宅の（藤原）為資《ためすけ》朝臣・（源）知通《ともみち》朝臣・（秦《はたの》）茂親《しげちか》、随《ずい》身《じん》（秦）吉正《よしまさ》。三位中将《さんみちゅうじょう》（藤原兼頼《かねより》）に給わったものである。〉に下給した。中納言が来て云ったことには、「関白に拝謁し奉りました。院（彰子）の御物詣の他に、他の事はありませんでした」と。祭主《さいしゅ》輔親が来た。託宣について談ったのである。申して云ったことには、「荒祭明神《あらまつりみょうじん》と云うのは、伊勢大神の荒《あら》魂《みたま》です。そこで荒祭と云います」ということだ。未だ承ったことのない事である。託宣の次いでにおっしゃられた事、□□申した事である。伊勢《いせ》勅使《ちょくし》の右大弁《うだいべん》（源経頼《つねより》）が、今日、帰り参った。

四日、己酉。豊受宮禰宜、内階に叙されることを請う／敦平親王宥免の綸旨／軽犯者の赦免

「右大弁は、昨日、帰洛《きらく》した」と云うことだ。内外宮《ないげくう》の禰宜の夾名について、試みに問い遣わした。すぐに両宮の禰宜の申文《もうしぶみ》の位階の注を送ってきた〈「内宮《ないくう》は、禰宜従四位下荒木田神主利方《あらきだのかんぬしのとしかた》・禰宜正五位下荒木田延満《のぶみつ》・禰宜従五位上荒木田重頼《しげより》・禰宜従五位上荒木田延親《のぶちか》・権禰宜《ごんのねぎ》従五位下荒木田□□・禰宜正六位上荒木田宮真《みやざね》・禰宜正六位上（荒木田）延基《のぶもと》・権禰宜正六位上荒木田行長《ゆきなが》・権禰宜正六位上荒木田延長《のぶなが》・権禰宜大物忌《おおものいみ》正六位上荒木田氏貞《うじさだ》・権禰宜大内人《おおうちびと》正六位上荒木田貞頼《さだより》・権禰宜大内人正六位上荒木田権頼《かりより》・権禰宜大内人正六位上（荒木田）忠連《ただつら》・玉串《たまぐし》大内人正六位上宇治公常光《うじのきみつねみつ》。豊受宮《とようけのみや》は、禰宜正五位下度会《わたらいの》神主氏忠《うじただ》・禰宜従五位下度会貞雄《さだお》・権禰宜従五位下度会近□・禰宜従五位下度会連信《つらのぶ》・権禰宜外従五位下度会氏守《うじもり》・（度会）利道《としみち》・（度会）輔頼《すけより》・（度会）高信《たかのぶ》・権禰宜従五位下度会忠雄《ただお》・禰宜外□□□□度会氏頼《うじより》・禰宜正六位上度会常親《つねちか》・禰宜正六位上度会通雅《みちまさ》・権禰宜正六位上度会常季《つねすえ》・権禰宜玉串大内人□六位上度会康雄《やすお》・権禰宜正六位上度会季頼《すえより》」と。〉。「豊受宮の禰宜は、内宮の例に准じて内階《ないかい》に叙されることを申請しました」と云うことだ。「内宮の禰宜が申したことには、『内外宮は差別が有ります。内階に叙してはなりません』と云うことでした」と。この文書《もんじょ》は、勅使《ちょくし》の大弁《だいべん》（経頼）の裁許《さいきょ》を請う状である。この文書を頭弁に託して、関白に伝えた。ただこの夾名を書いて、内記《ないき》に下給すべきであろうか。必ずしも奏聞《そうもん》を経ることはないのではないか。関白の指示に随って、内記に伝えるべきものである。大外記《だいげき》（小野）文義《ふみよし》を召して、この事を尋ね遣わした。初めて五位以上に叙す禰宜の歴名《れきみょう》を、文義が持って来た。内外宮の禰宜の夾名と合っている。但し六人がいない。すでに卒去した者か。また、内外宮の禰宜が申して云ったことには、「内宮の禰宜の数が少ないです。外宮《げくう》の禰宜の数は多いです。そうであってはなりません」ということだ。栄爵《えいしゃく》を給う時に臨んで、数を減じるのは、如何なものか。内宮の禰宜は、もしくは多く卒去したのか。内宮は六位の禰宜の正・権に玉串を加えた九人を注進《ちゅうしん》した。外宮は五人。そもそも、内宮の禰宜は、四位が一人、五位が四人である。外宮の禰宜は、五位が十人である。ここに知ったことには、内宮の禰宜は、卒去した者が多いのか。深夜、雷雨があった。頭弁が来て、綸旨《りんじ》を伝えて云ったことには、「式部卿《しきぶきょう》親王(敦平《あつひら》親王)は、省務《しょうむ》に従わせるように」ということだ。また、大神宮と豊受宮の禰宜の夾名を書いて下給した〈位階を記した。〉。すぐに少内記《しょうないき》(宗岳《むねおかの》)国任《くにとう》に下給し、命じて位記《いき》を作成させた。頭弁が関白の書状を伝えて云ったことには、「外宮の禰宜を内階に叙した事は、宝亀《ほうき》十一年の官符《かんぷ》にある」ということだ。勘申《かんじん》するよう□□。急に勘出《かんしゅつ》することは難しいのではないか。また、云ったことには、「唐物《からもの》を、明日、女院に遣わされることになった。また、長雨によって、軽犯《けいはん》の者を厚免《こうめん》されることになった。詳細はわからない」ということだ。私が答えて云ったことには、「検非違使《けびいし》別当《べっとう》(源朝任《あさとう》)に伝えられ、軽犯の勘文《かんもん》を進上させて、厚免されるのが通例です。疑いが有って免《ゆる》されない者は、頭に爪印《つまじるし》を付けるだけです」と。木工《もく》允《のじょう》季兼《すえかね》を召して、美作に船を作るよう命じた〈上達部。〉。

五日、庚戌。　敦平親王、省務に復帰／造八省行事所、栄爵を申請／宇佐八幡宮造営始官符に請印

式部卿親王が省務に従うとの事を、大外記文義に伝えておいた。□申して云ったことには、「宣旨《せんじ》を本省に下給することにします。また、少外記《しょうげき》(文室《ふんやの》)相親《すけちか》に命じて親王の許に遣わすべきでしょうか」と。遣わすよう命じた。相親は□問い遣わした者である。そこで他の人を遣わさなかっただけである。故殿《ことの》(藤原実頼《さねより》)の天暦《てんりゃく》十年六月十九日の御記《ぎょき》に云ったことには、「式部卿(元平《もとひら》親王)は、王氏爵《おうししゃく》が有るので、□□□□を申請した。命じたことには、『この何箇月か、公事《くじ》に従っていない。忠望王《ただもち》がすでに勘事《かんじ》を免された後に、親王が公事に従うよう、仰せ宣すように〈(藤原)元輔《もとすけ》朝臣が仰せを伝えたものである。〉』ということだ。外記《げき》(安倍)衆与《もろとも》に命じて仰せ遣わしたとのことだ。また、同親王を相撲司別《すまいのつかさべつ》当《とう》に補されたのである」と。

明後日に神人《じにん》の位記に請印《しょういん》させる事を、文義に命じた。諸官の所司《しょし》に伝えさせなければならないからである。中納言にこれを行なわせる。八日、諸卿を督促するよう命じた。(平)正輔《まさすけ》と(平)致経《むねつね》の合戦の議定《ぎじょう》によるものである。外記を親王に遣わさなければならない。通達の人を準備するよう、随身(身《む》人部《ひとべの》)信武《のぶたけ》を遣わして、密々に前左衛門督《さきのさえもんのかみ》(藤原兼隆《かねたか》)に伝えた。「返事に、感悦を再三、示していました」と云うことだ。「簾中《れんちゅう》の女たちが奔走《ほんそう》し、喜ぶ声が有りました」と云うことだ。頭弁が、造八《ぞうはっ》省院行事所《しょういんぎょうじしょ》の申請した栄爵料《えいしゃくりょう》を清原惟連《これつら》が究達《きゅうたつ》した文書を持って来た。云ったことには、「軽犯者を免じるのは、『検非違使《けびいし》類聚《るいじゅう》』に見えます。汝の説のとおりです」と。未剋の頃、文義朝臣が来て云ったことには、「今日、宇佐宮《うさぐう》の造営始の官符に請印しました。中納言資平と参議《さんぎ》朝任が参入しました」と云うことだ。文義が、豊受宮の申請した内階に叙す事について、宝亀十一年の官符を、長案《ちょうあん》について勘進《かんしん》した。

太政官《だいじょうかん》が式部省《しきぶしょう》に符《ふ》す。

伊勢大神宮《いせだいじんぐう》

度会宮《わたらいぐう》
右、右大臣(大中臣清麻呂《きよまろ》)の宣を被《こうむ》って云ったことには、「勅を承ったところ、上件の二宮の禰宜は、今から以後、宜しく十考成選《じょうせん》を改め、長上《ちょうじょう》の例に准じて、四考成選によって内位に叙すように」ということだ。符を伊勢《いせ》国および太神宮司《だいじんぐうじ》に下す。宜しく承知し、勅によって施行《しぎょう》するように。符が到れば、承って行なえ。
従五位上守右少弁《しゅうしょうべん》勲五等紀朝臣古佐美《こさみ》　右大史《うだいし》正六位上

六日、辛亥。長門守から進物／豊受宮禰宜の内階について／唐物を彰子に献上／軽犯者を赦免

去る夕方、長門守《ながとのかみ》(藤原)定雅《さだまさ》が雑物を志してきた〈大皿・提《ひさげ》・小提《こひさげ》・銚子《ちょうし》。胡籙《やなぐい》二□、小手《こて》と弦袋《つるぶくろ》を付けた。海藻、米二石。〉。早朝、少内記国任を召し遣わした。すぐに来た。明後日の大神宮と豊受宮の禰宜たちの位記について、懈怠《けたい》してはならないということを戒め仰せた。申して云ったことには、「位記は皆、作成して揃えてあります」ということだ。命じて云ったことには、「豊受宮の禰宜が申請した内階について、今のままなら先例が無いか。外記局《げききょく》の長案のようなものは、六位の位階の事である。弁《べん》官《かん》の勘文は未だ進上してこない」と。頭弁が来て云ったことには、「宝亀十一年の官符は、弁官が未だ勘文を進上してきません」と。また、云ったことには、「(小槻《おつきの》)貞行《さだゆき》に仰せ遣わすように」と。彼の申すに随って、早く奏上するよう、伝えておいた。往来に煩いが有るので、詳細は記し送るのが宜しいであろうということを、仰せ含めておいた。

□□が云ったことには、「昨日、唐物を女院に奉献《ほうけん》させました〈使は右中将《うちゅうじょう》（藤原）良頼《よしより》。〉。今日、所々に遣わすことになりました」と。（藤原）経季《つねすえ》が云ったことには、「唐物を関白に遣わすことになりました。昨日、その使を定められました」と。豊受宮の禰宜の位階について、□□に問い遣わした。報状に云ったことには、「弁官の勘文は、外記の勘文と同じでした。そこで外階《げかい》に叙すことになりました」ということだ。すぐに少内記国任に命じておいた。夜に入って、大内記《だいないき》（橘）孝親《たかちか》朝臣が来て云ったことには、「外階に叙すべきです。明日、民部卿《みんぶきょう》（藤原斉信《ただのぶ》）が民部省《みんぶしょう》に参って、位田《いでん》を充てられることになっています。そこで内裏に参ることができません。位記については、国任が承引《しょういん》しました」ということだ。外記に命じて、禰宜を外階に叙すべき事を、外記の勘文と合わせ見た。夜に入って、蔵《くろ》人頭《うどのとう》（経任）が来て云ったことには、「外宮の禰宜は外位《げい》に叙すよう、仰せ事が有りました」ということだ。造八省院行事所の申請した惟連の叙爵《じょしゃく》の文を下給した。位記を作成させるべき事を、明日、大内記孝親に命じることにした。また、云ったことには、「今日、長雨によって免された軽犯者の内、正輔と致経が召し進めた証人と称する従者を厚免しました。但し、各々の主に預け、後の召しに従うよう、関白の命が有りました」ということだ。赦免は、検非違使別当参議右兵衛督《うひょうえのかみ》朝任が上卿《しょうけい》を勧めた。また、云ったことには、「今日、唐物を処々に奉献させました。中宮使《ちゅうぐうし》は右少将《うしょうしょう》（源）定良《さだよし》、東宮使は右中将良頼〈春宮亮《とうぐうのすけ》。〉、関白使は左少将《さしょうしょう》経季」と。

七日、壬子。　内外宮禰宜の位記請印／不堪佃田申文について指示

造八省《ぞうはっしょう》・豊楽院行事所《ぶらくいんぎょうじしょ》が申請した清原惟連の栄爵の文は、大内記孝親に命じて位記を作成させた〈国用《こくよう》。〉。今日、内外宮の禰宜の位記請印について、中納言に委ねた。大外記文義が重ねて来た。重ねて位記請印の所司について戒め仰せた。□□□諸卿が参っているかどうかを、文義が申した。文義はすぐに殿（頼通）に参った。私が命じて云ったことには、「明日、不堪佃田申文《ふかんでんでんもうしぶみ》の儀を行なうこととする」と。貞行（惟宗《これむねの》）や義賢《よしかた》に伝え仰すよう、文義に命じた。外記政《げきせい》の召しは、その暇が無いので、召させたものである。午の後剋《ごこく》、貞行が来た。不堪佃田申文について問うた。申して云ったことには、「去る五日、左大弁《さだいべん》（藤原重尹《しげただ》）に申しておきました。明日、文書を作成することにします」ということだ。西宅にいた間に、中納言が内裏から退出した。小野宮《おののみや》に於いて、事情を示し送った。少内記国任を介して、禰宜の位記請印について申させた。

八日、癸丑。　頼宗、所領の交換を申請／当年不堪佃田申文／正輔・致経の合戦について議定

諷誦《ふじゅ》を六角堂《ろっかくどう》に修した。中納言が来た。

頭弁が宣旨〈権大納言《ごんだいなごん》（藤原）頼宗《よりむね》卿が申請した、所領の近江《おうみ》国の宇多院勅旨田《うだいんちょくしでん》百九町を返上し、美濃《みの》国の公田《こうでん》と交換すること。おっしゃって云ったことには、「本田《ほんでん》と美濃の交換の田の先例を勘申するように」と。近江国の（源）済政《なりまさ》の立券文《りっけんもん》を副えて進上した。同じ弁に下して勘じさせるのである。〉を持って来た。頭弁が勅を伝えて云ったことには、「大炊允《おおいのじょう》大友相資《ともすけ》は、吉田祭《よしだのまつり》に参らなかった。官掌《かじょう》宗《そ》我《が》部秋時《べのあきとき》は、官符を加賀《かが》国に遅く下給した。この二人を戒めて免すように」ということだ。同じく同じ弁に命じた。内裏に参った。

中納言は車後《くるまじり》に乗った。少納言《しょうなごん》（藤原）資高《すけたか》が、待賢《たいけん》門に来会した。敷政《ふせい》門から入った。左大弁は壁の後ろに立った。互いに揖礼《ゆうれい》して、仗座《じょうのざ》に着した。次いで大弁が座に着した。不堪佃田申文について伝えた。座を起った。右大弁は仗座に着さず、陣の腋《わき》に向かった。しばらくして、私は南座《なんざ》に着した。左大弁は座の腋に着して、敬屈《きょうくつ》した。「文書を申上するように」と。小臣《しょうしん》（実資）は揖礼した。大弁は称唯《いしょう》し、陣の腋を見た。左少史《さしょうし》広雅《ひろまさ》が、不堪佃田申文〈目録は横挿《よこざし》にした。〉を挿し、小庭《こにわ》に跪《ひざまず》いて控えた。私は目くばせした。称唯して膝突《ひざつき》に着し、これを奉った。笏《しゃく》を置き、両手で文書を執った。目録は故意に落とした。史《し》は敬屈し、深く揖礼した。私は文書を置き、表巻紙《うわまきがみ》を開いた。先ず目録を取り、開いて見た。次いで不《ふ》堪佃田解《かんでんでんげ》文《ぶみ》を結んだ緒を解いた。一々、見終わって、元のように結び巻いて〈目録は、結緒《ゆいお》の外、表巻紙の内にあった。〉、板敷《いたじき》の端に推し出した。史はこれを給わって、目録を束ね申した。私は目くばせした。大弁が云ったことには、「国々の解文《げぶみ》は、或いは解文に使を記していません〈近江国。〉、また、或る国は開発田《かいほつでん》の解文に使の名を記し、不堪佃田解文に記していません。或いは不堪佃田解文に使の名を記し、開発田の解文に記していないものなどがあります。上野《こうずけ》・加賀・能登《のと》の開発田の数は、一段余と二段余です。古昔《こせき》は一町に満たない解文は、これを返給しました。近代は、三段は許されます〈入道前大相府《にゅうどうさきのだいしょうふ》（藤原道長《みちなが》）が許した。〉。本来ならば返給しなければなりません。ところが、憚るところが有ったので、何年来、奏に入れたものです。一・二段は、はなはだ便宜《びんぎ》がありません」と。一・二段を大弁に問うた。大弁が云ったことには、「確かには覚えていません」ということだ。私が命じて云ったことには、「上野など三箇国の開発田の数は、甚だ少ない。解文を返給するように」と。使の名を記さないものなどは、記させるよう、大弁に伝え仰せた。大弁は、「申し給え」と史に命じた。史は称唯し、元のように巻いて、杖に加えて退出した。大丞《だいじょう》(重尹)は座を起った。私は奥座《おくざ》に復した。内大臣(藤原教通《のりみち》)、大納言《だいなごん》斉信・頼宗・(藤原)長家《ながいえ》、中納言(源)師房《もろふさ》・資平、参議朝任・(藤原)公成《きんなり》・(源)顕基《あきもと》・重尹・経頼が参入した。安房守《あわのかみ》正輔と前左衛門尉《さきのさえもんのじょう》致経の合戦について定め□。伊勢《いせ》国司(橘行貞《ゆきさだ》)の解文、正輔と致経の書状、正輔と致経の中文、日記・調度文書《ちょうどもんじょ》・勘問日《かんもんにっ》記《き》〈検非違使《けびいし》が正輔の従類《じゅうるい》を勘問《かんもん》した日記である。〉を諸卿に加えて給わった。或いは諸国の解《げ》および両人の中文□明法博士《みょうぼうはかせ》と明法家《みょうぼうか》に下給し、罪名を勘申させた。左大弁重尹が定文《さだめぶみ》を書いた。清書《せいしょ》が終わって、調度文書を加えて、頭弁に託した。未一剋に参入し、亥剋に私邸に退いた。

九日、甲寅。　内外宮の禰宜の夾名を進上

昨夜の議定について、頭弁の許に問い遣わした。報じて云ったことには、「未だあれこれをおっしゃられません。内外宮の禰宜の位階の夾名は、還使《げんし》に託しておきました。内裏に伺候していましたので、参入しませんでした。ただ今、参ることにします。まずは内覧《ないらん》させる為に奉るものです」と。この夾名は、右大弁に託して奉った夾名とは相違している。また、内外宮の禰宜、各一人を記していないのである。他の人を入れて、その数は初めの注進より多い。そこで内覧して奏聞するよう、示し送っておいた。しばらくして、来て云ったことには、「先日の解文を加えて、祭主輔親に問い遣わしました。

その申すところによって、奏覧《そうらん》することにします」と。私が答えて云ったことには、「今回の位記についていては、他の上卿に命じられるべきである。今日、参入する公卿が、これを承って行なうのが、もっとも便宜があるであろう」と。弁が宣旨一枚を伝え下した〈目録にある。〉。また、云ったことには、「内大臣が参るとの仰せが有りました。『立ったまま来ることにします』ということです。もしかしたら穢《え》に触れたことが有るのでしょうか。先日、十一日の奉幣《ほうべい》の上卿を勤められるとのことを、命じられたものです」と云うことだ。

十日、乙卯。　夾名に漏れた禰宜に加階／位記請印

早朝、禰宜について頭弁の許に問い遣わした。報状に云ったことには、「神人の勘文は、昨日、祭主輔親朝臣に問い遣わせたところ、申し送った書状は、事の趣旨が分明《ぶんめい》ではありませんでした。そこで輔親を遣わし召しました。輔親が夜に入って来て、申して云ったことには、『右大弁が伝え申した勘文〈内宮。〉は、権禰宜〈荒木田〉重経《しげつね》と〈荒木田〉氏範《うじのり》を載せていません。これは大きな誤りです。また、外宮の禰宜〈度会〉輔行《すけゆき》も、同じく載せていません。また、これと同じです。そもそも、今回の勘文は、玉串大内人常光〈内宮。〉と外従五位下高信〈外宮。〉を載せていませんでした。これまた、失儀《しつぎ》です。それならばつまり、先後の勘文に漏れた者、合わせて三人は、加叙されるのが宜しいでしょう』ということでした。ただ今、参って啓上します」と云うことだ。頭弁が云ったことには、「関白の御書状に云ったことには、『伊勢大神宮の権禰宜正六位上荒木田神主重経・権禰宜正六位上荒木田神主氏範〈内

階。〉、豊受宮の権禰宜正六位上度会神主輔行〈外階。〉に、位記を下給するように』ということでした」と。大内記孝親と少内記国任を召し遣わした。国任が参って来た。この二宮の禰宜たちの夾名を書き出して、国任に下給した。国任が申して云ったことには、「足を損じましたので、襪《したうづ》を着すことに堪えられません。役に従うことは難しいでしょう」ということだ。命じて云ったことには、「身は参って預らないとはいっても、位記を作成させることを命じさせよ」と。これより先に、位記を作成する事を、孝親朝臣に仰せ遣わした。両宮の禰宜の名簿《みようぶ》を記して、これを遣わした。頭弁にこれを書かせた。大外記文義を召して、位記請印の所司について伝えた。申して云ったことには、「昨日から催促させています」と。或いは内々に頭弁に伝え示したのか。請印の上卿を勤めるよう、中納言に申し遣わした。大内記孝親が来た。事情を伝えた。急いで内裏に参った。中納言が来た。すぐに内裏に参った。宰相が参らなければ、関白に申して行なうよう、伝えておいた。宰相に告げなければならない事を、先ず文義に伝えておいた。「位記請印は、夜に入りました。右大弁が参入しました」と云うことだ。

十一日、丙辰。　伊勢例幣使、発遣

頭弁が内裏から書札《しよさつ》を送って云ったことには、「神人の位記は、今日の使に託すべきです。位記を下給するとの宣旨を太神宮司に下給しますか、如何でしょう。事情を承って、関白に申し伝えることにします。雨脚がこのようであれば、幸臨《こうりん》されることは難しいでしょうか」ということだ。云い遣わすことにした。位記については、先ず関白に申し、指示に従わなければならない。行幸《ぎょうこう》について、随身に命じて頭弁の許に問い遣わした。伝え送って云ったことには、「雨によって、臨幸《りんこう》を停止《ちょうじ》しました。位記は御幣使《ごへいし》の祭主輔親に託すよう、関白の命が有りました」と。そこで託し遣わすとのことは、頭弁が伝え示したところである。後日、聞いた。

十二日、丁巳。

本命供《ほんみょうぐ》を行なった。

十三日、戊午。

夢想紛紜／尾張国一国平均役で内裏大垣を築造／正輔・致経の合戦、殿上所充について頼通の諮問／施行／越前守から進物

夢想《むそう》が紛紜《ふんうん》した。三口《く》の常住僧《じょうじゅうそう》〈念賢《ねんけん》・智照《ちしょう》・得命《とくみょう》。〉を招請して、金剛般若経《こんごうはんにゃきょう》三百巻と寿命経《じゅみょうきょう》百巻を転読《てんどく》させ奉った〈今日は金剛般若経九巻と寿命経三巻。〉。今日から三箇日、得命に命じて金鼓《こんぐ》を打たせた。小供を与えた。頭弁が尾張《おわり》国の解〈普《あまね》く国内の現に耕作している不輸租田《ふゆそでん》を支配し、王臣家の諸荘や神寺《しんじ》の所領を論じず、平均に役仕《やくし》させて、宮城《きゅうじょう》の大垣《おおがき》の一箇所を築造するとのこと。〉を持って来た。奏上させるのである。「但し、神寺の所領に配して充てるのは、如何なものか。内々に奏上させよ」ということだ。しばらくして、頭弁が来た。関白の御書状を伝えて云ったことには、「正輔と致経の議定について、その身を問われる事は、事の道理はそうあるべきである。『致経は重病の後、なおも未だ通例に従わない』と云うことだ。正輔は召しを受けたとはいっても、早く参ることは難しいか。この間、如何で

あろう。致経が弁解し申したところは、もしも事の疑いが有れば、拷掠《ごうりゃく》に及ぶか。どの様に行なえばよいのであろう」と。私が報じて云ったことには、「先夜の議定の際は、ただ事の道理を申したものです。但し、国司の中文、正輔と致経の中文、調度文書を明法家に下給して、罪名を勘申させるのは、更に何事が有るでしょうか。大略は、あの文書に見えます」と。右大弁が、諸司・諸寺・所々の別当の欠の勘文および定文の草案《そうあん》を持って来た。関白に申して清書させるよう、伝えておいた。定め申した趣旨は、これを備えとすべきものである。天慶《てんぎょう》年中、貞信公《ていしんこう》(藤原忠平《ただひら》)が内々に定め申されたことは、故殿の御記に見える。大弁は長い時間、清談《せいだん》した。悲田院《ひでんいん》および堤の乞者《こつしゃ》に施行《せぎょう》を行なった。越《えち》前守《ぜんのかみ》(藤原)兼綱《かねつな》が、綿十帖《じょう》を送ってきた。もしかしたら封代に報いたのか。

十四日、己未。　**殿上所充についての意見／妍子忌日法会／朔旦冬至・京官除目の遅速について勘申／但馬守から進物**

精進日《しょうじび》である。格別な障りが無い時は、念誦堂《ねんじゅどう》に参って塔を廻らし奉る〈三廻。〉。所充《ところあて》の清書について、右大弁に問い遣わした。報状に云ったことには、「修理《しゅり》職《しき》と穀倉院《こくそういん》は、内府(教通)に充てるよう、昨日、関白がおっしゃられました」ということだ。草案は関白に充てていた。私が報じて云ったことには、「内蔵寮《くらりょう》・修理職・穀倉院の三所は、やはり第一の人を別当とする。特に摂政・関白は、必ず三箇所の別当とする」と。旧例と勘文を、夾算《きょうさん》を挿して大弁の許に送った。承平《じょうへい》七年の例を殷鑑《いんかん》とする。貞信公の御例である。伝え送って云ったことには、「事情を関白に申しました。おっしゃられて云ったことには、『旧例によって清書するように。また、このことを右府（実資）に伝えるように』ということでした」と。この草案は、前太相国《さきのだいしょうこく》（道長）が、先年、見られたものである。あの時、決定した。今、更に改められるのは、便宜が無いのではないか。そのような趣旨を、先ず示し送っておいた。そこで定め申した趣旨に従われたのか。中納言が来て云ったことには、「今日は故皇太后宮《こうたいごうぐう》（藤原妍子《きよこ》）の御忌《き》日《にち》です。そこで法成寺《ほうじょうじ》に参ります」ということだ。頭弁が国々の司の申請文などの文書を持って来た。今回、文書を継がせて、これを進上した。また、尾張国が申請した築垣《ついがき》について、神寺を除くことは、申請によることになった。すぐに宣下した。夜に入って、中納言が来て云ったことには、「関白に拝謁し奉りました。おっしゃられて云ったことには、『明後日の所充について、早く定め申すように。あの日は、東宮（敦良《あつなが》親王）の小《こ》宮《みや》（親仁《ちかひと》）が、御出《ぎょしゅつ》されることになっている。それ以前に議定を行なうように』と云うことでした」と。朔旦冬至《さくたんとうじ》について京官除目《きょうかんじもく》についての勘文を、関白の命が有って、大外記文義が勘進した。持って来て云ったことには、「関白の仰せによって勘進しました。その勘文は、一通を持って来ました。今朝、奉っておきました」と。

昌泰《しょうたい》元年十一月、京官除目、十一月一日〈丙申。〉、朔旦冬至、同月十九日〈甲寅。〉、叙位《じょい》、同月二十三日〈戊午。〉、女叙位《おんなじょい》。延喜《えんぎ》十七年五月二十日〈戊辰。〉、京官除目、十一月一日〈丙子。〉、朔旦冬至、同月十四日〈己丑。〉、叙位の議、同月十九日〈甲午。〉、女叙位。天暦九年閏九月十一日、京官除目、十一月一日〈乙未。〉、朔旦冬至、同月十九日〈癸丑。〉、叙位、同月二十四日〈戊午。〉、女叙位。天延《てんえん》二年十一月一日〈乙亥。〉、朔旦冬至、同月十三日〈丁亥。〉、叙位の議、同月二十五日、女叙位、同月二十八日、京官除目。正暦《しょうりゃく》四年七月八日、京官除目、十一月一日〈甲寅。〉、朔旦冬至、同月十二日、叙位の議、同月二十五日、女叙位。寛弘《かんこう》九年十一月一日〈甲午。〉、朔旦冬至、同月二十一日、叙位、同日、女叙位、十二月十六日、京官除目。

但馬守《たじまのかみ》(源)則理《のりまさ》が、長絹《ちょうけん》十疋と通例の絹三十疋を志してきた。(紀)佐延《すけのぶ》朝臣が、平綾《ひらあや》一疋と無文《むもん》の綾三疋〈二疋八丈。〉を進上してきた。

十五日、庚申。

頭弁が宣旨を持って来た。

十六日、辛酉。　伊勢神宮酒米の弁済についての議／殿上所充／蔵人所別当に補される

内裏に参った。資高と経季が従った。陣座《じんのざ》に着した後、上達部の参着を問うた。陣官《じんかん》が申して云ったことには、「左右大弁は、中宮《ちゅうぐう》(藤原威子《たけこ》)に伺候しています」と。随身に命じて呼び遣わした。すぐに来た。頭弁が関白の書状を伝えて云ったことには、「御酒米《みきまい》が同じく(源)光清《みつきよ》の為に剝ぎ取られた代わりについて、その事を行なった郡司《ぐんじ》は祓《はらえ》を科された。その稲を弁済《べんさい》しなければならない者は誰か。神祇官《じんぎかん》に問うように。また、勘出するように。神祇官はすぐに当任の郡司に仰せ下し、その年料《ねんりょう》の稲を進上させるべきであろうか。やはり先例を尋ね問うべきである。昨日、奏上させたのである」と。右大弁が陣座に参った際、御酒米について述べて云ったことには、「大神宮に参った次いでに、この事を神人に問いました。申して云ったことには、『あの年料の稲は、当任の国司が進上すべきです』ということでした」と。頭弁が関白の御書状を伝えて云ったことには、「陣座に、もしも何事も無いのならば、参上するように」ということだ。そこで殿上間《てんじょうのま》に参上した。雑事を談った。京官除目は朔旦冬至の後に行なうべき事・外記や史を択んで任じるべき事・正輔と致経の合戦の議定の事・大蔵《おおくらの》少輔《しょう》為資の率分《りつぶん》の事・明法博士の事である。関白が云ったことには、「大外記文義に命じて別に勘文を進上させては如何であろう。(令宗《よしむねの》)允亮《ただすけ》は博士を辞した後に勘文を進上した。その例によって進上させては如何であろう」と。私が答えて云ったことには、「善い事です。利正《としまさ》は宜しくない者です。(令宗)道成《みちなり》は頗る謹厚《きんこう》の様子が有ります。如何でしょう」と。関白が云ったことには、「道成は老者であり、窮者《きゆうしや》である。蓮範《れんはん》と頼賢《らいけん》の師である」と。頭弁が関白を召した。御前に参った。また、下官を召した。参入して、御前の円座《わろうだ》に着した。私は関白の意向を得て、男たちを召した。頭弁経任が参入した。諸司や所々の別当の欠員の勘文を進上するよう命じた。柳筥《やないばこ》に納めて、これを進上した〈内々に伝え仰せた。〉。私は取って、これを関白に渡した。関白は開いて見て、進んで奏上し、座に復した。御覧が終わって、関白が進んだ。座に復して、私に授けた。私は男たちを召した。経任が参入した。硯を奉るよう命じた。蔵人《くろうど》左少将経季が、硯を執って参入した〈続紙《つぎがみ》と定文の草案の文書を加え入れた。右大弁に命じて、定を書かせた。この文書は、先ず関白に内覧させた。私があらかじめ事情を伝え、加え入れさせたのである。〉。私は意向を伺った。そしてまた、諸司・諸寺・所々の別当を書いた。大蔵少輔為資を率分所《りつぶんしょ》に補した。「大蔵大輔《おおくらのたいふ》(源)頼平《よりひら》は、国司に任じられるとのことです。別功《べっこう》の者です。そこであえてこの所の所望はありません」と云うことだ。御書所《ごしょどころ》と作物所《つくもどころ》は蔵人。今、新たに仰せが有って、草案の文を改めて、これを定めて書いた。書き終わって、関白に渡した。関白は開いて見て、進んで奏上した。返し給わって、小臣に授けた。笏に取り副えて退下し、頭弁に下給した。頭弁が云ったことには、「汝を蔵人所別当《くろうどどころべっとう》とするとのことを、仰せ下されました」ということだ。私は射場殿《いばどの》に於いて、頭弁を介して慶びを奏上させた。拝舞《はいぶ》が終わって、参上した。大納言(藤原)能信《よしのぶ》・左大弁重尹・右大弁経頼が、殿上間に伺候していた。私はしばらくして退下し、陣座に着した。すぐに退出した。今日、巳三剋に参入し、未剋に退出した。関白が云ったことには、「はなはだ早く参られた」ということだ。私が答えて云ったことには、「古《いにしえ》は巳剋に参入しました。清慎公《せいしんこう》(実頼)は、巳の終剋や午の初剋に参入したことが、その御記に見えます」と。能信卿が云ったことには、「大病の後、未だ中文の儀の上卿を勤めていません。今日は宜しい日ではありませんでしたが、上臈《じょうろう》が参入しているのは、便宜が無いでしょう」ということだ。ただ今、退出する。その後、申上されるよう、答えておいた。退出した頃、頭弁を介して書状が有った。同じくこの趣旨を伝えておいた。

十七日、壬戌。　数箇所の別当に補された前例／右近衛府を修造した右近将監を受領に任じる

中納言が来て云ったことには、「外記政に着して、内印《ないいん》の事を行なうことにします」と。昨日、多く数所の別当に補された。九箇所である。はなはだ恐懼《きょうく》するところである。関白に伝えるよう、頭弁に伝えた。故殿の天慶八年十二月十六日の御記に云ったことには、「下官（実頼）が奏上して云ったことには、『一度に数箇所に補された。甚だ恐縮するものである』と。仰せを承って云ったことには、『数箇所とはいっても、これは大臣が奉仕するものである。そこで補したものである』ということだ。前例を勘えると、すでに延喜九年に有る。『贈太政殿下《ぞうだいじょうてんが》（藤原時平《ときひら》）が薨じた。右大臣源（光《ひかる》）卿をその所に兼補《けんぽ》した。八箇所である。それは東寺《とうじ》・西寺《さいじ》・延暦寺《えんりやくじ》、内記・内豎所《ないじゆどころ》、内蔵寮、穀倉院、陰陽寮《おんみようりよう》である』と云うことだ。同九年五月六日、小臣（実頼）を蔵人所別当とした。『宣旨はすでに下った』と云うことだ。あの所の雑色《ぞうしき》以下が、慶賀《けいが》の為に来た」と。

頭中将《とうのちゆうじよう》（源）隆国《たかくに》が来た。宣旨一枚〈右近将監《うこんのしようげん》菅原義資《よしすけ》が申請した、私物で右近衛府《うこのえふ》の庁屋《ちようや》の上葺《うわぶき》・壁三箇所および弓場《ゆば》の屋の上葺を修造し、その成功《じようごう》によって、隠岐《おき》・飛驒《ひだ》・佐渡《さど》などの国の最前の欠を拝する事。申請によることになった。〉を下した。

十八日、癸亥。　源頼信、美濃守を所望

貞行宿禰《すくね》が所充の文書を書いて進上した。

権僧正《ごんのそうじよう》（尋円《じんえん》）が立ち寄られた。念誦堂に於いて対面した。「甲斐守《かいのかみ》（源）頼信《よりのぶ》が密々に申上して云ったことには、『母の骸骨《がいこつ》は、美濃国にあります。あの国に於いて、母の成菩提《じようぼだい》の仏事《ぶつじ》を修そうと思います。先日、丹波《たんば》を申請しました』と。云ったことには、『右府に伝えて下させるように』ということでした」と。私が答えて云ったことには、「ただ、自分の心にあるであろう。あれこれを伝えることはで

きない」と。僧正《そうじょう》が云ったことには、「坂東《ばんどう》の者が、多く従っています。往還の間、美濃はいささか便利です。そこで急に思い変えたのでしょうか」と。私が云ったことには、「官爵《かんしゃく》は、ただ自分の心にある。他人の口によってはならないばかりである」と。また云ったことには、「年中に罷り上るのであろうか」と。また云ったことには、「明年に参上するのでしょうか。厳寒の頃、信濃《しなの》の坂は堪え難いでしょう。正月の間は往還に用いません。これを如何しましょうか」ということだ。私が云ったことには、「正月の除目《じもく》で、もし他の国に召し遷されれば、その後、心閑《しず》かに参上するのは、道理に叶わないのではないか。年中に急いで上京するのが、所望を行なうようなものではないか」と。僧正は感心した。この事は、右大弁の許に言上《ごんじょう》した。もしかしたら関白に伝えるのか。しばらく披露《ひろう》しないのが上計《じょうけい》か。

十九日、甲子。　正輔・正度の罪名を勘申させる／彰子の物詣の準備、過差甚し

頭弁が仰せを伝えて云ったことには、「正輔は国司に告げながら、返事を聞かず、合戦に進み向かったので、民家が多く焼亡した。致経と正輔の兵は、共に矢に当たって死去した。また、致経は、『尾張国にいる』と称しているとはいっても、路を遮《さえぎ》って防ぎ留める謀については、弁解し申すことはできない。また、致経の申状に云ったことには、『正輔と正度が共に行なったところです』ということだ。三人の罪名を、明法博士に勘申させるように。但し大外記文義も並んで勘申させるように。『允亮は儒職《じゅしょく》を去った後、勘文を進上した』と云うことだ。その例を勘申させるように」ということだ。

すぐに弁に伝えた。また文義に伝えた。文義が允亮の自筆の勘文〈永祚《えいそ》二年、(高階《たかしなの》)明順《あきのぶ》が稲荷《いなり》社を造営したのに、造営しなかったと覆勘《ふっかん》した史利貫《しとしつら》と(穴太《あのうの》)愛親《よしちか》の罪名勘文《ざいめいかんもん》。〉を進上した。この勘文を弁に託し、関白に申させた。報じられて云ったことには、「明法博士および文義に、三人の罪名を勘申させるように」ということだ。尚書《しょうしょ》(経任)に伝えておいた。伊勢国司の申文、正輔と致経が国司に送った書状、証人の申文、正輔と致経の申文、正輔と致経両人の従者を勘問した検非違使《けびいし》庁《ちょう》の日記を、折り加えて弁に下給した。明法博士および文義に給う為である。夜に入って、頭弁が宣旨の草案〈貞行宿禰が起草《きそう》した。今朝、直接、命じておいた。〉を持って来た。この宣旨の草案は、頗る不快であった。そこで事の趣旨を尚書に仰せ伝えた。貞行が参って来た。すぐに伝え仰せておいた。夜に入って、春宮大夫《とうぐうだいぶ》〈頼宗〉が来て、清談した。「院の御物詣は、過差が比類《ひるい》無いのです。非難し申すことはできません」ということだ。正輔が国司に送った書状に云ったことには、「致経の兵は、三十余人でした」と。その後、正輔の申文に云ったことには、「二百余人でした」と。事は相違しているようなものである。

二十日、乙丑。　**正輔・致経に寛恕の法を行なうを進言／追討使平維時、十六日に入京／維時、実資に貢馬／彰子御幸の料船、完成／万寿五年の大間書を進上すべき綸旨あり／資平二女、病悩**

頭弁が宣旨の草案を持って来た。「証人」の二字を止め、また「従類」に改めた。内覧させた。その次いでに、私が云ったことには、「昨年十二月の晦日《つごもり》に、光清の配流《はいる》を行ないました。今年八月、〈藤原)相通《すけみち》および妻(藤原小忌古曽《こきこそ》)を配流する事の上卿を勤め、また(平)忠常《ただつね》を追討する事を、同じく宣下したものです。追討使《ついとうし》が忠常を捜していた間に、その従類は多く死去しました。実に王命《おうめい》を承って行なったとはいっても、伝宣《でんせん》の人が多く恐れたところです。また、正輔と致経についても、同じく上卿を勤めるものです。明法家の勘状《かんじょう》の罪は、考えるに軽くはないのではないでしょうか。頻りに凶事《きょうじ》の上卿を勤めるのは、寸心《すんしん》は切れるようなものです。今回の事は、寛恕《かんじょ》の法を行なわれては如何でしょう。事の起こりは、ただ(平)維衡《これひら》が、身は四品《しほん》として伊勢に住んでいることが致したものです。五位の者が畿外《きがい》に住むことは、制法《せいほう》がすでに行なわれています。細かな濫悪《らんあく》を禁じるには、即断しては如何でしょうか」と。この趣旨を関白に伝えた。頭弁が帰って来て云ったことには、「関白が云ったことには、『宣旨は甚だ好い。但し致経については、放火について、あれこれが言うところは、はっきりと決定することは難しい』と。関白が密々に云ったことには、『先ず明法家に下し勘じられた後、自らおっしゃられた事か。伝えられたところは、もっともそうあるべきである』ということでした」と。大略は優免《ゆうめん》されるのであろうか。頻りに配流を行なわれるのは、極めて怖れ思うものである。宣旨の文は改めて、これを奉った。すぐに帰って来て云ったことには、「宣旨の文は、最も吉い」ということだ。書き下すよう、伝え仰せておいた。

(平)維時《これとき》朝臣が(平)直方《なおかた》を介して、十六日に入洛するということを申し送った。「『身病が有ります。岡屋《おかのや》に罷り着いたのですが、進退《しんたい》は難儀《なんぎ》しています。臂《ひじ》が大いに腫《は》れ、為す術がありません』ということでした。医師が云ったことには、『寸白《すばく》』と云うことでした」と。雄業《まさなり》を遣わした。「馬は所々には貢上しません。但し馬一疋が有ります。憚り思う為に、牽進《けんしん》しません。岡屋の厩《うまや》の男に預けて、彼から仰せに随って牽進させることにします。あの厩に飼われた馬と称します」ということだ。急いで見るということを命じておいた。

夜に入って、(宮道《みやじの》)式光《しきみつ》朝臣が院から来て云ったことには、「船については、漸く完成しました。今日、檜皮《ひわだ》を初めて葺《ふ》きました」と。工匠《こうしよう》たちに禄を下給するよう、美作守《みまさかのかみ》(藤原資頼《すけより》)の家司《けいし》善任《よしとう》に命じておいた〈絹七疋と手作布《たづくりのぬの》十三端《たん》。式光が申したところである。〉。この善任と大膳進《だいぜんのじん》俊正《としまさ》は、任国から来着した。前日の解文の絹・綿・布・紅花《べにばな》を持って来た。万寿《まんじゆ》五年の大間書《おおまがき》を写して奉るよう、経季を介して綸旨が有った。進上するということを奏上させた。中納言が来て云ったことには、「二娘が病悩しています。まだ減気《げんき》はありません。種々の霊・貴布禰《きぶね》明神《みようじん》・天狐《てんこ》が煩わせているものです。長日《ちようじつ》の修法《しゆほう》および他の善事《ぜんじ》も、格別な効験《こうげん》はありません」ということだ。

二十一日、丙寅。　彰子御幸料船の障子絵／賀茂斎院、退出の意向／選子内親王の警護について

大外記文義が云ったことには、「正輔の罪名勘文を進上せよとの宣旨は、未だ承っていません。随身信武に、昨日から美作の艤舟《ぎしゆう》の障子絵《しようじえ》を画かせました。『上達部の分』と云うことです。万寿五年の大間書を書いて進上する事は、もしかしたら尻付《しづけ》を記さなければならないのでしょうか。天皇の意向を伺うよう、経季に伝えておきました。或いは云ったことには、『斎院《さいいん》内親王(選子《のぶこ》内親王)は、今月二十五日、斎院を出られるようだ』と云うことでした。関白がその告げを聞いて云ったことには、『拘留《こうりゅう》は長い期間ということはないのであるが、女院の御物詣の間は、極めて便宜が無いであろう。来月八日がもっとも佳《よ》い』ということでした。このことを申しあげました」と云うことだ。関白が城《じょう》外《がい》にいる間に大事が起こるというのは、如何なものか。

二十二日、丁卯。　賀茂斎院、退出

三局の史生《ししょう》〈大膳職《だいぜんしき》と主税寮《しゅぜいりょう》が奏上した。皆、左弁官《さべんかん》の史生。〉の宣旨二枚を、式部丞《しきぶのじょう》（菅原）資信《すけのぶ》を召して下した。中納言から関白の御書状を伝えて云ったことには、「二十五日に斎院内親王が辞遁《じとん》されるとのことについて、先日、云々が有った。ところが、院の御物詣を過ぎられるのが宜しいであろうことについて、事情を伝えさせた。あれこれの報は無く、今夜、急に斎院を退出されることになった。驚き怪しんだことは極まり無かった。今となっては、その御情に任すしかない。遂げることが有るのならば、今日は宜しい日である。明日と明々日は、重日《じゅうにち》や復日《ふくにち》、および御衰日《すいにち》の忌みが有る。内々に大外記文義を介して、前例および准拠《じゅんきょ》すべき例で宜しいものを勘申させるように。但し斎院から退出された後に、事情を問われて、決定の後に、頭弁を介して汝に伝えられることとする。随ってそこで外記に伝えるように」ということだ。また、云ったことには、「正輔と致経の合戦は、思慮することが多端《たたん》である。斬刑《ざんけい》を減じて遠流《おんる》に処すべきである。遠流を減じて解官《げかん》に処すべきであろうか。致経は官位が無い。どのような罪科《ざいか》に処せばよいのであろうか。詳細を知らないので、申すところは有る

か」と。私が云ったことには、「明法勘文《みょうぼうかんもん》で罪名を進上した後に、処置すべきでしょうか」と。斎院について、文義を遣わし召した。すぐに参って来た。事情を伝えた。「先日、伝え仰せたことが有りました。そこで国史《こくし》を調べて勘えましたが、子細は見えませんでした。外記《げき》局記《きょくき》を引き合わせて勘申することにします」ということだ。丑剋の頃、頭弁が来た。関白の書状を伝えて云ったことには、「『斎院内親王は、今日、密かに退出されるらしい』と云うことだ。私（頼通）の命によって、あの院の別当右大弁に問い遣わした。『もしも申すところが有っても、更に来ることはない。ただ、早く内裏に参って、事情を奏上しなければならない』ということでした」と。すぐに右大弁が参入し、事実であることを奏上した。おっしゃって云ったことには、「先例を勘申させるように」と。また、おっしゃって云ったことには〈実は関白の書状である。〉、「斎院は、きっと守護《しゅご》の人はいないのではないか。どの様に行なえばよいのであろうか」と。奏上して云ったことには、「検非違使に命じられて、守護されるのが宜しいでしょうか」と。

二十三日、戊辰。　賀茂斎院退出後の処置について

未明、斎院が理由も無く斎院を退出した例の勘文を進上することを、文義に仰せ遣わした。しばらくして、勘文の草案を持って来た。「ただ今、外記局《げききょく》に参り、国史や日記を引き合わせて、持って来ることにします」ということだ。ただ、これは准拠の例である。しばらくして、勘文を進上した。賀茂《かも》斎内親王《さいないしんのう》が理由も無く退出し、また薨卒《こうそつ》した時に行なった例についてである〈国史を検じたところ、云っ

たことには、「天長《てんちょう》八年十二月壬申。賀茂斎内親王（有智子《うちこ》内親王）を替えた。その辞に云ったことには、『淳和《じゅんな》天皇の御命《おおみこと》でありますから、掛けまくも畏き皇太神《すめおおかみ》に申されることには、「皇太神の阿礼《あれ》少女《おとめ》として進上した内親王は、年齢も老い、身の安みも有るので、退出させる代わりに、時子《ときこ》女王を卜占《ぼくせん》し定められて進上することを、参議左大弁正四位下藤原朝臣愛発《ちかなり》を差し遣わして申された」と申す』と。および奉幣を行なった。同月癸酉。前賀茂斎内親王が替わった為、鴨川《かもがわ》で祓を行なった」と。「延喜二十年閏六月。賀茂斎内親王（宣子《のぶこ》内親王）が薨じた。同年八月二十日戊寅。午剋、大納言藤原定方《さだかた》卿が左近陣座《さこんのじんのざ》に参り着した。神祇官と陰陽寮の官人を召して、故斎内親王の薨卒による咎祟《きゅうしゅ》の有無について占い申させた。すぐに占い申して云ったことには、『祟《たた》りは無い。理運《りうん》の致したものである』ということだ。また、賀茂上下社《かものかみしも》に奉幣を行なった。使は参議藤原恒佐《つねすけ》朝臣と左兵衛佐《さひょうえのすけ》平朝臣定文《さだふん》」ということだ。〉。この勘文を頭弁に託した。帰って来て、関白の御書状を伝えて云ったことには、「延喜の例は叶わないのではないか。天長の例は准じるか。但し天長の例は、詳細を申されていないか。あの例によれば、申されてはならないのか。もしくは申されるべきか。二十五日の早朝に申されては如何か。それとも申されてはならないのか。大事が有る間に、院の御供に供奉《ぐぶ》するのは、便宜が無い事である。ところが、御供に供奉しなければ、参られないという意向が有る。これを如何しよう」ということだ。私が答えて云ったことには、「天長の例は、申されたということを記していないとはいっても、今回の事は非常です。必ず申されなければなりません。早いか遅いかは御決定によります。そもそも、閏六月に斎王《さいおう》（宣子内親王）が薨じ、八月に御占《みうら》が行なわれました。また、奉幣は一箇月を隔てています。今回も、その決定を承ればよいでしょう」ということだ。頭弁が伝え送って云ったことには、「二十五日を過ぎて、使を発遣される」ということだ。左中弁《さちゆうべん》（藤原）経輔《つねすけ》が、維摩《ゆいま》会《え》の不足米の宣旨を持って来た。

二十四日、己巳。　兼頼の随身に装束を下給

中将《ちゆうじよう》（兼頼）の随身四人に装束を下給した。袙《あこめ》各二重《かさね》〈紅花染《べにばなぞめ》と茜染《あかねぞめ》。皆、擣《う》った。〉と袴《はかま》各一腰《こし》。但し狩袴《かりばかま》のための六丈の細美《さいみ》の布各二端〈先日、これを下給した。〉。

二十五日、庚午。　彰子、石清水八幡宮・住吉社・四天王寺に御幸／華美の様相／頼通不在の間の代理を命じられる

今日、女院は、八幡宮《はちまんぐう》・住吉社・四天王寺に参られた。多くは遊楽《ゆうらく》の為か。万人が準備した。世は奇怪に思った。扈従《こしよう》した上下の者の狩衣《かりぎぬ》装束は、色々の折花・唐《から》の綾羅《りようら》、或いは五、六重、その襖《おう》の繍《しゆう》、二倍文《ふたえもん》の織物《おりもの》。下衣《したごろも》は何襲《かさね》かを知らない。随身の装束は、憲法《けんぽう》を憚っていない。王威《おうい》を忽《ゆるが》せにするようなものである。天下の人は、上下の者が愁嘆《しゆうたん》した。御船の荘厳《そうごん》は、唐錦《からにしき》を張った事は、敢えて云うことができない。狂乱の極みは、すでに今回にある。下官は小女（藤原千古《ちふる》）に催促されて、無理に見物した〈中御門《なかみかど》大路と室町《むろまち》小路の間。〉。未剋の頃、参られた。石清水宮や住吉社の御幣《ごへい》と神宝《じんぽう》の韓櫃《からびつ》。次いで蔵人と主典代は、皆、布袴《ほうこ》。次いで院の殿上人、次いで内裏の殿上人。つまりこれは院の殿上人である。皆、布衣《ほい》であった。次いで上達部は、或いは冠直衣《こうぶりのうし》、或いは宿衣《しゆくえ》、或いは狩衣《かりぎぬ》〈直衣は大納言頼宗・長家、中納言(藤原)経通《つねみち》。宿衣は参議朝任〈検非違使別当。〉。狩衣は中納言師房、三位中将兼頼。〉。御車〈唐車《からぐるま》。〉。上東門院別当《じょうとうもんいんべっとう》(源)行任《ゆきとう》と(源)頼国《よりくに》は、御後ろに供奉した。次いで尼の車一両。次いで女房二両。次いで関白〈網代車《あじろぐるま》。〉。随身の府生《ふしょう》や番長《ばんちょう》は、布衣と烏帽子《えぼし》。弓箭《きゅうせん》を帯び、馬に騎っていた。近衛《このえ》は弓箭を帯び、藁履《わらぐつ》を着していた。前駆《ぜんく》は八人。次いで内府〈網代車。〉。随身の作法は、関白と同じであった。但し禁色《きんじき》を着していた。前駆五人〈四位一人、五位四人。〉。関白および内府の車の後ろに、騎ることになる馬を引いた〈鞍を置いた。〉。「先ず石清水宮に於いて経を供養される。次いで四天王寺」と云うことだ。「そもそも、御出家の後、賀茂《かも》社や春日《かすが》社に奉幣した事は無い」と云うことだ。ところが、御幣を持つ作法は、賀茂祭《かものまつり》の日のようであった。或いは云ったことには、「二十五日庚午、石清水宮に於いて仏事を修される。庚午は忌みが有る。暁方に臨んで、これを修される。辛未は大禍日《たいかにち》であるので、両日は不快の日である」と云うことだ。古は庚午や大禍日は、特に忌まなかった。故(源)保光《やすみつ》卿は、庚午日に松崎寺《まつざきでら》(円明寺《えんみょうじ》)を供養した後、子孫は連々、到らなかった。考えるにこれは庚午の咎徴《きゅうちょう》か。世の云うところは、その験《しるし》が無いわけではない。世を挙げて大いに忌避《きひ》するばかりである。「今日、中納言師房は布衣であった。万人が奇怪に思った」と云うことだ。今日の御幸《ごこう》の作法は、すでに拠るところが無い。上下の人の準備は、数日の間に、装束は数重とし、色を改める折花は、綾羅や錦繡《きんしゅう》でないものは無い。或いは上達部は毛履《けぐつ》を着し、金銀で荘厳した。未だ見たことはなく、未だ聞いたことはない事である。近きはつまり三位中将は、すでにその準備をしていたが、また絁《あしぎぬ》を過ぎることはできなかった。頭弁が関白の使として来て云ったことには、「他行《たぎょう》の間、もし急を要する事が有れば、汝に告げて行なうこととした」ということだ。「民部卿〈斉信。〉・中宮権大夫《ちゅうぐうごんのだいぶ》〈能信。〉と一緒に定め行なうように」ということだ。「もしも遅引《ちいん》するであろう事が有れば、入洛の日を待つように」ということだ。私が云ったことには、「この間、検非違使の官人は、陣直《じんちょく》を勤めるとのことです」と。頭弁に命じて奏聞させた。

二十六日、辛未。　資平二女、彰子の出立を見物して病状悪化／祇園社の四至内で葬送を行なった法師を逮捕／資房、勅使として彰子御幸に参る

「中納言の二娘は、数日、病悩している。神明《しんめい》と霊気《れいき》の祟りである」と云うことだ。「種々の祈禱《きとう》は、未だその効験を得ない。昨日、その隙《すき》が有った。そこで見物した。夜に入って、万死一生《ばんしいっしょう》となった。牛を奉献して諷誦を修した。今朝、なお不快であった」ということだ。病者の見物は、不快な事であった。

斎院の守護、および検非違使を本陣に催促すべき所□□□□□状に云ったことには、「検非違使の官人を伺候させるということは、昨日、奏聞の後、官人を召し仰せておきました。斎院を守護する事は、先日、貞行宿禰に命じておきました」ということだ。祇園《ぎおん》社の四至《しし》内で葬送《そうそう》を行なった法師を、宣旨によって、祇園感神院司《ぎおんかんじんいんじ》が捕えて保護させた。今日、神祇官に命じて祓を科し、また神祇官から御幣を奉献された。これは先日、秋の長雨の間、御占によって、検非違使に命じて捜して捕えられたもの

である。この事は、中納言資平が奉行《ぶぎょう》した。「左少将（藤原）資房《すけふさ》が勅使として院の御幸に参りました。石清水宮から帰洛する際に、御船に於いて御書状を奉ることになりました」と云うことだ。

二十七日、壬申。　栗栖荘司・常陸介から進物／右近衛府考文

美作の栗栖荘司《くるすのしょうじ》負野貞政《おうののさだまさ》が牛一頭を進上してきた。大外記文義朝臣に下給した。右近府生《うこんのふしょう》（日下部《くさかべの》）為《ため》行《ゆき》が考文《こうぶん》を進上した。「朝臣」を加えた。右少将定良が着して行なった。常陸介《ひたちのすけ》（藤原）兼資《かねすけ》が近江国から馬一疋を志してきた。諷誦を祇園社に修した。中将の息災の為である。「右少将定良が、御書使《ふみづかい》として住吉社に参った」と云うことだ。「今日、あの御社に於いて御願《ごがん》を果たされた」と云うことだ。

二十八日、癸酉。　前斎院選子内親王、出家／当季尊星王供始・冬季十斎日大般若読経始／熒惑星供／不断法華経御読経始／賀茂斎院卜定の例／資平二女、受戒

「前斎院（選子内親王）は、今夜、出家する」と云うことだ。当季《とうき》尊星王供始《そんしょうおうくはじめ》を行なった。文円阿闍梨《ぶんえんあじゃり》。冬季十斎日大般若読経始《じっさいにちだいはんにゃどきょうはじめ》を行なう〈天台《てんだい》（延暦寺）の律師《りっし》（良円《りょうえん》）の房に於いて始め行なう。何年来、私の家で行なっていた。ところが、請僧《しょうそう》は信が置けない。そこで律師の房に移して行なった。来月朔日は宜しくない。そこで今日から始め行なうものである。〉。今夜から三箇夜、延政《えんせい》阿闍梨を招請して、住房《じゅうぼう》〈一乗寺《いちじょうじ》。〉に於いて、熒惑星《けいこく》を供させ奉る。変異《へんい》が有ったからである。

「内裏（後一条《ごいちじょう》天皇）は、今日から不断法華経御読経《ふだんほけきょうみどきょう》を行なわれる。行香《ぎょうこう》は無い」と云うことだ。

中納言が云ったことには、「女《むすめ》の煩っていた所は、今日は頗る宜しくなりました」と。大外記文義が、賀茂斎内親王卜定《ぼくじょう》の例、および次々の雑事の日記を進上した。天延三年の例である。斎院の事を行なうことになる上卿が、終始、事を執った。つまりこれは権中納言《ごんちゅうなごん》（藤原）済時《なりとき》卿である。あの時の例によって行なわれるべきである。あの例は、もっとも吉い。上卿を撰ばれ、卜定などを行なわせられるべきものである。あの時、済時は中納言であった。この日記を頭弁に遣わした。関白が帰洛した後、奉行するよう、同じく示し遣わしておいた。黄昏に臨んで、中納言が来て云ったことには、「今日、病者（資平二女）は、六波羅蜜寺《ろくはらみつじ》に於いて受戒《じゅかい》させました〈戒師《かいし》は奇久《ききゅう》。〉」と。

二十九日、甲戌。　法華経講説／斉信、威子に奉仕

賀茂下神宮寺《かものしもじんぐうじ》に諷誦を行なった。中将の息災の為である。惟命《いみょう》が序品《じょぼん》を演説《えんぜつ》した。聴聞《ちょうもん》した人々は随《ずい》喜《き》した〈布施《ふせ》は三疋。〉。中納言・四位三人〈（源）守隆《もりたか》・（藤原）能通《よしみち》・（藤原）惟貞《これさだ》。〉・少納言資高。他に五品《ごほん》が何人かいた。資高が云ったことには、「民部卿斉信卿は、昨今、頻りに直衣を着して中宮の御在所《ございしょ》に参っています。また、淡柿《あわしがき》を献上し、供御《くご》に備えました」と。白昼、直衣を着して禁中《きんちゅう》に出入し、および淡柿の御膳は、まったく供してはならない。関白の城外を窺って、忠節を尽くすことを表わしたものか。口を掩《おお》って笑わなければならない。外人《がいじん》の直衣は、極めて奇怪である。

夜更け、頭弁が来て談ったことには、「法眼元命《ほうげんげんみょう》が女院に献上した菓子は、内裏の台盤所《だいばんどころ》や宮中の宮々に遣わして奉献されました」と云うことだ。「元命は使を遣わして奉献しました」と云うことだ。

○十月

七日。(『三条西家重書古文書』一・塔供養年々による)　**興福寺塔供養を御斎会に准じる**

山階寺《やましなでら》(興福寺《こうふくじ》)の御塔供養《ごとうくよう》は御斎会《ごさいえ》に准じるべき事。

○閏十月

日未詳。(『台記』久安元年閏十月二十七日条による)　**朔旦冬至の賀表草案**

頭弁《とうのべん》(藤原経任《つねとう》)を介して関白《かんぱく》(藤原頼通《よりみち》)に覧せ奉った。

日未詳。(『台記』久安元年閏十月二十八日条による)　**朔旦冬至賀表の関白の名字**

大外記《だいげき》(小野)文義《ふみよし》が事情を関白に申した。表の中の関白の名字《みょうじ》〈奥の連署《れんしょ》を除いた他である。〉は、清書《せいしょ》の人に書かせた。

○十一月

一日。(『平戸記』仁治元年閏十月二十二日条による)　**朔旦冬至**

今日は朔旦冬至《さくたんとうじ》である。卯剋から大雨であった。未剋、内裏に参った。先ず御前に参った。後に陣座《じんのざ》に着した。諸卿が参入した。蔵人頭《くろうどのとう》(藤原)経任《つねとう》が来て、おっしゃって云ったことには、「任符《にんぷ》を給わって未だ着していない者や、未だ任符を給わっていない者、滞った交替《こうたい》を済ます為に参上した国司《こくし》たち、および未だ解由《げゆ》を得ない者、諸大夫《しょたいふ》は、皆、参列させるように」と。奏上させて云ったことには、「御暦奏《ごりやくのそう》と番奏《ばんそう》は、雨雪によって内侍所《ないしどころ》に託すこととします」と。

長元五年（一〇三二）

藤原実資七十六歳（正二位、右大臣・右大将・東宮傅）　後一条天皇二十五歳　藤原頼通四十一歳　藤原彰子四十五歳　藤原威子三十四歳

○正月

八日、庚辰。　白馬節会の幄の違例

宰相中将《さいしょうちゅうじょう》（藤原兼頼《かねより》）が云ったことには、「昨日の建礼《けんれい》門内の東腋《わき》の幄《あく》について、あれこれの者が鬱々《うつうつ》としています。右大弁《うだいべん》（源）経頼《つねより》が云ったことには、『六位の座である』と。左宰相源中将《さざいしょうげんちゅうじょう》〈顕基《あきもと》。〉が云ったところも同じです。『西宮記《さいきゅうき》』に記してある』ということです」と。私が云ったことには、「俘囚《ふしゅう》の幄か。いささか聞いたところが有る」と。今日、次いでが有って、左宰相源中将に伝えた。その後、頻りに問い送ってきた事が有った。後日、外記日記《げきにっき》を調べて見たところ、「三丈の幄二宇《う》を立てた〈東西を妻とした。〉。一宇は吉野《よしの》の国栖《くず》の座とし、一宇は俘囚の座とした」ということだ。すでに愚案《ぐあん》に合っていた。これは古伝《こでん》を聞いただけである。あれこれを伝えてはならないという事を、亜相《あしょう》（兼頼）に伝えておいた。

十二日、甲申。　出雲の神託および権門の荘園について密勅／中原祐任、朱器造進の覆勘を請う

昨日、主上《しゅじょう》（後一条《ごいちじょう》天皇）から、（藤原）資高《すけたか》を介して、密々に仰せ事が有った。これは出雲《いずも》の託宣《たくせん》につ

いて、および権門《けんもん》の荘園《しょうえん》についてである。「処置を奏上するように」と。ただ関白《かんぱく》（藤原頼通《よりみち》）におっしゃられるよう奏上した。左少弁《さしょうべん》（源）経長《つねなが》が、中原祐任《すけとう》が申請した、朱器《しゅき》を造って進上したことを覆《ふっ》勘《かん》されたいとの申文《もうしぶみ》を持って来た〈どうして元の宣旨《せんじ》を進上するのか。頭弁《とうのべん》（藤原経任《つねとう》）が□を伝えて云ったことには、「宣旨は、すでにあの弁が送りました」ということだ。〉。奏上するよう伝え仰せておいた。

十七日、己丑。　射礼の日の政始の例

先日、大外記《だいげき》（小野）文義《ふみよし》が云ったことには、「射礼《じゃらい》の日の外記政始《げきせいはじめ》は、すでにその例が有ります」と。

二十三日、乙未。　兼頼の着座を急がずと回答／頼通、病悩／頼通、除目延期を憂慮

宰相（兼頼）の着座《ちゃくざ》について、私が堀河院《ほりかわいん》（藤原頼宗《よりむね》）に伝え達して云ったことには、「年少の人（兼頼）は、急いで着すこともないのではないか。いささか聞いたところが有ったからである」と。報じて云ったことには、「専一《せんいつ》の事ではありません。着さないことにします。命に随うことにします」ということだ。年少の者の早朝の出仕は、謗難《ぼうなん》が有るであろう。頭中将《とうのちゅうじょう》（源）隆国《たかくに》が来て、関白の御書状を伝えて云ったことには、「三日の行幸《ぎょうこう》の日、風病《ふうびょう》が重く発《おこ》った。無理に我慢して政事《まつりごと》に従った。その後、七日節会《なのかのせちえ》に参入した。いよいよ発動《はつどう》した。これは風病ではない。先年、□納言の時、病悩はこのようであった。あの時、煩いを経たことは二十余日に及んだ。その心地《ここち》のようである。そもそも昨年、出《いず》雲《もの》杵《き》築《づき》明神《みょうじん》の託宣の中に、改元《かいげん》するようにとの事が有った。また、山座主《やまのざす》□□（慶命《きょうみょう》）が云ったことには、『草□□□有って、改元を行なわれました』と。昨日、勅命《ちょくめい》が有った。年号の字を勘申《かんじん》させる

ように」ということだ。また、云ったことには、「公事《くじ》を承って行ない、歳月が漸く積もった。□□恐縮することが多い。今年の除目《じもく》は、道理によって行なわなければならない。もし除目を申し行なわれるのならば、二十六日が□であろう。病悩が不快ではあっても、延廻《えんかい》することはできない。貞信公《ていしんこう》(藤原忠平《ただひら》)の御時、或いは二月、或いは三月に行なわれた。ところが、あれこれの吏は、新司《しんじ》が未だ到らない間に、作田《さくでん》を催し行なう事は、自分の任期のようである。近代の吏は、非道《ひどう》の雑事を強引に行なって、『除目が遅く行なわれる時は、国の煩いや民の愁いは、もっとも多い』と云っている。そこでやはり、月の内に行なおうと思う」と。小臣《しょうしん》(実資)が報じて云ったことには、「除目については、これを承りました。御心地が不例《ふれい》でしたら、この期間を過ぎて行なわれても、何事が有るでしょう。近きはつまり、昨年は二月中旬に行なわれました。また、道理によって除目を行なわれるのは、極めて貴い事です」と。

二十七日、己亥。　除目の日時

右衛門督《えもんのかみ》(藤原経通《つねみち》)が云ったことには、「来月五日、着座することにします。ところが、『その日に除目を始められることになった』と云うことです。関白の邸第《ていだい》に参って、事情を申させました。おっしゃって云ったことには、『除目の日は、未だ決定していない。大外記文義と陰陽師《おんみょうじ》を召し遣わし、その申すに随って決定することとする』と。内々に頭中将が云ったことには、『二月中旬に行なわれるよう、昨日、奏上された』ということです」と。しばらくして、文義朝臣《あそん》が来て云ったことには、

「召しによって、関白殿に参りました。おっしゃられて云ったことには、『釈奠《せきてん》や春日祭《かすがのまつり》の日に、除目を行なわれたか』と。申して云ったことには、『その例は有りません。祈年祭《としごいのまつり》の翌日は、例が有ります。万寿《まんじゅ》三年二月五日に行なわれました』と。おっしゃって云ったことには、『五日に始め行ない、六日は議を止める。七・八両日に行なわれることとする』ということでした」と。

○二月

五日、丙午。　除目の議、停止

明日、釈奠《せきてん》が行なわれ、および春日祭使《かすがさいし》が出立《しゅったつ》するので、前例が無いというので、除目《じもく》の議を停止《ちょうじ》した。明後日から行なわれることとした。内府（藤原教通《のりみち》）が云ったことには、「先に関白《かんぱく》（藤原頼通《よりみち》）の邸《てい》第《だい》に参りました。伝えられて云ったことには、『病悩がもしも宜しければ、除目の終わる日に参入することにする』ということでした」と。

二十六日、丁卯。　後一条天皇慎しみの出雲杵築宮の託宣

「来月十一日、主上《しゅじょう》（後一条《ごいちじょう》天皇）の御慎しみが重いということについて、また出雲杵築宮《いずものきづきのみや》の託宣《たくせん》が有りました」と云うことだ。「ところが、遊宴を専らにし、□□御慎しみは如何でしょう。その日、宝《ほう》位《い》を退くという驚きが有るのでしょうか。能く慎しまれるよう、その託宣にありました」と云うことだ。先日、山座主《やまのざす》（慶命《きょうみょう》）が密かに語ったのである。「主上がおっしゃられたものです。嘆息される

様子が有りました」ということだ。

○三月

十三日、甲申。　神事配流の者が非常赦で免された例を勘申／賀茂斎院不在の時の祭使帰還の儀

……「神事によって配流《はいる》された者は、如何であろう。前例を勘申《かんじん》させるように」と。報じて云ったことには、「寛弘《かんこう》四年の非常赦《ひじょうしゃ》では、大宰典代長峯忠義《だざいのてんだいながみねのただよし》を免《ゆる》された事を、承って覚えておりますところです。この忠義は、宇佐宮《うさぐう》の宝殿《ほうでん》を封じる罪に坐した者です。そこで佐渡《さど》国に配流されました。赦《しゃ》に会った後、召還官符《しょうかんかんぷ》を下給されました」と。但し、あの時の官符を勘申させ、兼ねてまた、他の時の官符を勘申するよう命じた。大弁《だいべん》（源経頼《つねより》）が云ったことには、「関白《かんぱく》（藤原頼通《よりみち》）が云ったことには、『斎《さい》王《おう》（馨子《かおるこ》内親王）が未だ斎院《さいいん》にいらっしゃらない年、祭使《さいし》たちが戌の日の還儀《かんぎ》□□□作法□□□、また如何であろう』ということでした」と。報じて云ったことには、「斎王が還られるので、翌日の儀は有るのでしょうか。斎王がいらっしゃらない時は、先例では次第使《しだいし》を遣わしません。又々、（小野）文《ふみ》義《よし》に尋ね問うて、申させることにします」と。今朝、文義が云ったことには、「外記日記《げきにっき》は、戌の日について記していません」ということだ。

十四日、乙酉。

頭弁《とうのべん》（藤原経任《つねとう》）が、配流の者を召し返した官符〈長峯忠義。〉を持って来た。関白に奉るよう伝えた。その次いでに関白に伝えさせて云ったことには、「配流は伊勢《いせ》大神宮《だいじんぐう》の託宣《たくせん》によって行なわれたものです。今、非常の赦令《しゃれい》が有りました。先ず伊勢《いせ》に告げ申された後、流人《るにん》たちを召し返す官符を下給すべきでしょうか。また、赦については、神慮《しんりょ》から出ました。早く使を遣わして申されては如何でしょう」と。実に愚慮とはいっても、申さないわけにはいかない。

○四月

二十日、庚申。　賀茂社司、桂・葵を進上／賀茂祭警固について

賀茂下御社《かもしものみやしろ》の禰宜《ねぎ》（鴨《かもの》）久清《ひさきよ》と上御社《かみのみやしろ》の祝《はふり》□□が、桂と葵を進上してきた。昨日の警固《けいご》について、右衛《え》門督《もんのかみ》（藤原経通《つねみち》）が上卿《しょうけい》を勤めたということを、頭弁《とうのべん》（藤原経任《つねとう》）が示し送ってきたのである。問い遣わしたからである。その書状に云ったことには、「前例によって、行なわれたものです」ということだ。昨日、頭弁が云ったことには、「斎王《さいおう》（馨子《かおるこ》内親王）が参らない時は、騎兵《きへい》が供奉《ぐぶ》すべきか否か、騎兵がいるので警固を行なうのか、如何でしょう」ということだ。調べて行なわれるよう伝えた。そこで今、この書状が有った。調べられたのか。

二十一日、辛酉。　賀茂祭／祭使出立の様相

近衛《このえ》府《ふ》使《し》は左近《さこんの》少将《しょうしょう》（藤原）俊家《としいえ》であった。春宮大夫《とうぐうだいぶ》（藤原頼宗《よりむね》）の書状によって、舞人《まいびと》十二人の下襲《したがさね》を調備して送った。また、摺袴《すりばかま》を遣わした。これは中将《ちゅうじょう》（藤原兼頼《かねより》）の□□。右衛門督と中納言《ちゅうなごん》（藤原資平《すけひら》)が来た。同車して祭使所《さいししょ》に向かった。但し今月は忌月《きげつ》である。「歌笛《かてき》を発する間は、座を起たなければならない」ということだ。

同日、中納言が来て云ったことには、「関白《かんぱく》(藤原頼通《よりみち》)は、女院《にょういん》(藤原彰子《あきこ》)〈高陽院《かやのいん》。〉に伺候されています。上達部《かんだちめ》が祭使所から参入しました。祭使《さいし》の左少将《さしょうしょう》俊家が、院(彰子)に参りました。関白は使を遣わして、途中に於いて留めさせました。『祭使はまったく院に参入してはならない』ということです。この間、唐鞍《からぐら》の馬や引馬《ひきうま》、馬副《うまぞい》・手振《てぶり》・執物《とりもの》・雑色《ぞうしき》は車に乗り、几帳《きちょう》や絵雑具《えぞうぐ》を立て、南門から入りました。関白は驚き怪しまれました。ところが、御前に召して覧られました。祭使は一人も参らせませんでした。関白は再三、傾き怪しまれました。馬副の装束《しょうぞく》は、絹を深蘇芳《ふかずおう》に染め、擣《う》ち瑩《みが》きました。袂《たもと》は開けていました。狩襖《かりおう》のようでした。赤□を着していました。擣衣《うちぎぬ》。白い織物《おりもの》を布帯《ぬのおび》としていました。手振の者は童《わらわ》十二人。紫の絹を褐衣《かちえ》の下襲〈青色を着しました。〉としていました。狩袴《かりばかま》は末濃《すえご》の括《くくり》でした。他の小舎人童《こどねりわらわ》八人の装束は、織物の綾羅《りょうら》を衣服として、金銀で荘厳《そうごん》していました。また、笠持《かさもち》の者は、男の笠持は男、童の笠持は童でした。また、左近将曹時国《さこんのしょうそうときくに》と(茨田《まんだの》)為弘《ためひろ》を童の傅者《ふしゃ》としました。『そもそも童を手振とするのは、未だ曾て聞いたことがない。現在、これは自ずから極めて見苦しい』と云うことでした。今日の事は、関白が深く傾き怪しむ様子が有りました。違例《いれい》の事については、先ず内々に伝えられるべきでしょうか」ということだ。童の手振については、未だ聞いたことがないばかりである。小舎人童を加えて、童二十人である。奇怪と称さなければならない事である。

○五月

十一日、辛巳。　**炎旱により御占／宮中仏事の間、神祇官御卜の可否**

頭弁《とうのべん》（藤原経任《つねとう》）の書状に云ったことには、「炎旱《えんかん》によって、昨日の夕方、御占《みうら》が行なわれました。『理《り》運《うん》□、南東と北東の方角の神事の違例《いれい》が致したところである』と云うことでした。左金吾《さきんご》（源師房《もろふさ》）が上卿《しょうけい》を勤めました」と云うことだ。大外記《だいげき》（小野）文義《ふみよし》が云ったことには、「去る夕方、急に召しが有りました。すぐに参入しました。『宮中で仏事《ぶつじ》を行なわれる間に、神祇官《じんぎかん》の御卜《みうら》を行なったことは有るのか』と。申させて云ったことには、『見えるところはありません。神祇官庁《じんぎかんちょう》に於いて御卜を行なった例は有ります。また、陰陽寮《おんみょうりょう》一官が、陣の腋《わき》に於いて占い申した例が有ります』ということでした。そこで陰陽寮が占い申し、神祇官の御卜は行なわれませんでした」と。最勝講始《さいしょうこうはじめ》の日に御卜を行なうべきか否かについて、関白《かんぱく》（藤原頼通《よりみち》）が下官（実資）に問われた。答えて云ったことには、「長雨や旱魃《かんばつ》の時に、神祇官と陰陽寮の卜占《ぼくせん》が行なわれます。但し宮中の触穢《しょくえ》や仏事の時は、神祇官が神祇官庁に於いて卜し申すのでしょうか」と。

十五日、乙酉。　**大極殿・東大寺御読経の僧名／教通、病悩**

史《し》憲親《のりちか》が大極殿《だいごくでん》三百口御読経《くみどきょう》の僧名《そうみょう》を進上した。夜に臨んで、頭弁が東大寺《とうだいじ》御読経の巻数《かんず》と僧名〈寺々の僧名。合わせて二百八十余口。〉を持って来た。奏聞《そうもん》させた。弁が云ったことには、「十八日、丹生《にう》・貴《き》布禰使《ぶねし》を出立《しゅったつ》されることになりました」と。（和気《わけの》）相成朝臣《すけなりあそん》が云ったことには、「内府（藤原教通《のりみち》）は、熱物《ねつもつ》を病まれています。格別な恐れは無いとはいっても、病悩しているのは、禁所《きんしょ》です〈皆、骨内《こつない》である。〉」と。

二十三日。（『三条西家重書古文書』一・春日社狼恠事による）　**春日社で狼が鹿を食い殺した怪異**

夜に入って、右衛門権佐《えもんのごんのすけ》(平)雅康《まさやす》が、春日《かすが》御社が言上《ごんじょう》した今月二十日の寅剋、鳥居の内で狼が鹿を食い殺した占方《うらかた》を持って来た。「藤原氏の卿の中で、卯・酉・巳・亥年の人は、病事《びょうじ》を慎しむように」ということだ。怪異《かいい》の日以後、二十日の内、及び来たる六月・十一月・十二月の節中《せっちゅう》の並びに丙・丁の日である。

○六月

二十二日、辛酉。　**御読経僧名定は国忌を避けるかどうかについて回答／頼通随身、雑仕女を打擲**

昨日、千人《せんにん》御《み》読経《どきょう》の事によって、内大臣(藤原教通《のりみち》)を召したが、病を称して参らなかった。また、中《ちゅう》宮権大夫《ぐうごんのだいぶ》(藤原能信《よしのぶ》)を召したが、同じく障りを称した。そこで昨日は、議定《ぎじょう》は行なわれなかった。関《かん》白《ぱく》(藤原頼通《よりみち》)がおっしゃって云ったことには、「今日、定めさせるのに、難点が無いであろうか、如何か。もし難点が無ければ、今日、定めさせるように」ということだ。ところが、この事は知り申していない。これを如何しよう。事情を承ろうと思う。これは仏事《ぶつじ》である。格別な難点は無いのであろうか。「大略は、二十五・二十七日の頃である」と云うことだ。報じて云ったことには、「上古《じょうこ》は、国忌《こき》の日に季御《きのみ》読経《どきょう》を始め行なわれました。どうしてましてや、僧名《そうみょう》を定められるについてはなおさらです。難点は無いであろう事です。元慶《がんぎょう》四年三月十七日は、国忌の日に季御読経を始め行ないました」と。大外記《だいげき》（小野）文義《ふみよし》が云ったことには、「早朝、関白殿に参りました。国忌の日に御読経を行なわれた例を問われました。例が有るとのことを申しました。おっしゃって云ったことには、『当時《とうじ》（後一条《ごいちじょう》天皇）の御国忌の日である。明日、千口《く》御読経の僧名を定められるように』ということでした」と。私が思ったところは、御読経について定められるについては、憚りが有ることはないのではないか。特に千口御読経は、ただ宣旨《せんじ》を寺々に託すのか。頭弁《とうのべん》（藤原経任《つねとう》）に問い遣わした。報状に云ったことには、「当時の御国忌の日は難点が有るということは、承っておりません。ただ今、関白に参ります。その命に随うことにします」ということだ。「関白の随身《ずいじん》の府生《ふしょう》〈（秦《はたの》）武方《たけかた》と（下毛野《しもつけのの》）公《きん》忠《ただ》。〉・番長《ばんちょう》〈（下毛野）公武《きんたけ》と（播磨《はりまの》）貞安《さだやす》。〉・近衛《このえ》二人が、雑仕女《ぞうしめ》を打擲《ちょうちゃく》したので、戸屋《とや》に籠められました」と云うことだ。

○七月

二十八日、丁酉。　八月改元の例／尾張国大粮官符の不備／鉄を深覚・良円に奉献

早朝、頭弁《とうのべん》（藤原経任《つねとう》）が伝え送って云ったことには、「八月の改元《かいげん》の例を記してください」と。使に託して、これを遣わした。天平《てんぴょう》や延暦《えんりゃく》の例である。年々の改元の例を加えて、これを送った。中納言《ちゅうなごん》（藤

原資平《すけひら》)と少し談った。すぐに外記庁《げきちょう》に参った。成典僧都《じょうてんそうず》が来た。いささか病悩が有って、逢わなかった。同日、頭弁が関白《かんぱく》(藤原頼通《よりみち》)の御書状を伝えて云ったことには、「二十九日に改元を行なうこととする。ところが、内裏に犬の死穢《しえ》が有り、二十九日に及ぶ。穢《え》の期間中の改元の例を勘申《かんじん》させたところ、既にその例は無い。翌月に改元した例は有る。天平や延暦は、八月に改元した。これは吉例《きちれい》である。来月の上旬頃の宜しい日に行なわれては如何か」と。報じて云ったことには、「穢の期間中に改元を行なわれる事は、穏便ではないでしょう。どうしてましてや、例が無いのならなおさらです。来月、行なわれるのがもっとも宜しいでしょう」と。弁《べん》が神祇官《じんぎかん》の解文《げぶみ》および尾張《おわり》国の大粮官符《たいろうかんぷ》を持って来た。この官符は、史《し》の署は有るが、名が無い。すでに請印《しょういん》した官符である。「国司《こくし》がこの事を持たれれば、公文《くもん》の煩いが有ります」ということだ。私が答えて云ったことには、「その時の弁(藤原頼任《よりとう》)は、すでにその身は無い。特に草案《そうあん》を留めて、調べ検じさせたが、事は相違が無かった。失符《しっぷ》の例に准じて申上させるべきであろうか。弁の署が無い官符を公文と合わせてはならない。このような事は、例が有るのか否か、大弁《だいべん》と相談して、その趣旨を聞くように。また、関白に伝えて処分に随おうと思う」と。頭弁が帰って来た。関白の報を伝えて云ったことには、「穢の期間内は行なってはならないということを承った」ということだ。鉄三十挺《ちょう》を禅林寺《ぜんりんじ》前大僧正《さきのだいそうじょう》(深覚《しんがく》)に奉献《ほうけん》した。功徳料《くどくりょう》に充てさせる為である。御返事に云ったことには、「近日、求めさせていた物である。随喜《ずいき》は極まり無い」ということだ。鉄百挺を律師《りっし》(良円《りょうえん》)に与えた。房の造作料に充てさせる為である。

○八月

二日、辛丑。　出雲守橘俊孝、参上

（源）知道《ともみち》が申して云ったことには、「昨夜、出雲守《いずものかみ》（橘）俊孝《としたか》が参って、申して云ったことには、『ただ今〈丑剋の頃。〉、参上しました。史広雅《しひろまさ》も同じく参上しました』ということでした。深夜に及んでいるので、詳細を申しません」ということだ。随身《ずいじん》（身人部《むひとべの》）信武《のぶたけ》に命じて、趣旨を□所に遣わした。すぐに返事を申した。

七日、丙午。　杵築社の託宣は無実との証言

左少弁《さしょうべん》（源）経長朝臣《つねながあそん》が、出雲国《いずも》杵築《きづき》社の文書《もんじょ》を持って来た。先日、下給した文書、および社司《しゃし》や在庁官人《ざいちょうかんじん》を問注《もんちゅう》した文書である。国司《こくし》の解文《げぶみ》と社司は、託宣《たくせん》が無かったということを申した。「また、王が陪膳《ばいぜん》する事、また神人《じにん》ではない者に位記《いき》を下給した」ということだ。そこでこの位記を下給しなかった。広雅は返し進めた。経長朝臣が帰って来た。関白《かんぱく》（藤原頼通《よりみち》）の御書状を伝えて云ったことには、「事はすでに軽くはない。先ず上達部《かんだちめ》に定め申させるべきであろう」と。答えて云ったことには、「諸卿の僉議《せんぎ》は、最もそうあるべき事です」と。下官（実資）は、触穢《しょくえ》の後の宜しい日に参入することになっている。その後、定め申すべきであろうか。

二十日、己未。　杵築社託宣についての陣定／小野御馬不牽進解

今日、出雲の事を定め申すことになっている。事は軽くはないので、諷誦《ふじゅ》を三箇寺〈東寺《とうじ》・清水寺《きよみずでら》・祇《ぎ》

園社《おん》。〉に修した。今日の議定《ぎじょう》については、最も僉議しなければならない。「内府（藤原教通《のりみち》）の参入は定まりません」と云うことだ。そこで重ねて外記《げき》（中原）貞親《さだちか》を遣わして、事情を伝えた。急いで参るという報が有った。私は午剋に参入した。諸卿を督促した剋限《こくげん》である。少納言《しょうなごん》（藤原）資高《すけたか》が従った。中《ちゅう》納《な》言《ごん》（藤原資平《すけひら》）は追って陽明《ようめい》門から参入し、内記所《ないきどころ》の北辺りに迎えに来た。一緒に敷政《ふせい》門から入った。左右大弁（藤原重尹《しげただ》・源経頼《つねより》）は、壁の後ろに立った。互いに揖礼《ゆうれい》して、陣座《じんのざ》に着した。次いで大納言《だいなごん》（藤原）斉信《ただのぶ》卿が参入した。次いで内大臣（教通）以下が参入した。頭弁《とうのべん》（藤原経任《つねとう》）が、右馬寮《うめりょう》が申請した小《お》野牧《ののまき》の御馬を牽進《けんしん》しないという解文を伝えて進上した。奏上させた。中納言（藤原）兼隆《かねたか》は、重服《じゅうぶく》の人である。大納言斉信卿が云ったことには、「今日は神事について定める。重服の人は、僉議に便宜《びんぎ》が無いのではないか」と。兼隆が云ったことには、「関白に参って、事情を申させたところ、おっしゃって云ったことには、『事の忌みは無いのではないか』と。ところが今、この謗難《ぼうなん》が有りました。そこで退出します」と。後に聞いたことには、「左宰相中将《さざいしょうちゅうじょう》（源）顕基《あきもと》は、軽服《きょうぶく》であった。この事を聞いて、関白の直廬《じきろ》にいて、僉議に預からなかった」と云うことだ。

二十五日、甲子。　非常赦による調庸未進免除に金銀・水銀を適用するか否かの議

経長朝臣が宣旨《せんじ》の草案《そうあん》を持って来た。頗る宜しかった。一箇所、改めなければならない事が有った。そのことを示し伝え、返給しておいた。主税助《しゅぜいのすけ》（三善《みよしの》）雅頼《まさより》を召して、陸奥《むつ》の砂金について、詔を適用すべきか否かを問うたのである。申して云ったことには、「あの国の百姓《ひゃくせい》は、狭布《きょう》を弁済《べんさい》します。

皆、これは調庸徭丁《ちょうようようてい》が弁済するところです。狭布については、詔文《しょうぶん》によって免じられるものです。金については、その調庸徭丁に食糧を下給して掘らせ、貢進させるものです。調庸を免じる詔を適用してはなりません。調庸丁は、その数は多いのです。それならば、課した砂金は数千両に及ぶでしょう。『ただこれは年料《ねんりょう》として定め置かれたものである。一切、免じられてはならない』ということです。ただ、対馬《つしま》島の銀は、充てられた丁数が有ります。そこで詔書《しょうしょ》を適用すべきでしょうか」と。私が命じて云ったことには、「水銀は如何か」と。雅頼が云ったことには、「確かには覚えていません」ということだ。命じて云ったことには、「この三種について、尋ね勘えて進上するよう、召し仰せよ」と。雅頼が云ったことには、「（藤原）滋望《しげもち》と（藤原）倫寧《ともやす》の時、天暦《てんりゃく》（村上《むらかみ》天皇）の御代には、免じられなかった事でした。倫寧は、全て五箇年分の金を勤仕《ごんし》しました。年々の遺金の三千余両も、また弁進《べんしん》しました」ということだ。この事は故殿《ことの》（藤原実頼《さねより》）の御日記に見える。申すところと相違は無い。

二十八日、丁卯。　出羽守から進物／威子、初斎院に行啓

法眼元命《ほうげんげんみょう》が来た。遇わなかった。夜に臨んで、出羽守《でわのかみ》（橘）為通《ためみち》が、密々に陸奥紙《みちのくがみ》と漆を進上してきた。

今日、中宮《ちゅうぐう》（藤原威子《たけこ》）が、斎院《さいいん》（馨子《かおるこ》内親王）〈斎院は大膳職《だいぜんしき》にいらっしゃる。〉に行啓《ぎょうけい》を行なう。外記貞親が云ったことには、「中宮大夫《ちゅうぐうだいぶ》斉信卿が、召仰《めしおおせ》の上卿《しょうけい》を勤めることになっています。或いは云ったことには、『（藤原）実康《さねやす》が卒去した』と云うことです。斉信卿の姪《てつ》でしょうか。假《か》が有るでしょうか」と。（藤原）経季《つねすえ》が云ったことには、「今朝、実康が卒去しました」ということだ。今日、行啓に供奉《ぐぶ》する

ことができないということを、頭弁の許に示し送った。披露《ひろう》させる為である。たとえ歩行に堪えられる人とはいっても、大臣の行歩《ぎょうほ》は、六、七町に及んではならない。

二十九日、戊辰。　行啓の経路

昨日の行啓の道を経長に問うたところ、云ったことには、「輦車《てぐるま》に乗られました。戌剋、朔平門《さくへい》から御出《ぎょしゅつ》して東行しました。更に南に折れ、南行しました。東に折れ、外記局《げききょく》の北を経て、櫛笥《くしげ》小路から南に折れ、南行しました。更に東に折れ、待賢門《たいけんもん》大路から東行し、大膳職の北門から御入《ぎょにゅう》しました」と。

○九月

十日、戊寅。　伊勢神宮例幣使を卜定／白河第詩合と不堪佃田申文・交替使定の日程を調整

今日、関白相府《かんぱくしょうふ》(藤原頼通《よりみち》)が、明日の卜串《うらぐし》を見た。おっしゃって云ったことには、「内大臣(藤原教通《のりみち》)以下は、序列どおりに明日の御幣《ごへい》の上卿《しょうけい》を勤められるよう申すように」と。民部卿《みんぶきょう》(藤原斉信《ただのぶ》)は、昨日、宜陽殿《ぎようでん》の平座《ひらざ》の上卿を勤めた。事は既に相□。そこで参入しないであろうか。小臣《しょうしん》(実資)については、しばしば行なう事を行なわない。執柄《しっぺい》(頼通)が知っておられるところである。中納言《ちゅうなごん》(藤原資平《すけひら》)が来た。すぐに外記政《げきせい》に参った。次いで頭弁《とうのべん》(藤原経任《つねとう》)が来た。白河第《しらかわてい》の詩合《しあわせ》について問うたところ、云ったことには、「云々が有るとはいっても、未だ決定を承っていません。世間で云っていることに

は、『十三日』と」と。私が云ったことには、「十四日は、不堪佃田申文《ふかんでんでんもうしぶみ》や交替使定《こうたいしさだめ》が行なわれることになっている。もし十三日の詩合が事実であれば、事は翌日に及ぶ。大弁《だいべん》か中弁《ちゅうべん》のうちの一人が参入し、行なわなければならない」と。大略は頭弁に伝えておいた。

十三日、辛巳。　東宮王女娟子、誕生

今日、長い時間、清談《せいだん》した。先日の詞を変えなかった。東宮〈敦良親王《あつながしんのう》〉御息所《みやすどころ》の一品禎子内親王《いっぽんよしこないしんのう》が、戌剋に女子〈娟子《よしこ》〉を産んだ。深夜、中納言が、あの宮から来て云ったことには、「難産《なんざん》でした。たまたま遂げられました」と。座に着さず、退出した。

十六日、甲申。　娟子三夜産養

「昨日の一品宮《いっぽんのみや》〈禎子内親王〉の産養《うぶやしない》は、関白が用意されました。参会の卿相《けいしょう》〈関白、内府〈教通〉、大納言《だいなごん》〈藤原〉頼宗《よりむね》・〈藤原〉能信《よしのぶ》・〈藤原〉長家《ながいえ》、中納言〈藤原〉実成《さねなり》・〈源〉師房《もろふさ》・〈藤原〉経通《つねみち》・私〈資平〉・〈藤原〉定頼《さだより》、参議《さんぎ》〈藤原〉兼経《かねつね》・〈源〉朝任《あさとう》・〈藤原〉兼頼《かねより》・〈藤原〉公成《きんなり》・〈藤原〉重尹《しげただ》・〈源〉経頼《つねより》。〉〉。攤《だ》の興が有りました」と云うことだ。

十八日、丙戌。　娟子五夜産養

昨夜の事を中納言に問い遣わした。報じて云ったことには、「本宮が準備されたものです。上達部《かんだちめ》や殿上人《てんじょうびと》の禄は、差が有りました。饗饌《きょうせん》は通常のとおりでした。関白、内府、大納言三人〈頼宗・能信・長家。〉、中納言五人〈実成・師房・経通・私〈資平〉・定頼。〉、参議六人〈朝任・兼経・兼頼・公成・重尹・経頼。〉。二十日に作文会《さくもんかい》が行なわれます」と云うことだ。

十九日、丁亥。　娟子七夜産養

「今日は東宮の御産養が行なわれる」と云うことだ。中納言は多武峯物忌《とうのみねものいみ》によって参らなかった。宰《さい》相中将《しょうちゅうじょう》(兼頼)が云ったことには、「諸卿の禄は大掛《おおうちき》でした。本宮が、児の衣と襁褓《むつき》を加えたのでしょうか。中将《ちゅうじょう》の禄は襁褓を加えました。参入の卿相は、内府、大納言斉信・頼宗・能信・長家、中納言実成・師房・定頼、参議朝任・兼頼・公成・重尹・経頼。和歌の興は行なわれませんでした。擲《てき》采《さい》の戯が有りました」と云うことだ。

○**十月**

一日。(『北山抄』一・年中要抄上・四月・同日旬事・著東座人路事による)　**旬平座**

納言《なごん》(藤原資平《すけひら》)が記して云ったことには、「云々。右金吾《うきんご》(藤原経通《つねみち》)以下は、宜陽殿《ぎようでん》に移り着しました。金吾《きんご》(経通)は外座《げざ》に着しました。私(資平)は奥座《おくざ》に着しました〈弁の座の上頭《じょうとう》を通りました。但し沓《くつ》は脱いで、弁の座の上の壇上に置きました。〉」と。

二十九日、丁卯。　除目召名

深夜、式部録《しきぶのさかん》済任《なりとう》が申して云ったことには、「除目《じもく》の召名《めしな》は、兵部録《ひょうぶのさかん》が参りませんでした。急に外記《げき》が催し召すことが有りました」ということだ。命じて云ったことには、「式部録に任じたとはいっても、召名以前は、やはりこれは兵部録である。早く役に参るのが、もっとも宜しいであろう」と。除目の召名が終わって、式部録と知るべきである。古《こ》昔《せき》は、未だ除目に召さない前は、慶びを申さなかった。ここにまだ兵部録であることがわかる。すぐに馳せ参って、役を勤めた。帰って来て云ったことには、「太政官《だいじょうかん》の上官《じょうかん》が、勤公《きんこう》が有るとのことを申していました」と。

○十一月

一日、己巳。　娟子女王五十日の儀

宰相中将《さいしょうちゅうじょう》（藤原兼頼《かねより》）と同車して、内裏に参った。東宮（敦良《あつなが》親王）の一品《いっぽん》（禎子《よしこ》内親王）の王子（娟子《よしこ》女王）の五《い》十《か》日の儀による。待賢《たいけん》門の内で続松《つぎまつ》を執った。少納言《しょうなごん》（藤原）資高《すけたか》が、春華《しゅんか》門に迎えに来た。宣耀《せんよう》殿《でん》に参った〈この殿は一品宮《いっぽんのみや》（禎子内親王）の直盧《じきろ》である。〉。関白《かんぱく》（藤原頼通《よりみち》）〈左大臣。〉・内大臣（藤原教通《のりみち》）および諸卿は、饗宴の座にいた。私が未だあの殿に到らない頃、中納言《ちゅうなごん》（藤原）資平《すけひら》が迎えに来た。食事に就いて勧盃《けんぱい》したことは、はなはだ如在《じょさい》の礼であった。東宮が渡《と》御《ぎょ》された。母宮（禎子内親王）および王子の膳物は、殿上人《てんじょうびと》が執った。ただ三人を廻った後である。陪膳《ばいぜん》は宰相中将（源）顕基《あきもと》と左兵衛督《さひょうえのかみ》（藤原）公成《きんなり》が勤めた。亥剋、王子に餅を供した。関白は座を起ち、簾中《れんちゅう》に参った。その事によるものか。長い時間の後、御簾《みす》を巻いた。東宮は出られた。円座《わろうだ》を敷いた〈簀子《すのこ》敷《じき》。〉。先ず関白が座に伺候し、男たちを召した。春宮大進《とうぐうだいじん》（藤原）隆佐《たかすけ》が参入した。諸卿を召した。私が先ず参入した。次いで内府（教

通）以下が、皆、座に着した。座席は狭かった。下臈《げろう》の者は殿上《てんじょう》に伺候した。衝重《ついがさね》を給わった。次いで楽人《がくにん》の座を庭前に敷いた〈御前から東方にあった。〉。御膳を供した〈懸盤《かけばん》六基《き》。「蘇芳《すおう》と螺鈿《らでん》の打敷《うちしき》」と云うことだ。〉。右兵衛督《うひょうえのかみ》（源）朝任《あさとう》が陪膳を勤めた。釼《たち》を解き、笏《しゃく》を置いた。本来ならば笏を腰底《ようてい》に挿さなければならないものである。失儀《しつぎ》である。次いで楽人を召した。笙《しょう》の者と横笛《よこぶえ》二人。唱歌《しょうか》の人はいなかった。また、管絃《かんげん》は無かった。極めて見苦しかった。大納言《だいなごん》（藤原）能信《よしのぶ》が和琴《わごん》、拍子《ひょうし》は中納言（藤原）実成《さねなり》。唱歌は大納言（藤原）斉信《ただのぶ》と（藤原）頼宗《よりむね》であった。今夜の御遊《ぎょゆう》は、往昔《おうじゃく》のようではなかった。盃酒《はいしゅ》が散楽《さんがく》に異ならない。蝦遊《かゆう》に類するであろう。和琴と唱歌は、極めて便宜《びんぎ》がなかったのである。二巡《じゅん》した後、禄を下給したことは差が有った。大臣は女装束《おんなしょうぞく》。以下は掛《うちき》と袴《はかま》か。確かには見なかった。楽人の禄は白い掛。疋絹《ひつけん》を下給すべきであろうか。殿上人の禄は見なかった。調べなければならない。参入した諸卿は、左大臣、私・内大臣（教通）、大納言斉信・頼宗・能信・（藤原）長家《ながいえ》、中納言実成・（源）師房《もろふさ》・資平、参議《さんぎ》（藤原）兼経《かねつね》・朝任・兼頼・顕基・公成・（藤原）重尹《しげただ》・（源）経頼《つねより》。子剋、儀が終わった。

七日、乙亥。　挙政宅に入った強盗、国正王の従者と称す

吉田祭使《よしださいし》右近□□□□□□□□三腰《こし》の分〈絹三疋と手作布《たづくりのぬの》三端《たん》。〉と米十石〈饗料《きょうりょう》。〉を□□□□□□下給させた。

頭弁《とうのべん》（藤原経任《つねとう》）が宣旨《せんじ》一枚〈□□□□□□□。〉を持って来た。□□□□□□□□また、検非違使《けびいし》が強□□

□□□□□□の盗人を勘問《かんもん》した。つまりこれは、国正《くにまさ》王の従者□□□□□□□犯以前、あの王は河内《かわち》国に罷り下りました」ということだ。私が思ったところは、従者が申したところは、すでに詐偽《さぎ》のようなものである。「この男は、強盗を行なっていた際に、疵《きず》を被《こうむ》った」ということだ。疵が癒えた後に、追究して拷訊《ごうじん》し、真偽を知るべきであろうか。また、この犯行以前に河内国に罷り下ったとの詞は、事の疑いが極めて深い。ただ奏聞《そうもん》するよう、伝えておいた。但しこの□□□を頭弁に語□、同じくこのことがあった。(平)致方《むねかた》が雑事を申した。□□□□□を進上せよとの宣旨を進上するよう命じた。

八日、丙子。

今日と明日は物忌《ものいみ》である。両日とも覆推《ふくすい》したところ、云ったことには、「軽い」と。そこで門戸を開いた。桑糸二十疋と米二十石を舞姫《まいひめ》の許に遣わした。舞姫は前長門守《さきのながとのかみ》(藤原)定雅《さだまさ》の女《むすめ》である。

雨〈終日、止まなかった。〉。

十日、戊寅。流人橘俊孝、越前に滞留/国正王の罪名を勘申/石見中津原牧、牛を進上

左少弁《さしょうべん》(源)経長《つねなが》が、流人《るにん》(橘)俊孝《としたか》を領送《りょうそう》する使左衛門府生《さえもんのふしょう》光近《みつちか》の申文《もうしぶみ》を持って来た。その状に云ったことには、「俊孝は、先月五日から重病を受け、いよいよ辛苦しています。そこで越前《えちぜん》国敦賀《つるが》郡に罷り留めました。前途を遂げることはできませんでした」ということだ。奏上するよう伝えておいた。経長は関白家の犬の死穢《しえ》に触れ、□□座に着させなかった。夜に入って、頭弁が来て云ったことには、

「関白家の穢《え》は、内裏に交わって来ました」ということだ。そこで座に着し、勅命《ちょくめい》を伝えて云ったことには、「検非違使が注進《ちゅうしん》した日記を下給した。強盗 某丸《なにがしまる》を勘問したところ、申して云ったことには、『国正王の強姦《ごうかん》の他の事は知らないものです。私(某丸)の強盗以前に、国正王は河内に罷り下りました』ということだ。今となっては、ひとえに国正王の強姦の罪名を勘申《かんじん》させるように」ということだ。実はこれは、関白が命じたものである。内々に関白が云ったことには、「汝《なれ》(実資)が述べるところは有るか」と。申して云ったことには、「この強盗某丸は、疵が癒えた後、二百杖《じょう》を科し、罪名を勘申されるべきでしょうか。二罪が共に発《おこ》ったならば、重い方によるべきでしょう」と。関白が云ったことには、「そうである事である」と。ところが、恩気が有るようなものである。下官(実資)の申したところを知られながら、強姦の罪名を下し勘じられるのは、道理に当たらない。天譴《てんけん》を避ける為に、申させたものである。石見牧《いわみのまき》が年貢《ねんぐ》の牛三頭を進上してきた。

十一日、己卯。　河臨祓／石見牧の牛三頭を人々に頒与／深覚の所望により酒宴／大和守から進物

陰陽大属《おんみょうのだいさかん》(清科《きよしなの》)行国《ゆきくに》に河臨《かわのぞみ》の祓《はらえ》を行なわせた〈衣を持たせて、使を遣わした。〉。石見牧の牛三頭を人々に頒ち与えた〈律師《りっし》(良円《りょうえん》)・宰相中将・(源)知道朝臣《ともみちあそん》。〉。律師が来た。前大僧正《さきのだいそうじょう》〈深覚《しんがく》。〉が立ち寄られた。清談《せいだん》した。法橋覚空《ほっきょうかくくう》を随身《ずいじん》されていた。僧正《そうじょう》が云ったことには、「喉が渇いた。酒を勧めてくだされ」と。すぐに酒肴《しゅこう》を準備した。僧正は先ず小女(藤原千古《ちふる》)の許に向かわれ、護身《ごしん》を行なわれた。宰相中将が一緒に帰って坐った。先ず肴物《さかなもの》を据えた〈塗高坏《ぬりたかつき》二本。下官の膳も同じであった。法橋および中《ちゅう》将《じょう》（兼頼）は一本。〉。二度、酒を勧めた。染殿《そめどの》の故事《こじ》を談られた。また、和歌の談義が有った。長い時間、談話した後、退帰された。私は地下《じげ》に於いて互いに揖礼《ゆうれい》した。僧正が立ち寄られた事を、書状で謝した。夜に臨んで、春宮大夫《とうぐうだいぶ》（頼宗）が立ち寄られた。清談の間、時剋が多く移った。大和守《やまとのかみ》（源）頼親《よりちか》が、長絹《ちょうけん》五疋と紅花《べにばな》三十斤《きん》を送ってきた。（中原）恒盛《つねもり》に小女の為に河臨の祓を行なわせた。（大中臣《おおなかとみの》）為俊《ためとし》を遣わして、宰相中将の為に河臨の解《げ》除《じょ》を行なった。以上、各々、使を遣わし、衣を持たせたのは、通例である。

十二日、庚辰。　**諸国申請雑事を宣下**

頭弁が、諸卿が定め申した国々の申請した雑事の文書《もんじょ》を下給した。すぐに宣下した。

十三日、辛巳。　**実資亡母忌日法事／国正王罪名勘申の明法博士／保内仁王講に料米を下給**

先妣《せんぴ》（藤原斉敏《ただとし》室、藤原伊文女《これふみのむすめ》）の忌日《きにち》である。諷誦《ふじゅ》を道澄寺《どうちょうじ》に修した。念賢《ねんけん》師に斎食《さいじき》させた〈身代わり。〉。僧の食膳は調備せず、精料《せいりょう》を分けさせた。読経僧を率いて、法華経《ほけきょう》と般若心経《はんにゃしんぎょう》を供養《くよう》した〈講師《こうじ》は念賢。袈裟《けさ》を施した。〉。頭弁が密かに語って云ったことには、「国正王の罪名は、明法博士《みょうぼうはかせ》利正《としまさ》朝臣に勘申させてはならないということについて、関白の仰せが有りました。『先ず宣旨および文書を下すかどうかを問うように』ということでした。ただ今、左大史《さだいし》（惟宗《これむねの》）義賢《よしかた》に尋ね問うて、事情を申すことにします。そうした後、仰せを伝えられるべきでしょうか。『明法博士（令宗《よしむねの》）道成《みちなり》および大外《だいげ》記《き》（小野）文義《ふみよし》が勘申するように』ということでした。云々のとおりであれば、利正は多く俊孝の物を得ています。その間の汚穢《おわい》の事が、執柄《しっぺい》(頼通)の耳に入りました。そこで命じられたものです」と云うことだ。また、云ったことには、「明年、大饗《だいきょう》を行なうという事について、今朝、仰せが有りました」と。また、云ったことには、「白河第《しらかわてい》に於いて、子《ね》の日の興を行なうとの風聞があります」ということだ。当保の刀禰《とね》が申させて云ったことには、「明日、保内の仁王講《にんのうこう》を行なうことにします」ということだ。石米を下給するよう、(中原)師重《もろしげ》朝臣に命じた。

十四日、壬午。　**美濃守から進物／春日祭十列代の仁王経読経／不堪佃田荒奏／違例を行なった史を交替せんとす／東宮作文会／内侍所神楽**

美濃守《みののかみ》(源)頼信《よりのぶ》が、長絹十疋・通例の絹五十疋・綿二十屯を志してきた。春日祭《かすがのまつり》の十列《とおつら》の代わりの仁《にん》王経《のうきょう》読経を、御社に於いて行なった〈請僧《しょうそう》は五十口《く》。〉。

今日と明日は、山階寺《やましなでら》(興福寺《こうふくじ》)の物忌である。覆推すると軽かった。諷誦を修した〈東寺《とうじ》・清水寺《きよみずでら》・祇園《ぎおん》社。〉。

不堪佃田奏《ふかんでんでんそう》に伺候しようと思った。また、「国々の減省《げんせい》・後不堪《ごふかん》、諸寺の講師と読師《どくし》の文書が有る」と云うことだ。加えて入れるべき文書について、昨日、(小槻《おつきの》)貞行宿禰《さだゆきすくね》に命じた。十余通に及ぶであろう。各々、急いで申請することが有る。そこで命じたものである。

内裏に参った。(藤原)資頼《すけより》が従った。私は敷政門《ふせいもん》から入った。右大弁《うだいべん》経頼が陣頭にいた。私は直接、南座《なんざ》に参った。大弁《だいべん》が座に着した。三河国司《みかわこくし》(藤原保相《やすすけ》)が申請した交替使《こうたいし》の文書を下した。大弁が束ね申した。命じたことには、「定めるように」と。大弁は座に復した。官奏《かんそう》の文書について問うた。「皆、揃えてあります」ということだ。座を起って退いた。すぐに座に復した。大弁は結政所《かたなしどころ》に於いて、奏文《そうぶん》を見た。それで早かったのか。左少史《さしょうし》守輔《もりすけ》が奏書を書杖《ふづえ》に挿し、敷政門の前を通った。大弁が云ったことには、「奏」と。私は小揖《しょうゆう》した。称唯《いしょう》して、史《し》の方を見た。守輔は奏の杖を捧げて、小《こ》庭《にわ》に跪《ひざまず》いて控えた。私は目くばせした。称唯し、走って来て、膝突《ひざつき》に着した。奏を進上した際、高声に云ったことには、「奏」と。驚き怪しんだことは極まり無かった。しばらく取らなかった。遂に執って開き見た。不堪佃田申文《ふかんでんでんもうしぶみ》の他、他の文書十五通を加えた。文書を見終わった。中間で、心神《しんしん》が乖違《かいい》した。気上《きじょう》したようなものであった。扇を執って面を扇いだ。また、更に文書を見た。また、やはり宜しくなかった。面を扇いだことは、初めのとおりであった。我慢して見終わった〈物忌を破って参入した。怖畏《ふい》が無いわけではない。〉。片結びして、板敷《いたじき》の端に推し出した。守輔がこれを給わり、申して云ったことには、「揃えるべきは若干」と。書杖を取って加え、すぐに走り出た。私が大弁に伝えて云ったことには、「膝突に於いて奏上する事は、往古《おうこ》から聞いたことがない。もし他の史がいれば、替わって伺候させるように」ということだ。大弁が云ったことには、「ただ今、伺候しておりません」ということだ。奏が終わったら、恐懼《きょうく》に処させるよう、大弁に伝えた。大弁が云ったことには、「明日の奏報《そうほう》は、他の史に進上させることにします」ということだ。諾許した。左少弁経長を介して、内覧《ないらん》を経た。関白は、今日と明日は物忌である。前日、事情を伝えた。そこで奉ったものである。長い時間を経て、帰って来た。関白の御書状を伝えて云ったことには、「見申した」ということだ。そこで経長を介して奏上し申させた。その次いでに、領送使《りょうそうし》の解文《げぶみ》について問うたところ、云ったことには、「関白に申したところ、おっしゃって云ったことには、『早く罷り下るのが吉いであろう』と。その他、あれこれの仰せはありませんでした。許容が無いようなものです」ということだ。時剋が移った。経長が召しを伝えてきた。階下《かいか》を経て、参上した。奏に伺候した儀は、通常のとおりであった〈先ず不堪佃田目録を束ね申した。次いで他の文書である。〉。御前に伺候した際、心神は宜しくなかった。退下した。射場《いば》に於いて奏文を史に返給したことは、通例のとおりであった。この間の史の作法が通例ではなかったことは、もっとも驚き怪しむに足るばかりである。私は仗座《じょうのざ》に復した。しばらくして、史が奏書を進上した。私は結緒《ゆいお》を解いた。先ず表紙《おもてがみ》を賜い、次いで一々、文書を取り加えて給わった。史は文書を開いて、見せた。伝宣《でんせん》は、云々〈後不堪文《ごふかんぶん》に宣して云ったことには、「使を遣わすのを停め、三分の二を免じられる」と。他の文書は、「申したままに」と。謂うところの、減省、講師と読師の文書である。〉。次いで不堪佃田申文を下給した〈束ねたまま推し出した。〉。史は不堪佃田目録を開いて、見せた。宣して云ったことには、「諸卿に定め申させよ」と。次いで成文《なりぶみ》および定め申さなければならない文書の数を申した。敬屈《きょうくつ》して、伺候した。私は結緒を取って、これを給わった。史が取って、文書を杖に加えて、走り出た。私は座を起って退出した〈午四剋に参り、酉剋に退出した。〉。

昨夜から東宮の御作文会《さくもんかい》が行なわれた。「詩作を得意とする上達部《かんだちめ》や殿上人が伺候した。また、地下《じげ》人《にん》の博士たちは、召しに応じた」と云うことだ〈後に聞いたことには、「上達部は御衣《おんぞ》を給わった」と云うことだ。〉。私が退出した頃、詩を講じられた。そこで前駆《ぜんく》を追わせずに退出した。資高と資頼が、輦車《てぐるま》に従った。今日、内侍所《ないしどころ》御神楽《かぐら》が行なわれた。私は秉燭《へいしょく》に及ばず、家に帰った。夜に入って、頭弁が伝宣して云ったことには、「国正王の罪名は、大外記文義と明法博士道成に勘申させることになりました」と。そこで宣下しておいた。

十五日、癸未。　奏報／上﨟の史の不参を咎める／前大宰大弐から進物

右少史《うしょうし》義成《よしなり》が、奏報を進上した。守輔は勘事《かんじ》に処された。そこで義成が進上した。但し、守輔が署していた。早朝、左大史貞行宿禰を召して、昨日の守輔について、および奏報の史について伝えた。貞行が申したところは、「奏に伺候していない史が、事情を知らずに署名を加えるのは、如何なものでしょう」ということだ。命じたことには、「申したところは、そうあるべきである。上﨟《じょうろう》の史が、昨日、参らなかったのは、甚だ驚き怪しむものである。本来ならば戒め勘じなければならないのである。ところが、守輔の事が有る。多く召勘《しょうかん》させるのは、便宜が無いであろう。そこで特に召勘しないものである」と。後々の奏の日、戒めて伺候させるよう、貞行に命じた。守輔の昨日の事は、早朝、右大弁に示し遣わした。今月、神事が繁多であるので、久しく勘事に処すのは如何であろう。これは後輩の為に召勘したものである。特に戒める詞を加えて、明後日に優免《ゆうめん》させるようにとのことである。上﨟の史が奏の日に参らなかった事は、極めて怪しい事である。後々の奏に、もし格別な障りも無く参らなければ、召勘するよう、右大弁に示し遣わした。報じて云ったことには、「仰せの無い前に、召し仰せたところです」ということだ。前大宰大弐《さきのだざいのだいに》(藤原惟憲《これのり》)が、(清原)頼隆《よりたか》真人《まひと》を介して、絹五十疋と蘇芳三十斤を志してきた。舞姫の額の借料《しゃくりょう》の絹二疋を、闈司《いし》恵子《さとこ》に下給した。中将(兼頼)の随身四人に絹を下給した〈各々二疋。各々衣服。〉。

十六日、甲申。

小女が西宅に移った。私が西町の造作を見ていた頃、中将が来た。すぐに退去した。私は西宅に向かい、小女を迎えて帰った。

十七日、乙酉。　**火事**

亥剋の頃、一条《いちじょう》大路以北、大宮《おおみや》大路以西の小□五、六宇《う》が焼亡した。随身(身《む》人部《ひとべの》)信武《のぶたけ》を遣わして見させた。帰って来て申したものである。

十八日、丙戌。

今日と明日は物忌である。準備が有ったので、門戸を閉じなかった。

十九日、丁亥。　**五節舞姫の小師を迎える／掃部寮、長筵・苫進納督促を申請／高田牧検校からの進物を返却**

木《も》工頭《くのかみ》(大江)挙周《たかちか》が、燈台七本〈一本は短かかった。〉・炭《す》櫃《びつ》二口・俎《まないた》二枚を進上してきた。宰相中将の五《ご》節《せち》の事によって、命じたものである。私はあの寮の検校《けんぎょう》である。そこで内々に命じたものである。

右衛門督《えもんのかみ》〈藤原経通《つねみち》〉が来た。舞姫の目染末濃《めぞめすえご》の裳《も》を借り取った。今夜、舞姫〈前長門守定雅朝臣の女。〉を□。次いで小師《しょうし》を迎えた。先ず菓子□□物〈折敷《おしき》四本。〉□□を下給した。また、従女《じゅうじょ》たちの食事を下給した。次いで裳のための絹一疋を下給した。次いで舞を習わせた。夜に入って、頭弁が来て云ったことには、「掃部寮《かもんりょう》が申請して云ったことには、『今月の神事および元日の分の長筵《ながむしろ》や苫《とま》は、国々が進納を勤めません。特に広長筵《ひろながむしろ》は信濃《しなの》国□、また進上する所がありません。宣旨を進上する国々に下給して催促し、納めさせてください』ということです」と。奏聞するよう伝えておいた。「中文を記さず、詞で申させよ」ということだ。

高田牧《たかだのまき》が、桑の値の絹五十疋の解文を進上した。検校源高《たかし》の解文に、種々の愁い申す事が有ることを記していた。高は、高□□五疋・長絹一疋・鴨頭草《かもとぐさ》の移二帖《じょう》を進上してきた。前々は□□の勤めは無かった。また、言上《ごんじょう》してきた解文では、牧司《まきし》を執当《しっとう》することを望み申していた。そこで返却することにした。

二十日、戊子。　高田牧、桑値の絹を進上／大原野祭／祭使に饗料米・舞人下襲料を下給／月奏・陪膳記／出納、手洗・椋を返さず

高田牧が、桑の値の絹五十疋と、高が進上した物を、今日、進上してきた。高が進上した物は返給しておいた。

大原野祭《おおはらののまつり》に奉幣《ほうべい》を行なった。祭使《さいし》右近将監《うこんのしょうげん》〈藤原〉資経《すけつね》は、饗料米十石を先日、給わった。これは右《う》近衛府《このえふ》の歳末の節料《せつりょう》である。祭使が右近衛府に命じて饗料を□させた。資経が申して云ったことには、「舞人《まいびと》の下襲《したがさね》は、もう八人の分が足りません」ということだ。絹八疋を下給した。

舞姫の青色・青摺《あおずり》の唐衣《からぎぬ》を、因幡守《いなばのかみ》（藤原）頼成《よりしげ》に貸した。

出納《すいとう》が、所々の月奏《げっそう》および陪膳記《ばいぜんき》を持って来た。

中納言が、小病悩の後、初めて来た。舞姫が小師を返し送った。通例の禄〈三疋・三屯。或る記に、「二屯」と。〉を下給して、これを返し遣わした。特に米五石を下給した。几帳《きちょう》の帷《とばり》・畳四枚・火桶《ひおけ》を取った。今朝、手洗《てあらい》と楾《はんぞう》を執ろうと思った。ところが、出納の男が乞い返して、給わなかった。そこで忿《ふん》怒《ぬ》したことは極まり無かった。

二十一日、己丑。　五節帳台試

宰相中将が五節《ごせち》の舞姫《まいひめ》を献上した。準備したことは、下官の準備のようなものであった。早朝から五節所《せちどころ》の雑物を運び遣わした〈五節所の南東の角。〉。今日の童女《どうにょ》の装束《しょうぞく》は、人々に命じて調備させたものである。春宮大夫が、（藤原）為資《ためすけ》朝臣を介して、これを送られた。下仕《しもづかえ》の装束は、我が家が調備したものである。夜に臨んで、春宮大夫が立ち寄られた。中納言及び殿上人たちが来た。食事を供した。また、舞姫の前駆の饗饌《きょうせん》を調備させた〈中将の侍所《さむらいどころ》。〉。亥剋の頃、舞姫を参入させた。□余の車。車《くるま》副《ぞい》は褐冠《かちかぶり》を着した。出車《いだしぐるま》〈春宮大夫・右宰相中将《うさいしょうちゅうじょう》（兼経）・左右大弁（重尹・経頼）・中将の車。童女・下仕・雑仕《ぞうし》は網代車《あじろぐるま》。〉。中将・（藤原）資房《すけふさ》・資高・資頼と一緒に内裏に参った。女房《にょうぼう》の数〈傅《かしずき》八人・童女二人・下仕四人。〉。

五節を献上した人々〈因幡守頼成・備後守《びんごのかみ》（源）定良《さだよし》、右衛門督経通・左宰相中将《ささいしょうちゅうじょう》兼頼。〉。

二十二日、庚寅。　金剛般若経転読／五節舞姫、患い有り／六衛府陣に屯食停止の宣旨

西北中央廊に於いて、帝釈天《たいしゃくてん》を懸け奉った。三口の僧〈念賢・智照《ちしょう》・忠高《ちゅうこう》。〉を招請して、金剛般若経《こんごうはんにゃきょう》を転読《てんどく》させ奉った〈一日。〉。

昨夜、舞姫が急に煩ったとのことを、師重朝臣が申した。「但し、今朝は事情を承っていません」ということだ。「屯食《とんじき》を六衛《え》府《ふ》の陣に下給してはならないとの宣旨が有りました」と云うことだ。そこで頭弁に問い遣わした。報じて云ったことには、「屯食停止《ちょうじ》の宣旨は、事実です」と。また、云ったことには、「五節の舞姫は、煩いが有る時は、参上しないのでしょうか。延喜《えんぎ》・天慶《てんぎょう》の頃、その例が有りました。『中将の五節の舞姫に病悩の様子が有った』と云うことです。もしもまだ軽くなければ、如何しましょう」と。随身信武が云ったことには、「舞姫は格別な事が無いとのことを承っています」と。女房の許から伝えたところは、信武の言と同じであった。

故殿《ことの》（藤原実頼《さねより》）の御記《ぎょき》。

天慶元年十一月二十五日、戊辰。「節会《せちえ》は恒例のとおりであった」と云うことだ。私（実頼）は舞姫を訪ねる為、その曹司《そうし》に向かった。親王・公卿・殿上の侍臣《じしん》たちが多く来た〈私が奉った舞姫は、まったく舞わずに退出した。〉。

天暦《てんりゃく》十年十一月十三日、辛丑。五節の舞姫は、数のとおり参ったとはいっても、四人とも舞わなかった。「甚だ勘当《かんどう》が有った」と云うことだ。

応和《おうわ》三年十一月二十日、戊辰。云々。五節の舞姫が未だ出ない前に、東宮(憲平《のりひら》親王)は退下した。第四の舞姫は還らず、その舞の間中、坐っていた。甚だ病悩の様子が有った。この間、入御《にゅうぎょ》した。

二十三日、辛卯。　殿上垸飯／五節童女御覧／六位蔵人、兼頼の五節所に向かわず。頼通、これを勘責／新嘗祭

去る二十日から今日まで、内(後一条《ごいちじょう》天皇)の御物忌である。そこで今日、中和院行幸《ちゅうかいんぎょうこう》は行なわれない。

今日、宰相中将が、殿上の垸飯《おうばん》を行なった。権大納言《ごんだいなごん》(長家)が調備させた。内の御物忌である。春宮大夫・中宮権大夫《ちゅうぐうごんのだいぶ》(能信)・権大納言・左衛門督《さえもんのかみ》(師房)が、御物忌に籠り候じた。殿上間《てんじょうのま》に着して、飲んだ。童女と下仕を御覧になるからである。春宮大夫及び卿相《けいしょう》たちは、宰相中将の五節所に向かった。装束を着して出立《しゅったつ》させた。童女の装束は、女院《にょういん》(藤原彰子《あきこ》)が調備された。下仕の装束は東宮。この装束は、はなはだ鮮明無比であった。御使たちの禄の綾の掛と袴は、あらかじめ五節所に遣わし置いた。

昨夜、侍従《じじゅう》(藤原)信家《のぶいえ》の語によって、六位蔵人《ろくいのくろうど》たちは中将の五節所に向かわなかった。蔵人実任《くろうどさねとう》が舞姫を抱えた。あらかじめ左衛門尉《さえもんのじょう》(藤原)実綱《さねつな》と右衛門尉《えもんのじょう》(藤原)信尹《のぶまさ》に戒め語っておいた。ところが、跡を晦《くら》ました。そこで実任に命じて、抱えさせた。関白はこの事を聞いて腹立《ふくりゅう》し、この六位たちを勘《かん》責《せき》した。恐懼して退出した。頭中将《とうのちゅうじょう》(源)隆国《たかくに》以下の殿上人でそこにいた者は、童女と下仕に追従《ついしょう》した。「かえって面目が有ったようなものである」と云うことだ。

権中納言《ごんちゅうなごん》〈藤原〉定頼《さだより》と参議兼頼は、今夜、神祇官《じんぎかん》に着した。


二十四日、壬辰。　頼通、信家を戒飭し、六位蔵人を勘当／舞師膳物代を送る

今日と明日は物忌である。門戸を閉じなかった。中将の五節によるものである。〈藤原〉経季《つねすえ》が来て云ったことには、「昨日、関白は信家を呼んで諷諫《ふうかん》されました。また、二人の蔵人が勘当されて、退出しました」と。

中将が云ったことには、「昨夜、神祇官から退出しました」と。今朝、云ったことには、「昨夜、親王や上達部が、五節所に立ち寄りました。いささか飲酒が有りました。芳心《ほうしん》が有ったからでしょうか」と。

今日、物忌であったので、節会に参らなかった。先日、頭弁経任に告げた。

宰相中将は、青摺を着して内裏に参った〈秉燭の後。〉。

舞師《まいし》の膳について、今朝、春宮大夫が示し送ってきた。そこで膳物代の米五石と絹一疋〈打敷の分。〉・絹六疋・綿三屯を送らせた。酉剋の頃、中納言が来て云ったことには、「病悩が有った後、今日、初めて参入します。腰は未だ尋常ではありません」ということだ。亥剋の頃、五節の陪従《べいじゅう》・童女・下仕が来た。舞姫は、耳敏川《みみと》に於いて、陰陽允《おんみようのじよう》為俊に祓《はらえ》を行なわせた。その□□を送……

「近代の朝餉《あさがれい》は、代絹《かわりぎぬ》三疋を送る」と云うことだ。怪しい事である。野卑である。

二十五日、癸巳。　五節所から屯食を諸陣に下給することを禁ず／豊明節会の違例／斉信は失礼の者

五節所から屯食を諸陣に下給することの制を、新たに仰せ下された。但し、すでにその準備が有った。そこで密々に今日、受け取らせた。陣中に持って入ってはならないということを、戒め仰せたものである。本府に於いて食すよう、命じさせた。中将は初献《しょこん》の回で、特に思うところが有る。そこで下給させただけである。闈司と小歌《こうた》で数の外の者二人が、切々と申させた。そこで、各一疋を下賜させた。通例としてはならない。右衛門督が、前日、貸した舞姫装束を持って来た。秉燭の後、中納言が来て云ったことには、「昨日の節会は、内弁《ないべん》の内大臣が、大歌《おおうた》を召させませんでした。先例は内豎《ないじゅ》を介して喚《め》させました。また、□御《み》酒勅使《きのちょくし》の左宰相中将を召して云ったことには、『左の近き守《まもり》の司《つかさ》の源朝臣』と。すでに前跡《ぜんせき》に違っています。『大佐《おおいすけ》源朝臣』と召さなければなりません。ところが、『大佐』の両字が、召詞《めしことば》に無かったのです。失誤でした」と。また、云ったことには、「五節の拝の時、大納言斉信は、退下した際に、桜樹の北辺りを経ました。本来ならば樹の南を経なければなりません。他の大納言以下は樹の南を経ました」と。斉信卿は、もとより失礼の者である。

太政官《だいじょうかん》の上官《じょうかん》たちが云ったことには、「斉信卿は、桜樹の北を経て、左仗《さじょう》の後ろから南に進みました。頼宗卿が従ったのですが、能信卿は高声に非例《ひれい》であることを称しました。頼宗卿は退帰し、桜樹の東を経て、到り立ちました。斉信卿だけが、左仗の後ろから南に進みました。桜樹と仗の後ろは、その

細さは帯のようです。上達部や太政官の上官が驚き怪しんだことは、極まり無いものでした」と。斉信卿は失礼が算の無い人である。

二十六日、甲午。資平二男資仲・教通二男信基・三男信長、元服／宇佐使発遣／結政請印／新造西宅に宿す

中納言が云ったことには、「関白の邸第《ていだい》に参りました。息童《そくどう》〈藤原資仲《すけなか》〉の元服《げんぷく》および爵について申しました。『明年の叙位《じょい》で、心を配ることにする』ということでした。今日、内府の息二人〈藤原信基《のぶもと》・藤原信長《のぶなが》〉も元服します。あの御許に参って、参ることができないという事を申します」ということだ。今日、宇佐使《うさし》を発遣した〈使は丹後守《たんごのかみ》〈藤原〉憲房《のりふさ》。〉。「大納言斉信が上卿《しょうけい》を勤めました。結政《かたなし》の請印《しょういん》が行なわれました」と云うことだ〈後日、聞いたことには、「香椎《かしい》宮の宣命《せんみょう》が無かった」と云うことだ。晦日《つごもり》の記に見える。〉。夜に臨んで、頭弁が来た。雑事を談った次いでに云ったことには、「小忌《おみ》の中納言定頼と参議兼頼が遅参《ちさん》した事について、召問《しょうもん》されるという意向が有りました。頭中将隆国が仰せを承ったのでしょうか」ということだ。

中納言の息童が、首服《しゅふく》を加えた。戌剋。加冠《かかん》は右衛門督経通。理髪《りはつ》は蔵人左少弁経長。中納言が冠者《かじゃ》〈資仲〉を随身して来た。すぐに関白の邸第に率いて参った。時剋が推移して、中納言が来た。同車して新造の西宅に向かった〈亥剋。〉。反閇《へんばい》は行なわなかった。ただ初めて宿すだけである。五菓《ごか》〈松実《まつのみ》・柏《かや》・栗・干棗《ほしなつめ》・柘榴《ざくろ》。〉を食した。中納言が陪膳を勤めた。しばらくして、退いた。夕膳を食した。今日、

内府の二郎(信基)と三郎(信長)が元服を加えた。大納言頼宗と能信が加冠を勤めた。右中将《うちゅうじょう》(藤原)良《よし》頼《より》と同府の右中将(源)実基《さねもと》が理髪を勤めた。「二郎信基は従五位上に叙された。故入道相府《にゅうどうしょうふ》(藤原道《みち》長《なが》)の戸籍《こせき》であるからである。三郎信長は従五位下に叙され、追って従五位上に叙されるであろう」と云うことだ。

今夜、陰陽助《おんみょうのすけ》(巨勢《こせの》)孝秀《たかひで》朝臣に西町の家を鎮めさせた。今夜、宿し始めることになっている。

二十七日、乙未。　史忠国に衣料を下給／頼通、定頼・兼頼を恐懼に処す

早朝、帰った。(坂本)忠国《ただくに》は恪勤《かくご》であって、窮者《きゅうしゃ》・煢独《けいどく》の者である。合掛《あわせうちき》一重《かさね》と綿二屯を下給した。「すぐにこの衣を着し、綿を懐にして、退出しました」と云うことだ。

豊明節会《とよのあかりのせちえ》の小忌の上卿と宰相が遅参したことについて、恐懼に処し申すようにとの仰せ事が有った。頭弁経任が仰せを承り、書状を記して、宰相中将に示し送った。小忌〈中納言定頼と参議兼頼。〉。

昨日、関白相府《かんぱくしょうふ》(頼通)が馬四疋を貢上した〈「各二疋を左右馬寮《めりょう》に下給した」と云うことだ。〉。

二十八日、丙申。　賀茂臨時祭試楽

今日と明日は物忌である。覆推したところ、云ったことには、「今日は軽い。明日は頗る軽い」と。

今日、東・北両門を開いた。中納言が来た。すぐに外《げ》記庁《きちょう》に参った。

今日、臨時《りんじ》祭試《さいし》楽《がく》が行なわれた。物忌によって参らないということを、頭弁に示し遣わした。明日も同じである。私の地摺袴《じずりばかま》を、宰相中将が加えて、随身（佐伯《さえきの》）公行《きんゆき》を遣わして、蔵人所《くろうどどころ》に奉献《ほうけん》した。

二十九日、丁酉。　賀茂臨時祭／大原野祭十列代の仁王講／法華経講演／香椎廟の宣命・御幣の有無

臨時祭が行なわれた。

大原野祭の十列《とおつら》の代わりの仁王講は、新たに四部を書写《しょしゃ》し、五口の僧を招請して、一日二時、講演《こうえん》したことは、通常のとおりであった〈智照・念賢・忠高・皇慶《こうげい》・妙久《みょうきゅう》。〉。□阿闍梨《あじゃり》源承《げんしょう》が、如来寿量品《にょらいじゅりょうほん》を講演した〈魚鳥の解文で紙を作り、書写した。〉。「聴聞《ちょうもん》したのは、中納言及び四品《しほん》〈（平）理義《まさよし》・□□・（菅野）敦頼《あつより》。〉・五品《ごほん》」と云うことだ。

「宇佐宮《うさぐう》の宣命は二枚。今回、香椎宮の宣命は無い」と云うことだ。大内記《だいないき》（橘）孝親《たかちか》を呼んで、事情を問うた。申して云ったことには、「行事《ぎょうじ》の蔵人および作物所《つくもどころ》の預《あずかり》（宇治《うじの》）良明《よしあき》に問うたところ、『香椎宮には御調度《ちょうど》はありません』ということでした。そこで宣命はありません」と云うことだ。先年、上卿を勤めたことが有ったが、宣命二枚が有った。ほのかに覚えているものである。暦を引見《いんけん》すると、長保《ちょうほう》五年十二月四日と寛弘《かんこう》三年十月十三日に、宇佐宮使《うさぐうし》の上卿を、私が勤めた。皆、香椎廟《かしいびょう》に宣命が有った。また、『延喜《えんぎ》御記《ぎょき》』を見ると、香椎廟に御幣《ごへい》が有った。「今回は、御幣も宣命も無い」と云うことだ。もっとも驚き怪しむべきである。後日、上卿の斉信卿が調べて行なわなかったのである。朝廷の御為に恐れなければならない事である。一、二度、右大弁の許に示し遣わした。これは顧問《こもん》に備わる人である。また、関白相府に伝えるべきであろうか。その報に云ったことには、「御幣が有るべきです。調べて見たところです。また、神祇大副《じんぎのたいふ》（卜部《うらべの》）兼忠《かねただ》に問うたところ、申して云ったことには、『宇佐に参り向かったことは、すでに三箇年ですが、毎度、別に香椎宮の宣命および御幣が有りました〈綾一疋と絹二尺。〉』と。先日の事は、調べて行なわれた様子が有るのでしょうか」ということだ。

後日、尋ね問うたところ、「今回は、通例によって、御幣が有りました。但し、宣命はありませんでした」と云うことだ。十二月六日、兼忠を召して事情を問うた。申して云ったことには、「度々、参入しましたが、皆、宣命および御幣が有りました。御幣は絹四疋でしょうか」ということだ。確かには覚えていないのか。右大弁が先日、伝えたところは、綾一疋と絹二尺である。「これは兼忠が申したものです」ということだ。事は頗る相違している。ところが、やはり御幣と宣命が有ることがわかった。御幣の色目《しきもく》や数については、確かには覚えていないのか。今回の御幣の色目を尋ね問うて、記し置かなければならない。

後日、経長朝臣に尋ね問うたところ、云ったことには、「綾一疋・絹二疋・木綿《ゆう》少々です」と。右大弁は絹二尺と記した。書き誤ったのか。二疋か。十二月八日に来て云ったことには、「紫の綾一疋と絹二疋一丈。木綿は加えません。先日は申し誤ったのです」ということだ。

○十二月

一日、戊戌。　家司に衣服料を下給

昨夜、□剋の頃、（石作《いしづくりの》）忠時《ただとき》宿禰《すくね》と（大江）文利《ふみとし》に絹と綿〈各二疋・二屯。〉を下給した。

二日、己亥。　道長のための法華八講五巻日／直物の日時について指示／香椎廟の宣命についての議

公卿給《くぎょうきゅう》を、大外記《だいげき》（小野）文義《ふみよし》に下給した〈公卿給一通・別紙一枚・二合《にごう》一枚・停任《ちょうにん》一枚・賀茂《かも》初斎院行事所《しょさいいんぎょうじしょ》が申請した□□□大膳権亮《だいぜんのごんのすけ》藤原資良《すけよし》。〉。

中納言《ちゅうなごん》（藤原資平《すけひら》）が来て云ったことには、「今日は故入道太相府《にゅうどうだいしょうふ》（藤原道長《みちなが》）のための八講の五巻日《ごかんのひ》です。そこで参入します」と。頭弁《とうのべん》（藤原経任《つねとう》）が来た。直物《なおしもの》の日について示し伝えた。関白《かんぱく》（藤原頼通《よりみち》）の命に随って決定しなければならない。御物忌《ものいみ》が連々としていて、官奏《かんそう》を行なう隙《すき》が無い。また、季御読経《きのみどきょう》や御仏名会《ぶつみょうえ》の間は、奏を行なうわけにはいかない。

香椎廟《かしいびょう》の宣命《せんみょう》について、左少弁《さしょうべん》（源）経長《つねなが》に問うたところ、云ったことには、「宣命については、事情を知りません。その日は、上卿《しょうけい》〈（藤原）斉信《ただのぶ》。〉が、頗る不審の様子が有りました。大内記《だいないき》（橘）孝親《たかちか》も同じでした。但し、香椎廟の御幣《ごへい》については、通例によって、所司《しょし》が準備して揃えてあるものです。宣命の有無を調べられてください。通常の事です。今日、便宜《びんぎ》が有れば関白に申すことにします」ということだ。私が答えて云ったことには、「民部卿《みんぶきょう》（斉信）は、今日、御堂《みどう》に参るのか。先ず事情を伝え、調べて漏らし伝えるに及ぶのは、如何であろう。もし参入しなければ、右大弁《うだいべん》（源経頼《つねより》）に相談して処

置するように」と。夜に入って、中納言が来て云ったことには、「香椎廟の宣命について、頭弁が戸《こ》部《ぶ》(斉信)に告げました。戸部が云ったことには、『大内記孝親に問うたところ、孝親が云ったことには、「ただ宇佐宮《うさぐう》の宣命一枚です」ということだ。そこで香椎廟の宣命は無い』と云うことでした」と。上卿と内記《ないき》は、共に暗夜のようなものである。ああ、ああ。

三日、庚子。　右近番長を補す／天智天皇国忌・廃務／当季修善始・当季聖天供始／斉信、香椎廟宣命について弁明／定朝に仏像を造顕させる

右近府掌惟宗為武《うこんのふしょうこれむねのためたけ》を右近番長《うこんのばんちょう》に補した。「賭射《のりゆみ》の矢数《やかず》の者です。頭中将《とうのちゅうじょう》(源隆国《たかくに》)が望み申させたので、補したものです」と。今日は国忌《こき》の廃務《はいむ》である。七日に書き下すよう、右近府生《うこんのふしょう》(下毛野《しもつけのの》)公忠《きんただ》に命じた。

当季修善始《とうきしゅぜんはじめ》〈不動調伏法《ふどうちょうぶくほう》、阿闍梨内供良海《あじゃりないぐりょうかい》。伴僧《ばんそう》は四口《く》。〉と当季聖天供始《とうきしょうでんぐはじめ》を行なった。

直物は、御物忌を破って参るわけにはいかないとのことを関白に申すよう、頭弁の許に示し遣わしておいた。但し、十三日に、朝拝《ちょうはい》の擬侍従《ぎじじゅう》と荷前《のさき》について定めなければならない。その日に直物を行なうことにするということを伝えさせておいた。頭弁が来て云ったことには、「十三日の直物は、吉い事です」と。また云ったことには、「香椎廟の宣命について、経長朝臣《あそん》を介して仰せ遣わされました。随ってまた、斉信卿は大内記孝親を召し遣わしました。ところが、初めは物忌を称し、後に『退出します』と申しました。この香椎《かしい》宮の宣命については、昨日、斉信卿は法成寺《ほうじょうじ》に於いて伝えました。関白に拝謁し、述べたところは、『後日、孝親朝臣に問うたところ、申して云ったことには、「近代の宣命は一枚です。香椎廟の宣命はありません」ということでした。『清涼記《せいりょうき》』を見ると、二枚であることを記していません』ということでした」と。斉信卿が弁明したところは、はなはだ拠るところがない。また、『清涼抄《せいりょうしょう》』は未だ一定しない書である。それを亀鏡《きけい》とするのは、その道理は当たらない。ただ宣命を奏上するとのことが有って、枚数を指定していない。康保《こうほう》二年九月二日の『村上御記《むらかみぎょき》』に云ったことには、「左大将《さだいしょう》源朝臣（高明《たかあきら》）が、蔵人《くろうど》（紀）文利に香椎廟の告文《こうもん》の草案《そうあん》を奏上させた。命じさせて云ったことには、『宇佐宮の告文を草させるように』と云うことだ。源朝臣は（源）輔成《すけなり》に宇佐宮および香椎廟の告文の草案を奏上させた。おっしゃったことには、『草案によれ』と。十五日、『この日、御釼《みはかし》と御幣の帛《はく》を宇佐宮と香椎廟〈廟には釼《たち》を奉献《ほうけん》しなかった。〉に奉献した』と云うことだ。左大将源朝臣が、宣命二枚を奏上させた。御覧が終わって、返給した。すぐに使に授けた」と。関白が経長朝臣を介して書状を送られて云ったことには、「香椎廟の宣命について、民部卿が云ったことには、『大内記孝親朝臣に問うたところ、申して云ったことには、「香椎廟の宣命は、申されなければならない事が有る時に、宣命が有ります。何事も無い時は、宣命はありません」ということでした。そこで孝親の申したことに従って、ただ宇佐宮の宣命を奏上します』ということだ。先年、上卿を勤めた時は、如何であったか」と。私が答えて云ったことには、「二度、上卿を勤めました。その時は、何事もありませんでした。二度とも、二枚の宣命が有りました。また、詳しく康保二年九月二日と十五日の御記《ぎょき》に見えます。また、宇佐宮使の時は、香椎宮の御幣が有ります。今回は御幣が有ります。これは前例です。諸社御幣の時は、必ず宣命が有ります。どうして香椎宮について、奉幣《ほうべい》を行なうのに宣命が無いことがありましょうか。特に康保の御記は、掌《たなごころ》を指しています。孝親朝臣の考えたところは、誤りを極めています。そもそも祈り申されなければならないことが有れば、宣命に辞《こと》別《わけ》が有ります。これは通常の事です。未だ御幣が有って宣命が無いことを聞いたことがありません。今となっては、取り落とすようなものです。関白が見られて、馳せ遣わしては如何でしょう。初めに宣命を発遣した日を入れるべきでしょうか。今日は国忌です。明日は斉信卿は、亡室の周忌法事です。もし延引《えんいん》することが有れば、追い着き難いのではないでしょうか。また、更に上卿が内裏に参り、宣命の草案や清書《せいしょ》を奏上するのは、甚だ見苦しいでしょう。内裏に仏事《ぶつじ》や穢《え》が有る時は、上卿は陣外に於いて行なうとのことを、ほのかに覚えているところです。もしくは虚覚《うろおぼ》えでしょうか。また、宣命を奏上しないように覚えているものです。宜しきに随って行なわれては如何でしょう。ただ御決定によるでしょう」と。経長が云ったことには、「斉信卿は、一、二度、宣命を伝えて覧ました。これは孝親が進上したものです。関白も見られました。疑慮《ぎりょ》が有ったので、汝《なれ》(実資)に見せるわけにはいきません」ということだ。懐中に挿んで着した。密々に出して、見せた。証とすることはできない。口を掩《おお》って笑わなければならない。経長は帰り参った。この頃、中納言が来会した。述べたところは、私の愚案《ぐあん》のとおりであった。晩方、中納言が来て云ったことには、「昨日、諸卿は法成寺の故入道大《にゅうどうだい》相府《しょうふ》（道長）の忌日《きにち》に参会しました。香椎廟の宣命について、あれこれが云々していました。戸部を嘲《ちょう》弄《ろう》する様子が有りました」と云うことだ。

数日を経て、文義が云ったことには、「治安《じあん》三年、宇佐使《うさし》（橘）義通《よしみち》、上卿権大納言《ごんだいなごん》（藤原）行成《ゆきなり》、大内記（菅原）忠貞《たださだ》、宣命二枚。万寿《まんじゅ》三年、宇佐使（源）章任《あきとう》、上卿中納言（源）道方《みちかた》、大内記孝親。長元《ちょうげん》二年、上卿権中納言《ごんちゅうなごん》（藤原）定頼《さだより》、宇佐使（藤原）邦恒《くにつね》、大内記孝親。同五年〈当年。〉、宇佐使（藤原）憲房《のりふさ》、上卿大納言《だいなごん》斉信、大内記孝親」と。大外記文義が云ったことには、「治安三年以前は、宣命二枚、大内記忠貞。万寿三年以来、香椎廟の宣命はありません。これはつまり、孝親が初めて宣命一枚を作成しました。私（文義）が初めて一枚の宣命を作成したのを前例と称しているのです」ということだ。文義の申したところは、認めるばかりである。

法橋《ほっきょう》定朝《じょうちょう》が、阿弥陀仏《あみだぶつ》・観音《かんのん》像・不動尊《ふどうそん》像を奉請《ほうせい》した。後世《ごせ》の菩提《ぼだい》の為、尊像《そんぞう》を造顕《ぞうけん》し奉るのである。禄は定朝に鈍色《にびいろ》の綾の掛《うちき》一重《かさね》、副った小仏師《しょうぶつし》三人に疋絹《ひつけん》。

四日、辛丑。　香椎廟に宣命を奉る／年給文書

香椎廟の宣命について、書状で左少弁経長朝臣に問い遣わした。報状に云ったことには、「香椎廟の宣命は、夜分、追って遣わしたものです。その作法は、大略は考えて伝えられたとおりでした。そのことを、経長が参上して啓上することにします」と。

二合と停任を式部丞《しきぶのじょう》（藤原）兼安《かねやす》に下給した。

五日、壬寅。　斉信、宇佐宮宣命について確執／人々、斉信を嘲笑

今日と明日は物忌である。今日は覆推《ふくすい》したところ、軽かった。明日は重い。今日はただ西門を閉じた。早朝、中納言の書札《しょさつ》に云ったことには、「昨日、右大弁が云ったことには、『宇佐宮の宣命について、民部卿が確執《かくしつ》しています』と云うことです。『ところが、関白は宣命を書かせて、小舎人《こどねり》に命じて、馳せ遣わしました』と云うことです。『戸部は深く忿怒《ふんぬ》の様子が有りました』と云うことです。但し戸部が云ったことには、『失錯《しっさく》したということを、後代の人は、必ず記し置くところが有るであろう。ところが、朝廷の御為に便宜が無いのであれば、やはり二枚有っても、また何事が有るであろう』ということです。あの大弁《だいべん》が、ただ今、送ってきた書状の端書《はしがき》は、このようです」ということだ。その端書に云ったことには、「『宣命は、やはり一通有るべきであるとのことを、固執されています』と云うことだ。「これは章任と義通が申したところが有るからです」と云うことだ。「『両証は亀鏡とするに足る。『村上御記』は破却《はきゃく》するように』ということでした。この事に、人々は頤《あご》が外れるほど笑いました」と云うことだ。「左大弁《さだいべん》（藤原重尹《しげただ》）は、昨日、口を掩って笑いました。孝親をも人々が申したのです」と。これは中納言の書状である。そもそも愚者《ぐしゃ》二人（章任・邦恒）が、先年の宇佐使であった。その申す趣旨を模範としてはならない。彼らは確かには覚えていないのか。あの時の上卿（道方・定頼）は、今回の上卿に異ならないのか。旧規《きゅうき》を調べて行なわれるものである。戸部の恨みは知らない。きっと神明《しんめい》の感が有るであろう。

中納言の書状が無い前に、右大弁に問い遣わした。報書に云ったことには、「香椎宮の宣命は、昨日の早朝、馳せ遣わしたとのことです」と云うことだ。「誠に甚だ吉い事です。上卿は確執されているとのことです」と云うことだ。他の事については、違例《いれい》の咎《とが》が有るとはいっても、事の恐れは無い。神事については、もっとも怖畏《ふい》が有る。やはり確かに先例を調べて、行なわれなければならないのである。世間に事が有る時、諸人は愁いを蒙《こうむ》る。甚だ益の無い事である。

六日、癸卯。　藤原経通、大宰権帥を望む／保内火祭料を下給

今日、ただ東門を開いた。右衛門督《えもんのかみ》（藤原経通《つねみち》）が北門の外に来た。門を開けて、呼び入れた。都督《ととく》を望むところは、特に切なるものである。一昨日、（平）行親《ゆきちか》朝臣を介して、関白に伝えておいた。「意向は放埒《ほうらつ》ではない」ということだ。この間、事が多かった。先日は望むところは無いとのことを述べた。ところが、急に懇望《こんもう》の詞が有った。善悪はわからない。その情に任せるしかない。下官は口入《こうじゅ》するわけにはいかないということを答えておいた。当保の刀禰《とね》が、火祭料《ひまつりりょう》を申請させた。その申すに随って、雑布を下給させた。

七日、甲辰。　高田牧新任司、絹を進上／国正王の罪名勘文の疑義／大学寮造営覆勘文

高田牧《たかだのまき》が絹百十疋を進上してきた〈六十疋は桑の値、五十疋は馬の値。〉。新任の牧司《まきし》武行《たけゆき》が、初めて進上してきた。

大外記文義が、明法博士《みょうぼうはかせ》（令宗《よしむねの》）道成《みちなり》が勘申《かんじん》した国正《くにまさ》王の罪名勘文《ざいめいかんもん》を持って来た。文義が加署《かしょ》すべきである。内々に見たものである。ところが、いささか事の疑いを発した。もっともそうであるべきであるとのことを、文義が申した。但し、「道成に逢って処置します」ということだ。この事は、疵《きず》を蒙った者の申した事を是とした疑いである。疵が癒えた後で究拷《きゅうごう》した後に、虚実を定めるべき事である。信服《しんぷく》して、退去した。私が疑った趣旨を披露《ひろう》してはならないということを示し伝えておいた。夜に入って、中納言と言談し、深夜に及んだ。頭弁が同じ時剋に来た。宣旨《せんじ》が有った。これは大学頭《だいがくのかみ》(大江)時棟《ときむね》が申請した大学寮《だいがくりょう》の造営の覆勘文《ふっかんもん》であった。宣下した〈使を遣わした。〉。

八日、乙巳。　頼宗九条第焼亡、法住寺類焼／香椎廟の幣／斉信、実資を怨む詞

中納言が来た。雑事を談っていた間に、戌剋の頃、南方の遙かに火が有った。随身《ずいじん》(身《む》人部《ひとべの》)信武《のぶたけ》を馳せ遣わした。時剋が推移し、帰って来て云ったことには、「春宮大夫《とうぐうだいぶ》(藤原頼宗《よりむね》)の九条家《くじょうけ》が焼亡しました。その火は法住寺《ほうじゅうじ》に移りました。地を掃って焼亡した際、風が吹いて止みませんでした。火が滅した後、風が止みました」と。天災と称さなければならない。(中原)師重《もろしげ》朝臣に命じて、堀河院《ほりかわいん》に遣わし奉った。報じて云ったことには、「口惜しく思い申しています」と。この頃、左少弁経長が来た。中納言に会わせた。伝言して云ったことには、「香椎廟の幣《ぬさ》は、紫の綾一疋と絹二疋一丈でした」と。木綿《ゆう》について問うたところ、云ったことには、「奉献しませんでした。先日は申し誤ったのです」ということだ。「民部卿は忿怒しているとのことです」と云うことだ。事実か。内々に云ったことには、「『こうでもあったであろうものを、申された人(実資)が格別であるからである』と云いました」と。

下官は戸部を謗《そし》ったのではない。神事の違例を思った為である。

今夜、法住寺が焼亡した。もしかしたら事の理由が有るのか。恐るべし、恐るべし。「また、九条《くじょう》の別業《べつぎょう》の領田《りょうでん》は、多く人の愁いが有る」と云うことだ。


九日、丙午。　河臨祓／護身／夢想により藤原公業のために施餓鬼法を行なう

河臨《かわのぞみ》の祓《はらえ》〈(中原)恒盛《つねもり》。〉を行なった。衣を祓所《はらえどころ》に遣わした。

桑糸二疋を信武に下給した。恪勤《かくご》は朋輩《ほうばい》に勝《まさ》っている。そこで特に下給したものである。

右衛門督が東門から入って来て、都督について談った。今日、直接、関白に申す。先日、召しによって内裏に参り、奏上しておいた。天皇の意向は甚だ快かった。今日、関白の意向は、あれこれの所見は無かった。今朝、九条家の火事について堀河院に問い伝えた。報じて云ったことには、「放火です」ということだ。律師《りっし》(良円《りょうえん》)が来た。護身《ごしん》を受けた。

今朝の夢に、前右衛門督《さきのえもんのかみ》(藤原懐平《かねひら》)が来て云ったことには、「(藤原)公業《きんなり》朝臣は、食事も無く、悲歎は極まりない。功徳《くどく》の物を与えるように」ということだ。夢から覚めて、憐れみ思った。もしかしたら餓鬼道《がきどう》に堕ちたのか。そこで今夜から智照《ちしょう》を招請して、七箇日を限り、施餓鬼法《せがきほう》を行なわせる。また、(藤原)経季《つねすえ》を呼んで、末子《ばっし》の蔵人(藤原)経衡《つねひら》に告げるよう、伝え示した。また、阿闍梨頼寿《らいじゅ》は公業の姻戚《いんせき》である。久しく山に籠っている。遣わし告げるよう、指示しておいた。


十日、丁未。　修法、結願／国正王罪名勘文／兼頼、勘事を優免される

修法《しゆほう》が結願《けちがん》した。渡殿《わたどの》に於いて後加持《ごかじ》を受けた〈通例の布施《ふせ》の他、絹三疋を加えた。〉。中納言が来た。北門を開いて、呼び入れた。「今日、位記召給《いきしょうきゅう》が行なわれます。鬱々《うつうつ》とする事が有ります」ということだ。式と日記を引見《いんけん》した。しばらくして、退き去った。「未剋の頃、外記庁《げきちょう》に参ることにします」と云うことだ。十三日に諸卿を督促するよう、大外記文義に仰せ遣わした。すぐに参って来た。国正王の罪名勘文を随身していた。「先日、疑った事々は、もっともそうあるべきです。そこで勘申し直したものです」ということだ。また、頻りに小さな難点が有った。ところが、あれこれを命じなかった。史《し》に託すよう、伝え仰せておいた。

夜に入って、内裏から内豎《ないじゅ》を遣わし、宰相中将《さいしょうちゅうじょう》〈藤原兼頼《かねより》〉を召して、勘事《かんじ》を免《ゆる》された。中将《ちゅうじょう》〈兼頼〉が女房《にょうぼう》を介して伝えたものである。今朝、中納言が云ったことには、「昨日、九条家の火事を見舞う為、春宮大夫の許に参りました。深く嘆息していました。用いなければならない調度《ちょうど》は取り出さず、皆、焼失しました」ということだ。また、管絃《かんげん》の具も同じく焼失したのか。

十一日、戊申。　兼頼の侍良任、小野宮の死穢を申す／頼通、秘かに白河に遊ぶ／香椎廟宣命について斉信の言い分

辰の終剋の頃、〈藤原〉為資《ためすけ》朝臣が云ったことには、「宰相中将の方の侍《さむらい》良任《よしとう》が申して云ったことには、『今朝、死んだ児が、東対の南東の縁上に置かれていました。驚きながら取り棄てました』ということです。中将が長斎《ちょうさい》を始めようと思っている間に、今、この穢が有りましたので、事の憚りが有るので、

披露しなかったのです」ということだ。命じて云ったことには、「長斎は未だ始めていない。穢の期間を過ぎた後、明春から始められるのが上計《じょうけい》である」と。但し、内々に傍らの人に告げず、自分独りで取り棄てさせたのは、未だその意味がわからない。そこで為資を介して大納言(頼宗)に告げ示した。すぐに報じて云ったことには、「穢については、何としましょう」ということだ。簡《ふだ》を立てさせておいた。死んだ童《わらわ》を棄て置いた処、また取り棄てさせた人について、良任に問わせた。申して云ったことには、「自らの従者に捨てさせました。但しその処は、東洞院《ひがしのとういん》大路と大炊御門《おおいみかど》大路でした」ということだ。随身信武を遣わして、その処を実検《じっけん》させたところ、「すでに死骸はありませんでした」ということだ。この男(良任)は、大いに善くない者である。もしかしたら自身が穢に触れて座に着し、長斎の事によって、他の穢を作り出したのか。これは男たちが申したところである。疑うところは、そうなのであろう。「この男は虚言《きよげん》の者です」と云うことだ。師重朝臣はこの穢を知らず、中納言の家の座に着した。そこで中納言は、来たる□日に月次祭《つきなみのまつり》の上卿を勤めようとしていたが、既に穢に触れた。「外記《げき》(中原)貞親《さだちか》を召し遣わして、これを伝えることにします」ということだ。頭弁を呼び遣わした。しばらくして、来た。穢について伝えた。そもそも明後日、朝拝の擬侍従や荷前および不堪佃田《ふかんでんでん》について定めなければならない。ところが、穢によって参上することができない。直物を申し行なうべき□。ところが、穢によって参入することができない。また、不堪佃田奏《ふかんでんでんそう》や国々の申請した事を官奏に入れなければならない。考えるに嘆き申すことが有るであろう。これらの事は、内府(藤原教通《のりみち》)

が行なわれなければならないのである。事の事情を関白に申すよう、頭弁に示し伝えた。すぐに参入した。幾程を経ず、帰って来て云ったことには、「関白は門を閉じていました。下人が云ったことには、『堅固《けんご》の物忌を称して□。実は早朝、密かに白河第《しらかわてい》に行きました』ということでした。本来ならば帰られる時を待って参入しなければなりません」ということだ。大外記文義が来て云ったことには、「民部卿の召しによって、参入しました。香椎廟の宣命について談られたことには、『あの日、再三、大内記孝親に尋ね問うたところ、一枚であることを申した。「代始《だいはじめ》および事が有る時は、二枚有ります」ということであった。そこで香椎廟の宣命を作成しなかった。また、密々に馳せ遣わした事は、吉い事である』ということでした」と。調べ行なわれなかった事は、文義の様子や口ぶりに見えた。夜に入って、頭弁が来た。関白の御書状を伝えて云ったことには、「今日と明日は、火事の物忌である。堅く慎しまず、暇を窺って白河《しらかわ》に参る。穢については、極めて便宜のないことである。歳末であるので、公事《くじ》は繁多である。返す返す歎き申している」ということだ。明朝、参入せよとの仰せが有った。これらの事を伝えられるのであろうか。

十二日、己酉。　国正王罪名勘文を奏上／良任、穢の虚偽であることを認める／除目執筆を勤めず
直物上卿を勤めた例

頭弁が、大外記文義と明法博士道成が勘申した国正王の罪名勘文〈連署《れんしょ》した。〉を持って来た。穢であったので、手に取って見なかった。奏上するよう伝えておいた。良任が申した穢は、その疑いが多々である。そこで為資朝臣を召して、又々、尋問するよう命じた。すぐに召し問うたところ、申したところは混乱していた。この穢は事実ではない事である。他の穢に触れたので、憚り怖れる気持が有り、偽って児を置いたということを申した。また、申したところの穢は、はっきりしないようなものである。春宮大夫に申すよう、示し伝えておいた。中納言が来た。次いで宰相中将が会した。良任が申したところは、事実ではなかったのである。実正を申すよう、またまた私の詞で仰せ知らせられれば、彼（良任）は自ら申すであろうか。中将は退き去った。しばらくして、来て云ったことには、「確かに良任に問いました。申して云ったことには、『実正は、私（良任）の宅に流産した者がいました。大路の廂《ひさし》に出して産ませたのですが、児はすでに死にました。母は拙宅に帰りました。事情を知らず、同座した後に参入しました。恐縮し申したことは、極まりありませんでした。そこで他の穢を作って申し出たところです。これが事の実正です』ということでした。追却《ついきゃく》しました」と。そもそも良任が座に着した所は丙穢《へいえ》となる。今となっては、良任を追却した。我が家に来て座に着した人は、穢とすべきではない。事情を関白に伝えようと思う。頭弁が勘宣旨《かんせんじ》一枚〈尾《お》張国解《わりこくげ》。〉を持って来た。そこで穢の事情を伝えた。関白に伝える為である。明日、荷前使《のさきのつかい》および不堪佃田定《ふかんでんさだめ》について、内大臣（教通）がその上卿を勤める。一昨日、申した穢によって、大外記文義と左《さ》大史《だいし》（小槻《おつきの》）貞行《さだゆき》が参って来た。貞行が云ったことには、「未だ不堪佃田申文《ふかんでんもうしぶみ》に伺候すべき事を仰せ下されていません」と。文義が云ったことには、「除目《じもく》の執筆《しゅひつ》を勤めていない公卿が、直物の上卿を勤めた例を勘申するよう、関白の仰せが有りました。ところが、近代の例を引検《いんけん》すると、すでにその例はありません。又々、勘申するよう、仰せが有りました。明朝、外記局《げききょく》に参って引勘《いんかん》することにします」と。

夜に入って、頭弁が来て云ったことには、「穢の詳細を承りました。内々に云ったことには、『丙人《へいにん》が内裏に参った事は、聞いたところです。ところが、参入した人を聞いていません』ということです。このような事は知られないようなものです」と。今となっては、我が家に来て座に着した人は、穢とするわけにはいかない。そこで簡を取り棄てさせた。蔵人左少将《さしょうしょう》経季が座に着した。中納言が来た。この事を聞いた。丙人が内裏に参った事は、『村上御記』に掌を指している。そこで暦に写す。

『村上御記』

天暦《てんりゃく》八年五月二十一日、左大臣(藤原実頼《さねより》)が、蔵人(大江)澄景《すみかげ》を介して申させたことには、「左馬允《さまのじょう》源顕重《あきしげ》は、死穢《しえ》に触れた甲人《こうにん》を召して、その寮に伺候させた。その寮允坂上仲理《さかのうえのなかまさ》は、そのことを知らず、家に来て座に着した」と。そうであればつまり、身を丙穢とすることについて、丙穢の人の参入は妨げが無いことを伝えさせた。また、顕重を勘事に処すよう命じた。大臣(実頼)は、蔵人(藤原)安親《やすちか》を介して、清書した女官除目《にょうかんじもく》を奏上させた。御覧が終わって、中務省《なかつかさしょう》に下した。二十五日の未剋、左大臣が参上し、官奏を奏上した。二十六日、左右大臣(実頼・藤原師輔《もろすけ》)が参入した。小除目《こじもく》が行なわれた。

天徳《てんとく》四年六月二十八日、民部卿藤原朝臣(在衡《ありひら》)が、蔵人(藤原)為光《ためみつ》を介して申させて云ったことには、

「身は丙穢の人となりました。そこで参入して承った事を行なうことはできません」と。神事が無いので、参るよう命じさせた。応和《おうわ》元年九月五日、民部卿藤原朝臣が、穢に触れて、丙人となった。ところが、神事が無い日は、参入を許させた。

頭弁が帰って来て云ったことには、「国正王は、関白の恩が有るようなものです。内々に云ったことには、『罪名勘文は、しばらく置いておくか』ということでした。もしかしたら位を追われるだけでしょうか」ということだ。

十三日、庚戌。　荷前定

今日、内大臣が、荷前使および不堪佃田について定めた。私は穢に触れていたので、参らなかった。「そこで内大臣が上卿を勤めた」と云うことだ。後に聞いたことには。「不堪佃田について定めなかった」と云うことだ。中納言が語った。夜に臨んで、退出した。

十四日、辛亥。　季御読経始／右近衛府射場始／大般若読経始／直物の上卿について『清慎公記』を引見／頼通、実資の勤公を談る

季《きのみ》御読経始《どきょうはじめ》が行なわれた。内大臣が行事《ぎょうじ》を勤めた。

射《い》場《ば》所《しょ》が昨日の矢数を進上した〈矢数は高い者で五。〉。

大般若《だいはんにゃ》読経始《どきょうはじめ》を行なった〈天台《てんだい》（延暦寺《えんりゃくじ》）に於いて、二口の僧を招請して転読《てんどく》した。律師を招請し、我が家に於いて読ませ奉った。ところが、穢の期間は憚りが有る。そこで穢《けが》れていない物を供料《くりよう》とした。〉。昨日の事情を右大弁に問うた。報じて云ったことには、「荷前使定が行なわれましたた。十七日に不堪佃田定が行なわれます。二十五・六両日に、不堪佃田奏が行なわれるとのことです」と云うことだ。大外記文義が云ったことには、「直物は、他の上卿が行なわれた事は、見えません。そこでそのことを申させてきました」ということだ。故殿《ことの》(実頼)の天徳四年十月九日の御記に云ったことには、『『直物の次いでに小除目が行なわれた』と云うことだ。下官(実頼)は煩う所が有って、参入する時が無い。そこで事情を右府(藤原顕忠《あきただ》)に告げて、行なわせたものである」と云うことだ。今、考えると、直物については、主上《しゆじよう》(後一条天皇《ごいちじよう》)がお知りになれない事である。除目《じもく》を行なった上卿の自由である。はっきりと直物の有無をお知りになることもないのではないか。

中納言が語った。夜に入って、頭弁が来て云ったことには、「文義は、他の上卿は直物を行なわないとのことを申させませんでした。関白はあれこれを伝えられませんでした」と。直物を行なおうと思う気持が有るのであろうか。その次いでに都督を任じられるのであろうか。先日、下官が勤公《きんこう》であることを談られて云ったことには、「老いてなお強く、勤節の心は深い。勤公の誠が有るとはいっても、身が弱ければ何としよう。身はまた強健と云うとはいっても、勤公の志が無ければ何としよう。両事を兼ねているのは、甚だ欣感《きんかん》している」ということだ。丙穢の人は、神事の日の他は内裏に参る。関白は知っておられないのか。『村上御記』を書き出して、今朝、頭弁の許に遣わした。万人が知るところである。「明日と明後日は、堅固の物忌です」と云うことだ。「この日を過ぎて、事の次いでが有れば申すことにします」ということだ。『村上御記』を暦の紙背《しはい》に記し付けた。この事は、後々の為、他の人の為である。そこで直接、また示し伝えておいた。

十五日、壬子。　教通邸寝殿の柱、鳴る怪異

今日と明日は物忌である。東・北門を開いた。ただ西門を閉じた。諷誦《ふじゅ》を六角堂《ろっかくどう》に修した。右衛門督が来た。都督を望むことは、甚だ深かった。中納言が来た。陰陽助《おんみようのすけ》（巨勢《こせの》）孝秀《たかひで》が云ったことには、「内府が官奏の上卿を勤められる日は、来たる七日を勘申しました。ところが、あの殿の寝殿《しんでん》の柱が高く鳴りました。占って云ったことには、『重く病事《びょうじ》を慎しまれなければならない。その物忌は、七・八日に当たる。また、その日は山階寺《やましなでら》（興福寺《こうふくじ》）の物忌と合っている。特に今年は重厄《じゅうやく》である。その慎しみは軽くはない』と。物忌を破って参入されるのは不快であるとのことは、人々が申したものです」ということだ。下官の触穢《しょくえ》によって、不堪佃田定は行なわれなかった。随ってまた、不堪佃田奏も行なわれなかった。また、国々の減省《げんせい》も官奏に奏上しなかった。そこで関白は内府に伝え、不堪佃田定および官奏について督促されたのである。今、孝秀の申すとおりであれば、官奏などについては定まらないのではないか。

十六日、癸丑。　季御読経、結願

諷誦を六角堂に修した。物忌によるものである。

今日、季御読経が結願した。明日、結願することになっていた。ところが、大神祭使《おおみわさいし》の発遣の日であるので、縮めて行なわれたものである。大外記文義が云ったことには、「今朝、内府が云ったことには、『明日、定め申さなければならない事が有る。諸卿を巡って告げるように』と。これは不堪佃田定です。物忌に当たるとはいっても、国々が急ぎ申す事によって、先ず吉書《きっしょ》を奏上し、次々に奏が有るでしょう。関白が督促されました」と云うことだ。また、文義が云ったことには、「内府が云ったことには、『右府〈実資〉は丙穢によって参られない。丙人については、神事が無い日は参入するのが通例である。ところが、宇佐使が出立《しゅったつ》した後、御精進《しょうじ》を行なっている。この間、丙穢の人とはいっても、内裏に参るわけにはいかない』ということでした。定めて命じられたところは、最もその道理が有ります」と。文義が云ったことには、「香椎廟の宣命は、忠貞が大内記であった時、宇佐宮および香椎廟の宣命が有りました。孝親を大内記に任じて以来、香椎廟の宣命を作成していません」と。自分の失錯を先例であると称している。そうであってはならないのではないか。子細は三日の記にある。

中将の侍の造酒佑方賢《みきのじょうまさかた》に、いささか物〈米二石・塩・油。〉を下給させた。恪勤である上に、師である者である。

十七日、甲寅。　教通、物忌を破って不堪佃田定・官奏を奉仕／兼頼の随身・雑色に衣服料・節料を下給

中納言が語った。すでに深夜に及び、退出した後、頭弁が来て云ったことには、「今日、内大臣は初めて吉書の奏を奏上しました。次いで不堪佃田について定めました。権中納言定頼・左兵衛督《さひょうえのかみ》（藤原）公成《きんなり》・左大弁重尹・右大弁経頼が参入しました。内府が関白に申されて云ったことには、『上達部《かんだちめ》の参入が、幾《いくば》くもありません。不堪佃田について定め申すのは、如何なものでしょう』と。報じて云ったことには、『先年は、右府・中納言道方および下﨟《げろう》の上達部の数が少なかったが、定め申した。道方は大弁を経た人である。彼を中心とする。また、権中納言定頼も大弁を経ている。道方の例によって定められるのが宜しいであろう』と。そこで定められたものです」と。また、云ったことには、「関白は十五・六日、背に熱物《ねつもつ》が有りました。医師は格別なことは無いとのことを申し、紫金膏《しきんこう》を付けましたが、付きませんでした。そこで金英膏《きんえいこう》を付けました。ところが、今日は頗る増しました。怪しんでいるものです」と。また云ったことには、「一昨日、内府が云ったことには、『今日は二箇の物忌に当たります。官奏を奉仕するのは憚りが有ります』ということでした。関白が答えられて云ったことには、『御物忌とあっては、無理に申すわけにはいかない。御心によるように』ということでした」と。事が重要であるので、物忌を破って官奏を奉仕し、不堪佃田を定めたのか。右近衛府《うこのえふ》に当たる大垣《おおがき》は、尾張と備前《びぜん》で論じるところが有った。もう四尺ばかりは垣上を葺《ふ》いていない。聞いたとおりであれば、尾張国司《こくし》（平惟忠《これただ》）が申請したところは道理が無い。確かに尋ね問わせて葺かせるよう、頭弁に伝え仰せておいた。清談《せいだん》は亥の終剋に及んだ。

中将の随身四人の衣服料を、今日、下給させた〈各三疋・綿一屯・狩袴《かりばかま》の布・節料米《せつりょうまい》。〉。雑色《ぞうしき》たちに手作《たづくりの》布《ぬの》五十端《たん》・米十石、車副《くるまぞい》と牛童《うしわらわ》に手作布・節料米を、通例に任せて下給した。

十八日、乙卯。　清涼寺で十六羅漢を拝観

栖霞寺《せいかじ》(清涼寺《せいりょうじ》)に向かい、十六羅漢《じゅうろくらかん》を拝し奉った。中納言・宰相中将・(藤原)資房《すけふさ》・(藤原)資高《すけたか》・中納言の息男(藤原資仲《すけなか》)〈未だ名を付けていない。〉が従った。中納言の小男(資仲)は、私の車後《くるまじり》に乗った。中将・資房・資高が同車した。黄昏、帰った。

十九日、丙辰。　御仏名始／小野御厨を賀茂社領から除くか否か／美濃守から進物／彰子、藤原惟憲宅に移御

今夜、御仏名始《ごぶつみょうはじめ》が行なわれた。

今日と明日は物忌である。覆推して云ったことには、「今日と明日は軽い。但し、明日は外食《がいしょく》を禁じなければならない」と。

頭弁が来た。関白の御書状を伝えて云ったことには、「御厨所領《みくりやどころりょう》の山城《やましろ》国小野御厨《おののみくりや》の田三町余〈この御厨は、愛宕《おたぎ》郡大原《おおはら》村にある。〉は、郷々を賀茂《かも》社に寄進された日、供御所《くごしょ》を除かれた。ところが、この御園《みその》一所は、供御所を除かれる官符《かんぷ》に入れなかった。社司《しゃし》が官物《かんもつ》を責め徴すことは、切るようである。もしかしたら追って免除の官符を下給すべきであろうか。それとも裁許《さいきょ》してはならないのであろうか。宜しく定め申すように」ということだ。私が報じて云ったことには、「この御厨は、先ず格前《きゃくぜん》・格後《きゃくご》を調べられるべきでしょうか。また除いておかなければならない供御所の官符に載せず、更にまた官符を下給するのは、如何なものでしょう。郷々を賀茂上下御社《かものかみしものみやしろ》に寄進し奉られた際に、公田《こうでん》が多く郷の中にありました。『この御厨については、作田《さくでん》が幾くもない。特に進上する物は無い』と云うことでした。ただ勅定《ちょくじょう》によるべきでしょう」と。特に賀茂御社《かもおんしゃ》については、最も恐怖が有る。故殿の御記に見える子細を、頭弁に伝えておいた。美濃守《みののかみ》（源）頼信《よりのぶ》が、絹二十疋と糸十絇《く》を志してきた。

「今夜、女院《にょういん》（藤原彰子《あきこ》）は、高陽院《かやのいん》から前大宰大弐《さきのだざいのだいに》（藤原）惟憲《これのり》の家に移御されます」と云うことだ。

二十日、丁巳。　源師房、正二位に叙される／頼通、小野御厨を賀茂社領から除く意向／藤原為資の夢想に、故公業、実資の施餓鬼法を行なうを餓鬼道で喜悦

頭弁が記し送って云ったことには、「昨夜、関白の室家《しつか》（隆子《たかこ》女王）が従二位に叙されました。左衛門督《さえもんのかみ》（源）師房《もろふさ》が正二位に叙されました」と。また云ったことには、「小野御厨について、返事を申しました。やはり関白は、停止《ちょうじ》されるという意向が有ります」ということだ。「女院は、この何箇月、高陽院にいらっしゃいました。今夜、前大宰大弐惟憲の家に移御されました。関白は御贈物を献上しました」と云うことだ。中納言が語った。

為資朝臣が云ったことには、「昨夜の夢想《むそう》に、故公業が束帯《そくたい》を着して笏《しゃく》を把《と》り、途中に逢いました。容顔《ようがん》は枯槁《ここう》し、すでに気力はありませんでした。私（為資）が云ったことには、『右大殿《みぎのおとど》（実資）が、あなたの御為に施餓鬼法を行なわれた』と。公業は跪《ひざまず》き、手を磨《す》って云ったことには、『ああうれしい、うれしい』と。喜悦《きえつ》の様子は、敢えて言うこともできません」と。先日の夢想は、既に合っている。

世間の人は、後生《ごしょう》を恐れなければならない。餓鬼《がき》の報いは、誰が逃れることができようか。悲しまなければならない、悲しまなければならない。嘆かなければならない、嘆かなければならない。

二十一日、戊午。　随身に衣服料・節料を下給

随身の衣服料と節料を下給させた〈「府生《ふしょう》に四疋、番長《ばんちょう》に三疋、近衛《このえ》に二疋。節料は通例の数」と云うことだ。〉。恪勤の序列に従って、撰び取らせたのである。

二十二日、己未。　内舎人・伊豆守、馬を貢上

夜に入って、内舎人《うどねり》(平)正通《まさみち》が、安房《あわ》国から参上して云ったことには、「伊豆守《いずのかみ》(藤原)行信《ゆきのぶ》が私(正通)に託して、馬〈赤駮《あかまだら》。〉を進上します。また、私は馬〈栗毛《くりげ》。〉を貢上します」と。燭《しょく》を秉《と》って見て、厩《うまや》に立てさせた。

二十三日、庚申。　荷前／頼通・教通、臨時客を停止するとの説

今日、朝廷の御荷前が奉られた。私も荷前を奉った〈使は(藤原)経孝《つねたか》朝臣。〉。為資朝臣が云ったことには、「関白および内府は、臨時客《りんじきゃく》の準備を停止しました」と。中納言が来て云ったことには、「関白は、病悩されている所〈背の熱物。〉は、格別な事は無いとはいっても、束帯を着されると更に発《おこ》るでしょうか。これは(但波《たんばの》)忠明《ただあきら》宿禰が申したところです」と云うことだ。或いは密談《みつだん》したのである。もしかしたら、この病悩によって、臨時客の饗宴を停止されるのか。或いは云ったことには、「未だ臨時客の準備を停止するとのことを聞いていません。また、病悩されている事は、格別な事はありません」と。

二十四日、辛酉。　兼頼の乳母に節料を下給／詔使の代官を認可／木工寮、節器を進上／法真・無縁僧に米を送る

米十石を中将の乳母《めのと》の許に遣わした。これは節料である。左少弁経長が、前長門守《さきのながとのかみ》（藤原）定雅《さだまさ》が申請した詔使《しょうし》の代官《だいかん》の申文《もうしぶみ》を持って来た〈使は内膳典膳之清《ないぜんてんぜんこれきよ》、主典内蔵属《さかんくらのさかん》（秦《はたの》）茂親《しげちか》。〉。すぐに仰せ下しておいた。木《も》工寮《くりよう》が節器《せつき》〈燈台六本［塗。］、炭櫃《すびつ》四・俎《まないた》二。切板《きりいた》を加えた。〉を進上した。中納言および息男と一緒に西宅に向かった。夜に乗じて帰った。

随身信武に命じて、米一石五斗を法音寺《ほうおんじ》の法真《ほうしん》師の許に遣わした。五斗は法真の分、一石は近辺の寺および北山《きたやま》の無縁の僧たちに施与《せよ》するよう、法真師に示し遣わした。法真は数年、寺に籠っている者である。夜に入って、信武が来て云ったことには、「法真は、吉水《よしみず》と云う寺に於いて沐浴《もくよく》していました。尋ね到って、事情を伝えました。吉水の聖《ひじり》および法真が勧めて、沐浴させました。法真師と一緒に本寺に帰りました。食事を供されました。近辺の寺々の僧・尼・女童《おんなわらわ》たち九十余人を記し取って、すぐに施与しました。法真の喜悦は、もっとも甚しいものでした」ということだ。

二十五日、壬戌。　宣旨三枚を下す／国正王は位階を下し宥免／諸寺の衆僧の美服・綾羅文着用を禁制／下野国に官使を給い官物を徴納させる／不堪佃田和奏／教通、阿波国の申請を自家の荘園の利益のために抑留

今日と明日は物忌である。覆推して云ったことには、「両日とも軽い」ということだ。そこで門を開いた。諷誦を六角堂に修した。

深夜、頭弁が宣旨三枚〈一枚は明法家《みょうぼうか》が勘申した国正王の罪名の勘文および日記。勘文に任せて従五位下を追って正六位上に下げることになった。国正王の身については、これを免すことになった。一枚は綱所《こうしょ》〔僧綱《そうごう》が皆、連署していた。〕が申請した、新たに宣旨を下されて、諸寺の衆僧が勝手に美服《びふく》や綾羅《りょうら》文を着用することを禁制《きんせい》する文書《もんじょ》。一枚は下野《しもつけ》国司（藤原善政《よしまさ》）が申請した、官使《かんし》一人を給わって、一緒に当年の官物および年々の負債を徴納すること。〉を持って来た。皆、申請によった。私が申して云ったことには、「綱所の申請状の中に、『綱所が糺弾《きゅうだん》する』ということだ。綱所は糺弾する所ではない。申請の趣旨は、道理ではそうあってはならない。検非違使庁《けびいしちょう》に命じて糺弾させるべきである」と。このことを申させた。また、国正王と下野国司の申請した事は、宣下しておいた。但し、国正王を免す事を検非違使庁に命じるよう、また国正の位記《いき》を取って進上する事を京職《きょうしき》に命じるよう、仰せ下した。国正王については、関白が申し行なわれたところは、正道《せいどう》に背いている。あの従者の強盗〈某丸《なにがしまる》。〉は、疵が癒えた後に究拷して、国正王の罪を定められなければならないものである。故（源）政職《まさもと》朝臣の遺財の処分については、検非違使庁が均分《きんぶん》するという文書を、頭弁が伝えて進上した。奏上するよう伝えた。密談して云ったことには、「去る夕方、関白がおっしゃられて云ったことには、『病悩している熱物は、口が三分ほどである。その底に白い物が有る』と云うことでした。根は未だ出ていません。元日の頃は、出仕することはできません」ということだ。「簾中《れんちゅう》において伝えられたものです。未だ簾外に出られません」ということだ。頭弁が云ったことには、「今日、内府が不堪佃田奏を奏上されました。文書九枚を加えました。明日、また奏が有ります。阿波《あわ》の文書を抑留《よくりゅう》する意向が有ります。自家の荘園《しょうえん》の事だからです」と云うことだ。はなはだ汚穢《おわい》である。

二十六日、癸亥。　慶命、資頼の給官について頼通に伝える／保季王、出家／随身の褐衣を調進

諷誦を清水寺《きよみずでら》に修した。中納言が来て云ったことには、「北辺《ほくへん》の堂に於いて、山座主《やまのざす》（慶命《きょうみょう》）に逢いました。座主《ざす》（慶命）が云ったことには、『（藤原）資頼《すけより》の明春の給官《きゅうかん》について、関白の意向を見ると、叶うようである』と。世間の申すところを、先日、関白に申しました。また天皇の意向も、甚だ好いものでした」ということだ。下官は、まったく座主に伝えていない。疑うに、もしかしたら所望の人について推挙して伝えている間に、あれこれ様子を見たのか。去る二十四日、縫殿頭《ぬいどののかみ》保季《やすすえ》王が三井寺《みいでら》（園城寺《おんじょうじ》）に到って出家した。去る二十三日、昼から夜に至るまで、雑事を述べた。年来の家人《けにん》である。甚だ憐れんだのである。

私の随身八人と宰相中将の随身四人の褐衣《かちえ》を、右近将監《うこんのしょうげん》（佐伯《さえきの》）光頼《みつより》が進上した。この料は、封米を充てて下給したものである。今年から預かり奉っているものである。

二十七日、甲子。　随身に褐衣を下給／深覚に絹を奉献

我が家の随身および宰相中将の随身に褐衣を下給した。冬の衣服は、先ず前日に下給しておいた。桑糸二疋を禅林寺《ぜんりんじ》前大僧正《さきのだいそうじょう》（深覚《しんがく》）に奉献した。これは歳暮《せいぼ》の恒例の事である。或いは手作布を奉献した。これは御弟子一人の衣服料である。

中納言と同車して、その所領の宅〈二条《にじよう》大路の北、富《とみ》小路の西。〉を見た。

二十八日、乙丑。

右衛門督が来た。長い時間、語って、退出した。中納言が来た。宰相中将が、次いで来た。一緒に清談して、深夜に及んだ。

二十九日、丙寅。　源政職遺財の処分について宣下／頼通、年頭の束帯について諮問

頭弁が、検非違使庁の分帳《わけちよう》や故政職の財物の文書を下給した。命じて云ったことには、「定文《さだめぶみ》に任せて分給するように」ということだ。すぐに宣下しておいた。また云ったことには、「晦日《つごもり》の節折《よおり》は、着服《ちやくぶく》しています。そこで神祇官《じんぎかん》に問うたところ、申して云ったことには、『月事《げつじ》の者は奉仕します。着服している者の例は、確かに覚えていません』ということでした」と。私が云ったことには、「代官に奉仕させよう。見えるところが有る。関白も同じくこのことをおっしゃられていた」ということだ。また云ったことには、「今日、忠明宿禰を召して、元三日《がんざんにち》に束帯を着して内裏に参る事を問われました。申して云ったことには、『病悩されている所は、事の恐れは無いでしょう。但し内裏に参られるのは、あれこれ、ただ御心によるでしょう』と。また問われて云ったことには、『元三日は束帯を着さない。五日の叙位《じよい》の議に参入するのは如何であろう』と。申して云ったことには、『上計です』ということでした。大略は、臨時客は行なわれないのではないでしょうか」と。

三十日、丁卯。　東北院大般若読経始／御斎会行事所雑物請奏／解除／御魂を拝す／追儺／法華経講説

東北院大般若読経始《とうほくいんだいはんにゃどきょうはじめ》を行なった。正月朔日から転読するのが通例である。ところが、坎日《かんにち》であるので、今日から転読する。また通例である。

左少弁経長が、御斎会《ごさいえ》行事所が申請した雑物の文書を持って来た。奏聞《そうもん》した後、宣旨を下すよう、仰せ伝えておいた。更に持って来ることはないということを伝え仰せた。夜に入って、解除《げじょ》を行なった。

御魂《みたま》を拝した。亥の終剋の頃、追儺《ついな》を行なった。

念賢《ねんけん》を招請して、分別功徳品《ふんべつくどくぼん》を講じ奉った。布施は三疋。

長元六年（一〇三三）

藤原実資七十七歳（正二位、右大臣・右大将・東宮傅）　後一条天皇二十六歳　藤原頼通四十二歳　藤原彰子四十六歳　藤原威子三十五歳

○十一月

二十八日、庚寅。（『御賀部類記』鷹司殿七十算による）　源倫子七十歳算賀／実資の和歌に満座、感動

「今日、女院《にょういん》（藤原彰子《あきこ》）が、母儀《ぼぎ》（源倫子《ともこ》）の七旬の算賀《さんが》を高陽院《かやのいん》に於いて行なわれた。昨夜、渡御《とぎょ》された。また院（彰子）も、同じく渡御された」と云うことだ。今日、中宮《ちゅうぐう》（藤原威子《たけこ》）が内裏から高陽院に行啓《ぎょうけい》を行なった。午剋の頃、高陽院に参った。中納言《ちゅうなごん》（藤原資平《すけひら》）は車後《くるまじり》に乗った。右衛門督《えもんのかみ》（藤原経通《つねみち》）・頭弁《とうのべん》（藤原）経任《つねとう》・（藤原）資房《すけふさ》・（藤原）経季《つねすえ》たちが迎えた。或いは門外に出て、或いは門内にいた。関白《かんぱく》（藤原頼通《よりみち》）・内府（藤原教通《のりみち》）以下、皆、饗の座〈西対《にしのたい》の唐廂《からびさし》。〉に着した。一巡《じゅん》の後、汁物《しるもの》を据えた。下器《かづき》。関白は頻りに請僧《しょうそう》を督促された。あらかじめ弟子僧が物具《もののぐ》を置いた。寝殿《しんでん》の南廂《みなみびさし》の中央に両界曼荼羅《りょうかいまんだら》を懸けた〈台が有った。仏供机《ぶつぐづくえ》を立て、御明《みあかし》を奉った。〉。東西に高座《こうざ》を立てた。仏前《ぶつぜん》に当たって、高麗端《こうらいべり》の畳一枚を敷いた〈唄師《ばいし》の座。〉。仏前の簀子《すのこ》敷《じき》に経〈金泥法華経《こんでいほけきょう》。筥《はこ》に納めた。〉を置く机を立てた。百僧の座は寝殿の南廂・東廂《ひがしびさし》および西渡殿《にしのわたどの》。前毎に赤漆《あかうるし》の経机《きょうづくえ》を立てた。机の上に大般若経《だいはんにゃきょう》と寿命経《じゅみょうきょう》を置いた。舞台の東西の庭に、花筥《はなばこ》を置く机を立てた〈各一脚。〉。机の下に堂童子《どうどうじ》の座を敷いた。舞台の南

東に当たり、やや退いて、太鼓《たいこ》二面を立てた。太鼓の南に幄《あく》を立てた。楽人《がくにん》の座か。また舞童《まいのわらわ》の装束《しょうぞく》所《しょ》か。もしかしたら二宇《う》の幄を立てたのか。太鼓の南東に当たるのか。距離が遠くて、確かに見えなかった。諷誦《ふじゅ》の幄も見えなかった。内府に問うた。東方を指した。池の南東の方か。微少であって見え難かった。この物は、誰が南山《なんざん》を塡じたのか。上達部《かんだちめ》の座を南階《みなみのきざはし》の簀子敷に敷いた〈東西。〉。これより先に、鐘を打った。請僧は東西の方から参った。威儀師《いぎし》が前行した。僧たちは南階から登って、東西の座に分かれて着した。十僧の別に法眼《ほうげん》がいた。講師《こうじ》大僧正《だいそうじょう》〈天台座主《てんだいざす》。〉慶命《きょうみょう》が高座に登った。読師《どくし》法印大僧都《ほういんだいそうず》扶公《ふこう》も、同じく高座に登った。勅使左近少将《ちょくしさこんのしょうしょう》資房が、講師の高座の下に進んだ。□座の者であることを□した。唄師大僧都明尊《みょうそん》と前大僧都《さきのだいそうず》文慶《もんけい》が、仏前の座に着した。唄師が声を発した。右近将曹《うこんのしょうそう》(多《おおの》)政方《まさかた》が一鼓を打った。舞童たちを率いて、東池の辺りから幄の座に来た。但し童部《わらわべ》は、未だ舞廂《まいのひさし》に着さなかった。次いで音楽を発した。万歳楽《まんざいらく》を童《わらわ》六人が舞った。次いで賀殿舞《かてんまい》。数は同じであった。次いで陵王《りょうおう》と納蘇利《なそり》。この二舞の童〈陵王は(大江)定経朝臣《さだつねあそん》の息、納蘇利は(藤原)範永《のりなが》朝臣の息。〉は、甚だ優れていた。僧俗の者は感歎した。舞毎に禄を下給した。殿上人《てんじょうびと》がこれを執った。行啓に供奉《ぐぶ》した六衛府《えふ》の将と佐《すけ》は、役に従った。皆、殿上《てんじょう》の侍臣《じしん》であった。関白が、殿上人と地下人《じげにん》の間で、禄を取る者は誰かを問うた。私はあれこれを申さなかった。内府以下が云ったことには、「殿上人が宜しいでしょう」と。関白は、私があれこれを申さなかった様子を見て云ったことには、「事の道理は、地下人を用いるべきである。ところが、童部の禄は殿上人が執っても、また何事が有るであろう」ということだ。私が云ったことには、「院の事については、難点は無いであろうものです」と。舞が終わって、御誦経《ずきょう》を行なった。内蔵寮《くらりょう》が先ず修した。勅使は内蔵頭《くらのかみ》（藤原）師経《もろつね》。院宮《いんぐう》が御誦経を行なった。東宮（敦良《あつなが》親王）の御諷誦使は春宮亮《とうぐうのすけ》（藤原）良頼《よしより》。内蔵寮使および東宮使に禄を下給した。本家（頼通）の他、他は一度に諷誦を修した。講師大僧正慶命が諷誦文《ふじゅもん》を読んだ。「一々、時を述べた」ということだ。次いで種々の経の趣旨および今日の趣旨を演説《えんぜつ》した。終わって、本座に復した。諸僧の禄は三箇所〈本家・女院・中宮。〉。禄は中納言以下が取った。殿上人が包絹《つつみぎぬ》を執った。僧たちは退出した。終わって、上達部の衝重《ついがさね》に着した。盃酒《はいしゅ》が一巡した後、尊堂《そんどう》（倫子）の膳物を献上された〈関白が奉献《ほうけん》された。実は播磨守《はりまのかみ》（藤原）資業《すけなり》が奉仕した。内府……。〉。次いで女院の御膳の物〈近江守《おうみのかみ》経行《つねゆき》が奉仕した。〉。次いで中宮の御膳の物〈内府が奉献された。内府が密かに語って云ったことには、「女院の御膳と尊堂の膳物は、現在の受領《ずりょう》が奉仕し、数百両の銀を用いる。中宮の御膳も極めて副い随えば、恥であることは極まり無い。これによって、この事を承諾された」と。〉。関白は尊堂の物を献上された。云々、その数が有った。楽人の座は、南階の西辺りに敷いた。すぐに留まり着したのである。殿上人でその事に堪える者が、管絃《かんげん》の音を交えた。上達部は唱歌《しょうか》した。酒が闌《たけなわ》となって、時剋はかなり経った。執柄《しっぺい》（頼通）は大納言《だいなごん》（藤原）能信《よしのぶ》に命じて盃を執った。大納言（藤原）斉信《ただのぶ》は、坐ったまま紙筆を召した。序題《じょだい》を書いた。人々の様子は、下臈《げろう》に書かせるべきであったか。最も準備していたようなものであった。下官（実資）の和歌に満座が感動された。和歌の後、纏頭《てんとう》が行なわれた。大臣は女装束《おんなしょうぞく》、織物《おりもの》の掛《うちき》を加えた。

「次席の者は差が有った」と云うことだ。関白には禄が無かった。関白が云ったことには、「今夜、院・中宮・母堂《ぼどう》(倫子)は還御《かんぎょ》することになっている」と。亥剋、儀が終わった。下官の随身《ずいじん》に疋絹《ひっけん》を下給された。「内府の随身は下給されなかった」と云うことだ。

長元八年（一〇三五）

藤原実資七十九歳（正二位、右大臣・右大将・東宮傅）　後一条天皇二十八歳　藤原頼通四十四歳　藤原彰子四十八歳　藤原威子三十七歳

○三月

二十八日。（『兼香公記』享保十八年十月十九日条・東宮御誦経使による）　**彰子、法華八講を修す**

〈女院《にょういん》（藤原彰子《あきこ》）の御《み》八講《はっこう》。〉。

次いで所々で御誦経《ずきょう》が行なわれた。

〈内（後一条《ごいちじょう》天皇）・中宮《ちゅうぐう》（藤原威子《たけこ》）・東宮（敦良《あつなが》親王）から、使が有った。公卿の座の前に菅円座《すげのわろうだ》を置いた。序列どおりにこれを召した。退去する際、禄を下賜した。南庭《なんてい》に於いて拝舞《はいぶ》した。各々、白い掛《うちき》一重《かさね》。他は使が無かった。

「御傍親《ぼうしん》の大納言《だいなごん》以上が、皆、誦経を行なった」と云うことだ。〉。

長元九年（一〇三六）

藤原実資八十歳（正二位、右大臣・右大将）　後一条天皇二十九歳　後朱雀天皇二十八歳　藤原頼通四十五歳　藤原彰子四十九歳　藤原威子三十八歳

○十二月

十二日。（『宇槐記抄』中・仁平元年六月十九日条による）　**代始官奏への参入**

夜に乗じて、（平）範国朝臣《のりくにあそん》が来て云ったことには、「代始《だいはじめ》の官奏《かんそう》は、宣旨《せんじ》が有って伺候するよう、事情を取りました。関白相府《かんぱくしょうふ》（藤原頼通《よりみち》）が報じられて云ったことには、『旬《しゅん》の日は必ず官奏を行なう。そこで伺候されるところである。大臣は宣旨が無いといっても、難点は無いであろう』と」と。ただ仰せに従う。内々に思ったところは、後の謗《そし》りを避ける為か。そこで披露《ひろう》されたところである。範国は深く感心した。

長暦元年(一〇三七)

藤原実資八十一歳(正二位、右大臣・右大将)　後朱雀天皇二十九歳　藤原頼通四十六歳　藤原彰子五十歳　禎子内親王二十五歳

○四月

二十一日。(『元秘別録』一による)　**改元**

大学頭《だいがくのかみ》(藤原)義忠朝臣《よしただあそん》は、「天寿《てんじゅ》」と。

今回はこれを勘申《かんじん》した。

○七月

二日。(『親王御元服部類記』後白河院所引『槐記』保延五年十二月二十七日記首付による)　**親仁親王、元服**

加冠《かかん》は関白《かんぱく》(藤原頼通《よりみち》)。長橋《ながはし》の元から下りた。軒廊《こんろう》に於いて御衣《おんぞ》を改められた。ただ御下襲《したがさね》と半臂《はんぴ》を□られた。御前に進んで、拝舞《はいぶ》した。

長久元年（一〇四〇）

藤原実資八十四歳（正二位、右大臣・右大将）　後朱雀天皇三十二歳　藤原頼通四十九歳　藤原彰子五十三歳　藤原威子四十二歳

○十一月

十日。（『改元部類』による）　改元勘文

（大江）挙周《たかちか》の勘文《かんもん》。

継天《けいてん》〈『帝王世紀《ていおうせいき》』に云ったことには、「大昊帝庖犠氏《たいこうていほうぎし》は、聖徳《せいとく》が有って継天する」と。〉。

長久《ちょうきゅう》〈『老子《ろうし》』に云ったことには、「天長く、地久し」と。〉。

（藤原）義忠《よしただ》の勘文。

延祥《えんしょう》〈『翰苑《かんえん》』に云ったことには、「延祥祝栩《しゅくく》」と。注に云ったことには、「鳳凰《ほうおう》が集って、祝栩懸慮《けんりょ》する。その祥瑞《しょうずい》は宮を営むのである」と。〉。

（橘）孝親《たかちか》の勘文。

天寿《てんじゅ》〈『尚書《しょうしょ》』に云ったことには、「周公《しゅうこう》が云ったことには、『奭君《せきくん》（召公《しょうこう》）は天寿平格《へいかく》で、有殷《ゆういん》を保乂《ほがい》する』と」と。注に云ったことには、「天寿は、平生《へいぜい》、有る君を言う。故に有殷を安治《あんち》する」と。〉。

元功《げんこう》〈『文選《もんぜん》』に云ったことには、「元功茂勲《もくん》、このような盛り」と。注に云ったことには、「『馮衍集《ふうえんしゅう》』に云った

ことには、『国家の大業《たいぎょう》を定め、天地の元功となる』と」と。〉。

付録

用語解説（五十音順）

白馬節会《あおうまのせちえ》　正月七日に天皇が紫宸殿に出御して群臣に賜宴し、左右馬寮の引く白馬を見る儀式。外任の奏、御弓奏があり、次に左右馬寮から庭上を渡る馬の毛並みを奏上する白馬奏があった。

阿闍梨《あじゃり》　単に闍梨ともいう。伝法灌頂を受けた者、また灌頂の導師その人。一種の職官となった。

位記《いき》　位階を授ける時に発給する公文。勅授の位記は中務省の内記が作成し、中務卿および太政大臣・式部卿（武官は兵部卿）等が加署した後、内印を捺して発給した。

位禄《いろく》　官人が位階に応じて受ける禄物。官職禄と封禄の二種があったが、普通、位禄という場合は封禄をさす。封禄は五位以上に賜わる身分禄で、従三位以上は食封制、四位・五位は位禄制で年一回、十一月支給となっていた。

石清水八幡宮《いわしみずはちまんぐう》　山城国綴喜郡の男山に鎮座。豊前国宇佐八幡宮から八幡神を勧請して鎮護国家の神とし、皇室の祖神と称す。三月の午の日に臨時祭、八月十五日に放生会が行なわれた。

雨儀《うぎ》　晴天の際の晴儀に対し、雨雪の時に行なう儀礼。その次第を簡略にし、それに伴う室礼が行なわれた。

袿《うちき》　単《ひとえ》と表着《うわぎ》との間に着けた袷の衣で、「内着の衣」の意。「袿」とも。禄や被物用に大ぶりに仕立てたものを大掛と称した。

延暦寺《えんりゃくじ》　比叡山にある寺院。天台宗の総本山。東塔・西塔・横川の三塔からなる。天台密教の総本山として朝廷や貴族の崇敬を集めた他、源信が浄土信仰を説いて民衆化の基礎をつくった。

大祓《おおはらえ》　毎年六月・十二月の晦日、また大嘗会や凶事に際して臨時に行なわれる祭儀。罪・穢を除き、心身を清らかにし、その更生を図る。中臣は祓麻、東西文部は祓刀を奉り、百官男女を祓所の朱雀門に集め、中臣は祓詞を宣り、卜部は解除を行なう。

大原野《おおはらの》社《しゃ》　長岡京遷都の時、あるいは藤原冬嗣の請により、王城守護のために春日社を山城国乙訓郡に勧請した神社。

小《お》野宮《ののみや》　平安京の名第。大炊御門南、烏丸西の方一町。元は文徳第一皇子惟喬親王の第宅。藤原実頼、実資と伝領され、その家系は小野宮流と称された。西・北・東門があり、南に池と山を配し、寝殿を中心に、西・東・北対を持つ典型的な寝殿造で、南東の池畔に念誦堂が建てられた。実資以後は、女の千古、その女と女系で伝領された。

過状《かじょう》　「怠状」ともいう。犯罪や怠務・失態を犯した者が上庁に対し自分の非を認め、許しを乞うために提出する書状。

春日《かすが》社《しゃ》　和銅三年に藤原不比等が藤原氏の氏神である鹿島神（武甕槌命）を春日の御蓋山に遷して祀り、春日神と称したのに始まる。初めて一条天皇によって春日行幸が行なわれた。

春日祭《かすがのまつり》　二月・十一月の上の申の日に行なわれた奈良春日社の祭。近衛府使を摂関家の中将・少将が勤めた。社頭の儀のみならず、途中の儀も重視された。

結政《かたなし》　太政官の政務執行上の一過程。官結政と外記結政の二種があり、ともに官政、外記政の準備段階的なもの。聴政の前に内外諸司からの申文を類別してそれぞれ結び束ねておき、結政当日、大弁以下の弁官が一応これを一々披見し、史が再び文書をひろげて読み上げ、これを元の形に戻す儀。官結政は外記庁の南に連なる結政所のうちの弁官の結政所で、また外記結政はその西に隣接する外記の結政所で行なわれた。

賀茂《かも》斎院《さいいん》　賀茂の神に奉仕する斎王。伊勢斎王のように天皇の代替わり毎に交替するわけではなく、当時は選子内親王が五代五十七年の長きにわたって勤めた。

賀茂《かも》社《しゃ》　賀茂別雷神社（上賀茂神社、略称上社）と賀茂御祖神社（下鴨神社、略称下社）の総称。平安遷都以後は皇城鎮護の神として朝廷から篤い尊崇を受けた。四月の中の酉の日を祭日とする賀茂祭、十一月の下の酉の日を祭日とする臨時祭が行なわれた。

元日節会《がんじつせちえ》　元日に天皇が群臣に紫宸殿で宴を賜う儀式。暦の献上、氷様奏、腹赤奏、吉野国栖の歌舞、御酒勅使、立楽等が行なわれた。

勘申《かんじん》　儀式等に必要な先例や典故を調べたり、行事の日時等を占い定めて報告すること。

官奏《かんそう》　太政官が諸国の国政に関する重要文書を天皇に奏上し、その勅裁をうける政務。奏上する文書は不堪佃田奏、不動倉開用奏等、諸国から申請された地方行政上重要と認められるものが多かった。摂政が置かれている時は摂政が直廬等で覧じ、関白がある時はその内覧を経て奏上された。

官符《かんぷ》　太政官から被管の諸司諸国へ発給される下達文書。弁官が作成する。謄詔勅ないし騰勅の官符と、太政官における議定事項を下達する場合、及び弁官のみで作成する事務的内容からなる場合とがある。

祈年穀奉幣《きねんこくほうべい》　年穀の豊穣を祈って神社に幣帛を奉じる朝廷臨時の神事。祈雨とともに臨時奉幣制の基本となり、十一世紀には二十二社奉幣制へと発展する。

季御読経《きのみどきょう》　春二月と秋八月の二季に、毎日百僧を宮中に請じて『大般若経』を転読させ、天皇の安寧と国家の安泰を祈る仏事。

行幸《ぎょうこう》　天皇が皇居を出て他所に行くこと。王臣の私第に天皇を迎える際には、しばしば家人らに叙位・賜禄が行なわれた。

行事《ぎょうじ》　朝廷の公事、儀式等において主としてその事を掌った役。

公卿《くぎょう》　大臣・納言・参議および三位以上の上級官人の称。大臣・納言・参議を見任公卿と称し、議定に参加する。これに対し、三位以上の公卿でまだ参議にならぬ者、一度参議になった前参議の者を非参議と称した。

蔵人《くろうど》　令外官の一。本官以外の兼官で、五位蔵人三名、六位蔵人四、五名、非蔵人三ないし六名の職階になる。代替わり毎に新任される。職掌は文書の保管、詔勅の伝宣、殿上の事務から、天皇の私生活に関することにまで拡大した。院・女院・東宮・摂関家・大臣家にも置かれた。

蔵人頭《くろうどのとう》　蔵人所の長官。定員二人。天皇の宣旨によって補された。一人は弁官、一人は近衛中将が兼補され、それぞれ頭弁、頭中将と呼ばれた。殿上に陪侍し、機密の文書や諸訴を掌った。参議には多く頭から昇進したが、有能で信任の厚い実資や行成は、なかなか参議に昇進できなかった。

慶賀《けいが》　「よろこびもうし」とも。任官・叙位や立后のお礼の挨拶を、天皇や摂関、中文の申請者に行なうこと。

外記政《げきせい》　令制太政官における政務の一形態。公卿が諸司の申す政を内裏建春門の東にある外記庁(太政官候庁)において聴取裁定すること。外記政の次第は、まず外記庁の南舎に弁・少納言・外記・史が参着して結政を行ない、次いで上卿以下公卿が庁座に着き、弁以下が列座し、弁が史をして諸司の申文を読ませ、上卿が裁決する。次いで請印し、終わって上卿以下が退出する。一同が外記庁から南所(侍従所)に移って中文の事があり、終わって酒饌を供することもある。

解除《げじょ》　罪穢を除去すること。祓とも。人形・解縄・切麻を用いて中臣祓を読む所作が一般的。神祇官の祓の他、陰陽道や仏教に伝わった祓もあった。

解文《げぶみ》　八省以下の内外諸司のみならず、官人個人あるいは諸院家・寺社・荘家・住人が、太政官および所管の官司に上申する文書。

見参《げんざん》　節会・宴会等に出席すること。また、出席者の名を名簿に書き連ねて提出すること。

元服《げんぷく》　男子が成人したことを示す髪型や服装を初めてする儀式。十一歳から十五歳までの例が多い。髪を束ねて元結で結い、末の部分を切って後頭部に結い上げる理髪の儀と、次いで冠をかぶらせる加冠の儀が中心となる。元服すると実名が定められ、叙位がある。

候宿《こうしゅく》　官人が内裏内の直廬や宿所等に宿泊すること。

興福寺《こうふくじ》　奈良に所在する法相宗大本山。藤原氏の氏寺。春日社との神仏習合を進め、摂関家と興福寺・春日社との緊密な関係が成立した。

国忌《こき》　特定の皇祖・先皇・母后等の国家的忌日。政務を休み、歌舞音楽を慎しんで追善の法要を行なった。元々は天皇忌日のみを指していたが、天皇の父母・后妃にも拡大した。

御禊《ごけい》　水で身を清める行事。主に鴨川の三条河原で行なわれた。天皇は即位後、大嘗会の前月の十月下旬に、伊勢斎宮や賀茂斎院は卜定後に行なう。

御斎会《ごさいえ》　正月八〜十四日に宮中において、『金光明最勝王経』を講説して国家安穏、五穀豊饒を祈る法会。大極殿(後には清涼殿、御物忌の時は紫宸殿)に、衆僧を召し、盧遮那仏を本尊として読経供養した。

五節舞姫《ごせちのまいひめ》　新嘗祭・大嘗会・豊明節会に出演する舞姫。九月あるいは儀礼の数日前に、公卿の女二人、受領の女二人が舞姫に決定された。十一月の中の丑の日が帳台試、寅の日が御前試、卯の日が童女御覧、辰の日が豊明節会で、この日、舞の本番が行なわれた。

小朝拝《こちょうはい》　元日朝賀の後、大臣以下が天皇を拝する儀。はじめは朝賀とともに並び行なわれたが、後には、朝賀のある年には行なわれず、朝賀と交互にする場合もあった。清涼殿東庭に殿上人以上が参列する私的な礼。一条天皇以後は朝賀が絶え、小朝拝のみが行なわれた。

駒牽《こまひき》　信濃・上野・武蔵・甲斐四国の御牧(勅旨牧)から貢上された馬を、宮中で天皇が御覧じ、貴族たちに馬が分給されて牽く儀式。毎年八月に行なわれる。

斎王《さいおう》　伊勢神宮に奉仕する皇女(もしくは女王)。未婚の内親王または女王の中から卜定され、約一年間、宮城内の初斎院に入り修斎し、続いて宮城外の浄野(平安時代以降は嵯峨野)の野宮で一年あまり潔斎に努め、卜定後三年目の九月上旬、伊勢に群行した。

定文《さだめぶみ》　公卿が陣定等の議定を行なった際、終わって上卿が参議(大弁の兼任が原則)に命じて、出席者各自の意見をまとめて作成させた文書。上卿はこれを天皇に奏覧し、その裁決を仰いだ。

参議《さんぎ》　太政官の議定に参与する、大臣・納言に次ぐ官。唐名は宰相・相公。定員は八名。大臣・納言と違って詔勅や大事の決定事項を弁官に宣して太政官符や官宣旨を作成させるような権限はなかった。補任されるためには、大弁・近衛中将・蔵人頭・左中弁・式部大輔の内の一つを経ていること、五箇国以上の国守を歴任していること、位階が三位以上であること等、七つの道があった。

試楽《しがく》 行幸や年中行事等、舞楽を伴う儀式に際して行なわれる楽の予行演習。賀茂・石清水臨時祭の社頭の儀に先立って行なわれるものをいう場合が多い。

直廬《じきろ》 皇太后、女御、東宮、親王、内親王、摂関、大臣、大納言等が、休息・宿泊・会合等に用いるために宮廷内に与えられる個室。摂関の場合は、ここで政務を執ることもあった。

室礼《しつらい》 屋内の一部を障子・几帳・屏風等で隔て、帳台・畳・茵を置き、厨子・二階棚・衣架、その他、身辺の調度類を設け整えたり飾りつけたりすること。

除目《じもく》 官職任命の政務的儀式。外官除目は春に三夜にわたって行なわれ、京官除目は秋から冬にかけて、二夜または一夜で行なわれた。執筆の大臣が前日に勅を奉って外記に召仰を命じ、当夜は諸卿が清涼殿東孫廂の御前の座に着して議し、執筆は任官決定者を大間書に記入していく。執筆は大間書を清書上卿に授け、参議に召名(勅任・奏任に分けて任官者を列記したもの)・下名(文官・武官に分けて四位以下の任官者名を列記したもの)を書かせる。

射礼《じゃらい》 毎年正月十七日、建礼門前において親王以下五位以上および左右近衛・左右兵衛・左右衛門府の官人等が弓を射る儀式。まず手結という練習を行なう。翌十八日には賭弓を行ない、勝負を争う。

叙位《じょい》 位階を授ける儀式で、勤務評定に基く定例的な叙位と、臨時の叙位がある。正月七日の定例の叙位は五位以上のみとなった。五日または六日に行なわれる叙位議で叙位者が決定された。

請印《しょういん》 位記や文書に内印(天皇御璽)を捺すことを請う儀。内印は少納言が上奏して、勅許によって少納言または主鈴が捺した。外印(太政官印)等を捺す手続きにもいう。

上官《じょうかん》 政官(太政官官人)のことで、太政官官人(弁・

少納言・外記・史・史生・官掌・召使・使部）全般を指す場合と、特に外記・史のみを指す場合とがある。

上卿《しょうけい》　公卿の総称の場合と、個々の朝儀・公事を奉行する公卿の上首を指す場合とがある。後者の場合、摂政・関白・太政大臣および参議は上卿を勤めない。

触穢《しょくえ》　穢とは一切の不浄をいうが、穢に触れることを触穢といい、一定の期間は神事・参内等ができなかった。人死穢は三十日間、産穢は七日、六畜死穢は五日、六畜産穢は三日の忌が必要とされた。穢は甲から乙へ、更に丙へと二転三転する。

諸大夫《しょたいふ》　参議以上の公卿を除く四位、五位の者の総称。

陣座《じんのざ》　左右近衛陣における公卿の座。仗座ともいう。本来は近衛府の武官の詰所であったが、平安時代になると、節会や神事、議定等、宮中の諸行事の多くがここで執行された。

陣定《じんのさだめ》　陣座（仗座）を国政審議の場とした公卿議定。天皇の命を受けた上卿が、事前に外記に命じて見任公卿を招集し、当日は席次の低い者から順に所見を述べ、発言内容を参議が書き留めて定文を作成し、蔵人頭に付して上奏し、天皇の最終的な判断を仰いだ。

随身《ずいじん》　太上天皇や摂政・関白、左右近衛の大・中・少将等の身辺警護にあたる武官。

相撲節会《すまいのせちえ》　毎年七月に諸国から相撲人を召し集めて行なう相撲を天皇が観覧する儀式。七月中旬に召仰と称し、相撲節を行なうことを命じ、次いで御前の内取と府の内取という稽古に入る。節会の当日は天皇が出御し、南庭で行なわれる相撲を観覧する。これを相撲の召合という。翌日には抜出、追相撲が行なわれる。

受領《ずりょう》　任地に赴く国司。十世紀に入ると、受領国司による租税の請負化が進展した。長官（守）が中央の要職を兼帯している国や、上総・常陸・上野といった親王任国では、介が代わって受領となった。

受領功過定《ずりょうこうかさだめ》　任期が終わる受領の業績を判定する政務。特に所定の貢進の完納、公文の遺漏無き提出と正確な記載について審査された。除目と関連して、陣定において議定された。

釈奠《せきてん》　孔子やその弟子（十哲）を祀る大陸渡来の儒教儀礼。春秋二回、二月と八月の上丁日に主として大学寮で行なわれた。

宣旨《せんじ》　勅旨または上宣（上卿の命令）を外記、または弁官を経て伝宣する下達文書。奉勅宣旨・外記宣旨・弁官宣旨・官宣旨・上宣宣旨等がある。簡易な手続きで迅速に発行されるため、従来の詔・勅や太政官符・太政官牒に代わって用いられるようになった。

宣命《せんみょう》　天皇の命令を宣する下達公文書の一。詔のうちの国文体のもの。神前で読み上げ、群臣に宣り聞かせる古風で荘重な文体をとっている。

僧綱《そうごう》　僧正・僧都・律師より構成される僧位。それぞれ大少の別や権位がもうけられ、一条朝には、公卿の員数と同じ二十人に達した。

大饗《だいきょう》　大きな饗宴。二宮大饗と大臣大饗とがある。二宮大饗とは中宮と東宮の二つの宮の大饗をいい、正月二日に行なわれる。大臣大饗は正月と大臣任官時に行なわれる。

着座《ちゃくざ》・**着陣**《ちゃくじん》　公卿が新任・昇任、または昇叙されると、吉日を択んで宜陽殿の公卿座に着した後、さらに陣座に着すこと。

中宮《ちゅうぐう》　本来は皇后ないし皇太后・太皇太后の称であったが、二皇后並立以後は、原則として新立の皇后を中宮と称するようになった。ただし、正式の身位の称は皇后であった。

衝重《ついがさね》　飲食物を載せる膳の一種。檜材を薄くはいだ片木板を折り曲げて脚にし、衝き重ねたもの。饗宴の席に折敷・高坏等とともに用いられた。

手結《てつがい》　射礼・賭射や相撲等の勝負事で、競技者を左右に分けて二人ずつ組み合わせること、またその取組。特に射礼・賭射・騎射等、射術を競う儀式の前に行なう武芸演習。

殿上人《てんじょうびと》　四位・五位の廷臣のうち、内裏清涼殿の殿上間に昇ること（昇殿）を許された者の称。天皇の側近として殿上間に詰めて天皇身辺の雑事に奉仕し、輪番制で宿直や供膳に従事した。院・東宮・女院にも昇殿制があった。

纏頭《てんとう》　歌舞・演芸をした者に、褒美として衣類等の品物を与えること。また、その品物。衣類を受けた時、頭にまとったところからいう。

豊明節会《とよのあかりのせちえ》　新嘗祭・大嘗会の翌日、豊楽院で行なわれる宴。新嘗祭翌日の辰日(大嘗会の時は午日)に天皇が出御し、その年の新穀を天神地祇に奉り、自ら新穀の御膳を食し、群臣に賜わった。

内弁《ないべん》　節会等、宮廷内における重要儀式に際し、内裏承明門内(大極殿で行なわれる場合は会昌門内)において、式の進行を主導する官人。

内覧《ないらん》　関白に准じる朝廷の重職。奏上および宣下の文書を内見する職。関白が万機を総攬するのに対し、内覧は太政官文書を内見することが多い。

直物《なおしもの》・**小除目**《こじもく》　除目の行なわれた後に日を改めて、人名その他の書き誤りを訂正する行事が直物で、その際に小除目(臨時除目)を伴うこともあった。

丹生《にう》・**貴布禰社**《きぶねしゃ》　大和国吉野郡の丹生川上神社と山城国愛宕郡の貴布禰神社。祈雨・止雨を祈る奉幣奉馬が行なわれた。

日記《につき》　日々の儀式や政務を記録した日記の他に、特に検非違使が事件の経過を記録した文書をいう。盗難・傷害等の事件に際して、検非違使がその経過や被害状況、当事者の言い分を、事件発生直後に和文で直写した文書で、訴訟等の証拠にもなった。

女官《にようかん》　朝廷および院宮に仕える女性の官人の総称。上﨟・中﨟・下﨟に区別され、上﨟には典侍・掌侍・命婦、中﨟には女史・女蔵人・女孺、下﨟には樋洗女・長女・刀自・雑仕等があった。

仁王会《にんのうえ》　護国経典の『仁王般若経』を講じて、鎮護国家を祈念する法会。天皇の即位毎に行なわれる一代一度仁王会、一年に春秋各一回行なわれる定季仁王会、臨時仁王会に類別される。

荷前《のさき》　毎年十二月に行なわれる朝廷の奉幣型の山陵祭祀。この奉幣の使者が荷前使。荷前の対象陵墓には変遷があり、流動的であった。また、私的に父祖の墓に奉幣する荷前もあった。

拝舞《はいぶ》　儀式で祝意、謝意等を表わす礼の形式。まず再拝し、立ったまま上体を前屈して左右を見、袖に手をそえて左右に振り、次にひざまずいて左右を見て一揖、さらに立って再拝する。

拝礼《はいらい》　元日、院や摂関家等に年賀の礼をすること。

八省院《はっしょういん》　大内裏の正庁で、本来は朝堂院と称した。八省とも。その正殿が大極殿である。

疋絹《ひっけん》　「ひきぎぬ」「ひけん」とも。一疋、つまり二反ずつ巻いてある絹。被物に用いられた。

平座《ひらざ》　二孟旬、元日・重陽・豊明等の節会の日に、天皇が紫宸殿に出御しない場合、勅命により、公卿以下侍臣が宜陽殿西廂に設けられた平座に着いて行なった宴のこと。

不堪佃田奏《ふかんでんでんそう》　諸国から年荒、すなわちその年に作付けが行なわれなかった田地を報告してきた申文を奏上する儀。不堪佃田に関わる政務は、大臣への申文(不堪佃田申文)、奏聞(荒奏)、諸卿による議定(不堪佃田定)、再度の奏聞(和奏)等から構成されていた。

諷誦《ふじゅ》　諷詠暗誦の意で、経典・偈頌等を節をつけ、声をあげて読むこと。また、諷誦文は各種の祈願や追善供養のために施物を記入して、僧に経の諷誦を請う文。

仏名会《ぶつみょうえ》　宮中ならびに諸国において、毎年十二月に三日三晩にわたって行なわれた仏事。三日間に過去・現在・未来の三世の諸仏の名号を唱えれば、六根の罪障が消滅するといわれていた。

弁官《べんかん》　律令国家の庶務中枢としての役割を果たした機関。左右大弁・左右中弁・左右少弁は各省の庶務を受け付け、また太政官の判官としての役割を担った。その下部に主典として左右大史・左右少史があり、雑任の左右史生・左右官掌・左右使部が配置されていた。

法成寺《ほうじょうじ》　藤原道長が晩年に造営した方二町の寺院。九体阿弥陀堂を中心とした伽藍を備えた、平安遷都以来最初の寺院であった。

法華八講《ほっけはっこう》**・法華三十講**《ほっけさんじっこう》　『法華経』八巻を、一日を朝・夕の二座に分け、一度に一巻ずつ修し、四日間で講じる法会が法華八講、『法華経』二十八品とその開経である『無量義経』と結経の『観普賢経』とを合わせた三十巻を三十日間に講じたり、また朝夕に各一巻ずつ十五日間で結了したりする法会が法華三十講。

御修法《みしほ》 国家または個人のために、僧を呼んで密教の修法を行なう法会。

夢想《むそう》 夢の中でおもうこと。また夢に見ること。夢想の内容によっては物忌となる。『小右記』には一四七回の夢記事が記録されているが、宗教的な夢に加えて自らの昇進や、王権や道長に関わる夢を記している。

召仰《めしおおせ》 上位者が下位者を呼び寄せて、特定の任務につくことを命じること。特に、除目や行幸・相撲等の朝廷の行事の役職の任命のために行なわれるものをいうことが多い。

物忌《ものいみ》 「物忌」と書いた簡を用いる謹慎行為。大部分は怪異・悪夢の際、陰陽師の六壬式占で占申される物忌期をいい、怪日を剋する五行の日、十日毎の甲乙両日が特徴。当日は閉門して外来者を禁じ、必要な者は夜前に参籠させる。軽い場合は門外で会ったり、邸内に入れて着座させずに会ったりする場合もある。

弓場始《ゆばはじめ》 射場始《いばはじめ》とも。天皇が弓場殿に出御し、公卿以下殿上人の賭射を見る儀式。通常十月五日を式日とするが、十一月や十二月に行なわれることもあった。

人物注（五十音順）

敦良親王《あつなが》　**一〇〇九〜四五**　在位一〇三六〜四五年。一条天皇第三皇子。母は道長女の彰子。兄の後一条天皇の後を承けて長元九年、二十八歳で即位し、後朱雀天皇となる。先帝より厳格であり、天皇の責を果たすのに努めた。道長女の嬉子が妃として入宮して後の後冷泉天皇を産み、三条天皇皇女禎子内親王が皇后となって後の後三条天皇を産んだ。

小一条院《こいちじょういん》　**九九四〜一〇五一**　諱は敦明《あつあきら》親王。三条天皇第一皇子。母は藤原済時女の娍子。長和五年、後一条天皇即位と同時に東宮となったが、三条院崩御後の寛仁元年に東宮を辞し、小一条院の号を授けられた。

後一条天皇《ごいちじょう》　**一〇〇八〜三六**　諱は敦成《あつひら》親王。在位一〇一六〜三六年。一条天皇第二皇子。母は道長女の彰子。寛弘五年に誕生、同八年に皇太子に立ち、長和五年に践祚して後一条天皇となる。寛仁二年に十一歳で元服、道長三女の威子を妃とした。威子は女御、次いで中宮となり、章子・馨子内親王を産んだ。即位時に道長が摂政となり、寛仁元年に頼通がこれに替わり、同三年以後は関白となった。

平忠常《たいらのただつね》　**生年未詳〜一〇三一**　辺境軍事貴族。陸奥介平忠頼の子、良文の孫。房総に勢力を張り、万寿四年から上総で国衙に敵対し、翌長元元年に安房国守を焼殺して房総半島を掠領、同年六月に追討の宣旨が下された。同三年に源頼信が追討使に任じられると、翌年に降伏、京都に護送される途中、美濃国で病没した。

婉子女王《つやこ》　**九七二〜九八**　村上天皇皇子為平親王女。母は源高明女。寛和元年十二月、十四歳で入内、女御となる。同二年六月、天皇出家後、藤原道信・実資と交渉を持ち、実資の室となった。

脩子内親王《ながこないしんのう》　**九九六〜一〇四九**　一条天皇第一皇女。母は藤原道隆女の定子。同母弟妹に敦康親王・媄子内親王がいた。寛弘四年には一品に叙され、年官年爵を賜り、三宮に准じられた。

選子内親王《のぶこ》　九六四〜一〇三五　賀茂斎院、歌人。村上天皇第十皇女。母は藤原師輔女の安子。天延三年、賀茂斎院に卜定。以来、円融・花山・一条・三条・後一条の五代五十七年にわたり奉仕、大斎院と称された。貴族社会との盛んな交流の実態が諸書に描かれる。

藤原彰子《ふじわらのあきこ》　九八八〜一〇七四　一条天皇中宮。道長一女。母は源倫子。長保元年、入内、女御となり、翌二年、中宮となった。寛弘五年に敦成親王（後の後一条天皇）、翌六年に敦良親王（後の後朱雀天皇）を産む。長和元年に皇太后、寛仁二年に太皇太后となる。万寿三年に出家、上東門院の称号を受け女院となった。

藤原兼隆《かねたか》　九八五〜一〇五三　道兼の二男。長徳元年に叙爵、寛弘五年に参議となる。寛仁三年に権中納言、治安三年に転正。寛仁元年に敦明親王の東宮辞退をそそのかし、道長の外孫敦良親王の立坊を工作したのは兼隆であったという（『大鏡』）。

藤原兼経《かねつね》　一〇〇〇〜四三　道綱三男。母は源雅信女。道長の猶子となる。室は隆家女など。治安三年に参議に上り、長久四年に出家し、薨じた。

藤原兼頼《かねより》　一〇一四〜六三　頼宗一男。母は藤原伊周女。『公卿補任』には道長の養子になったとある。源忠重女、ついで藤原千古（実資女）を室とした。長元四年に参議、長久三年に権中納言に任じられた。『尊卑分脈』には「小野宮中納言」と号したと見える。

藤原妍子《きよこ》　九九四〜一〇二七　道長の二女。母は源倫子。寛弘元年に尚侍となり、同七年に東宮居貞親王（後の三条天皇）の許に入る。同八年に女御、長和元年に娍子に先立ち中宮となる。翌二年に禎子内親王を出産。寛仁二年に皇太后となった。

藤原公成《きんなり》　九九九〜一〇四三　実成一男。祖父公季の養子となる。寛仁四年に蔵人頭、万寿三年に参議、長久四年に権中納言に任じられる。公成女の茂子が能信の養女となって後三条天皇の女御となり、白河天皇を産み、院政期以後の一家の繁栄をもたらした。

藤原定頼《さだより》　九九五〜一〇四五　公任男。母は昭平親王女。弁官等を歴任した後、寛仁四年に参議に上り、権中納言に至った。歌人。音楽にも長じ、能書家としても有名。

藤原実成《さねなり》　九七五～一〇四四　公季男。母は有明親王女。侍従、少納言、兵部大輔、右中将等を歴任し、寛弘元年に蔵人頭、同五年に参議となり、中納言に至る。

藤原実頼《さねより》　九〇〇～七〇　忠平嫡男。母は宇多皇女源順子。男に敦敏・頼忠・斉敏がいたが、孫の佐理・実資を養子とした。太政大臣・関白・摂政となったが、外戚関係を築くことができず、自らを「揚名関白」と呼んだ。諡を清慎公といい、日記『清慎公記』(『水心記』とも)があったが、公任の代に散逸している。

藤原重尹《しげただ》　九八四～一〇五一　懐忠男。母は藤原尹忠女。長徳五年に叙爵。寛弘六年に父の大納言辞退の代わりとして右中弁となる。右大弁、蔵人頭等を歴任し、長元二年に参議、長暦二年に権中納言に任じられる。長久三年に中納言を辞して大宰権帥に任じられた。

藤原資高《すけたか》　九九九～没年未詳　高遠男。長和元年に実資の養子となり元服。道長に故高遠の遺財を奪われる。一条桟敷宅を領有。筑前守となり、少納言に進む。

藤原資業《すけなり》　九八八～一〇七〇　有国七男。母は橘徳子。文章生より出身し、寛仁元年に文章博士となったが、翌年、辞した。受領や式部大輔を兼ねた。永承六年に出家して日野に隠棲、法界寺薬師堂を建立した。

藤原資平《すけひら》　九八六～一〇六七　懐平男、実資の養子。母は源保光女。長徳三年に叙爵。少納言等を経て、長和二年に左中将、同四年に蔵人頭、寛仁元年に参議となる。長元二年に権中納言、康平四年に権大納言に任じられた。治暦元年に転正。実資の耳目・手足としても活動している。

藤原資房《すけふさ》　一〇〇七～五七　実資の養子となった資平の子。後朱雀天皇の代、関白頼通の下で蔵人頭として勤め、春宮権大夫参議に上った。多病虚弱の質で、資平に先立ち、五十一歳で死去。日記『春記』を記した。

藤原資頼《すけより》　生没年未詳　懐平男、実資の養子。母は藤原常種女。阿波権守、弾正少弼、伯耆守、刑部少輔、美作守を歴任した。公私にわたり実資に近い存在であったが、道長家家司でもあった。

藤原威子《たけこ》　九九九〜一〇三六　後一条天皇中宮。道長三女。母は源倫子。長和元年に尚侍に任じられ、寛仁二年に十一歳の後一条天皇に二十歳で入内。女御、中宮となり、道長の女三人が后として並んだ。後一条天皇の後宮には、他の女性が入ることはなかった。万寿三年に章子内親王、長元二年に馨子内親王を出産。

藤原斉敏《ただとし》　九二八〜七三　実頼の三男。母は藤原時平女。室に藤原尹文女があり、高遠・懐平・実資(実頼の養子)を儲けた。参議となるが、参議兼右衛門督検非違使別当で薨去した。

藤原斉信《ただのぶ》　九六七〜一〇三五　為光の二男。道長の恪勤として知られ、藤原公任・同行成・源俊賢と並び「寛弘の四納言」と称された。正暦五年に蔵人頭となり、長徳二年に参議に任じられ、大納言に至る。

藤原千古《ちふる》　生没年未詳　寛弘八年頃の出生。実資女。「かぐや姫」と通称される。母は実資室婉子女王の弟源頼定の乳母子とも伝えられる。実資は千古を鍾愛し、小野宮の寝殿が完成した寛仁三年には小野宮や荘園・牧等を譲る処分状を書き遺している。万寿元年に着裳。後に藤原兼頼(頼宗男)と婚し、一女を儲けた。長暦二年に実資に先立って死去したらしい。

藤原経季《つねすえ》　一〇一〇〜八六　経通二男で実資の養子となった。蔵人頭となり、中納言に上った。官人としての資質は乏しく、資房に「不覚者」「素飡無才者」と酷評されている。

藤原経通《つねみち》　九八二〜一〇五一　懐平男。同母弟に資平がいる。永祚二年に叙爵。長和五年に蔵人頭、寛仁三年に参議、長元二年に権中納言となる。実資は経通の才学を認めながらも、摂関家に追従する行動にはしばしば批判的であった。

藤原長家《ながいえ》　一〇〇五〜六四　道長の六男。冷泉家の祖。母は源明子。侍従、右少将、近江介、皇太后権亮等を歴任。治安三年に権中納言に任じられ、権大納言に至る。中宮大夫・按察使・民部卿等を兼帯。

藤原教通《のりみち》　九九六〜一〇七五　道長の五男。母は源倫子。長和二年に権中納言に任じられる。康平三年に左大臣となり、治暦四年に後三条天皇が即位すると、関白に就任。延久二年に太政大臣となる。父道長の薨去後、兄頼通との間に政権をめぐる確執を生じた。頼通とともに外戚の地位を得ることができなかった。

藤原通任《みちとう》　九七三？〜一〇三九　師尹の孫、済時の男。異母姉に三条天皇皇后娍子がいる。三条天皇の東宮時代に春宮亮を勤め、寛弘八年、天皇践祚に伴い蔵人頭となる。同年に参議となり、長元八年に権中納言に至る。道長の病の折、これを喜ぶ公卿の一人と噂された。

藤原道長《みちなが》　九六六〜一〇二七　兼家の五男。母は藤原中正女の時姫。父の摂政就任後に急速に昇進し、長徳元年、三十歳の時に、兄である道隆・道兼の薨去により、一条天皇の内覧となって、政権の座に就いた。右大臣、次いで左大臣にも任じられ、内覧と太政官一上の地位を長く維持した。道隆嫡男の伊周を退けた後は政敵もなく、女の彰子・妍子・威子を一条・三条・後一条天皇の中宮として立て、「一家三后」を実現するなど、摂関政治の最盛期を現出させた。

藤原能信《よしのぶ》　九九五〜一〇六五　道長の四男。母は源明子。長和二年に蔵人頭となり、長和五年に権中納言に任じられ、治安元年には権大納言に上った。この間、春宮大夫等を兼帯するものの、四十五年間、官位の昇進はなかった。藤原氏と外戚関係を持たない尊仁親王（後の後三条天皇）の擁立に尽力した。

藤原頼通《よりみち》　九九二〜一〇七四　道長の一男。母は源倫子。宇治殿と称する。姉の彰子所生の後一条天皇の在位二年目の寛仁元年、摂政となった。これ以後、後一条、後朱雀、後冷泉の三代にわたり五十一年間も摂関の座にあった。治暦三年に准三后となり、関白職を嫡子の師実に将来譲渡するという約束のもと、弟の教通に譲り、宇治に隠退した。

藤原頼宗《よりむね》　九九三〜一〇六五　道長の二男。母は源明子。侍従、左右少将等を経て、長和三年に権中納言に任じられ、右大臣まで上る。この間、左右衛門督・検非違使別当・皇太后宮権大夫・春宮大夫・按察使・右大将等を兼帯。居処に因み、堀河右大臣と称された。

源《みなもとの》　**朝任**《あさとう》　九八九〜一〇三四　時中七男。少納言、蔵人等を経て、長和元年に三条天皇の蔵人となり、寛仁三年に後一条天皇の蔵人頭、治安三年に参議に任じられる。

源経頼《つねより》　九八五〜一〇三九　雅信孫、扶義男。弁官や蔵人を歴任し、長元三年参議となり、正三位に至った。二十五年間にわたって弁官職を勤め、実務に精通した。日記『左経記』を遺している。

源俊賢《としかた》　九五九〜一〇二七　高明男。母は藤原師輔の三女。妹に道長室明子がいる。正暦三年に蔵人頭、長徳元年に参議となり、権大納言まで上る。道長の最も強力な支持者の一人であり、藤原行成・同公任・同斉信とともに「寛弘の四納言」とたたえられた。

源倫子《ともこ》　九六四〜一〇五三　雅信女。母は藤原穆子。道長の嫡室として頼通・教通・彰子・妍子・威子・嬉子を儲けた。永延元年に道長と婚す。長徳四年に従三位に昇叙され、寛弘五年には従一位にまで上る。長和五年に准三宮となった。治安元年に出家。

源道方《みちかた》　九六九〜一〇四四　重信の五男。侍従、右兵衛権佐、少納言を経て弁官となる。その間、宮内卿・蔵人頭・勘解由長官を兼任し、長和元年に参議に任じられた。寛仁四年に権中納言となった。文才と管絃の才に長じていた。

良円《りょうえん》　九八三〜一〇五〇　平安中期の天台僧。実資男。母は不詳。永祚元年に七歳で延暦寺に入り、慶円の許で修行。実資と慶円とのパイプ役を務める。長和四年、大僧正慶円は職を辞して良円の律師就任を願ったが、沙汰止みとなった。長元元年に権律師、同六年権少僧都に転任するが、長暦三年の「山相論」で罪を得て以後は昇進することはなかった。

公卿構成

長元三年(正月時点)

太政官	位階	人名	年齢	兼官・兼職
左大臣	従一位	藤原頼通	三九	関白
右大臣	正二位	藤原実資	七四	右大将、皇太弟傅
内大臣	正二位	藤原教通	三五	左大将
大納言	正二位	藤原斉信	六四	民部卿、中宮大夫
権大納言	正二位	藤原頼宗	三八	春宮大夫、按察使
	正二位	藤原能信	三六	中宮権大夫
	正二位	藤原長家	二六	
中納言	正二位	藤原兼隆	四六	
	正二位	藤原実成	五六	右衛門督
権中納言	従二位	源道方	六三	宮内卿、大宰権帥
	従二位	源師房	二一	春宮権大夫、左衛門督
	正三位	藤原経通	四九	治部卿、右衛門督
	正三位	藤原資平	四五	侍従
	従三位	藤原定頼	三六	

太政官	位階	人名	年齢	兼官・兼職
参議	正三位	藤原通任	五七	大蔵卿
	従三位	藤原兼経	三一	右中将
	従三位	源朝任	四二	右兵衛督、検非違使別当
	従三位	源顕基	三一	左中将
	正四位下	藤原公成	三二	左兵衛督
	正四位下	藤原重尹	四七	左大弁、勘解由長官
	正四位下	源経頼	五五	右大弁
前中納言	正二位	藤原隆家	五三	

長元四年(正月時点)

太政官	位階	人名	年齢	兼官・兼職
左大臣	従一位	藤原頼通	四〇	関白
右大臣	正二位	藤原実資	七五	右大将、皇太弟傅
内大臣	正二位	藤原教通	三六	左大将
大納言	正二位	藤原斉信	六五	民部卿、中宮大夫
権大納言	正二位	藤原頼宗	三九	春宮大夫、按察使
	正二位	藤原能信	三七	中宮権大夫
	正二位	藤原長家	二七	

中納言	正二位	藤原兼隆	四七	
	正二位	藤原実成	五七	
権中納言	従二位	源道方	六四	宮内卿、大宰権帥
	従二位	源師房	二二	春宮権大夫、左衛門督
	正三位	藤原経通	四九	治部卿、右衛門督
	正三位	藤原資平	四六	侍従
	従三位	藤原定頼	三七	
参議	正三位	藤原通任	五八	大蔵卿
	従三位	藤原兼経	三三	右中将
	従三位	源朝任	四三	右兵衛督、検非違使別当
	従三位	源顕基	三三	左中将
	従三位	藤原兼頼	一八	左中将
	正四位下	藤原公成	三三	左兵衛督
	正四位下	藤原重尹	四八	左大弁、勘解由長官
	正四位下	源経頼	五六	右大弁
前中納言	正二位	藤原隆家	五四	

長元五年（正月時点）

太政官	位階	人名	年齢	兼官・兼職
左大臣	従一位	藤原頼通	四一	関白
右大臣	正二位	藤原実資	七六	右大将、皇太弟傅
内大臣	正二位	藤原教通	三七	左大将
大納言	正二位	藤原斉信	六六	民部卿、中宮大夫
権大納言	正二位	藤原頼宗	四〇	春宮大夫、按察使
	正二位	藤原能信	三八	中宮権大夫
	正二位	藤原長家	二八	
中納言	正二位	藤原兼隆	四八	
	正二位	藤原実成	五八	
権中納言	正二位	源道方	六五	宮内卿、大宰権帥
	従二位	源師房	二三	春宮権大夫、左衛門督
	正三位	藤原経通	五〇	治部卿、右衛門督
	正三位	藤原資平	四七	侍従
	従三位	藤原定頼	三八	

参議	正三位	藤原通任	五九	大蔵卿
	従三位	藤原兼経	三三	右中将
	従三位	源朝任	四四	右兵衛督、検非違使別当
	従三位	源顕基	三三	左中将
	従三位	藤原兼頼	一九	左中将
	正四位下	藤原公成	三三	左兵衛督
	正四位下	藤原重尹	四九	左大弁、修理大夫
	正四位下	源経頼	五七	右大弁
前中納言	正二位	藤原隆家	五四	

年譜

*長元三年—長久元年は本巻収録範囲

年次	西暦	天皇	年齢	官位	事績	参考事項
天徳元年	九五七	村上	一		誕生	
康保三年	九六六	村上	一〇	蔵人所小舎人		是歳、藤原道長誕生
安和二年	九六九	冷泉／ 円融	一三	従五位下 侍従	二月、元服	三月、源高明配流
天禄元年	九七〇	円融	一四		正月、昇殿	五月、藤原実頼薨去
天禄二年	九七一	円融	一五	右兵衛佐		
天延元年	九七三	円融	一七	右少将	この頃、源惟正女と結婚	二月、藤原斉敏卒去
天延二年	九七四	円融	一八	従五位上		三月、藤原兼通関白
貞元元年	九七六	円融	二〇			五月、内裏焼亡
貞元二年	九七七	円融	二一	正五位下	日記を書き始めたか	十月、藤原頼忠関白
天元三年	九八〇	円融	二四	従四位下 従四位上		六月、懐仁親王(後の一条天皇)誕生 十一月、内裏焼亡
天元四年	九八一	円融	二五	蔵人頭		十月、内裏還御
天元五年	九八二	円融	二六	兼中宮亮		三月、藤原遵子皇后 十一月、内裏焼亡

永観元年	九八三	円融	二七	左中将	是歳、良円誕生	八月、奝然入宋
永観二年	九八四	円融／花山	二八	蔵人頭		八月、内裏還御 十一月、『医心方』
寛和元年	九八五	花山	二九	兼中宮権大夫		四月、『往生要集』
寛和二年	九八六	花山／一条	三〇	正四位下	五月、源惟正女死去	六月、藤原兼家摂政 是歳、藤原資平誕生
永延元年	九八七	一条	三一	蔵人頭	五月、痢病	
永延二年	九八八	一条	三二		十月、腰病	十一月、尾張国郡司百姓、守を愁訴
永祚元年	九八九	一条	三三	参議		
正暦元年	九九〇	一条	三四	従三位	十一月、女(薬延)死去	五月、藤原道隆摂政 十月、藤原定子中宮
正暦二年	九九一	一条	三五	兼左兵衛督		九月、藤原詮子東三条院
正暦四年	九九三	一条	三七		二月、子、生まれ夭亡 この頃、婉子女王と結婚	四月、道隆関白
長徳元年	九九五	一条	三九	検非違使別当 権中納言 兼右衛門督 兼太皇太后宮大夫		三月、藤原伊周内覧 四月、道隆薨去、藤原道兼関白 五月、道長内覧 是歳、疫病蔓延
長徳二年	九九六	一条	四〇	中納言	六月、一条天皇より恩言	四月、伊周・隆家左遷

年次	西暦	天皇	年齢	官位	事績	参考事項
長徳三年	九九七	一条	四一		七月、藤原道綱に超越される	四月、伊周・隆家、赦免
長徳四年	九九八	一条	四二		七月、婉子女王死去	
長保元年	九九九	一条	四三	正三位	十月、藤原彰子入内の屏風歌を辞退	十一月、定子、敦康親王出産
長保二年	一〇〇〇	一条	四四	従二位		二月、彰子中宮・定子皇后 十二月、定子、崩御
長保三年	一〇〇一	一条	四五	権大納言 兼右大将	正月、資平左兵衛佐	十一月、内裏焼亡 閏十二月、詮子崩御 是頃、『枕草子』
長保五年	一〇〇三	一条	四七	正二位		
寛弘二年	一〇〇五	一条	四九			十一月、内裏焼亡
寛弘三年	一〇〇六	一条	五〇		正月、資平少納言	十二月、紫式部、彰子に出仕
寛弘四年	一〇〇七	一条	五一	兼按察使	是歳、藤原資房誕生	
寛弘五年	一〇〇八	一条	五二		十一月、敦成親王五十日の儀で紫式部と語る	九月、彰子、敦成親王(後の後一条天皇)出産 是頃、『源氏物語』

寛弘六年	一〇〇九	一条	五三	大納言		十一月、彰子、敦良親王（後の後朱雀天皇）出産
寛弘七年	一〇一〇	一条	五四			十一月、一条院還御
寛弘八年	一〇一一	一条／三条	五五			八月、内裏遷御
長和元年	一〇一二	三条	五六		四月、藤原娍子立后の内弁を勤む	二月、藤原妍子中宮 四月、娍子皇后
長和二年	一〇一三	三条	五七		五月、紫式部を介し彰子と接触	
長和三年	一〇一四	三条	五八		三月、資平、蔵人頭に補されず	二月、内裏焼亡
長和四年	一〇一五	三条	五九		二月、資平蔵人頭 九月、三条天皇より密勅	九月、内裏還御 十一月、内裏焼亡
長和五年	一〇一六	三条／後一条	六〇		正月、春宮大夫を固辞	正月、道長摂政 六月、一条院遷御
寛仁元年	一〇一七	後一条	六一		三月、資平参議	三月、藤原頼通摂政 八月、敦明親王東宮を辞し、敦良親王立太子
寛仁二年	一〇一八	後一条	六二			四月、内裏遷御 十月、藤原威子中宮（一家三后）

年次	西暦	天皇	年齢	官位	事績	参考事項
寛仁三年	一〇一九	後一条	六三		六月、藤原顕光左大臣辞任の風聞 十二月、千古に遺領処分	三月、道長出家 四月、刀伊の入寇 十二月、頼通関白
寛仁四年	一〇二〇	後一条	六四			三月、道長、無量寿院落慶供養
治安元年	一〇二一	後一条	六五	右大臣 兼皇太子傅		
治安二年	一〇二二	後一条	六六			七月、道長、法成寺金堂供養
治安三年	一〇二三	後一条	六七			
万寿元年	一〇二四	後一条	六八		十二月、千古着裳	二月、京都大火
万寿二年	一〇二五	後一条	六九		十一月、千古と藤原長家の縁談	三月娍子、七月寛子、八月嬉子死去
万寿三年	一〇二六	後一条	七〇		四月、輦車を聴される	正月、彰子出家、上東門院となる
万寿四年	一〇二七	後一条	七一		正月、千古と藤原長家の婚儀頓挫	九月、妍子薨去 十二月、道長薨去
長元元年	一〇二八	後一条	七二			六月、平忠常の乱

長元二年	一〇二九	後一条	七三		正月、資平権中納言 十一月、千古、藤原兼頼と結婚	
長元三年	一〇三〇	後一条	七四		九月、『小右記』六年分を資平に遣わす	
長元五年	一〇三二	後一条	七六		『小右記』写本、この年で終わる	
長元九年	一〇三六	後一条／後朱雀	八〇		四月、皇太子傅を止められる	
長暦元年	一〇三七	後朱雀	八一	従一位	三月、右大将辞任を請う、聴されず	
長暦二年	一〇三八	後朱雀	八二		六月、資房蔵人頭	
長久元年	一〇四〇	後朱雀	八四		『小右記』逸文、この年まで	六月、長久の荘園整理令
長久三年	一〇四二	後朱雀	八六		正月、資房参議 千古死去	
長久四年	一〇四三	後朱雀	八七		十一月、右大将を辞す	
寛徳元年	一〇四四	後朱雀	八八		六月、致仕を請う、聴されず	
寛徳二年	一〇四五	後朱雀／後冷泉	八九			十月、寛徳の荘園整理令
永承元年	一〇四六	後冷泉	九〇		正月十八日、出家・薨去	

系図

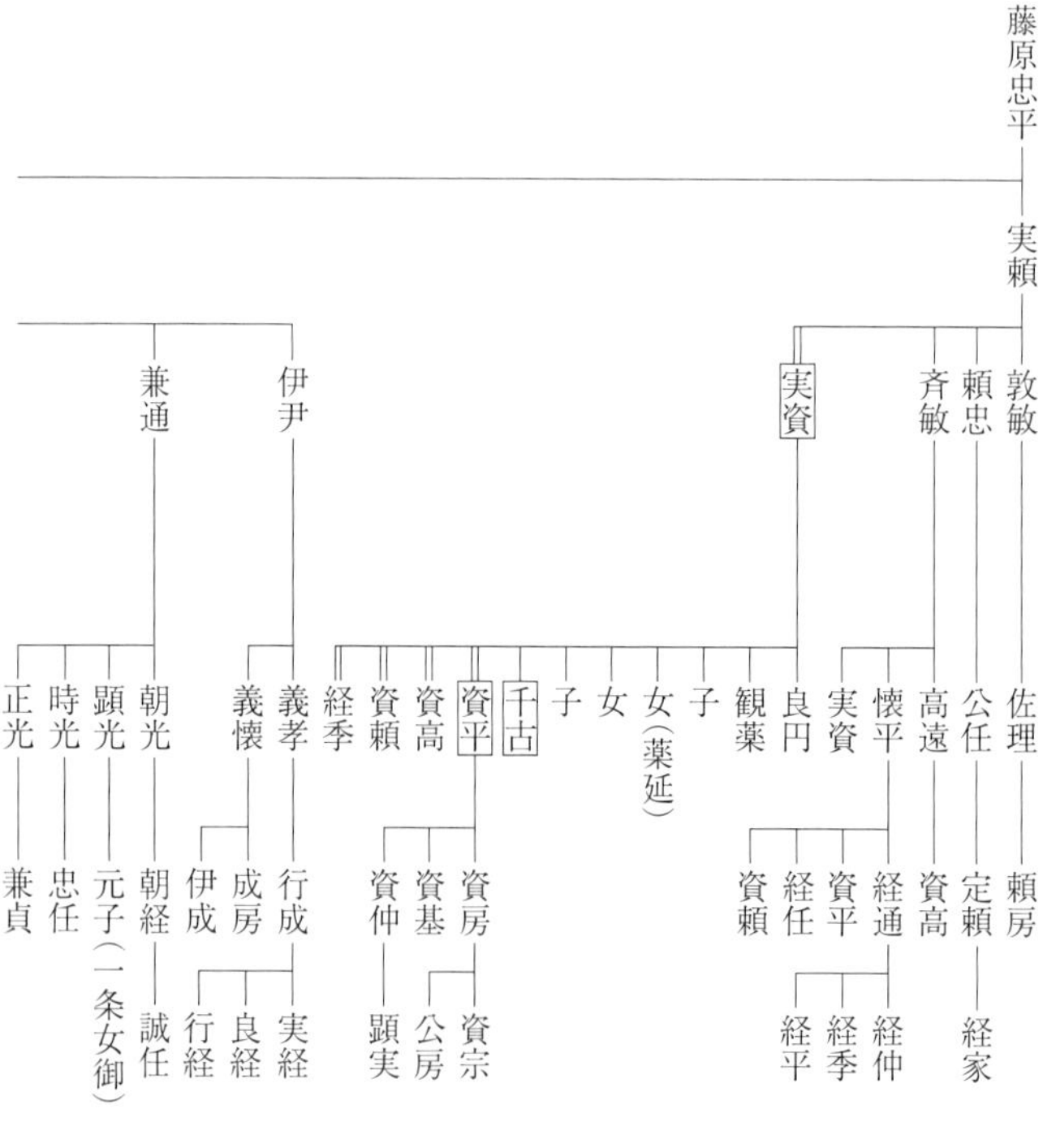
藤原忠平
実頼
敦敏
頼忠
斉敏
実資
伊尹
兼通
佐理
公任
高遠
懐平
実資
良円
観薬
子
女（薬延）
女
子
千古
資平
資高
資頼
経季
義孝
義懐
朝光
顕光
時光
正光
頼房
定頼
資高
経通
資平
経任
資頼
資房
資基
資仲
行成
成房
伊成
朝経
元子（一条女御）
忠任
兼貞
経家
経仲
経季
経平
資宗
公房
顕実
実経
良経
行経
誠任

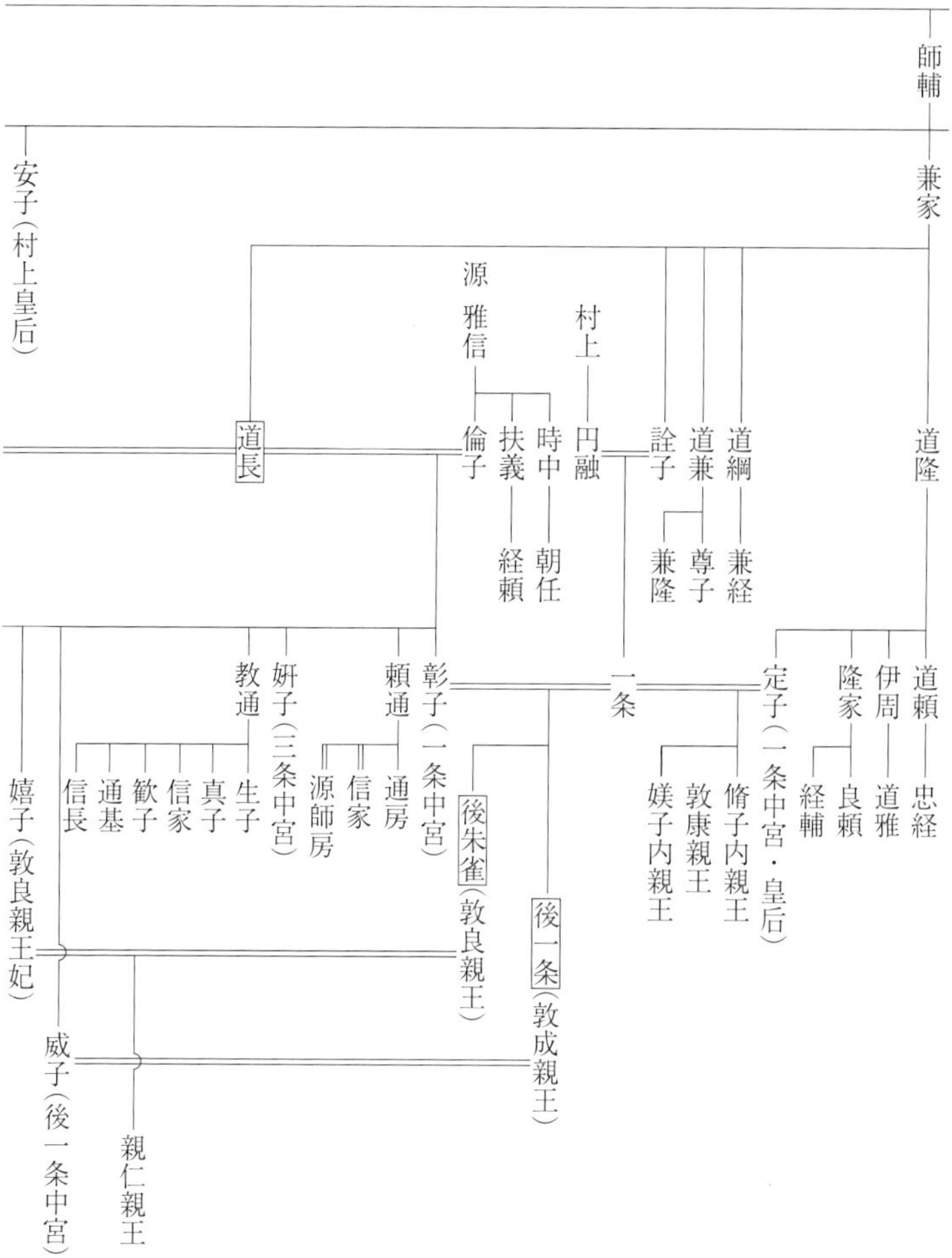
師輔
兼家
安子(村上皇后)
道隆
道綱
道兼
詮子
円融
村上
時中
扶義
倫子
源雅信
道長
兼経
尊子
兼隆
朝任
経頼
道頼
伊周
隆家
定子(一条中宮・皇后)
一条
彰子(一条中宮)
頼通
妍子(三条中宮)
教通
嫄子
忠経
道雅
良頼
経輔
脩子内親王
敦康親王
媄子内親王
後一条(敦成親王)
後朱雀(敦良親王)
通房
信家
源師房
生子
真子
信家
歓子
通基
信長
嬉子(敦良親王妃)
威子(後一条中宮)
親仁親王

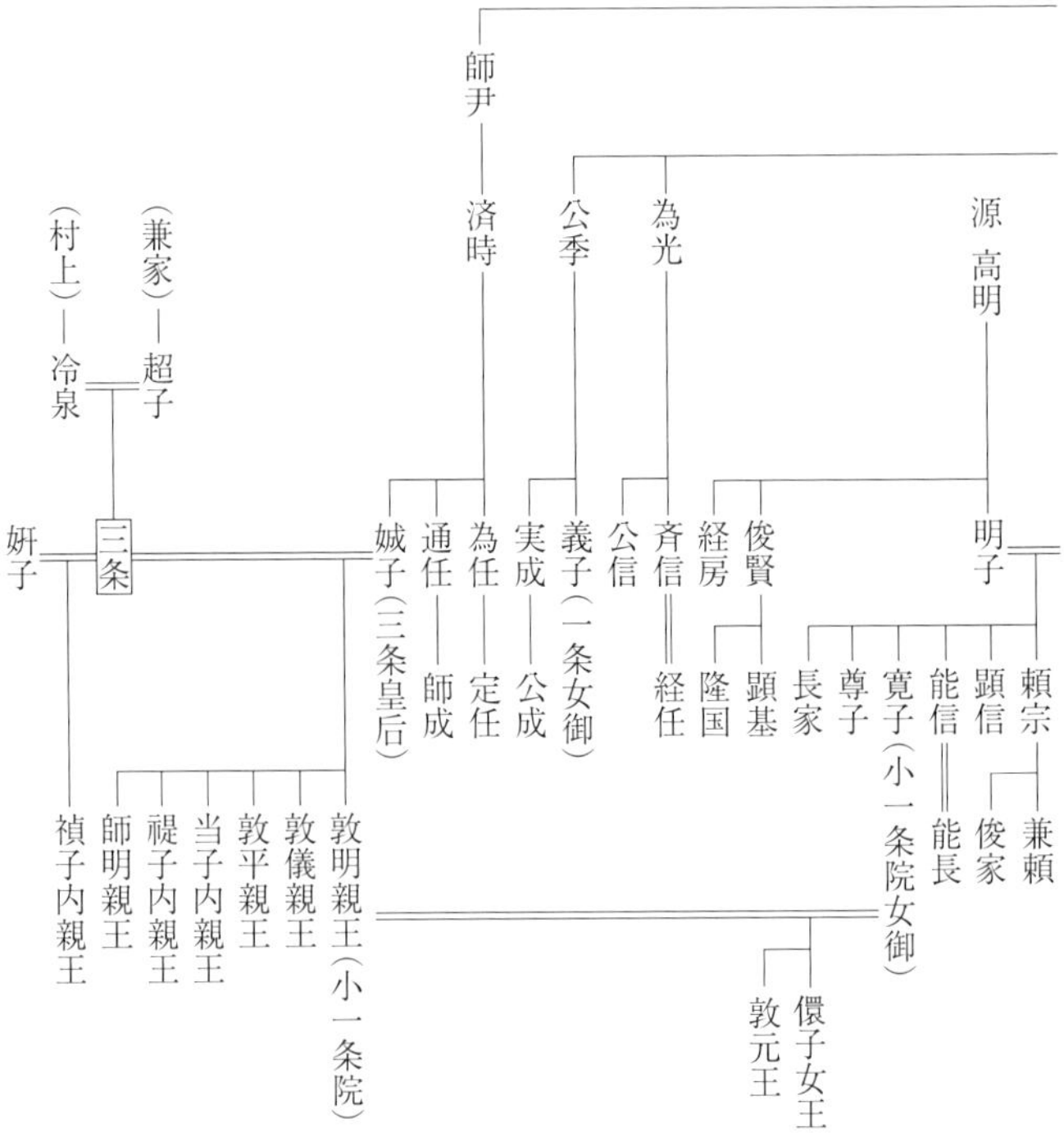
源 高明
明子
頼宗
兼頼
俊家
顕信
能信
能長
寛子（小一条院女御）
尊子
長家
儇子女王
敦元王
俊賢
顕基
経房
隆国
為光
斉信
経任
公信
公季
義子（一条女御）
実成
公成
師尹
済時
為任
定任
通任
師成
娍子（三条皇后）
敦明親王（小一条院）
敦儀親王
敦平親王
当子内親王
禔子内親王
師明親王
三条
（兼家）
超子
（村上）
冷泉
妍子
禎子内親王

七月	閏七月	八月	九月	閏九月	十月	閏十月	十一月	十二月	閏十二月	記事数
		逸文								2
										3
										2
			逸文				逸文	逸文		3
		逸文			逸文					4
							逸文			167
										1
逸文		逸文	逸文		秘閣. 広/不明		秘閣. 広/不明	秘閣. 広/不明		97
伏見. 略/B		伏見. 略/B	伏見. 略/B		伏見. 略/B		伏見. 略/B			190
逸文		逸文			逸文			逸文		6
逸文		逸文					逸文	逸文		170
伏見. 略/B		伏見. 略/B	伏見. 略/B		伏見. 略/B		伏見. 略/B	伏見. 略/B		43
九条. 広/B		九条. 広/B	九条. 広/B		九条. 広/B		九条. 広/B	九条. 広/B		301
九条. 広/A		九条. 広/A	九条. 広/A		九条. 広/A		九条. 広/A	九条. 広/A		132
			逸文		逸文		逸文			7
		逸文	逸文				逸文	逸文		13
伏見. 略/B		伏見. 略/B			伏見. 略/B	伏見. 略/B	伏見. 略/B			162
		逸文								3
前甲. 略/B		前甲. 略/B			前甲. 略/B					34
伏見. 略/B	伏見. 略/B	伏見. 略/B	伏見. 略/B		伏見. 略/B		伏見. 略/B	伏見. 略/B		66
伏見. 略/B		伏見. 略/B	伏見. 略/B		伏見. 略/B		伏見. 略/B	伏見. 略/B		45
										3
前甲. 広/A		前甲. 広/A	前甲. 広/A		前甲. 広/A		前甲. 広/A	前甲. 広/A		154
			逸文				逸文	逸文		9
					逸文			逸文		16
			逸文		逸文		逸文			6
								逸文		2
九別. 広/A		逸文			逸文					10
前甲. 略/B		前甲. 略/B	前甲. 略/B		前甲. 略/B		前甲. 略/B	前甲. 略/B		168
逸文			逸文		逸文					13
								逸文		6
九条. 略/B		九条. 略/B	九条. 略/B		九条. 略/B		九条. 略/B	九条. 略/B		43
					逸文		逸文	逸文		12
逸文		逸文			逸文		逸文			6
前甲. 広/B		前甲. 広/B	前甲. 広/B		逸文		東山. 略/B	東山. 略/B		126
秘閣. 略/B		秘閣. 略/B	秘閣. 略/B		逸文	逸文	逸文	逸文		125
前甲. 広/A		前甲. 広/A	前甲. 広/A		逸文		逸文			192
逸文		逸文			前乙. 広/A		前乙. 広/A	前乙. 広/A		225
前甲. 広/A		前甲. 広/A	前甲. 広/A		前甲. 広/A		前甲. 広/A	前甲. 広/A		253
										152
前甲. 広/A		前甲. 広/A	前甲. 広/A		前甲. 広/A		前甲. 広/A	前甲. 広/A		162
		逸文			前甲. 広/A		前甲. 広/A	前甲. 広/A		200
前甲. 広/A		前甲. 広/A	前甲. 広/A		前甲. 広/A		前甲. 広/A	前甲. 広/A		295
東山. 略/B		東山. 略/B	東山. 略/B		前甲. 広/A		前甲. 広/A	前甲. 広/A	前甲. 広/A	127
東山. 略/B		東山. 略/B	東山. 略/B		九条. 広/A		九条. 広/A	九条. 広/A		136
東山. 略/不明			東山. 略/不明		東山. 略/不明		東山. 略/不明	東山. 略/不明		43
伏見. 広/B		伏見. 広/B	伏見. 広/B	伏見. 広/B	伏見. 広/B		伏見. 広/B	伏見. 広/B		295
伏見. 略/B		伏見. 略/B	伏見. 略/B		伏見. 広/A		伏見. 広/A	伏見. 広/A		144
伏見. 広/B		伏見. 広/B	伏見. 広/B		伏見. 広/B		伏見. 広/B	伏見. 広/B		225
伏見. 広/B		伏見. 広/B	伏見. 広/B		逸文			逸文		30
前甲. 広/A		前甲. 広/A	前甲. 広/A		伏見. 略/B		伏見. 略/B	東山. 広/A		291
前甲. 広/A		前甲. 広/A	前甲. 広/A		伏見. 略/B		伏見. 略/B	伏見. 略/B		114
伏見. 略/B		九条. 広/A	九条. 広/A							88
		九条. 広/B	九条. 広/B		九条. 略/B					78
伏見. 広/B		伏見. 広/B	伏見. 広/B		逸文	逸文	逸文			177
伏見. 略/B		伏見. 略/B	伏見. 略/B		伏見. 略/B		九条. 広/A	九条. 広/A		80
							逸文			1
										1
								逸文		1
逸文										2
							逸文			1
										5,463

略号）
甲＝前田本甲本（尊経閣文庫所蔵）　前乙＝前田本乙本（尊経閣文庫所蔵）
条＝九条家旧蔵本（宮内庁書陵部所蔵）　伏見＝伏見宮家旧蔵本（宮内庁書陵部所蔵）
条＝三条西家旧蔵本（宮内庁書陵部所蔵）　東山＝京都御所東山御文庫本（御物）
閣＝秘閣本（国立公文書館所蔵）　柳原＝柳原本断簡（宮内庁書陵部所蔵）
＝広本　略＝略本　A＝A系　B＝B系

	正月	二月	閏二月	三月	四月	閏四月	五月	閏五月	六月	閏六月
天延二										
天延三										
貞元元										
貞元二				逸文						
天元元					逸文					
天元二		逸文			逸文					
天元三										
天元四				逸文						
天元五	秘閣．広/B	秘閣．広/B		秘閣．広/B	伏見．広/B		伏見．広/B		伏見．広/B	
永観元	逸文									
永観二	逸文									
寛和元	前甲．広/A	前甲．広/A		前甲．広/A	前甲．広/A		前甲．広/A		前甲．広/A	
寛和二				逸文						
永延元	九条．広/A	九条．広/A		九条．広/A	九条．広/A		九条．広/A		九条．広/A	
永延二	伏見．略/B	伏見．略/B		伏見．略/B				伏見．略/B	伏見．略/B	
永祚元	九条．広/B	九条．広/B		九条．広/B	九条．広/B		九条．広/B		九条．広/B	
正暦元	逸文									
正暦二									逸文	
正暦三	九条．広/不明			逸文	逸文					
正暦四	九条．広/A	九条．広/A		九条．広/A	九条．広/A		九条．広/A		九条．広/A	
正暦五	逸文	逸文								
長徳元	前甲．略/B	前甲．略/B		前甲．略/B	前甲．略/B		前甲．略/B		前甲．略/B	
長徳二	伏見．略/B	伏見．略/B		伏見．略/B	伏見．略/B		伏見．略/B		伏見．略/B	
長徳三	伏見．略/B	伏見．略/B		伏見．略/B	伏見．略/B		伏見．略/B		伏見．略/B	
長徳四	逸文			逸文						
長保元	逸文	逸文		逸文	逸文					
長保二				逸文						
長保三	逸文	逸文		逸文						
長保四		逸文								
長保五				逸文						
寛弘元	逸文	逸文		逸文						
寛弘二	前甲．広/A	前甲．広/A		前甲．広/A	前甲．広/A		前甲．広/A		前甲．広/A	
寛弘三	逸文	逸文							逸文	
寛弘四	逸文			逸文	逸文					
寛弘五										
寛弘六							逸文			
寛弘七				逸文						
寛弘八	秘閣．略/B	秘閣．略/B		秘閣．略/B					逸文	
長和元	逸文				前甲．広/A		前甲．広/A		前甲．広/A	
長和二	前甲．広/A	前甲．広/A		前甲．広/A	伏見．略/B		伏見．略/B		伏見．略/B	
長和三	前甲．広/A	前甲．広/A		前甲．広/A	前甲．広/A		前甲．広/A		前甲．広/A	
長和四					秘閣．広/A		秘閣．広/A		秘閣．広/A	秘閣．広/A
長和五	九条．広/A	九条．広/A		九条．広/A	前甲．広/A		前甲．広/A		前甲．広/A	
寛仁元										
寛仁二	東山．略/B	東山．略/B		東山．略/B	前甲．広/A	前甲．広/A	前甲．広/A		前甲．広/A	
寛仁三	前甲．広/A	前甲．広/A		前甲．広/A	前甲．広/A		前甲．広/A		前甲．広/A	
寛仁四				逸文						
治安元	前甲．略/B	前甲．略/B		前甲．略/B						
治安二	東山．略/不明	東山．略/不明		東山．略/不明	東山．略/B		東山．略/B		東山．略/B	
治安三	三条西．略/不明． 東山．広/B	逸文		逸文	伏見．広/B		伏見．広/B		伏見．広/B	
万寿元	伏見．略/B	伏見．略/B		伏見．略/B	伏見．略/B		伏見．略/B		伏見．略/B	
万寿二	伏見．広/B	伏見．広/B		伏見．広/B	伏見．広/B		伏見．広/B		伏見．広/B	
万寿三	逸文	逸文			逸文		三条．略/不明	三条．略/不明	三条．略/不明	
万寿四	前甲．広/A	前甲．広/A		前甲．広/A	東山．広/A		東山．広/A		東山．広/A	
長元元	逸文	逸文								
長元二	伏見．略/B	逸文	伏見．略/B	逸文	伏見．略/B				逸文	
長元三	逸文	逸文	逸文		東山．略/B		東山．略/B		東山．略/B． 柳原．広/A	
長元四	伏見．広/B	伏見．広/B		伏見．広/B						
長元五	伏見．略/B	伏見．略/B		伏見．略/B	伏見．略/B		伏見．略/B		伏見．略/B	
長元六										
長元七										
長元八				逸文						
長元九										
長暦元					逸文					
長暦二										
長暦三										
長久元										
合　計										

大日本古記録『小右記』底本

（倉本一宏「『小右記』の仮名について」『古代文化』71-1，2019による）

①中和院
②職曹司
③小安殿
④大極殿
⑤太政官庁
⑥一条院
⑦一条第
⑧鷹司殿(倫子)
⑨土御門第(彰子)
⑩枇杷殿(妍子)
⑪小一条院
⑫花山院
⑬高陽院(頼通)
⑭小野宮北宅(資平)
⑮小野宮西殿(実資)
⑯小野宮(実資)
⑰小野宮東町(実資)
⑱陽成院
⑲町尻殿
⑳小野宮南町(実資)
㉑二条第(威子)
㉒法興院
㉓堀河殿
㉔閑院(能信)
㉕東三条第
㉖東三条第南院
㉗室町殿
㉘二条第
㉙小二条第(教通)
㉚三条院
㉛竹三条宮
㉜高松殿
㉝三条第
㉞三条殿
㉟三条院
㊱四条宮(公任)

国土地理院発行1/25,000地形図「京都東北部」「京都西北部」を基に，縮小・加筆して作成.

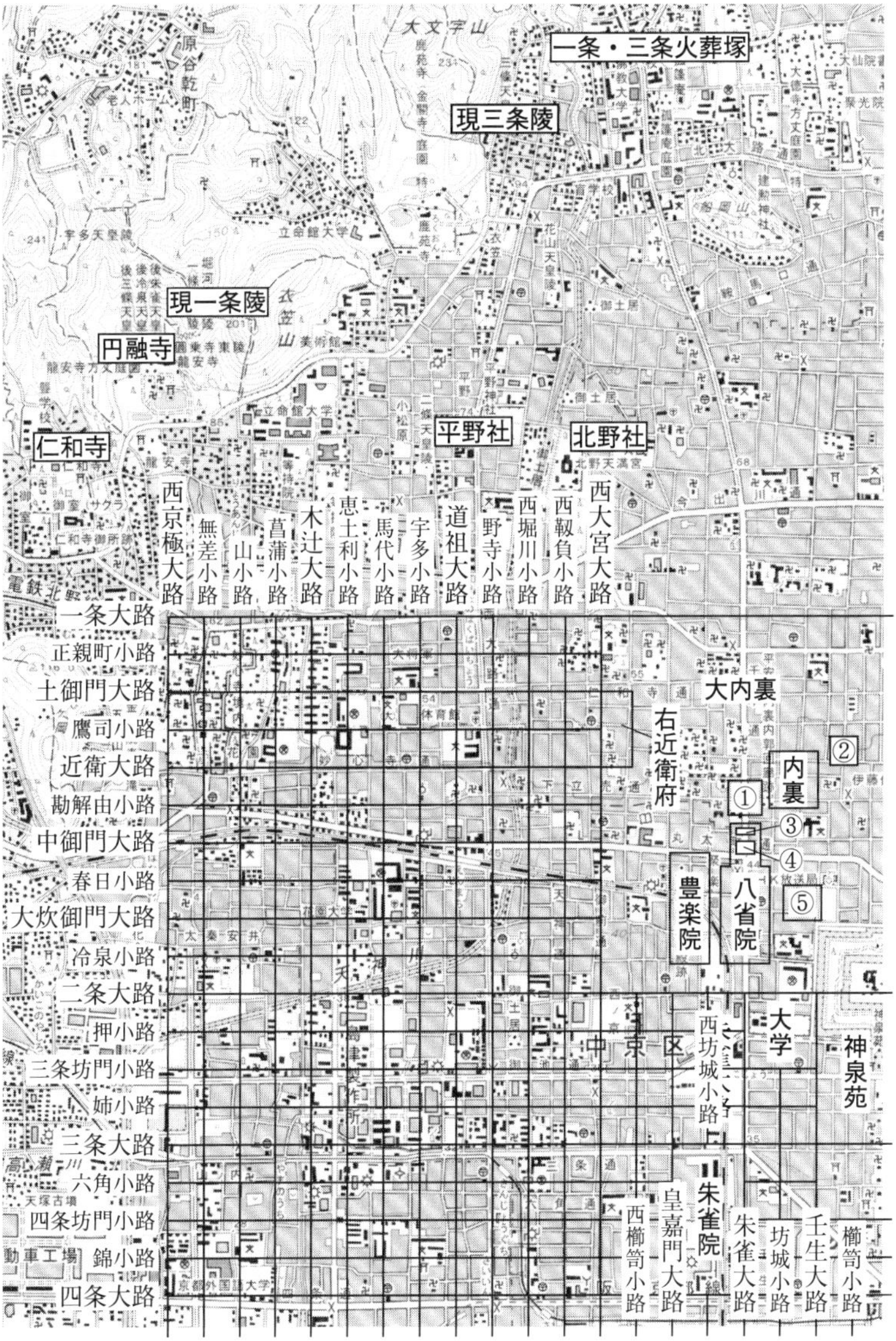

関係地図（平安京北半・北辺）

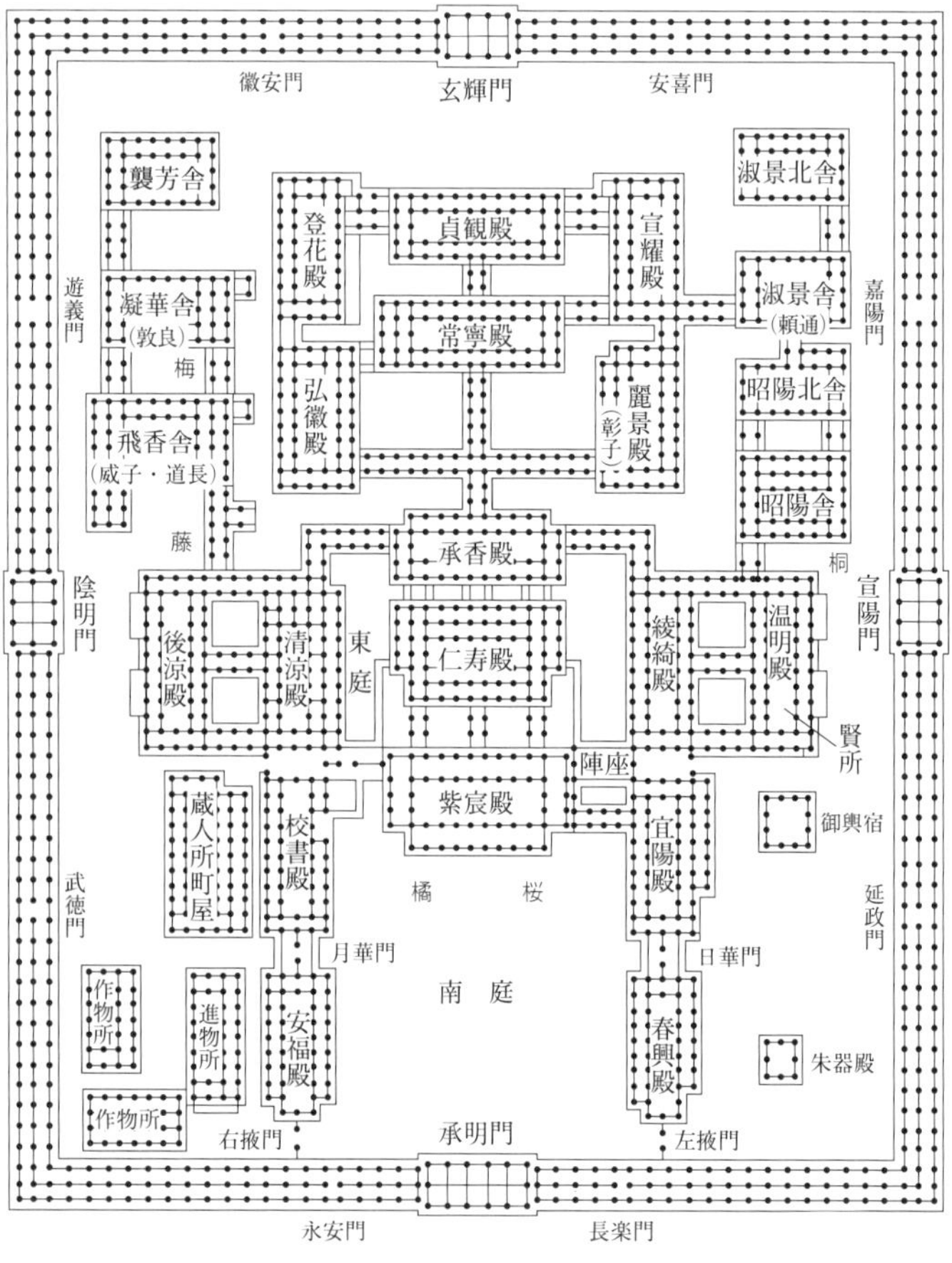
徽安門
玄輝門
安喜門
襲芳舎
登花殿
貞観殿
宣耀殿
淑景北舎
遊義門
凝華舎
（敦良）
梅
常寧殿
淑景舎
（頼通）
嘉陽門
弘徽殿
麗景殿
（彰子）
昭陽北舎
飛香舎
（威子・道長）
昭陽舎
藤
承香殿
桐
陰明門
宣陽門
後涼殿
清涼殿
東庭
仁寿殿
綾綺殿
温明殿
賢所
陣座
紫宸殿
蔵人所町屋
校書殿
宜陽殿
御輿宿
武徳門
橘
桜
延政門
月華門
日華門
南庭
作物所
進物所
安福殿
春興殿
朱器殿
作物所
右掖門
承明門
左掖門
永安門
長楽門

平安宮内裏図

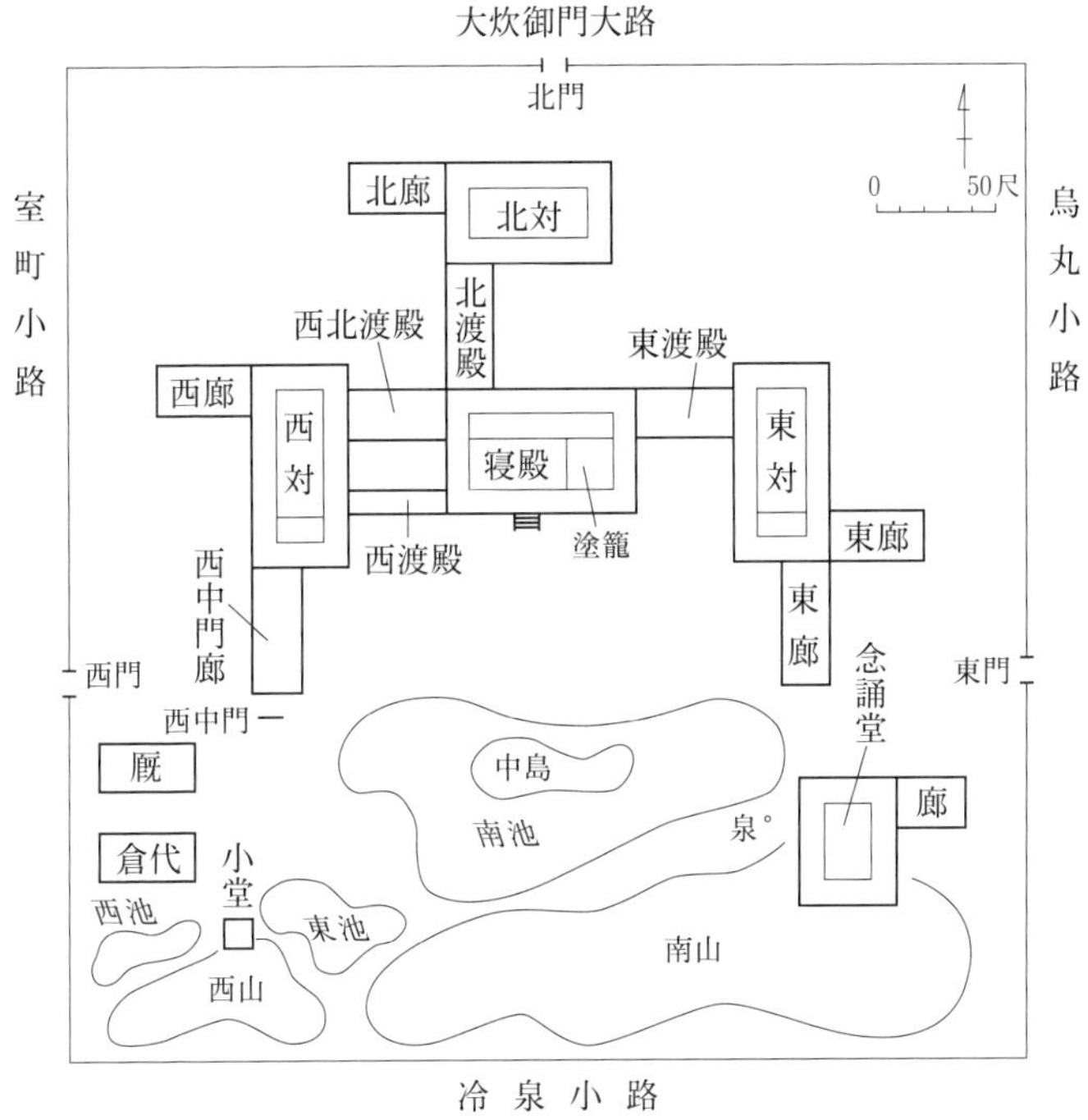

小野宮復元図(吉田早苗「藤原実資と小野宮第」『日本歴史』350, 1977 に加筆, 作成)

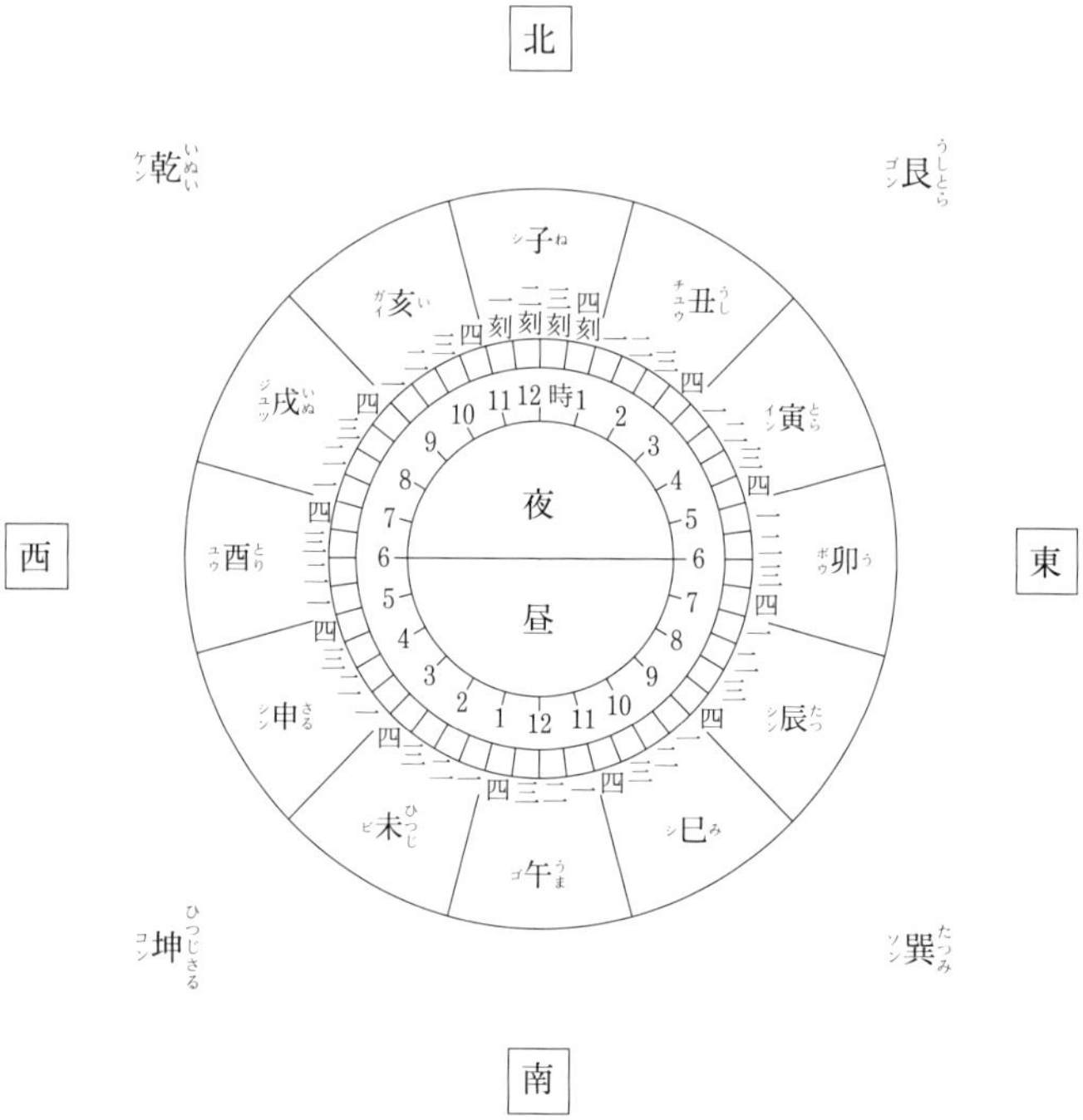
北
東
西
南
乾《いぬい》
艮《うしとら》
坤《ひつじさる》
巽《たつみ》
子《ね》
丑《うし》
寅《とら》
卯《う》
辰《たつ》
巳《み》
午《うま》
未《ひつじ》
申《さる》
酉《とり》
戌《いぬ》
亥《い》
一刻
二刻
三刻
四刻
12時
夜
昼

方位・時刻

おわりに――『小右記』の記主は藤原実資か、など――

もう十年以上も前の話になるが、二〇〇九年に講談社学術文庫で刊行していただいた『御堂関白記』の現代語訳は、『藤原道長「御堂関白記」全現代語訳』という書名であった。同じく二〇一一年から一二年にかけて講談社学術文庫で刊行していただいた『権記』の現代語訳は、『藤原行成「権記」全現代語訳』という書名であった。『御堂関白記』の記主が藤原道長、『権記』の記主が藤原行成であることは自明であるので、わざわざ記さなくてもいいのにとは思ったが、一般向けの文庫ではあるし、仕方のないことと思って、編集の方から言われたままに決めた。

しかし、吉川弘文館で二〇一五年から刊行していただいている『小右記』の現代語訳は、『現代語訳 小右記』という書名である。私はこれも、『藤原実資「小右記」全現代語訳』というふうに、統一した書名にしていただきたかったのであるが、まあ出版社も違うから仕方のないことと思って、編集の方から言われたままに決めた。

なお、各図書館の書誌情報では、「著者 藤原実資(九五七―一〇四六)、編者 倉本一宏(一九五八―)」となっていて、なるほどそういうものなのかと思ったものである。今はやりの業績評価では、これらは私の著書にはカウントされず、編著あるいは翻訳(!)になるということである。

ところが最近、『小右記』の文章は、はじめから実資が筆を執ってすべてを記録したものだったのかという疑問が、脳裏から離れない。詳しくは、これも近く吉川弘文館で刊行していただく『『小右記』と王朝時代』(倉本一宏・加藤友康・小倉慈司編)という論集に、「『小右記』の記録状況」という一文を書いたので、そちらをお読みいただきたいのだが、『小右記』はすべてが実資自身の記録によるものではなく、古くは懐平や公任、その後は資平や資房など、小野宮家を挙げて情報(書状、懐紙、笏紙、また様々な文書など)を実資の許に持ち寄り、それを具注暦の暦の行の左側に貼り継いだうえで、実資が書き込みを行ない、『小右記』の「記事」としたのであろうと考えるべきである。

要するに、最初の『小右記』日次記というのは、もちろん、実資が自分で記録した記事も多かったであろうし、実資が書状、懐紙、笏紙、書冊、草子などを持って政務や儀式に参列し、それらを貼り継いだ場合も多かったであろうが、それとともに、小野宮家を挙げて情報を持ち寄り、それを総合して記事としたものであった。

それを実資の晩年にいたって、儀式毎に切り取り、部類記を作成しようとしたのである。それはまさに、小野宮家挙げての共有財産としての日記と称すべきものであった。

そうなると、この現代語訳の書名を、『現代語訳 小右記』と定められた吉川弘文館編集部の慧眼は、さすがとしか言いようがない(たんに『現代語訳 吾妻鏡』(五味文彦他編)や『現代語訳 徳川実紀』(大石学他編)

に倣っただけなのかもしれないが)。

さて、『権記』の現代語訳が刊行中の二〇一一年の初頭、続けて『小右記』の現代語訳もやってしまおうと、吉川弘文館編集部の大岩由明さんに電話でお願いしたところ、二つ返事でご快諾いただいた。実は『権記』の現代語訳の話が始まった時点で、講談社編集部の担当者から、「『小右記』は勘弁してくださいよ」と釘を刺されていたので、頼るのは吉川弘文館しか頭になかったのである。

さっそくに吉川弘文館編集部の宮川久さんと打ち合わせに入り、決定した編修方針に従って『現代語訳 小右記』第一巻の原稿作成に入った。大きな誤算だったのは、大日本古記録に合わせた全八巻で完結すると思っていたのが、実際に執筆してみると、大日本古記録の倍の巻数を要することがわかり、全十六巻という途方もない仕事になってしまったことであった。

一年に一冊刊行する予定が、二冊刊行となってしまい、それ以降は研究生活のほとんどを『小右記』の訓読文作成と現代語訳に費やすことになった。一年一冊で十六年となると、完結する頃には七十歳を越えてしまうことになり、その年齢まで能力を維持する自信がなかったのである。

実際の編集が始まると、担当は矢島初穂さんにバトンタッチし、十二巻までお世話になった。十三巻からはふたたび宮川さんにお世話になっている。おかげさまで年二冊刊行のペースを守って、ここに全十六巻の完結を迎える次第となったのである。

刊行スケジュールを優先した結果、じっくりと各条を読み込む余裕がなく、内容的には不満も残る結果となってしまったが、編集部の方々には、いくら感謝してもしきれない。

また、現代語訳の基となった訓読文を作成してもらった国際日本文化研究センター（日文研）の研究補助員の皆さん、それを見直してくださった機関研究員・プロジェクト研究員・技術補佐員の皆さんにも、この場を借りてお礼申しあげる。もちろん、これらの方々の予算を出してくれた日文研にも。

私は元来、頑強な質であったが、二〇二一年十月二十日に入った人間ドックがきっかけで骨髄異形成症候群であると診断されて、十二月二十日から虎の門病院に入院した。そして二〇二二年二月二十四日の臍帯血移植を経て、五月二十日に無事に退院し、現在は通院治療を続けている。まったく現代の最先端医療というのは、死ぬはずの人間を生まれ直させるのであるから、すごいものである。入院や移植を受け入れたのも、何とか『現代語訳　小右記』を完結させたいという思いからなのであった。

その間、妻の宜子には言葉には言い尽くせないほど世話になり、こちらも感謝の言葉もない。最近では校正も手伝ってもらっている。子供たち（一毅・惇弘・拓周）やその奥さんたち（阿紀・早織・藍）からは温かい励ましをもらい、孫たち（夏向・紗奈）の写真や動画に疲れを癒したりして、家族の大切さをあらためて実感した次第である。

ともかくもここに完結して、自分の仕事も一段落したと一息ついている今日この頃である。

二〇二三年二月二十四日　武蔵・多磨にて

倉本一宏

編者紹介
一九五八年　三重県津市に生まれる
一九八九年　東京大学大学院人文科学研究科国史学専門課程博士課程単位修得退学
一九九七年　博士（文学、東京大学）
現　在　国際日本文化研究センター教授

〔主要著書〕
『一条天皇』（人物叢書、吉川弘文館、二〇〇三年）、『藤原道長「御堂関白記」全現代語訳』（講談社学術文庫、二〇〇九年）、『三条天皇』（ミネルヴァ日本評伝選、二〇一〇年）、『藤原行成「権記」全現代語訳』（講談社学術文庫、二〇一一―一二年）、『藤原道長「御堂関白記」を読む』（講談社選書メチエ、二〇一三年）、『藤原伊周・隆家』（ミネルヴァ日本評伝選、二〇一七年）、『藤原氏』（中公新書、二〇一七年）、『『御堂関白記』の研究』（思文閣出版、二〇一八年）、『公家源氏』（中公新書、二〇一九年）、『権記』（角川ソフィア文庫、二〇二一年）、『平氏』（中公新書、二〇二二年）

現代語訳 小右記 16
部類記作成開始

二〇二三年（令和五）四月二十日　第一刷発行

編　者　倉《くら》本《もと》一《かず》宏《ひろ》
発行者　吉川道郎
発行所　株式会社 吉川弘文館
郵便番号一一三―〇〇三三
東京都文京区本郷七丁目二番八号
電話〇三―三八一三―九一五一〈代表〉
振替口座〇〇一〇〇―五―二四四
http://www.yoshikawa-k.co.jp/
印刷＝株式会社 三秀舎
製本＝誠製本株式会社
装幀＝山崎　登

ISBN978-4-642-01831-9

現代語訳 小右記 全16巻